邵荣芬语言学论文集

邵荣芬 著

商务印书馆
2009年·北京

图书在版编目(CIP)数据

邵荣芬语言学论文集/邵荣芬著.—北京:商务印书馆,2009
ISBN 978-7-100-05697-7

Ⅰ.邵… Ⅱ.邵… Ⅲ.汉语—语言学—文集 Ⅳ.H1-53
中国版本图书馆 CIP 数据核字(2007)第 187443 号

所有权利保留。
未经许可,不得以任何方式使用。

SHÀORÓNGFĒN YǓYÁNXUÉ LÙNWÉNJÍ
邵荣芬语言学论文集
邵荣芬 著

商 务 印 书 馆 出 版
(北京王府井大街36号 邮政编码100710)
商 务 印 书 馆 发 行
北京市白帆印务有限公司印刷
ISBN 978-7-100-05697-7

2009年6月第1版	开本 850×1168 1/32
2009年6月北京第1次印刷	印张 18⅛

定价:34.00元

序

  这本集子大致由两部分论文组成：一部分是未收入过我的文集的论文；另一部分是从十年前出版的《邵荣芬音韵学论集》中挑选的论文。后者由于已经收入过文集，挑选时理应从严，只从我认为具有代表性的文章里，挑选了10篇。两部分合计共20篇，加"附录"1篇，共21篇。

  文章内容基本未改，但在文章安排上有几篇须要说明一下。

  《〈康熙字典〉注音中的时音反映》一文的声母部分和声调、韵母部分，原来是分开作两次发表的，现在为了方便读者，把它们略作修改，合成了一篇。

  《陆志韦生平年表》原是《陆志韦集》（中国社会科学出版社2003年版）一书的"附录"，现改为《陆志韦》一文的"附录"，因为两文内容可以互参。

  《中型现代汉语词典编纂法》是郑奠、孙德宣、傅婧、麦梅翘四位先生和我合撰的产物。它是1956年语言研究所为了编纂中型现代汉语词典（即后来由商务印书馆于1978年正式出版的《现代汉语词典》）作方法和理论上的准备而组织编写的。现在郑、孙、傅三位先生均已不幸辞世，在征得麦先生同意后，决定把它置于本书之末，作为附录。

近年来我老病交加,本书印稿的校对工作是由张洁同志帮助完成的。特在此向她表示感谢。

邵荣芬

2006 年 5 月于北京昌运宫寓所

目　录

匣母字上古一分为二试析 …………………………………（1）
匣母字上古一分为二再证 …………………………………（24）
古韵鱼侯两部在前汉时期的分合 …………………………（51）
古韵鱼侯两部在后汉时期的演变 …………………………（70）
《切韵》音系的性质和它在汉语语音史上的地位 …………（85）
《切韵》尤韵和东三等唇音声母字的演变 …………………（107）
《晋书音义》反切的语音系统 ………………………………（121）
《五经文字》的直音和反切 …………………………………（161）
敦煌俗文学中的别字异文和唐五代西北方音 ……………（200）
《中原音韵》音系的几个问题 ………………………………（275）
《中原音韵》尤侯韵中《广韵》尤韵明母字的音韵地位 ……（287）
《韵法横图》与明末南京方音 ………………………………（297）
释《韵法直图》………………………………………………（326）
《康熙字典》注音中的时音反映 ……………………………（345）
我和音韵学研究 ……………………………………………（419）
陆志韦　附:陆志韦生平年表 ………………………………（435）
说《法伟堂经典释文校记遗稿》……………………………（466）

统一民族语的形式过程
　　——兼谈方言拼音文字 ……………………………（491）
评《现代汉语外来词研究》 ………………………………（497）
评《古汉语常用字字典》 …………………………………（504）

附录：中型现代汉语词典编纂法（初稿）………………（515）

匣母字上古一分为二试析

中古匣、云两母当合而为一,音韵学界的看法比较一致。上古两母的关系如何,则意见颇为分歧。到目前为止,提出的不同看法大致有下列几种:

1. 匣母并于群母读 g',云母也是塞音读 g。此说出于高本汉[①]。

2. 匣、云两母合一,跟中古一样读 ɣ。此说出于曾运乾,完成于董同龢[②]。

3. 匣母并于群母读 g,云母仍同中古读 ɣ。此说出于周法高[③]。

4. 匣、云、群三母合而为一,读 g(中古开口)和 g^w(中古合口)。此说出于李方桂[④]。

5. 匣、云、群三母合而为一,读 ɣ。此说出于陈新雄[⑤]。

6. 匣母一分为二,与 k、k' 谐声和互读的同群母,读浊塞音,与 x 谐声的同云母,读浊擦音。此说为李方桂早年的非正式说法,由罗常培先生表出并予以认可。[⑥]而李先生后来则改倡上列第 4 说。

以上各说大多都有明显的不足之处,时贤已多论及。现参以己见,总括起来大致有四个方面。一是使群母或云母跟韵母的配合关系受到很大限制,造成结构上的不均衡,如1~3说。二是出现同音而具有不同演变的例外太多,如4说。三是跟谐声的情况不合,如2、4、5说。谐声匣母跟k类相谐的极多,而云母跟k类相谐的却极少(详下文)。四是不便解释现代某些方言匣母字读k类音的现象,如2、5两说。

只有第6说可以避免以上诸缺点。所以70年代后期以来提倡此说的人又逐渐多起来[⑦]。所可惜的都差不多只是原则上支持这一说法,并没有对之作多少进一步的具体研究。对诸如究竟如何根据谐声给匣母字具体分类,匣母字能否清楚地分为两类,分为两类后与文献和方言资料是否相合等问题,不仅没有很好地解决,甚至有的也没有提出来。因此这一学说还不能说已被建立起来,还须要加以补充和完善。本文的目的就是想对上述几个具体问题作一个初步的探讨,以便为完善和确立这一学说尽一点微力。

一

现在就来根据谐声给匣母字试作分类。既然谐声字是研究上古音的主要依据,分类的成败无疑是具有决定意义的。为了简便,所分匣母字暂以《说文》收录的为限。

分类的原则原说已经提了出来,但既不够完备,也不够妥当。不够完备的地方有两点。一是只说与k、k'谐的归群母,而没有说与g谐的归何母。二是只说与k、k'谐的或与x谐的归何母,而没有说不与k、k'谐,也不与x谐的归何母。不够妥当的地方也有两点。一是说与 x 谐的归云母,而不知匣之中已假定含有一部分 g 类字,这类字与 x 谐时显然不宜都归入云母。二是说与 k、k'(按应加 g)互读的归入群母,而不知东汉时期匣母已向浊擦音 ɣ 方面转变(详下文),例如许慎所造读若至少在匣母问题上已不一定能完全代表上古音。

由此可见,我们有必要在原说的基础上重新酌定匣母字的分类准则,下列三条也许比较合适。

1. 凡与 k 类(包括 k'、g,下同)有谐声关系的归为匣$_1$ 类,假定与群母相同,读 g。

2. 凡与 k 类没有谐声关系的归为匣$_2$ 类,假定与云母相同,读 ɣ。

3. 凡与 k 类及云母都有谐声关系的,其归类以造成较少例外为准则。

需要补充说明的是"谐声关系"的含义。通常所说的谐声关系是指直接的谐声关系。这里在假定匣母可能一分为二的情况下,有必要把匣母与 k 类的谐声关系的含义定得较广一点,即不仅是指直接的谐声关系,也包括间接的谐声关系。比如匣母"亥"字谐 k 类"该、垓"等,是直接谐声关系。据此可以假定"亥"为匣$_1$ 类。作为匣$_1$ 类的"亥"又谐匣母字"骸、劾"等,可以认为"骸、劾"等与 k 类之间存在间接谐声关系,并据以把它们也归入匣$_1$ 类。用这样的谐声概念来给匣母字分类,我们认为是比较合理的。

下面我们就来把《说文》中的匣母字按古韵韵部逐字进行分类。各部之内依《广韵》各韵列字,并注明中古的开合等次和声调。数字1、2、3依次代表平、上、去,入声不标数字。云母字只列与匣₁、匣₂及k类有谐声关系的,其他的从略。《说文》基本上用大徐本,反切亦同。大徐反切往往与《广韵》不相合,其中有混淆音类可能的一般改从《广韵》。比如"膎"《广韵》"户佳切",属佳韵,而大徐"户皆切",入皆韵,就有可能是混佳于皆,我们就改从《广韵》。或体字一般从略,但其谐声与正体不同或后来较正体更为通行的则括注于正体之后。每部先列分类结果,然后简略地说明分类的根据。

之　部

咍一开　匣₁　1 颏咳胲孩 2 亥 3 侅劾

皆二开　匣₁　1 骸 2 骇 3 械

恢一合　匣₂　1 蛕

脂三合　云　2 痏洧鲔

尤三　　云　2 有 3 趙盇宥姷囿

"戒"属k类。"亥"亦谐k类。"有"谐k类"绞"(古亥切)为例外。

职　部

麦二开　匣₁　1 核

德一合　匣₂　惑

职三合　云　或(域)鹹械黓淢阈惐蜮(蟈)

"或"(域)多谐本母,谐k类"緎"(古获切)为例外,"蜮"有或体"蟈",从k类"国"声,也为例外。

蒸　部

登一开　匣₁　1 恒
登一合　匣₁　1 弘
耕二合　匣₁　1 宏䧂闳纮弘
东三　　云　1 雄

"亘""厶""厷"均为 k 类。"厷"谐云母"雄"为例外。

幽　部

豪一　匣₁　1 嗥 2 晧浩皞昦㫚
肴二　匣₁　2 㸰 3 㫚

"皋""告""爻"均属 k 类。"㫚"从 k 类"学"省声。

觉　部

沃一　匣₁　　鹄
觉二　匣₁　敩(学)鴞觢峃岩

冬　部

东一　匣₁　1 泽
江二　匣₁　1 夅栙洚

"夅"多谐 k 类。

支　部

佳二开　匣₁　1 鞵膎 2 解澥蠏䲒

　　　　　　匣₂　1 悘
齐四开　匣₁　1 奚徯鼷嫇螇雞 2 误匸 3 蹊徯傒系(毄)
　　　　　　匣₂　1 兮 2 ఑ 3 盻
佳二合　匣₁　3 䂳
齐四合　匣₂　1 畦鼶罿
　　　　　　匣₂　1 㩇觿鸄𪈾㒟繐攜蠵鑴譿

"圭"属 k 类。"系"或体"毄"从 k 类"殳"声。"奚"多谐本母,亦谐 k 类。"兮""匕"(以豉切)均不谐 k 类。娘母"肉"(女滑切,"㩇"从此)一般不谐 k 类,唯 k 类"琼"有或体"璚"为例外。"膎"大徐"户皆切"入皆韵,《广韵》"户佳切"属佳韵,今从《广韵》。

锡　部

麦二开　匣₁　䤂翮䃗
荡四开　匣₂　覡
麦二合　匣₂　畫劃嫿

"敫"(以灼切)、"鬲"(郎击切)均或谐 k 类。"覡"为会意字,不谐 k 类。"画"为会意兼指事,只谐本母。

耕　部

耕二开　匣₁　1 莖
　　　　　　匣₂　2 幸
青四开　匣₁　1 刑邢形銒銒陘蛵 2 悻 3 胫
　　　　　　匣₂　1 荆邢型鉶 2 婞絳

耕二合　匣₂　1 嶸

庚三合　云　　1 荣 3 崇

青四合　匣₁　2 迥泂

　　　　匣₂　1 荧荥莹莺

"圣""开""冋"均属 k 类。"荧"多谐本母及云母,谐 k 类"褮"(去颖切)、"擎"(渠营切)为例外。"幸"为会意字,只谐本母。"井"不谐 k 类。"耕"大徐本为从"井"声。段本作"从耒井,古者井田,故从井"。今从段本定为会意字。

宵　部

豪一　匣₁　1 豪(豪)2 镐滈鰝

　　　匣₂　1 鄗號 2 颢灏 3 號譹貕

肴二　匣₁　1 爻肴骰俲筊姣洨 2 佼 3 效

宵三　云　　1 鸮

"高""交"均属 k 类。"爻"多谐 k 类。"號"多谐本母及云母,不谐 k 类。"颢"会意字,不谐 k 类。

药　部

沃一　匣₁　雀雥熯

铎一　匣₁　鹤騅

觉二　匣₁　嚣

锡四开　匣₁　鼜

"雀"亦谐 k 类。

鱼 部

模一　　匣₁　　1 胡黏觳瑚皪湖狐弧姻 2 祜岵居怙楛户雇扈 3 瓠

　　　　　匣₂　　1 乎壶 2 芐鄂妒 3 笒（互）柜罟護鱯

麻二开　匣₁　　1 瑕跚疨瘕虾鰕鍜 3 暇

　　　　　匣₂　　1 夋 2 下夏

麻二合　匣₁　　1 鼃 2 鮭韰

　　　　　匣₂　　1 华茥 3 崋樗

虞三　　云　　　1 衧雩謣玗芋軒竽盂 2 宇禹瑀萬楀鄅瑀

"古""固""叚""瓜"均属 k 类。"雇"谐 k 类。"于"多谐本母及匣母，谐 k 类"夸"（苦瓜切）为例外。"禹"多谐本母，谐 k 类"踽"（区禹切）、"瑀"（区主切）为例外。"乎""壶""下""夏""茥""笒"（互）都不是谐声字，也都不谐 k 类。"妒"从影母"汙"声，"華""崋"从晓母"乎"声。"鼃"为会意字，"乙虢切"，属影母，"夋"为象形字，均不谐 k 类。

铎 部

铎一开　匣₁　　涸垎鹄

铎一合　匣₂　　穫濩鑊

陌二合　匣₂　　獲

药三合　云　　　簨䕵

"各"属 k 类。"獲"不谐 k 类。"䕵"从 k 类"矍"（九缚切）声为例外。

阳　部

唐一开　匣₁　1 远斻 2 浚沆

庚二开　匣₁　1 行珩胻衡洐 2 杏荇(荇)

唐一合　匣₁　1 黄璜簧潢蟥㞷雘(堭) 2 晃横

　　　　匣₂　1 翌皇瑝喤篁徨煌湟蝗锽隍

庚二合　匣₁　1 横 2 潢

阳三合　云　1 王 2 往 3 尪廷

"亢""更""光""广""可"("杏"从此省声)均属 k 类。"荇"有或体"荇",从"行"声,故"行"亦属 k 类。"黄"多谐匣母,又谐 k 类。"㞷"谐 k 类"䄺"(巨王切)、"狂"(巨王切)、"匩"(去王切)等字,当归匣₁,从"㞷"声之"雘"当然也归匣₁。"㞷"谐云母"往","雘"有或体"堭",从匣₂"皇"声,均为例外。

侯　部

侯一　匣₁　1 侯喉篌餱鍭猴鯸鍭 2 后郈垕厚(垕)縠俟 3 候

"㲉"属 k 类。"後"只谐 k 类。"侯""后"均多谐本母,亦谐 k 类。"厚"有或体"垕"从"后"声,故亦归匣₁。

屋　部

屋一　匣₁　縠縠斛

觉二　匣₁　确

"角"属 k 类。

东　部

东一　匣₁　1 玒讧䧰粫仜红虹鸿烘洪
江二　匣₁　1 缸 2 项䃞 3 䡄（巷）䶜鬨
"工""江""共"均属 k 类。

微　部

灰一合　匣₁　1 槐 2 蒯瘣 3 溃殨溃阓缋愦
　　　　匣₂　1 回洄
皆二合　匣₁　1 褱懷瀤襄 3 壞
　　　　匣₂　1 淮 2 匯
"鬼""贵"均属 k 类。定母"眔"亦谐 k 类。"回"为象形字，"淮"从章母"隹"声，均只谐本母。

物　部

没一开　匣₁　齕肐纥
没一合　匣₁　搰㾯
　　　　匣₂　搰
黠二合　匣₁　滑猾
"乞""骨"均属 k 类。"囷"只谐本母。

文　部

痕一开　匣₁　1 痕鞎 2 很䑕 3 恨

山二开　匣₁　2限
魂一合　匣₁　1桦鼾浑宰㹀2鯀混梡3㣧
　　　　匣₂　1楎䰟2橐3圂㮶涃
文三合　云　1雲(云)澐芸囩肊沄妘2抎3运鞋馄郓绲
"艮""昆""鲧""军"均属k类。"军"谐云母五字为例外。
"完"多谐本母，又谐k类。"雲"多谐本母及匣母，不谐k类。

脂　部

皆二开　匣₁　1谐齤骱
齐四开　匣₁　1郋
齐四合　匣₂　3惠蟪槥潓
"皆"属k类。"自"亦谐k类。

质　部

黠二开　匣₁　黠
屑四开　匣₁　頡襭(擷)
　　　　匣₂　頁
黠二合　匣₂　麧
屑四合　匣₂　穴䆸
"吉"属k类。"页"为象形字，不谐k类。"穴"从帮母"八"声，只谐本母。

真　部

山二开　匣₁　2肾

先四开　匣₁　1 贤

匣₂　1 胘佃弦趪弦翍娹号 2 炫

谆三合　云　1 蒟

先四合　匣₁　3 旬

匣₂　1 玄 2 炫泫铉贙 3 眴衒（衔）

"旻"属 k 类。"勹"为以母（喻四）字（"旬"从"勹"省声）亦谐 k 类。k 类"均"谐云母"蒟"为例外。"贙""衔""号"均为会意字，不谐 k 类。"玄""弦"均只谐本母。"牵"大徐《说文》云："引前也，从牛，象引牛之縻也。玄声。"似乎"玄"亦谐 k 类。其实"玄"象引牛之鞁具，并非从"玄"声。徐锴认为"牵"是指事字，甚是。

祭　部

泰一开　匣₁　3 夆害姼

皆二开　匣₁　3 祄龁闲齂

齐四开　匣₁　3 颏

泰一合　匣₁　3 会绘

匣₂　3 邁

夬二合　匣₁　话

祭三合　云　3 蕙错

齐四合　匣₂　3 慧

"丰""介""叡""契""舌"（昏）均属 k 类。"会"亦多谐 k 类。"嵩"（"辇"从此省声）心母字，"彗"邪母字，均不谐 k 类。

月　部

曷一开　匣₁　曷鶡褐蝎
　　　　匣₂　蓋
鎋二开　匣₁　瞎轄
　　　　匣₂　黠鎋
末一合　匣₁　秳頢

从 k 类字得声之"曷""害"有时又谐 k 类。"瞎""轄"二字大徐"胡八切",入黠韵,今从《广韵》"胡鎋切",归鎋韵。

元　部

寒一开　匣₁　1 寒韩邗 2 旱騨捍馯骭 3 翰鶾鼾萴馯汗闬扞悍
　　　　　　 敦钎
删二开　匣₁　2 俔
山二开　　 　1 瞷鷴癇騚悢嫺 3 莧
　　　　匣₂　1 閑
先四开　匣₁　2 晛哯蜆睍哯
桓一合　匣₁　1 完莞疏垸奐 3 换榦灦（浣）逭
　　　　匣₂　1 萑雈丸芄纨桓貆狟查絙瓛獂 3 毈（缓）肒
删二合　匣₁　1 环还 2 鯇睆（睕）缳 3 擐轘豢患（闲）
　　　　匣₂　1 鍰戊馬 3 宦
山二合　匣₂　3 幻
仙三合　云　　1 圜洹趄垣爰媛援袁园辕 2 颥远 3 瑗媛院
先四合　匣₁　1 縣 2 眩
　　　　匣₂　2 泫

"耴""干""闲""见""官""睘""乔"均属 k 类。"寒"几乎全谐 k 类。"完""旱""叩"(况袁切,"患"从此声)亦谐 k 类。"丸"只谐本母。"亘""献""原""闵""爰""幻""宦""馬"均不谐 k 类。云母"圜""院"从 k 类字得声,"袁"谐 k 类"睘"均为例外。

縣字不谐 k 类。不过"州縣"的"縣"有 k 类或体。《穀梁·隐元年》"寰内诸侯",《经典释文》云:"寰音縣,古縣字"。颜师古《匡谬正俗》卷八云:"字縣、州縣,字本作'寰'";《广韵》霰韵"縣"字注云:"郡縣也……古作寰"。都采用《释文》的说法。"縣"有 k 类或体"寰",故归入匣$_1$。"俔"大徐"下简切",入产韵,《广韵》"下赧切"入潸韵,今从《广韵》。

歌　部

歌一开　匣$_1$　　1 河苛何荷 3 贺
戈一合　匣$_1$　　2 祸䜋
　　　　匣$_2$　　1 禾和龢盉
麻二合　匣$_1$　　2 踝稞䵃䶴
支三合　云　　 1 为 2 芛夃闬

"可""加""呙""果""戈"均属 k 类。"为"谐 k 类"贵""那""妫"为例外。

缉　部

合一　匣$_1$　合佮佮邰匌
洽二　匣$_1$　祫洽鉿

"合"谐本母,又谐 k 类。

侵　部

覃一　匣₁　1 含唅頷瓵 2 頷頜浛蛤頗搣 3 玲

　　　匣₂　1 马圅（肣）頷涵雷 2 菡東

咸二　匣₁　1 咸鹹鹹

"今"属 k 类。"咸""㕭"亦谐 k 类。"盍"只谐本母。"圅"有俗体"肣"，从 k 类"今"声为例外。

葉　部

盍一　匣₁　盍嗑郃阖

洽二　匣₁　陕厌

狎二　匣₁　狎匣

葉三　云　馇

帖四　匣₁　侠挟绤

　　　匣₂　劦协飀

"甲""夾"均属 k 类。"盍"亦谐 k 类。云母"馇"从 k 类"盍"声为例外。"劦"不谐 k 类。"厌"大徐"胡甲切"入狎韵，《广韵》"侯夾切"，入洽韵，今从《广韵》。

谈　部

谈一　匣₁　1 邯酣 3 谳

咸二　匣₁　2 猰 3 台胎陷鮯

衔二　匣₁　1 嗛衔 2 槛

添四　匣₁　1 慊嫌

"甘""敢""兼""监"均属 k 类。"衔"《说文》云:"马勒中也,从金从行,衔行马者也。"是会意字。敢可均《说文声类》、朱骏声《说文通训定声》均谓"金亦声",今从之。"槛"大徐"胡黯切",入豏韵,《广韵》"胡黤切"入槛韵,今从《广韵》。

根据以上分析的结果,匣₂和云母字跟 k 类字仍有相谐关系的只有 27 例,从谐声的总情况看,同部位的声母之间存在这一点互谐并没有什么不正常之处。由此可见,匣母字根据谐声一分为二确实是可行的。

实际上舌根塞音和喉擦音的互谐情况也显示匣母里含有读塞音的字。请看下面的谐声统计表[⑧]:

	见	溪	群	晓	匣	云
见	521	157	178	51	255	14
溪		98	22	24	45	3
群			67	12	16	1
晓				107	29	30
匣					180	20
云						128

塞音见、溪、群彼此互谐共达 357 次,而擦音晓、云与见、溪、群彼此互谐才分别为 87 次和 18 次,两者相去甚为悬殊。这充分显示了塞音与擦音的差别。但是匣母与塞音诸母的互谐情况却恰恰相反。匣母与晓、云彼此互谐才有 49 次,而与见、溪、群互谐竟达 316 次,后者比前者多出了五倍。这是匣母与塞音关系比较密切的证据。如果匣母字全都读擦音,就不大可能出现这种现象。至于晓母与云母相谐不及与见母相谐的多,那是因为云母字特别少

的缘故,并不能构成塞音与擦音在谐声中大致有区别的反证。由此可见,根据谐声不论是把匣母字不作分析地全部并入云母,或是把匣、云、群三母统统合并起来,都是不恰当的。摆在我们面前的办法只有两个:要么把匣母归群,要么把匣母一分为二,一归群,一归云。前文已经说过,二分法可以避免云母在声韵配合上的局限性,所以应该把它看作最佳方案。

《说文》匣母字不包括或体共503字。一分为二之后,匣$_1$ 356字,匣$_2$ 147字。匣$_2$字数虽然较少,但分布还比较普遍。不仅一二四等都有匣$_2$字,而且在三十一部的十二组中,除幽、侯二组外,其余各组都有匣$_2$字。值得注意的是,幽、侯二组不仅没有匣$_2$字,同时也没有云母字。这说明它们本来就没有ɤ声母字。

g声母在一二四等前在没有前腭介音的情况下变为擦音ɤ,而在前腭介音前保留不变,这就形成了中古的格局。g变ɤ与腭化无关,而且见系字的腭化又是中古以后的事,因而这一变化在没有前腭介音的条件下发生也就不足为奇了。现代广州话来源于溪母的k'多数变为擦音h,如"巧"读hau,"谦"读him等等[⑨],就是舌根塞音向擦音演变的实例。至于g变擦音而其他浊塞音如b,d等不变擦音,不相一致,也算不上什么缺点,更不是不可能的。广州话k'变h,但与k'同来源于送气清音的t'(透母)却没有变,p'(滂母)除一部分三等字变f以外,其余的也没有变。由此可见,发音方法相同,发音部位不同的声母发生不同的演变不仅是可能的,而且也不是仅见的。

二

若干年来，人们从方言中陆续发现一些匣母字读 k 类声母的例子，认为它们显示了匣母有 g 来源的线索⑩。由于这类例子不止一个两个，又分布于闽语和吴语两大方言区，出于偶然歧读的可能性较小，把它们看作古音的遗迹是有一定道理的。现以闽语厦门话和吴语温州话为例，把这类匣母字及其读音列举于下。这些字都是阳调，为了印刷方便，调号一律略去。

厦门　黏(糊)kɔ　怙 kɔ　绘 kue　猴 kau　厚 kau　怀 kui
　　　滑猾 kut　含 kam　衔 kã　咸 kiam　寒 kūã　汗 kūã
　　　縣(懸)kūãĩ　縣 kūãĩ　行~为 kiã　胫 kiŋ

温州　溃~脓 gai　厚 gau　怀衔~冤 ga　馅陷 ga

这里主要根据北大中文系的《方言字汇》，厦门话从罗常培先生《厦门音系》补入"糊、怙、猾、胫"四字⑪。为一致起见，它们的音标则改从《字汇》。《字汇》阳调误作阴调的，如"猴、寒"等，也据罗书改正。《字汇》"环"罗书"镮、寰"都作 k'uan，不符合厦门话群母读 k 的主流，故未列入。《字汇》"号"~码作 ko，罗书"下"山~作 ke，也都符合来源于群母的条件，不过前者只有厦门一处有此读，罗书又作 ho，不作 ko，后者《字汇》又作 e，不作 ke，彼此互不一致，或有误记，所以也没有列入。

把上列的这些例子跟前面我们据谐声对匣母字所作的分类对照一下，不难看出，两者之间并没有什么不一致的地方，这些字我们前面都归入了匣$_1$类，没有例外。这一方面说明我们据谐声字所作的分类是基本正确的,另一方面也反过来说明这些字的塞音读法确是古音的遗迹,彼此可以起到互相印证的作用。

当然,并不是所有归入匣₁的字这两个方言都读 k 类声母,读 k 类声母的只是一小部分,大多数字也和其他方言一样都读擦音声母。显然这少数的 k 类声母只能被看作是音变的残留现象。从读 k 类声母的基本上都是白话音,差不多都有与之相对的读 h 类声母的文言音来看,它们大概是在文言音的不断扩展中仅有的未被取代的部分。既然如此,我们虽然可以根据这两个方言匣母字的 k 类读法推证它们有 g 来源,但却不可以认为这两个方言读擦音的匣母字上古声母也都是擦音。比如"糊"与"湖"《切韵》同音,它们的声母厦门话一读 k,一读 h。既然 k 是 h 向 k 扩展所未及的部分,故与已及的"湖"不相一致。我们可以根据"糊"的 k,推证其来源于 g,但决不可以根据"湖"的 h,推证其来源于 ɣ,这正像北京话"行~为"与"衡"不同声母,一读 ç,一读 x,我们决不能据以推证两字声母上古有不同来源一样。

三

匣母上古一分为二除了现代方言的印证以外,文献上也可以找到一点印证,这就是佛经里的梵文译名。

大家知道,佛经翻译始于东汉桓帝之时,约当 2 世纪 50 年代。这时上古音虽然已开始以较快速度向中古音演变,但上古音的特点仍然有不少保留。所以这一时期的译音材料对考求上古音的声母情况无疑是很有价值的。

东汉时期,匣母字大致用来对译梵文的下列几个辅音,即:g, h,v,p,bh。在柯蔚南《东汉音注手册》所收集的梵汉对音材料里可以找到很多这方面的例子[12]。比如 āgama 译作"阿含",以"含"译 g(安世高),gaṅga 译作"恒河",以"恒"译 g,mahoraga 译作"摩睺勒",以"睺"译 h,sattva 译作"萨和",以"和"译 v,gautamapati 译作"俱贾滑提",以"滑"译 p,ābhāsvaratśu 译作"阿会亘修",以"会"译 bh(以上支谶),等等。表面看来,匣母所对译的梵音似乎很复杂,但实际上只有 g 和 ɣ 两项。对译 h,是因为 h 在两元音之间变浊之故;对译 v 的都是合口字,是因为东汉时期汉语里还没有 v,ɣʷ 读起来与 v 比较接近之故;对译 p,bh 是因为 p,bh 也都变读为 v 之故。柯氏据此认为东汉时期在译经人的语言里匣母字有两种读法,即 g 和 ɣ。这意见大致是正确的,只不过他接受李方桂先生上古匣母读 g 的说法,认为这时的 ɣ 全都是从上古的 g 演变而来,跟我们的看法不一致罢了。这里我们还可以补充两点理由。第一,有时不用现成的匣母字译 v,而另造新字。比如支谶把 cakravāla 译作"遮迦恝",把 gandhārva 译作"揵沓恝",把 upāykauśalya 译作"沤恝构舍罗",都不用现成的"和"字而用新造的"恝"字来译 v。这充分说明用匣母字译 v 是不得已的办法,并不是两者读音完全相同。因此假定对译 v 的匣母字读 ɣ,是完全说得过去的。第二,云母字所对译的梵文和匣母字差不多完全相同,可是就是不用来对译梵文的 g。作为 ɣ 的云母不用来译 g,说明用匣母译 g 既不是因为 g 与 ɣ 发音部位相近,偶然误译,也不是因为 g 在两个元音之间变 ɣ 所致,而是实际读音相同之故。

在柯氏所收集的译名材料里，匣₁和匣₂的对音情况如下：

匣₁　译 g：含　恒
　　　译 ɣ：会　瞁　活　滑
匣₂　译 ɣ：桓　洹　亘　和　愢

匣₂译 ɣ，不译 g，跟我们的分类一致，可以互相印证。匣₁译 g 又译 ɣ，而且译 ɣ 的还多于译 g 的，不仅跟我们匣₁的归类不一致，而且也跟现代方言"滑"读 k 类声母相龃龉。因此这只能解释为东汉时期匣₁中的多数字已经由 g 演变成 ɣ 的结果。

匣₁字的塞音读法到三国时期的译名里仍然保持未变，请看下面支谦的译例[13]：

gaṅgādatta　恒伽达　《撰集百缘经》卷10(4,254页上)
gaṅga　恒加　同上(4,354页上)
anāgāmin　阿那铪　《佛说萍沙王五愿经》(14,780页上)
sakr̥dāgāmin　斯陀铪　同上(14,781页上)

支谦用"铪"，不用"含"，说明他并不是因袭旧译；换译而仍用匣₁字，说明这些匣₁字的声母仍然是 g，至少"铪"字是如此。自晋以下，梵文字母对音大都用群母的"伽"字对译 g 或 gh，未见用匣母字的，只有梁代的僧伽婆罗译《文殊师利问经·文字品》的时候，用"恒"对 ga 是例外[14]。这说明自三世纪中期开始匣₁字大概基本上都已变成了 ɣ。在这以后出现于翻译经文里的"恒伽""阿含"等译名就大都只能看作是因袭的结果了。只到唐代玄奘改译"恒河"为"殑伽"，玄应改译"阿含"为"何伽摩"或"何笈摩"，并批评旧译讹误时[15]，才首次明确揭示出几个世纪以前就已大致完成了的匣₁字由 g 变 ɣ 的陈旧事实。

从以上的分析和论证看，匣母上古一分为二应该说是可行的。不过由于方言和文献所能印证的字不是很多，而谐声的根据又具有一定的弹性，上文对匣母字的分类虽然大致不差，但并不能说已经达到了完美无误的程度，个别字的归类不妥当是完全可能的。这就有待于进一步的研究来解决了。

附 注

① 见 B. Karlgren: *Analytic Dictionary of Chinese and Sino—Japanese*. pp. 20~22, Paris, 1923.

② 见曾运乾《喻母古读考》，《东北大学季刊》，2 期，57~78 页，1927 年；董同龢《上古音韵表稿》，《史语所集刊》，第 18 本，1948 年。

③ 见周法高《论上古音》，《香港中文大学中国文化研究所学报》，二卷一期，109~178 页，1969 年；《论上古音和切韵音》，《香港中文大学中国文化研究所学报》，三卷二期，321~457 页，1970 年。

④ 见李方桂《上古音研究》，《清华学报》新九卷，一、二期合刊，1~16 页，1970 年。

⑤ 见陈新雄《群母古读考》，《锲不舍斋论学集》，61~100 页，台湾学生书局。

⑥ 见罗常培《经典释文和原本玉篇反切中的匣于两纽》，《史语所集刊》，第 8 本第 1 分，85~90，1939 年。

⑦ 见丁邦新 Archaic Chinese *g, *gʷ, *ɣ and *ɣʷ, Monumenta Serica, Vol. XXXⅢ, 171~179, 1977~1978 年；《从闽语方言论上古音中的*g-》，《音韵学研究通讯》，第 9 期，8~11 页，1986 年；喻世长《用谐声关系拟测上古声母系统》，《音韵学研究》第一辑，182~206 页，1984 年。

⑧　据姜忠奎《说文声转表》，1930年石印本。错字漏字作了校正。
⑨　广州话记音据北京大学中文系编《汉语方音字汇》，第二版，语文出版社。1989年。广州话从 k' 变 h，有少部分又进一步变成了 f。如"苦"作 fu，"科"作 fɔ 等等。
⑩　见上引丁邦新(1986)。
⑪　科学出版社，1956年。
⑫　W. South Coblin: *A Handbook of Eastern Han Sound Glosses*, The Chinese University Press, Hong Kong, 1983.
⑬　据日本《大正新修大藏经》，括弧里数字是该书卷页数。
⑭　参看罗常培《梵文腭音五母的藏汉对音研究》后附之《四十九根本字诸经译文异同表》《圆明字轮四十二字诸经译文异同表》，《史语所集刊》，第3本第2分，263~275页，1931年。
⑮　玄奘《大唐西域记·序》"殑伽河"下注云："旧曰'恒河'，又曰'恒伽'，讹也。"(上海人民出版社本，2页，1977年) 玄应《一切经音义》"阿笈摩"下注云："亦言'阿伽摩'……旧曰'阿含'，讹略也。"(日本刻本，卷24，16页上)

（原载《语言研究》1991年第1期）

匣母字上古一分为二再证

一

我在《匣母字上古一分为二试析》①（以下简称《试析》）一文中曾经根据《说文》形声字、梵文对音和现代方言认为匣母字上古一分为二是一个大致可以站得住的假设，即匣$_1$跟群母相同，都是浊塞音ɡ，匣$_2$跟云母相同，都是浊擦音ɣ。现在我想把这个假设用通假字、异文和《说文》读若等资料再来检验一下，看看是否也有同样的反映。

通假字、异文十分浩繁，要作穷尽式搜集，颇不容易。高亨编纂，董治安整理的《古通假字会典》②（以下简称《会典》）收罗还算宏富，我们就以此书为依据。《会典》也收有《说文》读若，但发现有漏误。③为了可靠起见，我们决定直接从《说文》中抄集。

《会典》所收通假字和异文有些不反映语音关系的要加以剔除。这有两种情况。一是异文属于异体字的。比如"寏"与"院"（158），"谔"与"谚"（829），《说文》均指明为或体；"祸"与"旤"（670），"袴"与"绔"（829），颜师古均指明为异体；等等。二是异文属于词义两通的。比如"官"与"宦"（186），"又"与"或"

(370),"谓"与"曰"(488),"乎"与"欤"(833)等等。另外,由于编排的疏误,《会典》中重出的条目很多,当然都——予以删并。

字音一般根据《广韵》,《广韵》没有收的字一般根据《集韵》。偶据它书,则随文注出。一字多音,一般根据常见音或根据与所通假字相同或相近的音。比如"合"《广韵》有"侯阁""古沓"二切,前为匣母,后为见母。当"合"跟见母以外的字相通时,我们根据常见音定其为匣母,如"合"与"协"相通(693),定为匣₁与匣₂相通;当"合"跟见母字相通时,则根据音近原则定其为见母,如"合"与"蛤"相通(693)则定为见与见相通,以致与本文论题无关而不加收录。义别音异的字有时须根据字义定音。比如"㕦"《广韵》"许娇切",晓母,注云:"㕦然,大皃"。此字又有匣母一读,《广韵》未收,《集韵》"乎刀切",义为"风声"。在"㕦"与"号"通假时(799),根据意义,当取"乎刀切",定为匣₂与匣₂相通。

根据以上原则,我们共搜集了跟匣₁群和匣₂云有关的通假和异文2738条,《说文》读若102条。现把这两项资料分别分类胪列于下。"匣₁匣₁"表示匣₁与匣₁相通,"匣₁章组"表示匣₁与章组相通,其余类推。通假字、异文项下,条目后面的数字是《会典》页码,页码后面用逗号隔开的数字是该条出现的次数。为了节省篇幅,读若条目也只并录本字和读若字,其他文字从略。读若条后面的数字是中华书局1963年影印陈昌治刻本《说文》的卷页数。

甲　通假字和异文

（一）匣₁与群

1. 匣₁匣₁

虹红2　红含2　鸿洪3,11　鸿候3　鸿哄3　夅降13　闳宏30
闳纮30,2　闳翃30　闳吰30　吰宏30　纮宏30　纮竑30
刑形50[④],22　刑邢51,2　刑硎51　钘䡴51,3　邢形51,2　浑
混114,9　很狠119　棍混122,3　完羦157　睆绾158　睆皖158
莞苋159,6　绾倪159　梡患159　還環168,6　寰县169,3
轘環169,2　環缳170　韩寒171,7　鹈翰171　翰鵯[⑤]172　雗翰
171,2　翰鞿171　翰鞿171　翰瀚171　寒塞182　旱倬185,2
悍捍185,3　悍骅185　钎捍185　遁活186　现岘189　瞷澜190
咸械230　衔行232　衔嗛232,4　含玲232,3　含晗232　含
合233　臽陷251　陷洺252　陷铭252　嫌嗛255　桁衡278,2
荇杏278,3　珩衡278,4　衡行278　衡横278,18　衡蘅279,6
黄横286　黄璜286,4　黄蟥286　横簧286,4　横璜286,2　横
撗287　横潢287　潢滉287,2　杭航288,7　杭沆288,2　舡舩
289　侯候323　侯篌323,2　侯何323　侯猴323　侯胡323　侯
鍭323　后郈324　后後324,30　后厚324　后垕324　郈厚325,
4　後厚325　觳斛342,2　骇骇383,8　亥核383　侅骇383,2
孩咳384,3　孩骇384　劾核384　骇骸384　骇咳384　核覈
384,3　虾蛙446　畫澫448　毃係453,2　系係454,2　係傒

454,2　奊傒454,4　奊徯454,4　奊貕454　奊騱455　傒徯455　傒蹊455,2　潰袷491,2　潰殨491　缋会491　缋绘492,4　缋绘492　瘣瘒500　瘣蘾500　瘣坏500,2　槐懐501　谐鳛517　滑猾524,4　褱懐534,5　懐壞534,5　懐裹534,6　盇阖614,2　盇鹖614　曷鹖615,2　曷害615,5　曷何615,6　会绘620　会珨620　会合620　颌活621　活咶622　害辖627　辖鎋627,2　辖螛627　苛何664　苛荷664,8　河何665,6　河荷665　荷荷665,2　荷何665,12　合袷693,2　合洽693,2　洽郃693　洽袷694　匣枑697,4　狎挾697　狎狹697　狎陕697　狹陕698,5　狹陕698,3　狹陜698,2　狹硤698　峽陕699,2　陜陕699,4　嗥㹆711　皞昊711,16　皞皓712,4　皞浩712　皞颢712,2　昊颢712,3　学鸳726,2　学滑726　学校726　敩效726　鹄浩727　鹄鹤727,6　皓浩728,5　皓昊728,2　皓颢728　浩皓728,2　浩昊728　嚆鄗787　嚆鹤787　嚆雇787,2　鄗皓787　豪毫787,10　豪濠787　豪崏787,2　镐鄌788,5　镐蒿788　镐滈788,2　爻效792　爻肴792　肴敩792,12　敩崏792,7　敩浠793,2　敩餚793　効效794,7　効侅794　效校794　效侅794,6　户后858　户扈858,5　庐扈859,2　扈喜859　扈峿859　胡鸎863　胡瑚863,3　胡遐863,2　胡湖863,2　怙翉866　遐瑕869,4　遐霞869　蝦蝦869　蝦瑕869,2　蝦椵869　瑕霞869,2　霞椵869,2

2. 群群

邛鸳3　邛碧3　邛蛮3,2　邛堊3　穷芬32　茕惸47,7　茕睘48　茕嫏48,3　擎鲸52　矜忮96　矜糧96　祈近124　祈圻

124,2　祈畿 124,2　祈祁 124,4　祈祺 124　近畿 125　旂旗 125,3　芹蕲 125,2　圻畿 125,7　蕲勤 125　堇仅 125　堇勤 125,4　勤觐 126　勤廑 126,6　勤憨 126　勤期 126　憨廑 126　廑仅 126　觐瑾 126　馑殣 126　殣墐 126　权鏊 164　权拳 164,2　楑键 192,2　拳倦 193　倦勤 194,4　倦惓 194　蜷蜷 194　虔棱 194,2　虔黔 194(233),2　黔禽 233,2　黔黚 233,2　黔眑 233　黔鲸 233　禽琴 234　狂骛 275,2　竞惊 290　鳢鲸 294,2　强襁 294　朐䩷 338　朐胹 338　局踘 339,2　丌其 377(378)[6],6　其亓 377　其期 377,13　其旗 378,2　惎忌 378　其畁 378　朞忌 379　綨騏 379,2　綨期 379,10　綨忌 379,2　綨葵 379　綨淇 379,2　旗期 379,12　旗祺 380　期旂 380,3　旗綨 380　旗棋 380　騏璂 380　騏麒 380,2　某期 380　綨淇 380　期蕲 380　期忌 380　期谋 380,2　忌鹝 381　忌极 381,7　伎忮 458,2　伎技 459,11　伎跂 459　伎跋 459　伎歧 459　歧岐 459,2　岐郊 460,4　馈馉 490,28　葵樬 492　謍耆 517　倔掘 523　掘堀 523　堀壓 524　耆謍 571,2　謍鳍 572,2　臬洎 575　臬暨 575,3　洎暨 576,2　偈揭 615　偈傑 615　揭竭 616,3　揭碣 616　揭桀 616　楬桀 617　蹙撅 620　橛撅 620,2　桀傑 624,9　傑滐 624　奇琦 666,2　奇锜 667　碕圻 668　仇述 729,3　仇裘 729　仇厹 729,5　仇鼽 729　仇朹 729　颀㤒 729　颀颟 729　馗求 730　㤒逑 730,3　芁朹 731　臼舅 732　臼咎 732,5　舅咎 733,7　舊咎 733　欨磨 733　求裘 737,4　求逑 737,2　求殊 737　俅颒 737　俅绿 737,2　乔侨 789,9　乔桥 789,3　乔鸐 789,2　乔峤 789　乔轿 789,3　跻蛴 790　跻侨 790　桥峤 791　桥轿 791,3　侨蛴

791,5　巨讵870,3　巨秬870,27　巨距871,3　巨岠871　巨渠870,2　巨虡871　拒距871,11　距岠871,2　距钜871　距駏871　岠駏872　岠狚872,5　钜虡872　钜遽872　钜渠872　渠讵872,2　渠蟊872　渠鯫872,2　渠遽872,2　渠蕖872　渠籧872,3　渠籧872　瞿懼874,3　瞿臞874　瞿衢874　瞿籧874　瞿鸜874　攉欋874　懼懓874,2　懓懼874　虡遽877　虡鐻878,3　遽醵879　遽蘧879,2　遽籧879　臄醵879　篆籧879,2　璩蘧879,2　璩鐻879　璩籧879,3

3.匣₁群

鸿蜑3,2　圖傮123　環蜎169,3　含黔232,2　侯朐323　撝掘523,3　扪掘524,4　滑掘524,2　曷偈615　荷茄666　何奇666　骼鮥733　镐桥788

（二）匣₂与云

1.匣₂匣₂

荧萤46,3　荧荥46,4　型铏52　幸倖56　玄眩75,4　玄袨75　玄駭75　玄駒75　玄炫75　玄玹75　弦滋76　弦絃76　弦铉76　眩朐76　眩幻76　眩眩76　圂溷120,2　丸芄162　丸桓162　汍萑162,2　疣肬162　萑蘿162,8　狟桓165,2　狟貆165　桓和166,3　洹和166　闲润191　函蛹251　翚皇274,4　皇遑275,8　皇徨276,6　皇艎276　皇凰276,9　皇騜276,2　皇蘁276,2　皇湟276,3　皇隍276　皇煌276　偟遑277　偟徨277,2　喤锽277　喤煌277　锽韹277　湟徨277　湟隍277,2　皇惶277　遑徨277　或惑372,10　褟驦448　褟鄘448　褟鑴

448　攜鸒448　攜懼448,2　觽鑴448,2　分咅⑨451　慧惠503,
12　惠蟪503　憓譿504　回佪504　回徊504,6　回迴504,9
回洄504　佪迴505　徊迴505　盉和668,2　和禾668,2　劢飑
695　协勰695　鸮號799　乎虖832,14　夏下849　嚄獲859
护濩859,7　护獲859,3　护穫859　獲韄859　獲穫859,6　檴
穫859,2　濩濩859　濩鑊859,2　壶椔860　互鮋860　华骅860
　2.云云
蛛雄15,2　雄熊31,5　荣蛛48　云员107,5　云纭108　云芸
108　云雲108　抎陨108,2　抎殒108　抎肒108　耘芸108,7
耘殒108　耘陨108　贠芸108　贠郧108　芸雲108　沄纭108
邳郧108,2　员圆108,6　陨员109,4　员运109,2　员圜109,2
　殒陨109,4　圜陨109　圆圜109,5　陨贠109,7　陨碩109
陨郧110　郧運110　运辉113　運郓113,11　運围114　運违
114　郓伭⑩115　起爰165　洹園166　袁辕167,5　袁爰167,
11　辕爰167,6　辕瑗167　辕榬167　辕園167　遠苈167,7
遠瑗170　遠援170　猿猨170,5　猿蝯170　爰鷃172,2　爰媛
172　爰援172　媛援172,3　猨蝯172　永咏273,4　又有369,
36　又宥369　侑囿370　有右370,2　有宥370　有域370,2
有友370,2　侑右370,3　侑宥370,8　侑祐371　宥右371,3
宥尤371　右祐371,13　右佑371,9　佑祐372,5　尤訧372,3
尤邮372,16　惐减373　緎罭373,2　谓彙488　谓位488　谓胃
488,6　谓为488,16　彙蜟489,2　彙蕇489,2　彙伟489　彙渍
　489　韦违505　韦围505,3　伟玮505　伟违505　伟韪505
违围505,2　违为505　违运505　纬苇506　纬敉506　围圛506

桦炜506　甏德506　曰汩612　曰粤612　粤越612,25　戉鉞
618,4　越迤618　越鉞618,2　为于662,3　为爰663　沩芴663
郮陹664,2　于迂823,4　于为825,2　于芋825　于杅825
于邘825　于盂825　宇芋826　于寓826,6　衧杅826　盂雩826
盂杅826,3　盂竽826　盂邘826　衧芋826　芋雩827　雩羽
827　禹萬848　擂楇848　楇萬848,2

3. 匣₂云
荧莹46　荧荣46,3　荥荣48,2　瞢濴48　桓远166　桓垣166
圜園169,7　皇王274,8　皇往275　皇暀275　惠谓488　惠
渭489　楎辖504　惠辖504　回违504,4　回围505,3　泂裯505
壺韦505　乎于824,20　壺于827,2　虖雩827,2

(三) 匣₁群与匣₂云

1. 匣₁匣₂
形荆50,12　刑铏51,2　刑型51,2　鈃铏51,4　怪悙54　縣玄
75,3　懸玄75,2　橫玄75　渾潫115　豢圂120　完桓157　垸
丸158,2　莞萑158,3　韓桓166,2　还皇169　环锾170,2　间
闲189,29　娴闲190(191),2　瞷骟190　咸函230,2　含函233
(251),9　台函251　雉堇275,2　雉皇275,2　黄皇276,10　蟥
皇276　镤锽277　簧篁277　黄湟277　潢湟277　熿煌277　璜
瑝277　辖牵627,4　合协693,2　洽协693,2　嗥號711,3　豪
勢①788　屆鄂827,2　瓠濩829　瓠壺829,2　胡乎832　睱夏
849,2　狐壺858,8　弧壺858　餬互860　涸泑860,3　霞華860
胡號863

2. 匣$_1$云

环荣48　钘荣48　魂员108　烀运114　越越618　户雩827

3. 群匣$_2$

缰弦76　拒和166　巨互860　櫃枑860

4. 群云

虔熊35　狂往275,2　臼杵732

(四) 匣$_1$群与见溪

1. 匣$_1$见

红功1,4　宏肱30,2　弘弓30　恒亘31　恒拒31　恒绲31　恒缰31,2　恒兢31　刑径51　刑到51　邢耿51,3　刑荆51　含荆51　陉圣54　刑径55　贤取87,4　贤坚87,3　浑衮112　浑昆114,4　限艰120,2　混昆121,4　混绲122　擃窘123　完茕157　睆简158　睆刮158　捖刮158　莞薑158　莞菅159,2　浣塞159　浣盥159,3　浣管159　环纲169　韩乾171　翰幹171　翰榦[12]172　奚塞182　汗旰185　苋管187　鐬馆187　会冠187　睍简189　睍睍190　咸感230　咸缄230　咸减230,4　咸禁230　撼感230　憾感230,12　嫌兼255　黄光285,2　横光285　潢洸286　愰洸286　黄廣286,3　横桄287　侯猴323　候猴323　后姤324　逅觏325　後句325　械戒383　骇戒383　亥垓383　亥该383　亥胲383　核荄384　核楖384　咳贲385　翮棘386　系继454　奚鸡454　骎鸡455　鹥鹓524　扣骨524　潓溉[13]528　盍盖614,3　盍甲614　阖盖614　害盖614　鹖鸹617　害列618　会脍620,2　会袷620,3　会袷620　绘袷621　害

匣母字上古一分为二再证　33

割627,3　荷柯665,4　何假666　祸过670,3　洽给693,2　浩
阁695　狎甲697,2　狎闸697　峡岬697　挟夹698,2　挟夹
698,4　侠颊698　陕颊699　浩皋710(711),2　嗥皋710　獐皋
710　嗥皋711　学教726,5　学觉726　敩教726　部高786,2
鄩晶787　蒿缟788　部郊788,3　皞晶789　殺郊793　檄徼795
画寡849　狐孤857,4　弧柧858　瓠瓢858　扈雇859　胡姑
862　涸固864,2　瑕固864,2　遐假867　暇假868,5　瑕假
868,9　瑕葭869

2. 匣₁溪
弘靱31　倪磬56　混犬122　完宽157　完髡157　钎靬185
咸钦230,6　含龛232　欲坎251,3　谦阚252　嫌慊255,2　嫌
谦255　笘兀288　沆兀288　餱糗323　孩刻384　劾刻384,2
阂开384　核克384　奚豀455　蹊豀455　蹊豜455　槐魁500
槐块501　滑屈523,3　阁庐614　何可664,5　何蚵664　瑕考
725　皓酷728　豪跅787,3　夒夒769

3. 群见
穷躬31,4　競兢32,3　鲸鲲122　群颛123　祈幾124,3　祈機
124　祈刉124,2　芹荁125　勤谨125　堇谨126　仅谨126,2
墐囏126　権爟165　蹇赛182,2　键赛182,2　键建192,2　楗
揵192　拳卷193,5　拳捲193,3　拳紥193　倦卷194,2　婘卷
194　踡卷194　唫禁232　钤衿232　衿禁233　伶禁234　伾赾
275　競竟291　疆疆293,12　疆京293　强京294,3　强荆294
鲸京295,2　朐句337　朐脶338　朐鮈338　猢狗338　蚼驹
339　鸲驹339　桥桍339　具俱339,6　其箕377,2　其基377,3

其己378,8　其记378,2　其朞378　旗箕378　綦基379,2 期基380　錤基380　期朞380　忌己381,4　極亟382,4　極殛 382,7　伎几459　馈贵489　馈歸490,6　畿幾515　亦幾515 畿機516　耆饥517　掘抾524　掘汩524　偈愒615　橛橜619 欘欮619　撅嶡619　檗蹶619　蹷蹻620　奇寄666　奇畸667,3 奇羈667　锜踦668,2　及伋696,2　及汲696　及急696　仇 鸠729　仇鵤729　馗鸠730　逑鸠730　俅鸠730　舊久733　求 救737,2　怺救737　绖胶738　桥槁788,2　乔骄789,5　峤矫 791　桥矫791,4　侨矫791　桥骄391　桥槹791,2　锈赳791 巨矩870　拒矩871,2　惧矍874　蘧據879,2　劇莒879　籧莒 879

4. 群溪

郡髡123　芹荁125　圻碕125　倦券194　唅嶔232　钳堪 259　蜞欺379,2　忌杞381　匮屈491　匮簀491　匮劂491　掘 屈523　堀屈523　掘阙523,2　掘坅523　掘窟524　堀窟524,4 偈揭615,2　偈憩615　愒潏615　愒憩615　竭渴617,2　奇 觭667　距却871　躍躩874

(五)匣₂云与见溪

1. 匣₂见

萤蠲48　悻硁55　惠懁168　宦贯187　闲间191,2　涵减231 涵检251　穴佹510　號皋711　夏榎849　夏榎849　铧钁860

2. 匣₂溪

萤蚈48　弦汧76　湟湮275　皇匡275　或克372　淮匯498,3

慧快 504　和呂 668　婹娇 827

3. 云见

韵均 79　员麋 109,2　员矕 109　缋绢 109　賨昆 110　運绎 113
晕君 115　浑晖 115　永景 273　蜮蝈 373　帏袿 506　萬矩 848

4. 云溪

態堪 35　韦壶 78　笭夸 829　禹鳙 848

(六) 匣₁ 群与晓

1. 匣₁ 晓

鸿项 3　硳訇 31　浑挥 113　浑骊 115　浑晖 115　熿焕 167　還
儇 168　繡憺 448　瘣㥮 500　魄㥮 501　滑忽 525　滑智 525　何
呵 664　洽歆 693　镐摇 788　鄗歊 788　戶虖 834

2. 群晓

婘儇 168　愒猲 615

(七) 匣₂ 云与晓

1. 匣₂ 晓

汍涣 162　桓宣 165,2　洹溪 166　皇兄 277　皇况 277　惑棫 373
兮呵 451　盼肸 451,2　和休⑭ 668　协歙 694　號呺 799　乎呼
832,13　乎戯 832,3　乎嚤 833　乎谆 833　华訏 860　华赫 860

2. 云晓

雄羆 31　嵘嶍 48　陨埙 110　爰咺 165,2　援咺 165　垣烜 166
瑗奂 167,2　援奂 167　援煖 172,2　炎焱 247,2　罭箲 373
谓讳 489　玮讳 505　帏袿 505　纬㥮 506　韄嚄 506　钺喊 618

于吁823　芋吁825　杅盱825　汙盱825　芋訏826　盂霍826
雩虎827

(八) 匣₁与影疑章组端组精组帮组

1. 匣₁影

脁餲323　曷遏615　何阿665　河阿665,5　荷阿665　荷倚666
弧汙827　瑕亞857

2. 匣₁疑

浑阮115　圜银120　完元157　杬玩157　杬蚖157　圜圆169,2
颔颌232　含吟233　後讹325　庬魏501　浩傲728　豪獒787
鄁艾789

3. 匣₁章组

匣₁章：横章286,2

匣₁常：贤肾87,2　侯授323

匣₁日：晛然189,2

4. 匣₁端组

匣₁定：嬧隤491　溃隤491　溃癀491

匣₁彻：陷诌252

匣₁来：嫌溓255　翾飖472

匣₁以：鸿涌3　還营47,2　環营47　形盈49　行衍188,2　陷
　　尤251　侯惟323　脁腴323　侯惟496　穴通510　会裔
　　553

5. 匣₁精组

匣₁精：挟浹698　挟接998,2　挟帀698

匣₁邪：蠉旋 170
匣₁生：侯搜 323
6.匣₁帮组
匣₁帮：横方 287　鹄鸨 727　胡篦 863
匣₁並：横彭 287

(九)群与影疑章组端组精组

1.群影
狂枉 275　其綮 378　期亚 380　技猗 459　奇倚 666,5　骑倚 667
2.群疑
祈沂 124　倔崛 523　锜齮 668
3.群章组
群章：祁震 141　岐支 458　耆支 458　歧枳 459
群昌：憼瘛 620　劇處 877　遽處 877
群船：祈示 568,2
群书：耆蓍 572
群常：葵脽 492,2　耆嗜 571,41　仇讐 729,5　距竖 871
4.群端组
群端：祁邸 566
群定：聆亭 234　黔黕 239
群知：彊张 293
群澄：述逐 737
群来：倞谅 295　骐骥 380　阢黎 517
群以：茕营 47,2　匱遗 490,3

5. 群精组

群精：其兹 378

群清：权铨 164　葵蔡 492　渠疽 872,2

群从：彊戕 293

群心：倦随 194　咎囚 733　渠睢 872

群庄：梂甑 734

群初：擦察 489

群崇：渠钼 872

(十) 匣₂ 与影疑章组端组精组帮组

1. 匣₂ 影

萤嗌 48　或威 372　兮猗 451,2　华纡 826,2　华汙 827　华陓 829,2　华於 831

2. 匣₂ 疑

玄元 75　皇義 277　夏雅 849

3. 匣₂ 章组

匣₂ 章：协汁 695,5　叶汁 696,2

匣₂ 日：褐爇 553

4. 匣₂ 端组

匣₂ 透：貆端 165

匣₂ 定：函导 251　函道 251　函咯 251　和荡 269

匣₂ 彻：婷侘 827

匣₂ 来：丸卵 162　闲练 191　闲阑[15]191

匣₂ 以：荧营 46,4　徨洋 271　维褐[16]498,2　淮濰 498　惠夷 504

5. 匣₂精组

匣₂清：锾镤172

匣₂心：锾选172　淮睢492,2

匣₂邪：慧徇81　桓旋166,2

匣₂生：湟生275,2

6. 匣₂帮组

匣₂明：玄眠75　壶瓶860

（十一）云与影疑章组端组精组帮组

1. 云影

荣荌48,2　有噫370　于於823,63

2. 云疑

爰元157　伟危505　围垝508　为伪662,15　为帛663　于伪824　枑虞826　謣讶828

3. 云章组

云日：熊然35　有如370　有爾370　于如825

4. 云端组

云定：永诞177　炎惔[⑰]247,3　炎淡247

云透：违退505

云泥：熊能34,3

云来：邮旒372　位立703,6　位泣703

云以：于用9　荣营47,8　莹营47　熊赢50,2　苇芦76　炎焰247,6　永羕272　永漾272　有以370,3　为惟496,4　为维498,2　伟韦505　曰聿535,6　曰遹554　于與825

于以 825

5. 云精组

云精：援剪 172

云清：戬截 373

云心：郯郇 81　雲损 108,2

云邪：郯徇 81

6. 云帮组

云明：于诬 825　芋帆 826

乙　《说文》读若

(一) 匣₁与群

1. 匣₁匣₁

瑎谐1上,13上　蕻坏1下,22上　挈贤2上,29下　趌孩⑱2上,36下　魝踝3下,63下　闬縣⑲3下,64上　胎陷4下,90下　觳斛4下,94下　桦浑6上,122上　桦鸿6上,123下　郕奚6下,134上　颏禊9上,183下　頄懯⑳9上,183下　庋环㉑9下,192下　骰含10上,206下　韩浣10下,213上　愫膴10下,221下　㷄学11上,232下　涸貈㉒11上,235上　亍徯㉓12下,267下　螝溃13上,278下

2. 群群

趣劬2上,36下　趋荥2上,36下　莶权2下,44下　訄求3上,57下　詯竸3上,58上　乑逑3上,59上　玦琴3下,69上　肌

簹4下,89下　虖矜5上,103上　攘悸7下,153下　仜紅8上,163上　廜紒9下,194上　亅綮12下,267上　坁㟥13下,288上　荤荧14上,302上　銈狂14上,303下

(二)匣$_2$与云

1.匣$_2$匣$_2$
鮇和2下,48下　譮画3上,55上　䍿皇4上,75下　萑和4上,77下　贊迥5上,104上　樗华6上,117上　貆桓9下,197上　馬弦10上,199上　繣画13上,275上

2.云云
趯又2上,36下　鞾运3下,60下　鸩运4上,80上　圆员6下,129上　貺郧6下,129下　觊运8下,177下　颙陨9上,182上　忧祐10下,222下　雩禹11下,241下　姷祐12下,262下

(三)匣$_1$与匣$_2$云

1.匣$_1$匣$_2$
镐骦1上,12下　曷璮1上,12下　害遝2下,39上　厤函5上,100上　镐骦5上,103上　雔皇5下,113上　坒皇6下,127上　含马7上,142下　瑕㝎9下,197下　环马10上,199上　芫丸10上,203下　陉绊13上,272上

2.匣$_1$云
混沄11上,230上

(四)匣₁群与见溪

1. 匣₁见

嗑甲 2 上,33 下　患脘 4 下,89 下　皓槢 6 上,115 上　楇过 6 上,124 上　皓槢 6 下,128 上　魟冈 11 下,245 上　洪巩 12 下,269 上　挟铗 14 上,294 上

2. 匣₁溪

鞼穹 3 下,61 上

3. 群见

铔赳 2 上,36 上　逵踣 2 下,47 下　畿肌 4 下,87 上　虞蒉 9 下,197 上　絇鸠 13 上,276 上

4. 群溪

趋鼓 2 上,36 上　董趛 2 上,37 上　妓跂 12 下,262 下　帮帬 14 上,301 下　臩杞 14 下,309 上

(五)匣₂云与见溪

1. 匣₂溪

携盻 4 上,71 下

2. 云见

运鹎 4 上,80 上　蘷蒉 9 下,197 下

(六)群与晓

脉休 4 下,88 下

(七) 云与晓

盇灰 5 上,104 上　盇贿 5 上,104 上

(八) 匣₁与端组精组帮组

1. 匣₁端组

匣₁定：含峇 2 上,31 上

匣₁娘：瓠辛 10 下,214 下

2. 匣₁精组

匣₁精：咸䇲 12 下,266 下

3. 匣₁帮组

匣₁帮：桧迸 2 下,42 上

(九) 群与影端组

1. 群影

莙威 1 下,18 上

2. 群端组

群澄：祁虵 13 上,280 上

(十) 匣₂与端组

匣₂以：繐维 13 上,275 上

(十一) 云与精组

云邪：彗镨 14 上,295 上

二

现在先讨论通假字和异文。为了观察的方便,我们不妨根据上列材料,把匣₁群和匣₂云自通、互通以及它们跟其他声母相通的情况分别作出统计,列一总表于下。唇音和舌齿音跟要讨论的问题关系比较远,除来母和以母单列外,其他都以声组为单位,不再逐一分列。端组包括知组,精组包括庄组。

表 一

	匣₁	群	匣₂	云	见	溪	晓	影	疑	章	端	来	以	精	帮	总数
匣₁	546	23	140	6	207	49	17	12	14	6	4	2	13	6	4	1049
群		436	4	4	183	32	2	10	3	59	5	3	5	12		758
匣₂			198	63	13	11	34	10	3	8	6	3	9	9	2	369
云				366	12	4	28	66	22	4	9	8	35	6	2	562
																2738

先看表中的匣₁群和匣₂云。可以设想,如果像我们所假定的那样,匣₁群和匣₂云分为两类的话,那么这两类必然是自相通代的多,而互相通代的少。事实究竟如何,请看表二中两类自相通代和互相通代,以及它们各自所占两类出现总数的百分数。

表 二

出现总数	自通数	百分数	互通数	百分数
2738	1632	59.61	154	5.62

互通数只占出现总数的百分之五多一点。这样的互通比例不仅比《诗经》脂微两部之间百分之二十五的通押比例要低得多,就是比

冬侵两部之间百分之十一多的通押比例也仅及其半[24]。自通比例数超过互通竟达近十倍之多。一般说,通假字对语音关系的要求往往不及押韵严格。匣₁群与匣₂云之间的通代比例既然大大低于一些《诗经》韵部之间的通押比例,它们应当分为两类就是比较可信的了。

其次我们还可以看一下匣₁群和匣₂云两类分别跟喉牙音中的塞音见溪两母以及擦音晓母的通代情况。请看表三。

表 三

	见	溪	晓
匣₁群	390	81	19
匣₂云	25	15	62

表中塞音未包括影母,这是因为影母的喉塞音在听感上跟擦音ɣ比较接近,通ɣ与通塞两可,不足以作为检验与之相通的声母是否为塞音或擦音的根据之故[25]。从表中可以看出,匣₁群通见是其通晓的20.53倍,通溪是其通晓的4.26倍,反过来匣₂云通晓是其通见的2.48倍,通溪的4.13倍。这种差距不仅显示了匣₁群跟匣₂云有区别,而且也显示了匣₁群是塞音,匣₂云是擦音的事实,跟我们的假设完全吻合。

还有一点须要说明一下。从表一我们可以看出,匣₁跟匣₂相通140次,而跟群相通只有23次,跟云相通只有6次,好像匣₁跟匣₂的关系要比跟群或跟云的关系近,从而跟我们的假设不太一致。其实这种现象是另有原因的。我们知道,群母和云母都只有三等,是细音之类,而匣₁和匣₂都只有一、二、四等,是洪音之类。洪细之间较少通代是一种比较普遍的现象。比如匣₁跟见、溪两母相通共256次,其中跟三等相通的才27次,只不过占相通总数的百分之十多一点。反过来,群母跟见、溪两母相通共215次,其中跟一、二、四等相通的才只有14次。只占相通总数的百分之六多一点。这都说明洪细音之间不太通假的事实。甚至在谐声字里也有这种现象。请看表四。

表　四

	总数	洪洪	百分数	细细	百分数	洪细	百分数
帮	475	112	23.57	291	61.26	72	15.16
滂	316	61	19.30	190	60.13	65	20.57
並	585	132	22.56	355	60.68	98	16.75
明	535	241	45.05	226	42.24	68	12.71
总数	1911	546	28.57	1062	55.57	303	15.86

这是根据陈复华、何九盈两同志《古韵通晓·三十部归字总表》[26]所收谐声字作出的统计。一字有洪细两读的,作洪还是作细,依其所谐字而定:谐洪时为洪音,谐细时为细音。从表中可以看出,各声母洪细互谐的百分数都比较低。滂母最高也不到百分之二十一。明母最低,竟低到百分之十二多。四母洪细互谐总数还不到百分之十六,虽然比通代字略高一些,但是洪细有别的大势,也是十分明显的。由此可见,匣$_1$跟匣$_2$的相通多于它跟群母及云母的相通并不能作为匣$_1$跟匣$_2$关系近,跟群母及云母关系远的证据。

三

其次讨论《说文》读若。下面是跟匣₁群和匣₂云有关的读若统计表。表中章、端、精、帮代表声母组,与表一同。

表　五

	匣₁	群	匣₂	云	见	溪	晓	影	疑	章	端	来	以	精	帮	总数
匣₁	21		12	1	8	1				2				1	1	47
群		16			5	5	1	1		1						29
匣₂			9			1					1					11
云				10	2		2						1			15
																102

跟讨论通假字的办法一样,先根据表五统计一下匣₁群和匣₂云两类之间自注和互注的情况,问题就清楚了。请看表六。

表　六

出现总数	自注	百分数	互注	百分数
102	56	54.90	13	12.75

互注比例数占总数的 12.75%。虽然较通假字还要高出一倍,但与《诗》韵冬、侵两部的混押相差不远,因而匣₁群跟匣₂云区别的大势,在读若里还是得到了明确的反映。在《试析》一文中我们曾经指出,东汉时期,匣₁的字有一部分已经转入了擦音。读若中匣₁群跟匣₂云互注比例高于通假字,可能与匣₁的这种演变有关。

现在我们再来看看匣₁群和匣₂云跟喉牙音中的塞音见溪两

母以及擦音晓母的相通情况。下面是统计表。

表 七

	见	溪	晓
匣₁群	13	6	1
匣₂云	0	1	2

匣₁群通见是其通晓的13倍,通溪是其通晓的6倍。反过来,匣₂云则根本不通见,而其通晓又是通溪的2倍。情况跟通假字基本上一致。这种差距也明显地反映出匣₁群是塞音,匣₂云是擦音的事实。

根据以上的统计分析,可以清楚地看出,匣₁群和匣₂云在上古应当分为两类的假设在通假字、异文和《说文》读若里也得到了比较充分的支持。这十分有力地说明这一假设具有比较宽广的事实基础,是一个可以站得住的假设。

附 注

① 《语言研究》1991年第1期。创刊十周年纪念专辑,118~127页。
② 齐鲁书社,1989年。
③ 如"䎽,读若浣"(10下,赤部)即漏收;"稾,读若皓"(6下,禾部),"稾"误"槁"(728页);等等。
④ "形、刑"等字《会典》认为一律从"井"声,虽不无道理,但缺乏确证。今仍依《说文》分别"开""井"二声。
⑤ "䳿"见于汉帛书,当即"鹁"之别体。
⑥ 此条分别见于377页和378页,但内容不重。今合为一条,而将后出页码置于括弧中。以下类似情况不再出注。

⑦ "蓳"此处当是"萑"的俗写或误写,非"蓳雀"之"蓳"。
⑧ "涧"《字汇补》"何山切"。
⑨ "眘"当是"盼"的别体。
⑩ "侭"《字汇》"羽敏切"。
⑪ "敕"《说文》从力,敕声(13 下,力部)。大徐"五刀切",但《广韵》"胡刀切"。今据《广韵》及谐声归入匣$_2$。
⑫ "榦"见于汉帛书,当即"榦"的俗体。
⑬ "瀣"见于《说文》新附,云:"从水,韰省声"(11 上,水部)。"韰"《说文》从韭,叡声(7 下,韭部)。"韰"《广韵》"古代切"。可见"瀣"当归匣$_1$。
⑭ "休"原作"怀",今据马王堆汉墓帛书整理小组《马王堆帛书〈六十四卦〉释文》(《文物》1984 年第 3 期。下简称《释文》)改。
⑮ "阑"见于帛书《六十四卦》,《会典》原作"闰",今据《释文》改。
⑯ 此条两见于帛书《六十四卦》。《易·习坎》"禈"《会典》作"礑",今据《释文》正。《易·随·上六》"禈"原作"蒿",今依《会典》改。
⑰ "炎"《广韵》"于廉切",属云母。从谐声看,人多疑《广韵》误。
⑱ "趄"从走,里声。《广韵》"户来切"。此字《集韵》有"枯回切"一音,而从里之"悝"也是溪母字,当归入匣$_1$。《试析》漏述,今补。
⑲ "闵"《试析》归入匣$_2$。此字未谐其他字,但《说文》读若縣,故今改为匣$_1$。
⑳ "戆"《广韵》"呼贡、陟降"二切,无匣母音。《汉书·张陈王周传》:"王陵少戆。"师古曰:"戆,愚也。旧音下绀反,今读音竹巷反。"既然"下绀反"是旧音,又跟"顑"音相近。故依据之。
㉑ "戊"和下行"㥥"《试析》归入匣$_2$。此二字不谐其他字,但《说文》读若与匣$_1$发生关系,故今改为匣$_1$。
㉒ "豻"《试析》漏述,此字与"貉"往往代用,今归入匣$_1$。
㉓ "徯"《说文》作"俟",今从段注正。
㉔ 脂微混押数据王力《上古韵母系统研究》,《汉语史论文集》,77~156 页,科学出版社,1958 年;冬侵混押据拙作《古韵鱼侯两部在前汉时期的

分合》,《中国语言学报》1983年第1期,127~138页。

㉕ 影跟匣$_2$云相通76次,比跟匣$_1$群相通的22次多几倍。不过前者主要为"于於"二字相通,占63次之多。此二字最初虽然凭语音关系假借为同一介词,但以后彼此通代可能与词义相同有关,不一定全是音近所致。

㉖ 社会科学出版社,1987年。

(原载《中国语言学报》1995年第7期)

古韵鱼侯两部在前汉时期的分合

一

到目前为止,对前汉韵部作过系统研究的只有两部书。一是于海晏的《汉魏六朝韵谱》[①](下文简称《韵谱》),一是罗常培、周祖谟两位先生合著的《汉魏晋南北朝韵部演变研究》[②](下文简称《研究》)。关于上古鱼、侯两部到了前汉时期究竟是合还是分,《韵谱》没有提出很明确的看法。表面上它把中古歌、戈、麻三韵(举平以赅上去入,下同)标为一组,鱼、虞、模、侯四韵标为另一组,好像它是认为上古鱼部有了分化,即鱼、虞、模韵字并入了侯部,而麻韵字并入了歌部。实际上,它在字表里不仅歌、戈、麻组列有鱼部麻韵字,鱼、虞、模、侯组也列有鱼部麻韵字,而且很多字还是两组并见[③]。这说明《韵谱》只是把现象摆出来,并没有下什么明确的结论。不过,麻韵字在上古入鱼部的多,入歌部的少,而《韵谱》在标目上把麻韵放入歌部一组,而不放入鱼、虞、模、侯一组,多少反映了它的一点倾向性。就前汉时期来说,这种倾向性有没有根据呢?要弄清楚这一点,我们不妨先看看在《韵谱》自己所收集的材料里,鱼部麻韵字通歌部和通鱼、侯部的情况:

麻→鱼、侯部　　　　　55次

麻→歌部　　　　　　11次

通鱼、侯部的比通歌部的恰好大四倍。可见把麻韵归入歌部一组而不归入鱼、侯部一组是没有根据的。当然,《韵谱》的材料较少,也不十分准确。下面是本文把材料加以扩充和核校以后的数字。

麻→鱼、侯部　　　　　119次

麻→歌部　　　　　　　10次

这里鱼部麻韵通鱼、侯部的次数比上列的多出一倍多,而通歌部的次数却比上列的更少,结果通鱼、侯的比通歌差不多大十二倍。进一步证实了把鱼部麻韵字归歌部而不归鱼、侯部是与事实不相符的。

《研究》对鱼、侯两部倒有十分明确的结论,它认为前汉时期鱼、侯两部已经完全合并④。这个结论从音理上,也就是从语音发展的规律上来看,也存在着很大的疑问。我们知道,上古鱼部音韵学家们大多认为是 a 类主元音,而侯部则大多认为是 u,o 等后高主元音。请看下面各家的拟音⑤,虞$_1$ 指鱼部的虞韵字,虞$_2$ 指侯部的虞韵字。

	模	鱼	虞$_1$	麻$_二$	麻$_三$	侯	虞$_2$
高本汉	âg	i̯ag	—	ǎg	i̯ǎg	ug	i̯ug
陆志韦	ɑg	iɑg	1ɑg	ag	iag	og	1og
董同龢	ɑg	ag	juag	ǎg	iǎg	ûg	jug
李方桂	ag	jag	jag	rag	jiag	ug	jug

到了中古,模、鱼、虞$_1$ 几韵的主元音都向后高方向发展,而麻韵则仍然保留 a 类主元音,基本上没有变,侯部的变化也不大。请看以

古韵鱼侯两部在前汉时期的分合　53

下各家的拟音⑥。

	模	鱼	虞₁	麻二	麻三	侯	虞₂
高本汉	uo	i̯wo	i̯u	a	i̯a	u̯	i̯u
陆志韦	wo	io	ɪwo	a	ia	ue	ɪwo
	(u)		(ɪu)				(ɪu)
董同龢	uo	jo	juo	a	ja	u	juo
李　荣	o	iɔ	io	a	ia	u	io

如果我们假定,前汉时期鱼、侯两部全部合并,那就得承认这是鱼部主元音向后高方向移动的结果。这对模、鱼、虞₁三韵来说倒还可以解释,因为这同它们从上古到中古的发展方向是一致的。可是对上古是a,中古仍然是a的麻韵来说就不太好解释了。如果设想,鱼部麻韵主元音从上古到中古曾经经历了由前低到后高,又由后高回到前低的循环过程,那就未必与事实相符了。更值得注意的是,到了后汉时期,鱼部麻韵字全都并入了歌部(《研究》也是这个结论),那也就是说,鱼部麻韵的主元音后汉时期是a。如果认为前汉时期鱼、侯合为一部,那就等于说,在周秦时代是a的鱼部麻韵主元音完成它的循环演变过程,只不过用了前汉二百年的时间。在这样短促的历史时期内,发生这样的循环演变,符合事实的可能性就更小了。

当然,假定鱼、侯合并,也还可以作另外两种解释,即侯部主元音向前低方向作了移动,从而同鱼部靠拢,或者鱼、侯两部的主元音都向中间方向移动,彼此靠拢。不过这两种解释不但都仍然避免不了上述的那种困难,而且还将引出更多的元音循环,因而从语音发展的角度就更不容易说得通了。

以上是根据一部之内各韵的主元音相近的假设立论的。如果假定一部之内各韵的主元音相同，那么鱼、侯合并就更没法解释以后麻与鱼模及侯互有区别的事实了。

为此，我们觉得对前汉时期鱼、侯两部的押韵和分合情况，有重新加以观察和研究的必要。

二

《韵谱》和《研究》收集的资料很丰富，就前汉时期来说，除严可均的《全上古三代秦汉三国六朝文》和丁福保的《全汉三国晋南北朝诗》的前汉部分以外，还有《淮南子》《新语》《春秋繁露》《史记》《急就篇》《太玄》《法言》《易林》等书，前汉时期的有韵之文重要的基本上都囊括无余了。我们对两书中所用的这些材料中有关鱼、侯两部的押韵用例作了全面的核校。《韵谱》的错误比较多，事属草创，例所难免。《研究》则比较矜慎，但也偶有脱漏和弄错韵字的地方。关于《史记》，《韵谱》只采录了褚少孙补篇中的部分押韵用例，《研究》只采录了《太史公自序》中的押韵用例，我们补充了结论和全书行文(即不包括引语)中的押韵用例，而删去褚少孙补篇中可能不属于汉代的押韵用例。现在我们把全部材料以鱼、侯两部为纲，分六项列表于下。由于本文不讨论声调问题，材料不按声调而按作者分列，大致以作者时代先后为序。失名的著作放在最后，标为"无名氏"，先文而后诗。《易林》的押韵情况比较特别，下文专门讨论，其材料不列入表中。为了简便，表中书名、篇名一律不加书名号[⑦]。

1. 鱼部

[戚夫人]虖伍汝永巷歌,汉诗,3,2上[刘友]恶寤诸吕用事兮歌,1,3下[刘章]疏去耕田歌,3下[陆贾]惧虑新书·辨惑,上,9上野下慎微,上,9上~下野下资质,下,11下[贾谊]夏舍暇鵩鸟赋,汉文,15,2上故度去2上野下惜誓,3下故瓠吊屈原文,16,7下驴车7下语去8上辜都⑧8上下去8上[韦孟]楚辅讽谏诗,汉诗,2,1下土顾1下土鲁在邹诗,2上顾路2上[刘彻]踽去李夫人赋,汉文,3,1下社古土辅策封齐王闳,4,9上;策封燕王旦,9下;策封广陵王胥,9下[枚乘]纡路顾梁王菟园赋,20,1下蒲膚七发,5上蘇茹5下车虚5下路御5下徒与6上武怒马鼓7下[孔臧]牙家□华谏格虎赋,13,3下[刘安]下寡淮南子·原道训,1,4虑與御5土走处10暑所11故诈12處野矩21无虚居22慕虑23怒苦30素夜俶真训,2,46去居49衢无49野圉56雨父女56舍素57女马天文训,3,96所五举處户103土野女户土野所羽暑雨地形训,4,126下暑土127蘇鱼时则训,5,149固敖度183敖固187女羽览冥训,6,189暑怒精神训,7,213乌蛉213无虚221虚虑223绪宇野所223虑素故232宇野236野下本经训,8,244雨土怒257浯鱼馀娱259~260虎组260瑕居泄疏261故诈主术训,9,272下寤276湖骇阻279怒與282邪拿298下矩缪称训,10,329抚据340下雨356~357鱼枯361马弩下362弩釜齐俗训,11,371虚馀272舞处381马羽下385下暑386矩宇所388土涂396车家397~398诸馀402度舍居故道应训,12,415妒恶處438下舞447素舍诠言训,14,521虑储527去所535虑故怖540故遮候寤544野浦扈兵略训,15,554虑图扶556助去558库處559野下561诈虑570做舍去571无虚577雨沮圉寡578~579惧豫582虎武584序暑584父下

587鱼竿壶589 步夜593~594 无竽说山训,16,602 夏夜607 度豫615 鼠龋与616 车书618 户下631 夜布暮624~625 诸蛆说林训,17,639 助雨643 絮布647 间疽648 步故656 睹顾656 去下657 马下虎659 纾布故659 枯乌图665 兔价667 土下668 欋扶疏670 土處人间训,18,685 墟鱼709 鼠下家730 书稼车修务训,19,752 书夫娱754 苦暑757 雨矩御下758 除疏虛馀泰族训,20,769 书辜782 御虞782 與舉處783 步故785 居呼785 鼓马下805 下伍怒要略,21,828 土序832 巨粗语835 [公孙弘] 伍睹答东方朔书,汉文,24,10 上[司马相如] 吾硖子虚赋,21,1 上圃蒲芜苴1 下葭胡芦芋图1 下与惧2 上與娱如2 下鷫鸨3 下扈野4 下楮栌馀间4 下者橹5 下虎马5 上羽虞5 上宇虞鼓5 下徒都5 下塗虞6 上雅胥圃6 上都霞华大人赋,8 上居娱美人赋,22,1 上虛居1 下虞居长门赋,2 上马下题市门,8 上[董仲舒] 顧古土不遇赋,23,1 下[司马谈] 度舍论六家要旨,26,4 下[东方朔] 野辅寡下野者七谏·初放,25,1 上如举又自悲,4 上舍路又哀命,4 上~下路去4 下错路驭去4 下著誉又谬谏,5 上徒居答客难,10 上鱼徒10 下徒居與胥扶10 下~11 上[司马迁] 舒马史记·五帝本纪,1,15 旅鼠野序夏本纪,2,65 马野天官书,27,1309 间枯1339 库路1339 鼠處1339 呼俉1339 者疏郑世家,42,1777 女兔户距田单列传,82,2456 序度自序,130,3301 野下3301 禹旅3302 乎乎故3308 父绪辅3310 旅與3311 吴邪3311 寡土吕许父3311 奢吴3313 奴固3315 [华容夫人] 渠鱼夫居发纷纷分歌,汉诗,3,3 上[王褒] 墟疏洞箫赋,汉文,42,1 上户者睹语處陠九怀·通路,3 上與娱胥墟居踏竽纾又昭世,3 下土睹禹绪辅又乱回,5 上酤铺僮约,12 上脯芋具12 上户鼓12 下赭苦土侣怙庽责须髯奴辞,13 上[韦玄成] 居惧戒子诗,汉诗,2,8 上[褚少孙] 怒下史记·补外戚世家,49,1983 恶妒1985 下孟家补滑稽列传,126,3206 處與胥扶3207 污下补日者列传,127,3217 库车3219 下誉3220 糈處3220 [史游] 壶卢纩急救篇,13 页家斜蟆虾14页[刘向]慕故九叹·离世,汉文,35,3下语去又怨思,4上幕度又惜贤,5下楚宇又忧苦,6上夫庐又愍命,6下诉语7上悟古又思古,7下圉野古7下梧湖又远游,8上顾故又远游,8下羽雨8下[刘欣]序古辅册董贤为大司马大将军,汉文,9,8上[扬雄]步与河东赋,51,6下与遮羽猎赋,8上部伍8下储虞亡9下怒旅长杨赋,52,2上庐吾2上度虞2下虞舞胥祜雅2下居虞逐贫赋,4下壶酤车家乎酒赋,5上下睹反离骚,5下举處5下吾华5下与许6上惧举解嘲,53,2下渚宇徐州箴,54,1下度霸青州箴,1下土武矩1下寓處纾土1下墟书兖州箴,1下邪都图牙夫徐州箴,2上浒處扬州箴,2上误祚霸2上拿距都處居墟如图牙豫州箴,2下豫御荆州箴,2下野夏益州箴,3上图夫3上胡都雍州箴,3下阻都胡幽州箴,3下惧摹交州箴,4上序绪宗正卿箴,6上居御卫尉箴,6上诈寤6上马野鲁太仆箴,4上孤辜廷尉箴,6下祖房太常箴,7上悟赂7上鱼巫书7上图奢觚少府箴,7上去居将作大匠箴,7下奢家7下路固柜虞城门校尉箴,8上夏阻禦8上车虚太玄·礥,1,9下跙篨庐闲,11下女谞戾,14下初涂羑,20上塗如20下故塗21上鼠黍交,2,5上~下衢路贾装,5下疏扶进,10下牙徒夷,16上庐虚16下雅户乐,17下惧虞18下孤壶事,23下马古更,3,1下跙御灭,2上斧矩断,2下牙弧毅,6上车孥瑕众,8上~下肤齰亲,11下鸣乌狐疑,12下车荼姑家敛,14上羽圉强,15上壶姑塗居,20上序父20上车壶家20下甫矩法,21下辜邪22下罟野应,23下僵雨遇,4,3下虑炉大,7上觚铺7下户房廊,9上股马户逃,13上~下舍度,18下舍度18下予处啥,5,2下雨脯4上杵举雨暑守,5下羽雨6下社野聚,8上羽女内,18上~下宇所遽穷,6,2下~3上户蛊止,6下庐车疏止7上车遐将,19上吾呱勤,21下野下养,22下如初24上素故玄冲,7,1下馀初玄错,3上~下下与跙玄错,4下舍素玄文,9,1下下阻怙6上~下夏度玄棿,9下绪女矩女图,10,3下~4上书虚玄告,12下踞馀13上孥女法言·重黎篇,7,6上[刘歆]攄居遂初赋,汉文,40,1

下扶吾2上都纡2下［无名氏］土雨所古祐祭天辞,57,12下土雨者祭地辞,12下马虎郊祀歌·练时日,汉诗,1,5下宇所五武又帝临,6上雨绪又惟泰元,6下慕路又天地,6下苦无又日出入,7上下赭又天马,7上著豫又天门,7上都华又齐房,7下處宇又后皇,8上宇舞又华烨烨,8上乌邪铙歌十八曲·朱鹭,9上下吐者9上苦弩平城歌,5,上上怒下卫皇后歌,1下怒杜虎五侯歌,2上菟贾长安谣,5上

2. 侯部

［贾谊］拘俱鹏鸟赋,汉文,15,2下［韦孟］耇後讽谏诗,汉诗,2,2上［枚乘］注构5下口走七发,汉文,20,7下［刘安］俱区骤淮南子·原道训,1,5隅枢6具数7渝濡33偶走走形训,4,131聚寠时则训,5,182辏诛主术训,9,299濡趋道德训,12,411钩侯氾论训,13,500府主诠言训,14,518数遇544数揍兵略训,15,590谀喻附595走狗后说山训,16,615呕濡珠濡渝泰族训,20,771～772厚昼773愚拘784寇斗805喻具要略,21,828［司马谈］后主论六家要旨,26,4下［司马迁］雾濡趋史记·天官书,27,1339禺诛侯朝鲜列传,115,2990后主自序,130,3292［王褒］寇仆四子讲德论、汉文,42,9上聚偷僮约,12上［韦玄成］邹侯自劾诗,汉诗,2,7下［褚少孙］垢走史记·补外戚世家,49,1985凑数补滑稽列传,126,3206［史游］钩鍭铧杸急就篇,14页［刘向］雏榆九叹·怨思,汉文,35,3下腐诟又愍命,7上［扬雄］腴凫蜀都赋,51,3上区濡长杨赋,52,2下隅侯3上隅侯反离骚,5上投泅6上区侯避空箴,54,4下附主宗正卿箴,6上枢隅太玄·周,1,7上口后争,2,20上务谕务,21下枢渎符事,22下柱主毅,3,5下厚走亲,12上襦珠钩迎,4,1下遇谕遇,3上～下须姝视,5,15上口主割,6,5上主府玄文,9,1下［无名氏］殊朱郊祀歌·天地,汉诗,1,6下

3. 鱼侯两部通押

[贾谊]濡虚與车墟惜誓,汉文,15,3上[韦孟]后绪讽谏诗,汉诗,2,1下[严忌]垢處渚宇雨野者耦後與哀时命,汉文,19,4上[刘安]下野與後淮南子·原道训,1,20斗所天文训,3,96闾躯馀缪称训,10,339後所與诠言训14,549雨下圉偶绪兵略训,15,571虎走585武取586後雨鼓绪592後伍593虑斶597~598马炬狗说山训,16,609闾竽濡610狗雨620鼠瘘龋629武走说林训,17,660楚予後吕距走楚人间训,18,708土下羽甫斗女八公操,汉诗,1,4上[司马相如]浦野下口怒子虚赋,汉文,21,3下渚藕4上處舍具5上處仆5上无俱5上~下徒车隅居娱美人赋,22,1上[刘胜]纡驹⑨文木赋,12,7上孟蛛且7上[东方朔]所苦房下虎鼠後数户故答客难,25,10上狗虎11上[司马迁]女後史记·南越列传,113,2977[刘胥]臾路欲久生分歌,汉诗,4上[王褒]遇路四子讲德论,汉文,42,5下脯芋具僮约,12上[史游]篠箒篓急就篇,13页邪胡芦华吾楼牙瓜枯卢21~22页主乳吕柱聚16~17页[扬雄]毂御蜀都赋,汉文,51,2下叙後河东赋,6下侯射路羽猎赋,8上舆驱8上梧鱼虞珠胥⑩9上斜毂隅胡猪胥馀图长杨赋,52,1上务御2下處野寠语逐贫赋,4上女耦反离骚,6上传渔侯驱解嘲,53,2下~3上殊如3上虎雅武後赵充国颂,7下绪走兖州箴,54,1下主绪寓雍州箴,3下墟辜隅尚书箴,5上庐與渝太玄·周,1,7下头馀毅,3,5上序主永,4,20下聚御聚聚,5,7下父主去,20上虚猪襦剧,6,15下候度误玄莹,7,15上[无名氏]主吾饶歌·临高台,11上口後雨釜斗黍口郑白渠歌,5,1下树去东家枣谚,10上

4. 鱼侯两部与其他部通押

鱼侯之：[枚乘]處母父所厚暑七发序,汉文,20,4下　鱼侯宵：[韦孟]娱妪苗媮讽谏诗,汉诗,2,1下[孔臧]居隅符书妖逾鸮赋,汉文,13,4下[史游]鉏租杷樗扶驴超貐猪雏驹趋乌急就篇,19~20页[扬雄]区籹吾渠夫解嘲,汉文,53,2下　鱼侯幽：[扬雄]搜埜候铁书庐解嘲,53,2下

鱼侯之幽：[王褒]卢车呞头乌纴醸麤乌鱼匏龟馀猪芧驹虎牛乌僮约,汉文,42,11下　鱼侯铎：[王褒]穫芋轹僮约,汉文,42,12上　鱼侯屋：[王褒]射镞虚鹜欲拊兔仆寇四子讲德论,汉文,42,9上[扬雄]鼓斫后睹解嘲,53,4下　鱼侯铎屋：[扬雄]与隃触獲邃注怖朐獲聚羽猎赋,汉文,51,8下

5. 鱼部与其他部通押

鱼之：[刘安]下母古户寡淮南子·修务训,19,751~752[司马相如]虚骖骐子虚赋,汉文,21,2上与戄熊2上邪罘诸3上圃喜封禅颂,7下[王褒]下子绪夏耻裹莒四子讲德论,42,7下[扬雄]谟基廷尉箴,54,6下　鱼幽：[司马相如]御兽子虚赋,汉文,21,2上闲鸥4上[刘去]愁聊舒歌二首之一,汉诗,1,4下[刘向]浮雾举九叹·远游,汉文,35,8下[扬雄]巧御长杨赋,52,2上游猪忧上林苑令箴,54,9上　鱼宵：[史游]鏊镰鉏铫铓急就篇,12~13页[刘向]髦露九叹·逢纷,汉文,35,2下[扬雄]轝趡桥嶅河东赋,51,6上~下悟赂桃太常箴,54,7上　鱼歌：[贾谊]鱼蚁吊屈原文,汉文,16,8上[韦孟]过霸风谏诗,汉诗,2,2上[孔臧]家何蓼虫赋,汉文,13,5上[东方

朔]华和多蛇化家诫子,25,12上[刘安]间疽瑕亏淮南子·说林训,17,648[司马相如]池移华沙子虚赋,汉文,21,1下歌和波遮歌5下峨差鹚哀秦二世赋,6下[王褒]枷杷僮约,42,11下蹉鹅荼荷42,12上卧骂12上[扬雄]遐加砂家罗呵何逐贫赋,52,4上　鱼幽之:[王褒]矛州牛愚僮约,汉文,42,12上　鱼宵之:[史游]奴屠都胡渠馀苏胡奢期于於如疏吾朝馀急就篇,7~9页　鱼幽宵:[司马相如]去兽兔耀宙子虚赋,汉文,21,5上鱼铎:[枚乘]步菟射暮梁王菟园赋,汉文,20,1下[刘安]素白淮南子·原道训,1,12露泽19格度诠言训,14,522舍斥虚兵略训,15,593昔昨说山训,16,618炙夜布624射乍说林训,17,649[司马相如]庶獲子虚赋,21,6下泽護慕22,7下[东方朔]固涸七谏·谬谏,25,4下[李陵]漠奴径万里兮歌,汉诗,2,6下[扬雄]庶獲长杨赋,52,3上恪作祚徐州箴,54,2上[无名氏]白博作索苦饶歌·将进酒,汉诗,1,10上　鱼屋:[刘安]慕欲淮南子·精神训,7,216嘱隼诈齐俗训,11,398欲助兵略训,15,561

6. 侯部与其他部通押

侯之:[刘安]楿口淮南子·诠言训,14,518~519[刘同]诟醢九叹·怨思,汉文,35,4上　侯幽:[枚乘]酒口七发,汉文,20,5下[刘安]留畴侯淮南子·天文训,3,81主道主术训,9,278珠由说山训,16,624儒驹庖611~612狗柔说林训,17,650[王褒]濡曳流四子讲德论,汉文,42,7上扫涤帚斗僮约,11下窦斗酒口斗偶12上　侯宵:[韦孟]陋朝在邹诗,汉诗,2,2上[司马迁]嚣侯骄摇朝史记·南越列传,113,2977[刘向]珠旄九叹·远游,汉文,35,4下　侯幽之:[史游]纽耳齿肘手髃急就篇,16页　侯铎:[司马相如]垩拊子虚赋,汉文,21,1下　侯屋:[刘安]数树欲淮南子·缪称训10,360~

361 斫具麤说林训,17,640 构哭 662 务族要略,21,824〔司马相如〕榛朴子虚赋,汉文,21,4 下〔扬雄〕趣欲羽猎赋,51,8 上 侯沃:〔刘安〕覆轵淮南子·说林训,17,643

三

要想知道前汉时期鱼、侯两部关系的疏密程度,只需把上列六项材料加以统计就可以看得出来。我们可以先检查一下鱼、侯两部各自独用和彼此合用(即不掺杂其他韵部的字)的情况。请看下表。

	鱼	侯
鱼	350	62
侯		54

侯部独用数略少于鱼、侯两部合用数,但鱼部独用数则大大超过鱼、侯两部合用数。合用数只占三项总和 466 的 13.30%,比例不算很大。其实这样的比例还不够十分准确地表示鱼和侯的关系,更准确的比例应该是鱼、侯合用总次数(即包括鱼、侯两部彼此通押数,及共同和其他韵部通押数)所占鱼、侯出现总次数的百分比。统计的结果是,鱼部共出现 473 次,侯部共出现 150 次,合起来两部共出现 623 次,鱼、侯两部合用共为 73 次,结果鱼、侯合用总数占鱼、侯出现总数的 11.72%,较上述的比例更小。这样的通押比数并不足以作为鱼、侯已经合并的根据,因为它算不上已经超越了划分韵部的一般限度。比如《诗经》冬、侵两部出现总数为 62 次,通押 7 次(据江有诰《诗经韵读》),通押数占总出现数的

11.29%,跟这里鱼、侯通押的比较差不多相等,而《诗经》脂、微两部通押的比例甚至超过了百分之二十[11]。因此,如果我们根据上述通押比例,假定前汉时期鱼、侯两部跟先秦一样,仍然各自分立,是完全站得住脚的。

上文已经指出,上列六项材料,也就是我们刚才用以统计的材料,不包括崔篆《易林》的押韵用例在内[12]。所以不包括是因为在我们看来,《易林》的押韵比较宽缓,不大能够确切地反映语音的真实情况。为了弄清楚这一点,下面我们不妨看一看《易林》押韵中鱼、侯以及与之相关各部之间的关系。

《韵谱》没有采集《易林》的押韵资料。《研究》对《易林》的押韵用例进行了单独的整理和归纳。我们不妨先根据《研究》所列资料[13],看一看鱼、侯、之、幽、宵五部两两出现总数和两两通押数,以及后者所占前者的百分比[14]。

	总数	通押数	百分比
之幽	1155	191	16.54
之宵	975	24	2.46
之侯	1117	69	6.18
之鱼	1510	192	12.72
幽宵	398	32	8.04
幽侯	540	50	9.26
幽鱼	933	107	11.47
宵侯	360	12	3.33
宵鱼	975	30	3.08
鱼侯	895	77	8.60

《研究》把鱼、侯两部合并,把之、幽、宵三部分立,从上表各部之间的通押比例看,这样的结论显然是不够准确的。比如,鱼、侯的通

押比例比起之、幽的通押比例来就低得很多。如果鱼、侯应该合并,之、幽就更应该合并了。另外,之与鱼,幽与鱼,幽与侯,幽与宵的通押比例也都大于或近于鱼与侯的通押比例。所以从整个情况来看,五部之间的密切程度都差不多,不太容易作断然的划分。只有宵部情况略有不同,它除和幽部通押较多外,和其他各部的通押都要少一些。如果要勉强划分的话,最多也只能把宵部从其余四部中独立出来。

如果我们对《易林》的押韵情况作进一步的观察[15],就会发现《研究》所定的韵字还没有准确地反映出之、幽等五部的真正密切关系来。《研究》对《易林》韵脚的确定比较谨慎,这是好的。但过分谨慎了,往往把本来是韵字的都作为非韵字加以排除,这就不太符合《易林》用韵的实际了。比如《易林》韵例里有下列两式:

1. a a ø a
2. ø a ø a

1式和2式的区别就在于首句是否入韵。《研究》碰到这种四句格,凡是首句末一字和二、四句末一字上古不同韵部时,就定为2式[16]。下面举几个具体例子。

书台 ø 灾豫之蒙,4,10下　　绪基 ø 时困之小畜,12,7上

车给 ø 期巽之无妄,15,2上　　斧殆 ø 已小过之师,16,4下

这里"书、绪、车、斧"四个字和其余的字上古不同部,前者属鱼部,后者属之部,于是《研究》就认为"书"等字不入韵,不把它们作为韵字看待,把四例一律定为2式。这种办法是尽量求分的办法。如果这一类的例子很少,用这个办法来确定韵脚,不但是可以的,有时甚至是必要的。如果例子很多,再用这个办法就不一定能行

得通了。就《易林》来说,之、鱼两部字必须承认其存在的本书各种韵式里共同出现的例子非常多,比《研究》所承认的192次之、鱼合韵要多出一倍有余。这样多的接触机会,如果都认为是偶然的而加以排斥,肯定与事实是不相符的。

根据我们对《易林》韵字的确定,《易林》之、幽、宵、鱼、侯五部两两出现总数,两两通押数和独用数,以及后两项分别所占总出现数的百分比如下表所示。

	总数	独用数	百分比	通押数	百分比
之幽	1807	172	9.52	303	16.77
之宵	1205	134	11.12	45	3.73
之侯	1500	153	10.20	154	10.27
之鱼	2271	425	18.71	380	16.73
幽宵	988	48	4.86	58	5.87
幽侯	1283	67	5.22	132	10.29
幽鱼	2054	339	16.50	259	12.61
宵侯	581	29	4.99	20	3.44
宵鱼	1452	301	20.73	65	4.48
鱼侯	1747	320	18.32	259[17]	14.83
	14888	1988	13.35	1675	11.25

可以看出,之、鱼,幽、鱼,宵、侯,鱼、侯两两通押数的比例都跟独用数的比例相当接近,之、幽,之、侯,幽、宵,幽、侯两两通押数的比例甚至都超过了独用数的比例。从各项加起来的总数的比例来看,通押数和独用数的比例也十分接近。这都进一步地说明了《易林》之、幽、宵、鱼、侯五部的关系相当密切,划分起来比较困难。也和前表的情况相类似,只有宵部和多数部的通押比例比较低。因此,要划分的话,最多也只能把宵部独立出来。不过这也没有把

握,因为宵和幽的通押比例毕竟比独用的高。

即使就之、幽、鱼、侯四部而论,它们在先秦韵文里虽偶有相涉,但彼此的界线,却是十分清楚的。《切韵》以下以至现代方言虽然发生了一些变化,但大多数韵仍然都保持着区别。很难设想,在汉代,在崔篆的方言里,这四部的主元音都合并成了一个,或者变得如此接近,以至可以毫无亲疏之别地互相押韵。因此,《易林》的这种通押现象,恐怕只能认为是押韵比较宽缓的结果。也就是说,它是一种押韵风格或习惯上的不同,并不是实际语言变化的反映。《易林》比较宽缓的押韵风格不仅表现在这四部上面,同时也表现在其他韵部上面。比如东部字《易林》不仅与冬部字相押,也与侵、谈、蒸、耕、真、元等部的字相押。这不仅打破了韵母主元音的界限,也打破了全部鼻音韵尾的界限。除了认为它押韵比较宽缓以外,似乎很难作出其他合理的解释。因此为了谨慎起见,我们把《易林》的资料从总材料里抽了出来,没有放在一起作统计。

占总出现数 11.72% 的鱼、侯通押用例,分析起来,大致有三种情况。一是偶出的宽韵。比如枚乘、贾谊、严忌、司马迁等鱼、侯通押,都只一见,大概就是属于这一类情况。二是方言的反映。我们说前汉时期鱼、侯应该分立,那是指大多数方言或共同语说的,并不排斥个别方言有鱼、侯合并的可能性。比如史游鱼、侯有 14 个用例,独用 3 例,占总数的 21.43%,通押 4 例,占总数的 28.57%。通押比例超过了独用比例。这显然是方言的反映。三是风格兼方言因素。比如王褒鱼、侯有 28 个用例,独用 10 例,占总数的 35.71%,通押 5 例,占总数的 17.86%。通押比例虽然略有偏高，但却远远低于独用比例，这可能与风格因素有关。不过，如果作者的方言鱼部主元音仍然是 a，侯部主元音仍然是 u 的话，即使风格宽缓，也未必能够通押。其能有一定的通押率，可能是由于两部的主元音已经变得比较接近的缘故。这样就又兼有了方言因素。如果以上三种情况的分析不错的话，那么这些通押用例的存在就丝毫也不会构成共同语里鱼、侯分立的障碍，尽管它们牵涉到了当时姓名可考的十三位作家。

前汉时期鱼、侯两部分立，除了通押比例较低的根据以外，还有一个事实也非常值得注意。这就是：一方面鱼部和歌部通押的比较多，例如贾谊、韦孟、孔臧、东方朔、刘安、司马相如、王褒、扬雄等人都有鱼、歌通押用例（参前资料表5），另一方面侯部跟歌部却绝无一例相通。这种现象说明鱼、歌主元音相近，而侯、歌主元音相远。这不能说不是当时鱼、侯不同部的又一个有力的证明。贾谊鱼、歌通押尤其值得注意。贾谊是洛阳人。他的鱼、歌通押是当时洛阳话，也就是中原心脏地区方言，鱼部有 a 类主元音的生动证明。洛阳话的这一特点显然是当时大多数方言的共同特点，具有比较广泛的代表性。

最后，我们还可以提一下一个对音上的例证。《汉书·西域传》的"乌弋山离"一般都认为是 Alexandria 的译音。用"乌"字译 a，有力地证明前汉时期鱼部仍然是 a 类主元音，并没有向后高方向演变。

根据以上所述，我们认为，把前汉时期鱼、侯两部合并，不仅在语音演变的解释上有困难，而且与当时押韵的实际情况也不相符合，应该加以修正。

附 注

① 中华书局,1936 年。
② 科学出版社,1958 年。
③ 第一册正文前《韵部分合表》,又 16~17 页上,22~27 页上。
④ 14 页,141~146 页。
⑤ 高本汉的据 Compendium of Phonetics in Ancient and Archaic Chinese, 载 Bulletin of the Museum of Far Eastern Antiquities No. 26,322~323 页,355~356 页。高氏还把鱼、侯两部字各分出一部分,独立为无辅音韵尾的韵部,另作拟音。这种做法不大站得住脚,所以表中没有列入。陆志韦先生的据《古音说略》161 页,董同龢的据《中国语音史》157~158 页,李方桂先生的据《上古音研究》,载《清华学报》新辑,第 9 号,1971 年。
⑥ 高说,同上,268 页。陆说,同上,67 页。董说,同上,101~102 页,105~106 页,108 页。李说见《切韵音系》,150 页。李方桂先生中古音这几韵沿用高本汉的构拟,所以换列李荣的构拟。为了避免自证己说,这里没有列举作者本人的构拟。
⑦ 严氏《全文》据中华书局 1958 年影印本。丁氏《全诗》据无锡丁氏 1916 年印本。《淮南子》据丛书集成初编本。《新语》据四部丛刊缩印本。《史记》据中华书局 1959 年排印本。《急就篇》据丛书集成初编本。《太玄》据四部丛刊本。《法言》据广汉魏丛书本。
⑧ "辜"原作"故"。据《研究》校改(242 页)。
⑨ "纡"原作"行",据《研究》校改(242 页)。
⑩ "珠"原不在句末,后面还有个"胎"字。据《研究》校,二字倒次(242 页)。
⑪ 参看王力先生《上古韵母系统研究》,见《汉语史论文集》,138~143 页,科学出版社,1958 年。
⑫ 《研究》据余嘉锡考证认为《易林》是崔篆所作,比较可信。
⑬ 266~280 页。
⑭ 因文字重出而重见的押韵用例,都分别计算。

⑮ 《易林》据黄丕烈嘉庆 13 年刻本。
⑯ 也有定作 1 式的。比如《易林》大有之巽:"天之奥隅,尧舜所居。可以存身,保我室家。"(4,6下)《研究》采"隅居家"为韵字,就是把此例定为 1 式。但这是少数。
⑰ 崔篆《慰志赋》里还有一条鱼、侯通押的例:"许处府武宇舞举荐取"(汉文 61,7 上),今也一并计算在内。

(原载《中国语言学报》1982 年第 1 期)

古韵鱼侯两部在后汉时期的演变

一

我们在《古韵鱼侯两部在前汉时期的分合》一文中,已经论证了鱼、侯两部在前汉时期跟在上古时期一样仍然分立为两部。本文打算再来观察一下这两部在后汉时期的分合情况,并附带讨论一下它们的音值。

我们观察分析所依据的押韵资料如下:严可均《全上古三代秦汉三国六朝文》中的有韵之文、丁福保《全汉三国晋南北朝诗》、班固《汉书·叙传》、王充《论衡·自纪篇》、王符《潜夫论·叙录》、赵岐《孟子注·章指》、荀悦《前汉纪·后序》。

系统研究过两汉韵文资料的前辈学者,大都认为后汉时期古韵鱼部中的麻韵字已经变入了歌部(于海晏1936,罗常培、周祖谟1958)。这种看法大致是可信的。我们知道,鱼部麻韵字在前汉时期跟歌部通押的就已经时有所见,到了后汉时期,它们逐渐并入歌部,就是很自然的了。尤其张衡以后,这种趋势更为明显。因此本文所说的鱼部只包括鱼、虞、模三韵字,并入歌部的麻韵字除外。

后汉时期,鱼、侯两部的关系究竟怎样呢?在检查了我们所收集的全部押韵用例以后,我们发现这一时期鱼、侯两部的关系相当密切,通押的比例比较高。请看表一。

表 一

	总数	独用	百分比	总数和	通押	百分比
鱼	349	168	48.14			
				546	121	22.34
侯	197	25	12.70			

通押数占总出现数的比例,超过了百分之二十,比前汉时期的百分之十一高出了一倍左右。再从作者方面看,情况也是如此。这一时期有鱼、侯用例而姓名可考的作者共四十人,其中有鱼、侯通押的二十四人,也占多数。可见不论从通押比数或者从作者人数看,认为后汉时期鱼、侯两部合为一部,似乎都是无可厚非的。

不过仔细一想,这样的分析方法及其结论都是有疑问的。我们知道,鱼、侯两部都是包含着若干韵类的集合体,像上面那样,只是把它们作为单一的实体来观察和统计,就不可能发现两部之间某些韵类关系的新发展,以及这种发展对获得正确结论可能产生的至关重要的影响。因此我们应该深入到韵部之内去,从韵部内韵类的角度分别加以观察,看看它们在两部之间的关系上,是否会出现某种新情况,然后才能确定上述的结论是否能够站得住。

韵类之中最值得注意的是虞韵。虞韵字在后汉以前一直分居于鱼、侯两部之中,《切韵》时代合成了一韵。那么,这种合并是什么时候开始的呢? 不用说,后汉时期应该是属于它们可能发生合并的一个时期。面对这一时期鱼、侯两部的大量通押,更容易使人想到这很有可能是虞韵两部分字互相靠拢的结果。为了核对这一想法,就必须把侯部中的侯韵字和虞韵字分别加以统计,看看它们跟鱼部的关系究竟有没有不同。为了方便,我们下文把鱼部中的虞韵字叫虞$_1$,把侯部中的虞韵字叫虞$_2$。请看表二。

表 二

	虞$_2$	侯
鱼	105	37

虞$_2$通鱼比侯韵通鱼差不多大两倍。这样的差距不太可能是偶然的。为了进一步证实这个比例的意义,我们不妨把前汉时期虞$_2$通鱼部和侯韵通鱼部的情况拿来作个比较。请看表三。

表 三

	虞$_2$	侯
鱼	30	34

那时的情况跟后汉时期有明显的不同。虞$_2$通鱼部的用例不但不比侯韵通鱼部的多,倒反而少了一些。两相比较,可以看出,后汉时期虞$_2$通鱼跟侯韵通鱼之间的成倍差距肯定不是没有意义的。它显然是语音演变的一种反映,说明这个时期虞$_2$已经有了新的发展。

如果我们把鱼、侯两部的内容调整一下,即把侯部中虞$_2$的字归入鱼部,然后再来看两部之间的通押关系,情况就有了很大的变化。鱼、侯出现总数虽有所降低,而鱼、侯通押数则降低的更多。请看表四。

表 四

	总数	总数和	通押数	百分比
鱼	379			
		468	43	9.19
侯	89			

表中通押比例还不到百分之十，正如所预想的那样，降低到了一般划分韵部所许可的通押限度之内。

把虞$_2$归入鱼部以后，随着鱼、侯通押数的锐减，有鱼、侯通押的作者人数也显著下降，即由原来的二十四人减至十二人，正好是总人数四十人的百分之三十，居于显著的少数地位。

根据以上两项数据，我们对后汉时期鱼、侯两部的情况可以稳当地得出下列两点结论：

1. 虞$_2$并入虞$_1$。　　2. 鱼、侯两部分立。

不过有一个问题还需要交代一下。在现代汉语的某些方言里，模、侯两韵中的一部分字读音往往相同，例如西安、长沙、武汉等地的方言就是如此。有人认为这是古代鱼、侯两部不分的遗迹（张琨1972）。如果这个说法可信的话，我们上述第二个结论，即鱼、侯分立的结论，就有站不住脚的危险。因为我们过去已经证明前汉时期鱼、侯两部并没有合并，而魏、晋以后鱼、侯的分立又是大家所公认的，如果承认古代曾经有过鱼、侯合一的事实，那么它就只能发生在后汉时期了。不过据我们看来，现代方言的模、侯同音并不是古音的遗留。我们知道，在这些方言里，模、侯同音都只限于舌尖声母，即 t, ts 两系声母的字。比如西安话：

模：祖 [tsou]（上声）　　古：[ku]（上声）

侯：走 [tsou]（上声）　　狗：[kou]（上声）

很显然，如果假定"祖"和"走"同音是古音的遗留，就无法解释后来"古"和"狗"的分化。反之，如果认为两韵的区别是原来就有的，同音是后起的变化，解释起来就不存在什么困难。因为在舌尖声母的影响下，[u] > [ou] 是完全可能的。由此可见，现代方言的模、侯同音丝毫也不影响我们上述鱼、侯分立的结论。

在弄清楚鱼、侯两部的情况之后，剩下的就是它们的韵母音值问题了。要假定它们的音值，还有必要进一步了解一下鱼部中鱼、虞、模三韵的相互关系。齐梁以下直至《切韵》这三韵中虞和模的关系比较近，而鱼和虞、模的关系比较远，也就是说，虞、模两韵和鱼有不同的主元音。后汉时期鱼、虞、模三韵的这种关系已经形成了没有呢？为了弄清楚这一点，我们不妨把这几韵的通押关系统计一下，请看表五。

表 五

	模	虞	鱼
模	51	41	59
虞		34	148
鱼			42

表中虞通模和鱼通模的差数很小，并不足以表明虞、鱼两韵和模韵的关系有什么亲疏的不同。虞和鱼通押的比较多，这固然与两韵都是三等细音有关系，但也说明它们大概具有共同的主元音。这些现象都是后汉时期虞、鱼、模三韵还没有发展成《切韵》格局的证明。我们显然不能认为它们和《切韵》时期具有相同的韵母。

前面已经说过，后汉时期鱼部麻韵字并入了歌部。这一事实明确告诉我们阴声韵的韵尾辅音，如果曾经有过的话，这时已经失去。另外，鱼部的模、鱼、虞$_1$三韵和本部的麻韵字分道扬镳，而和原来具有后高元音的虞$_2$合流，说明它们的主要元音已经由原来的 a 向后高方向作了移动。据此，我们可把鱼部的主元音假定为 [*ɔ]，即模 [*ɔ]，鱼 [*iɔ]，虞 [*iuɔ]。侯部这时只剩下一个侯

韵,可假定它的元音仍是[*u]。这样,模等四韵从后汉到《切韵》的发展即如下式:

模　　　　*ɔ > o
鱼　　　　*iɔ > ɑi
虞　　　　*iuɔ > io
侯　　　　*u > əu

李方桂先生认为中古的语音系统不能从汉代的标准语求得(1977)。李先生虽然没有详说,但我们估计时贤所得出的汉代鱼、侯两部合并的结论(于海晏1936,罗常培、周祖谟1958)至少是李先生提出这一说法的根据之一。现在通过前引拙文和本文的分析和论证,情况已经十分清楚,所谓鱼、侯合并,不论在前汉或是后汉,都是根本不存在的。上列各式清楚表明,后汉时期鱼、侯两部的读音正好处在从上古到中古的过渡阶段,把它们看作是中古相关各韵的直接来源,并不存在什么困难。因此,至少就鱼、侯两部来说,李先生的说法是不必要的。

二

现在根据上文讨论的结果,把所用的押韵用例全部列成韵谱。为了便于读者查检,谱中把鱼部用例按 A,B 两项分列。A 项是原来的鱼部字互押例,B 项是原来的鱼部字和虞$_2$字的互押例。各类之内,大致按作者的时代先后排列。姓氏无考的,列在最后,先文而后诗。《全文》据中华书局1958年影印本,《全诗》据1916年无锡丁氏校印本,《汉书》据中华书局1962年校排本,《论衡》《潜夫论》《孟子注》《前汉记》都据四部丛刊缩印本。

甲　鱼部

A

　　[班彪]都墟显志赋,后汉文,20,3 上故度愬北征颂,23,5 下度故悼离赋,6 上居惧 5 下居虞冀州赋,5 下[冯衍]墟都居显志赋,20,1 下與處 2 下慕路 2 下慮去 4 上與黍浒宇 4 上虞惧刀阳铭,11 上處與车铭 11 下[杜笃]都拒论都赋,28,2 下弧胡都祓禊赋,4 上虚都與 4 下[郑众]举所婚礼谒文赞,22,2 下[梁竦]间廬悼骚赋,8 下[傅毅]阻處雅琴赋,43,3 下素矩扇赋,3 下悟度七激,5 下举處扇铭,6 上著传愬明帝诔,6 下惧布 6 下序绪迪志诗,汉诗,2,9 下[班固]宇女西都赋,后汉文,24,5 下绪宇五东都赋,6 下序武明堂诗,8 下序雨庑胥灵台诗,9 上图乌都白雉诗,9 上图都汉颂论功灵芝歌,11 下宇處难庄论,25,6 上辂素东巡赋,26,1 上绪武楚旅举汉书·叙传,100 下,4236 孥墓4237 楚旅土4240 虎辅4245 旅楚吕矩斧4246 错故4249 夫都奴4250 楚所4251 疏据圉慮4252 诅据序4257 谟度路4260 恦举辅许4262[王充]居虚论衡·自纪篇,30,279 上黍序281 下迁舒282 上舒馀282 下居與如283 下[崔骃]路度达旨,后汉文,44,3 下去举4 上谟慮4 上举处4 下布厝庶路4 下夫荼博徒论,5 上居墟10 上顾步车左铭,10 上无虚车后铭,10 下[苏顺]古溥怙雨父和帝诔,49,10 上[史岑]父宇楚出师颂,10 下[班昭]鼠虎女诫·敬慎,96,5 上[王逸]踏谟图塗九思·逢尤,57,2 下枯诸又怨上,3 上[李尤]书居娱读书枕铭,50,8 下古睹弩房弩铭,9 下怒度马箠铭,10 上娱與盂铭,12 上[崔琦]徒都忤孤辜刭图外戚箴,45,8 下[张衡]踏鱼余徂思玄赋,52,3 上如书诸 3

古韵鱼侯两部在后汉时期的演变

下塗无羚间 5 下固露度路慕墓西京赋,8 上~下五鄂土 9 上伍鼓莽怒扈浦堵 9 下徒狐骆猢鼯与车且 10 上墟除馀东京赋,52,2 上敷舒徐 4 下古祖户稌扈圃 5 上~下顾塗步兔 6 上慕念 5 下且夫如 6 上芓黍庑與南都赋,7 下女儺绪與举 8 上~下娱举 8 下與圃羽鼠赋,54,1 上宇暑處家赋,2 下酺菹七辨,55,1 下舞叙楚 1 下纾羽暑 2 上圃举 2 上祖绪叙禹吕處辅司徒吕公诔,3 上~下举辅與御鲍德诔,4 上[崔瑗]淤居河堤谒者箴,45,3 下虚疏宝贵人诔,5 下誉著张平子碑,6 下[桓麟]菰膚七说,27,10 下[马融]荼蒲渠於广成颂,18,10 下步御虞 11 下罟蛊斧户旅 11 下[崔实]路慕度處答讥赋,45,9 下[胡广]處辅序侍中箴,56,7 上[王延寿]舒猪虚渠颅髗旴梦赋,58,3 下布怖步呼故度悟 3 下[蔡邕]湖无汉津赋,69,1 下吕雨羽抚琴赋,5 下兔步笔赋,6 上矩羽暑處团扇赋 6 下枯辜释诲,73,6 下著绪暑 7 下布固度谟周䂮碑,75,6 下土祜辅扈祖胡广碑,76,5 上序辅宇叙甫太傅祠堂碑铭,6 下祚谟 6 下武辅矩土斧宇與桥玄碑,77,2 下~3 上谟度塗刘宽碑,7 上布祚慕路 7 上度誉素污固慕连故路范丹碑,8 上辅序举叙序宇旅袁逢碑,78,7 下度恶议郎胡公夫人哀赞,79,6 上怒祖 6 上蘇辜孤徂济北相崔群夫人诔,7 上顾补吊屈原文,8 下固互劝学篇,80,2 上[孔融]路素固故祚暮步厝度暮杂诗,汉诗,2,14 下[赵岐]處顾孟子注·章指,4,32 下處與 7,62 下[窦玄妻]故去處與窦玄书,96,8 下[阙名]處古辅与钟晧颂,97,9 上鱼娱居张公神碑,98,9 下父与武梁祠堂画像,99,1 下吐语敕造孔庙礼器碑,4 下誉著刘脩碑,101,10 下举辅费凤别碑,103,7 上旅虎抚 7 上黍宇甫樊毅修华岳碑,8 下宇土魏元丕碑,104,6 上组舒徂辜模高颐碑,105,8 上女杼雨许语古诗,汉诗,2,3 下鱼書書如饮马长城窟行,13 上去素徐故古诗上山采蘼芜,3,8 下裾舒语 9 上兔顾故古艳歌,10 上除储西门行,4,6 上书居孤儿行,7 上怒语许古诗为焦仲卿妻作,12 上女汝举 13 下度暮作袴廉范歌,5,3 上鱼娱居黎阳令张公颂,3 上鱼芜范史云歌,3 下墟夫居皇甫嵩歌,4上雨所苦雨洛阳令歌,4上父序雨崔瑗歌,4上语甫高孝甫歌,4下枯姑胡车胡桓帝时童谣,6下鼓怒6下逋徒车6下书居7下矩武乡人谣,7下古祖任安二谣,7下辅甫太学中谣·八俊,8上古祖8上苦祖又八顾,8上虎祖8下怗祖又八厨,8下署處恒农童谣,9上许虎御房土郭郡谚,12下虎怒贾伟节谚,13上

B

[班彪] 余符览海赋,后汉文,23,4下娱臾冀州赋,6上[杜笃] 姝珠祓禊赋,28,1上儒裾书虞1上虚诸书俱吴汉诔,5下[傅毅] 雾雨洛都赋,43,1下摅御数驱七激,4下[班固] 初隅驱终南山赋,24,1上腴区西都赋,2下府傅4上驱骛御遇去东都赋,7上度素御务7下~8上驱骛答宾戏,25,4下符腴诸6上趋如典引,6上惧诔虑奕旨,26,9上无铢虚汉书·叙传,100下,4241驺夫衢4249如枢隅诸4253[王充] 附去论衡·自纪篇,30,279下[崔骃] 驱胡都图反都赋,后汉文44,1下[黄香] 御驱九宫赋,42,7上[王逸] 愚虚蘇隅九思·逢尤,57,2下[李尤] 逾符函谷关铭,50,4下具务鼎铭,12上[崔琦] 讴煦七蠲,45,8上[张衡] 府聚鲍德诔,6上庑绪武處所主思玄赋,52,3下符敷居庐4下娱区5下衢榆渝西京赋,6下御居處署附书虞7上殊栌庐馀敷胥居7下朱狖隅诔8下图诔东京赋,53,1下寓武数5上陂岖纡隅逾南都赋,7上舒刍庐书模如归田赋,9下~10上虞株羽猎赋,54,1上具路御1上驱鸶注兔举遇1上愚夫髑髅赋,1下隅居诸七辩,55,1上趣务2下褕珠崛纡四愁诗,汉诗,2,10下[桓麟] 驱骡雾七说,后汉文,27,11上[马融] 御柱缕阻取矩吕主长笛赋,18,2上衢厨车广成颂,12下[王延寿] 疏葉敷珠镂鲁灵光殿赋,58,2上武取矩桐柏淮源庙碑,5上[赵壹] 珠刍愚驱夫刺世疾邪赋,82,8下~9上[张奂] 敷舒珠扶蒌赋,64,1上[蔡邕] 举序聚舞协和婚赋,69,3上举女竖羽主

3下~4上驹且顿短人赋,5上务步裕释诲,73,7上符衢枢区图辜除愚迁如渝居8上父绪矩御茹悔朱穆坟前方碑,75,7上辅府矩武宇杨赐碑,78,7上[祢衡]侣羽阻暑主旅處仁俎鹦鹉赋,88,1下须区踽疏如隅初躯愚渝2上[蔡琰]拒女阻腐聚语庑汝悲愤诗,汉诗,3,3下[赵岐]抚取孟子注·章指,8,64上殊舒13,112下逾隅14,118下[辛延年]都胡垆襦珠无馀庐崌壶鱼裾躯夫渝区羽林郎,汉诗,2,15下[阙名]赴助誉唐扶颂,后汉文,104,8下暮路暮寤雾固度误素古诗,汉诗,3,7下夫如姝如8下树黼伤三贞诗,10下愚踽蒿里曲,4,1下俱株豫章行,4上躯胥余墟趋庐折杨柳行,5下衢鱼壶竽琚歆与艳歌,8上须驱无愚满歌行,9上鮒屨妪连鮒古乐府罩辞,15上~下府举太学中谣·三君,5,8上儒初又八顾,8下

乙 侯部

[王逸]走询九思·遭厄,后汉文,57,4上[李尤]後口经樘铭,58,8下[马融]奏投长笛赋,18,3上[窦武]钩侯上表谏宦官封侯,16,8下[阙名]口後乌生诗,汉诗,4,2上钩侯顺帝末京都童谣,5,6下头侯灶下养,10下狗厚朱伯厚谚,12上

丙 鱼侯合韵

[傅毅]薮武女洛都赋,后汉文,43,1下[班固]禦凑东都赋,24,8上豆陋务慕附骛谕窦将军北征赋,26,1下旅主後陈平赞,4下五虎耦幽通赋,43,10上舒侯车书儒汉书,叙传,100下,4255[崔骃]庐居楼鱼大将军临洛观赋,后汉文,44,1下铺楼七依,7下区侯司空箴,8下[王逸]务投九思·怨上,57,3上渚

女谍余取耕睹又疾世,3上~下[李尤]娄盱陬楼铺平乐观赋,50,2下[张衡]處黍走绪楚腐后东观箴,45,3上娱媮拘侯虞渝西京赋,52,11下陋趣具东京赋,53,2下偷愉区4下[马融]口纡禦广成颂18,11下[王延寿]构陬楼隅夫鲁灵光殿赋,58,2上初头躯盱虞殊2下主女叙后2下走与聚舞缕王孙赋,4上[张超]羽举武膺后杨四公颂,84,10下[蔡邕]阻雨绪举取敬与胥述行赋,69,3上娄拒举口侣偶语短人赋,4下~5上辅甫后武薮膺胡广黄琼颂,74,1下后辅与茹宇居桢碑,78,8上[阙名]侯枢诹纡舒濡渝誉吉成侯州辅碑,99,5上枢偶刘熊碑,106,3上

丁　鱼侯两部与其他部合韵

鱼侯歌：[班固]雅旅下後十八侯铭·靳歙,后汉文,26,5上[胡广]武後祸主矩侍中箴,56,7下[阙名]主暑黍女俎所耦数取者三公山碑,103,10上

鱼侯宵：[崔骃]耦宇杳雨九思·遭厄,后汉文,57,4上~下[张衡]麌薮走取後西京赋,52,10下　鱼侯幽：[班固]补道茂幽通赋,后汉文,24,10上[蔡邕]后辅庶序宇武朽後胡广碑,76,6上[阙名]茂武旅武举虎辅咎寿武荣碑,101,1上侯嵎畴儒休殊於夫李翊碑,102,10下　鱼侯之：[白狼王唐菆]部主厚雨远夷慕德歌,汉诗,1,5上[王延寿]柱凑句据负注赴趣鲁灵光殿赋,后汉文,58,2上[阙名]楼敷隅钩珠襦须头锄　敷踞姝敷馀不愚夫头驹头馀夫居须趋殊陌上桑,汉诗4,2下户语母府取语古诗为焦仲卿妻作,12上後口语去府负12下　鱼侯之幽：父绪朽已後平与令薛君牍,后汉文,100,3下　鱼侯歌宵幽：[张超]道侣窕父首女受竖序偶主术所房祖下酒主柱聚後数垢父诮青衣赋,后汉文,84,9下

戊　鱼部与其他部合韵

鱼歌：[班彪]娑那加佗邪图峨家波北征赋,后汉文,23,5上[冯衍]度舍显志赋,20,1上[班固]化螯歌庶西都赋,24,4上武雅东都赋,7上寡禦予幽通赋,9下~10上徒邪都家十八侯铭·王吸,26,6上度诈汉书·叙传,100下,4266怒野4267[王充]雅睹者下论衡·自纪篇,30,280下寡补下者282下[崔骃]马弩安封侯诗,汉诗,2,9下[张衡]野渚予伫女思玄赋,52,3上~下迕夜塗路布4下峨罗龉波柯跑西京赋,8上马寡卤10上~下者睹五土苦11下固塗库暇东京赋,53,1下葭华葩鹅鸱波西都赋,7下娉暇素顾七辩,55,1下我雅鲁鲍德诔,4上[崔瑗]柱浒野河堤谒者箴,45,3下[王符]多虚痛须潜夫论·叙录,10,69上[王延寿]序鲁宇辅野鲁灵光殿赋,后汉文,58,1下[阙名]虎社郊原颂,97,9上宇土祖绪社祚辅绥民校尉熊君碑,105,9上苦车马贾鲁苦土马雨孙儿行,汉诗,4,6下　**鱼宵**：[杜笃]郊都论都赋,后汉文,28,2上腴殊要诛馀3下[傅毅]铺镳洛都赋,43,1下[班固]谣庐幽通赋,24,9下處表11上初符昭汉书·叙传,100下,4240禹叙武举表4243夭楚绍4247赵主4247殊禹瓯区符骄隅4268序表旅4268[崔骃]杼禦举楚赵脯女武序达旨,后汉文,44,5上驺徒车旄东巡赋,6下[张衡]驱趨狩书初储西京赋,52,9下府□叙表蔡湛颂,104,1下[马融]郊苗虞广成颂,18,10下

鱼幽：[梁鸿]流浮隅休适吴诗,汉诗,2,8下[班固]署孝西都赋,后汉文,24,4上兽覆聚4下~5上衢无幽东都赋,6下虞周答宾戏,25,5下斧巧拟连珠,26,2下[王充]授取久论衡·自纪篇,30,280上[王逸]夫拿绚苕拘囚居九思·悼乱,后汉文,57,4下[张衡]舞雨楚胥優舞赋,53,10下[马融]都蒲憂樗蒲赋,18,4下[赵岐]图羞孟子注·章指,3,23上浩道睹孟子注·章指,

13,107下 [蔡邕] 兽乳就狩 五灵颂·麟颂,后汉文,74,3 上 [丁廙妻] 居帱 寡妇赋,96,10 下 [阙名] 茂武旅武举虎辅咎寿 武宋碑,101,1 上 州殊柔優 高颐碑,105,7 下 庐居扶隅俱游榆趺 步出夏门行,汉诗,4,5 下 区由由敷求留 古诗为焦仲卿妻作,11 下~12 上　**鱼之**:[崔骃] 子否署 扇铭,后汉文,44,11 下 [堂溪协] 治隅祺之 开母庙石阙铭,58,10 下 [马融] 副距数 樗蒲赋,18,4 下 [蔡邕] 部父 短人赋,69,4 下 数驱誉蹜诛驽俱 释诲,73,7 下 [赵岐] 富惧 孟子注·章指,2,19 上 志虑叙 12,105 上 [阙名] 莒雨洦楚土 费凤别碑,后汉文,103,7 上~下 母取 古诗为焦仲卿妻作,汉诗,4,12 上 虎吐茹母父 京兆谣,5,9 上 父母 南阳谚,11 上　**鱼宵歌**:[班固] 表署野布 西都赋,后汉文24,5 上　夏雅文部 汉书·叙传,100F,4267　**鱼幽宵**:[王逸] 悠昭枢憂 九思·怨上,后汉文,57,3 上　**鱼幽歌**:[王充] 须陶牙武牢 论衡·自纪篇,30,280 上　**鱼幽之**:[班固] 亩矩所老举 西都赋,后汉文,24,5 下 基周熙幽区颐 典引,26,7 上 [崔骃] 兽具囷 广成颂,18,12 上 殊陶凝優 达旨,44,4 下 [荀悦] 绪蓼主辅祐序 前汉纪·后序 [阙名] 榆隅雏殊愉不觗疏持栖厨留趋枢如夫 陇西行,汉诗,4,5 上　**鱼宵歌之**:[李尤] 武主叙鼓马下倒羽峙舞 平乐观赋,后汉文,50,3 上　**鱼宵幽之**:[王逸] 埃如由劬朝 九思·逢尤,后汉文,57,2 下　**鱼宵歌幽阳**:[王逸] 虑荡鼓倒左轨道 九思·遭厄,后汉文,57,4 上　**鱼支**:[杜笃] 氏奇蠡弥驴骐 论都赋,后汉文,28,3 上　**鱼支脂**:[阙名] 归悲衣啼糜儿迟居 东门行,汉诗,4,6 上~下 飞徊衣书悲移 古诗为焦仲卿妻作,11 下　**鱼屋**:[张衡] 触趋遇 西京赋,后汉文,52,9 下~10 上 烛驱属 东京赋,53,6 上 [蔡邕] 柱斧朴杵许 短人赋,69,5 上

己　侯部与其他部合韵

侯宵：[班固]霤妖汉书·叙传,100下,4251[桓麟]侯繇昭□刘宽碑,后汉文,27,12上　侯幽：[杜笃]耇寿首阳山赋,后汉文,28,1下[班固]道茂幽通赋,24,10上老薮典引,26,8上[王充]久口论衡·自纪篇,30,281下守酒保导老後284上[崔骃]酒缶後酒箴,后汉文,44,10上[李尤]抚受虬走耦首阜缶平乐观赋,3上[张衡]袤郭旧西京赋,52,6下阜守久朽茂11下疢酒叟东京赋,53,4下寿叟南都赋,9上丘流钩鳃归田赋,9下[马融]舟帱流讴浮游广成颂,18,12上[赵壹]求讴留迅风赋,82,8上[应劭]休头风俗通义,37,4上[应亨]九首垢酒赠四王冠诗,2,15下[阙名]後舅久樊毅修华岳碑,103,8下胄偶高颐碑,105,7下流头周忧游茅山父老歌,汉诗,3,9下头流皑如山上雪,4,8下後留古诗为焦仲卿妻作,4,14上愁愁忧头修古歌,4,14下～15上秀茂太学中谣·八俊,5,8上　侯之：[冯衍]茂友後汉文,20,4下[张衡]後剖思玄赋,后汉文,52,3下[马融]右後长笛赋,18,2上[蔡邕]薮灰有释诲,73,7下[赵岐]口有孟子注·章指,14,118上[阙名]里有己理兮裹妇里矣吴仲山碑,102,7下　侯宵幽：[王逸]警诛流九思·怨上,后汉文,57,3上[马融]到叫髟雏啸噪长笛赋,18,2上　侯幽之：[李尤]流游留州偷搜修基函谷关铭,后汉文,50,1下[阙名]胄茂究谋備□使异□□寿思王纯碑,100,2下母妇友久厚古诗为焦仲卿妻作,汉诗,4,11下　侯铎：[马融]薮泽广成颂,后汉文,18,12下

参考文献

李方桂　1980　《上古音研究》,商务印书馆。

李　荣　1956　《切韵音系》,科学出版社。

罗常培、周祖谟　1958　《汉魏晋南北朝韵部演变研究》,科学出版社。

邵荣芬　1982　《切韵研究》,中国社会科学出版社。

邵荣芬　1982　论古韵鱼侯两部在前汉时期的分合,《中国语言学报》第1期。

于海晏　1936　《汉魏六朝韵谱》,中华书局。

Archaic Chinese, *Working Papers in Linguistics*, Department of Linguistics, University of Hawaii. Honolulu. v. 9(3), 1977.

Kun Chang And Betty Shefts Chang　1972　*The Proto - Chinese Final System And The Ch'ieh - Yün.*

(原载《中国语文》1982年第6期)

《切韵》音系的性质和它在汉语语音史上的地位

一 《切韵》音系的性质

研究汉语语音史的人,对《切韵》一书历来就有两种不同的态度,一种是肯定的,一种是否定的。这两种截然不同的态度,产生在对《切韵》音系性质的截然不同的了解上。因此要确定《切韵》在汉语语音史上的地位,必先确定《切韵》音系的语音性质。

关于《切韵》音系的性质问题,目前最有影响的看法只有两种。一种认为《切韵》音系是当时的一个单一方言的音系;一种认为《切韵》音系是古今南北语音的大拼凑。我们认为这两种看法都有它的片面性,都是不符合事实的。

就我们看来,《切韵》音系大体上是一个活方言的音系,只是部分地集中了一些方音的特点。具体地说,当时洛阳一带的语音是它的基础,金陵一带的语音是它主要的参考对象。

为什么会得出这样的结论呢?我们不妨先看看颜之推的话,据《切韵·序》所说,颜之推是对确定《切韵》内容参加意见的人之一。《颜氏家训·音辞篇》说:

> 孙叔然创《尔雅音义》,是汉末人独知反语,至于魏世,此事大行。[①]高贵乡公不解反语,以为怪异。自兹厥后,音韵锋出,各有土风,递相非笑,指马之谕,未知孰是。共以帝王都邑,参校方俗,考覈古今,为之折衷,摧而量之,独金陵与洛下耳。

明确地指出金陵与洛下两个地方来,认为这两个地方的语音是审订音读的标准。不过应该注意的是这两个标准在颜氏的心目中并不是同等重要的。颜氏在同一篇文章中又说:

> 南方水土和柔,其音清举而切诣,失在浮浅,其辞鄙俗。
> 北方山川深厚,其音沈浊而鈋钝,得其质直,其辞多古语。

可以看出颜氏是推重北方话的。洛阳话既然属于北方话的范围,那它在两个标准中当然就是主要的标准了。一般说标准应该只有一个,颜氏既然推重北方话,那么以洛阳为标准不就够了吗?为什么又要把金陵提出来呢?要弄明白这一点,必须联系历史事实来考查。

自从西晋王朝的贪暴腐朽引起了北方许多民族的入侵以后,作为汉族政治、经济、文化中心的黄河流域就变成了长期混战的地区。这时北方的豪门、士族蜂拥渡江,逃向南方来避乱。据说跟着晋元帝一次渡江的士族,就有一百家之多[②]。这些士族到了南方之后,由于政治、文化上的优越感和封建的家族观念,仍然说着自己的家乡话。他们之中的大多数都在西晋朝廷上做官,多半又是汉魏以来大官的子孙,世居在洛阳,因此他们的家乡话当然就是洛阳话了。随着东晋政权的逐渐巩固,这种北方士族带来的洛阳话不仅在北来士族之间流行,而且也逐渐变成了南方士族摹仿的对象。不难设想，到了颜之推的时候，这种洛阳话大概已经成为南朝士族朝臣之间普遍应用的交际工具了。[③]《颜氏家训·音辞篇》又说：

> 然冠冕君子，南方为优，闾里小人，北方为愈。

可见颜氏所提的作为标准之一的金陵话不是指的金陵土话，而是指的金陵士族所说的话。这种话既然是北来的洛阳话，我们就可以明白颜氏为什么也要把它提出来作标准了，因为这和颜氏推重洛阳话的原则是完全一致的。

这样一来，颜氏的两个标准是不是就是一个标准了呢？从西晋末年到隋朝初年已有二百多年，在这期间，南迁士族的洛阳话处在南方土语的完全包围之中，很难全部保持不变，同时洛阳一带居民，流动急剧，洛阳话自身也必定会有它自己的发展。颜之推的时候，洛阳话与金陵雅语之间，多半存在着一定的差别，因此颜氏的两个标准绝不就是一个标准，不过这两个标准之间的差别不是太大罢了。《颜氏家训·音辞篇》又说：

> 易服而与之谈，南方士庶，数言可辩，隔垣而听其语，北方朝野，终日难分。

当时南方士族的话和当地的土话既然存在着严重的差别，也就是说明了士族语言受当地土话的影响不大，变化不多。根据这种情况，我们认为洛阳一带的语音是《切韵》审音的主要标准，金陵士族的语音是《切韵》审音的辅助标准。换句话说，《切韵》以洛阳一带的语音为基础，以金陵士族的语音为主要的参考对象。

陆法言《切韵·序》所显示的审音标准和上述颜氏的标准完全符合。《切韵·序》说：

以今声调,既自有别,诸家取舍,亦复不同。吴楚则时伤轻浅,燕赵则多伤重浊,秦陇则去声为入,梁益则平声似去。

这里各处都批评了,就是不提中原一带,可见也是把中原一带的语音作为正音看待的。颜之推不过说得更具体一点,把中原语音的集中代表点明白指出而已。

从历史上看,中原一带向来就是汉民族活动的中心地区。作为历代都城的洛阳,长期以来,在政治、经济、文化上又是这个中心地区的中心。因此,洛阳一带的语音在各方音中取得了权威地位,是很自然的事。这种权威迫使当时语言学家不得不把它作为正音的规范。陆德明云:

方言差别,固自不同,河北江南,最为钜异。或失在浮清,或滞于沉浊,今之去取,冀袪兹弊。[4]

这种站在中原的立场上,批评南北方音的做法,和《切韵》作者如出一辙。可见《切韵》的标准不是《切韵》作者的私定标准,而是当时很多语言学家的共同标准。甚至到了唐代,洛阳已经不再是都城了,而洛阳语音的标准音的地位,还没有衰落。李涪说:"凡中华音切,莫过东都。"[5]就是明证。因此《切韵》作者把洛阳一带的语音作为审音的标准,是完全符合当时汉语发展的要求的。

西方的一些汉学家完全不顾上面所说的事实。硬说《切韵》音系是当时的长安音系。[6]陈寅恪先生在《从史实论切韵》一文中已经作了详细而正确的辩驳,读者可以参考。不过陈先生本人对于《切韵》音系的看法也大有问题。《切韵》的著者中,萧该、颜之推是南方人。[7]陈先生根据《切韵·序》"萧、颜多所决定"的话,认为《切韵》音系以金陵士族的语音为主要内容。金陵士族的话是东晋以前洛阳话的移殖,因而认为《切韵》以金陵话为主,也就是以东晋以前的洛阳旧音为主,至于这种旧音旧到什么程度呢?陈先生认为旧到东汉的时候,他说:

> 考东汉之时,太学最盛,且学术文化亦有凝定之势。颇疑当时太学之音声,已为一美备之复合体,此复合体即以洛阳京畿之音为主,且综合诸家师授,兼采纳各地方言而成者也。

因此陈先生认为订出《切韵》音系内容的不是"陆法言及颜、萧",而是"数百年前之太学博士",陆法言等人讨论的结果,不过是决定以这个旧日太学博士的音系作为《切韵》的依据而已。⑧陈先生的这种说法,显然是一种臆测。如果说《切韵》作者所讨论的问题只不过是选择哪一个现成的音系作为《切韵》一书的内容,那么结论就只有一句话,又何必要陆法言"随口记之"呢?如果说萧、颜等人所说的金陵话已经不是祖传的东汉时的洛阳旧音,已经发生了一定变化(陈先生承认这一点),《切韵》作者所讨论的就是确定哪些音是变的,并用太学博士的旧音来更正它,那就要问,《切韵》作者凭什么知道东汉时的读音呢?《切韵》以洛阳话为基础,因此讨论的主要内容应该就是参考方音的问题。金陵话既然是主要的参考对象,作为南方人的萧该、颜之推在讨论时多发表一些去取的意见,不是理所当然的吗?绝不能以此来证明《切韵》以金陵音系为主。洛阳从东汉到隋以前,时常作为政治、文化中心。如果说洛阳话东汉时就已在方言中取得了权威地位,那么到《切韵》的时候,它的权威地位就会更高,陆、颜等人偏偏崇拜五百年前的洛阳话,对当时的洛阳话反而不以为然,这岂不也是很难理解的吗?更重要的是,如果《切韵》音系是东汉时的洛阳音系,它就该和东汉时的语音系统一致,但事实并不如此。东汉时的语音系统还是较为接近上古音系统,而《切韵》音系已使音韵学家必须把它划归中古阶段。两者之间的差别是相当大的。陈先生脱离了语音本身,孤立地从历史事实去臆测,当然就不可能得出正确的结论了。

我们在强调《切韵》音系以洛阳音系为基础的同时,又承认它部分地集中了一些方音或古音特点。这就是我们和主张《切韵》音系是一个单纯方言音系的人的分歧所在。我们有好多理由支持我们的看法。

第一,如上所说,颜之推明明在洛阳之外,又提出了金陵,《切韵》音系绝不是纯粹的洛阳音系。

第二,《切韵》是一部集体创作,是经过作者反复讨论之后写成的。据《切韵·序》所说,讨论的内容是"南北是非,古今通塞"。可见《切韵》的确吸收了一部分方音或古音,否则记录一个单纯的音系,只要把单字按方音归类就行了,何必要反复讨论呢?

第三,《颜氏家训·音辞篇》说:

> 至业已来,唯见崔子约、崔瞻叔侄,李祖仁、李蔚兄弟,颇事言辞,少为切正。

可见颜氏心目中的标准语绝不是一个单一的活方言,否则"切正"的人必定很多,绝不会只有三两个人。

第四,《切韵》参考了很多前人韵书,在音系上很难完全不受它们的影响,尽管这种影响是相当有限的。(详下文)

第五,主张《切韵》音系是单一音系的人承认《切韵》在个别字上吸收了方言,但不承认在音系上有所混杂。事实也不尽然。《颜氏家训·音辞篇》说:

北人以"庶"为"戍",以"如"为"儒"。

"如"是鱼韵字,"儒"是虞韵字;"庶"是鱼韵去声(御)字,"戍"是虞韵去声(遇)字。可见当时北方大部分地区鱼、虞两韵已经不分。北魏时洛中童谣云:

三月末,四月初,扬灰簸土受真珠。⑨

这里以"初珠"二字押韵。"初"是鱼韵字,"珠"是虞韵字,证明当时洛阳话可能也是鱼、虞不分,和很多北方话一样。洛阳话鱼、虞不分,《切韵》鱼、虞分韵,《切韵》根据的显然不是洛阳话,而是吸收的方音。这种吸收涉及整个韵母,当然不是个别字的问题。

主张《切韵》音系是单一音系的人往往又把《切韵》的内部一致作为证据。高本汉就是其中最坚决的一个。他认为《切韵》的反切表现了"一个完整的语言的准确轮廓"就可以作为《切韵》是当时一个真语言的"内部证据"。⑩其实一个方音音系稍微综合一些别的方言音系的特点,并不一定就会造成这一音系的内部混乱和自相矛盾。例如北方拉丁化新文字,在北京音系的基础上吸收了方言分尖团的特点,结果并没有影响它的内部一致性。高本汉企图用内部一致性来证明《切韵》音系是单一的音系,完全是徒劳的。

应该指出,《切韵》的作者们不可能系统地了解古音,系统地研究古音是宋朝吴棫以后的事。因此我们说《切韵》吸收古音仅仅是指它参考前代的韵书和反切说的,绝不是说它可以吸收比这些韵书和反切更古的古音。其实从《切韵》的时代上推,距离反切和韵书创始的汉魏之间不过三百多年的时间。纵使这些前代的反切、韵书所反映的某些语音特点,在当时普通话——洛阳话里已经消失,从而变成了所谓古音,但这种古音在当时的很多方言里一定仍然存在。因此与其说《切韵》吸收的是古音,还不如说它吸收的是有文献可征的方音。《颜氏家训·音辞篇》说:

> 北人之音多以"举、莒"为"矩",唯李季节云:齐桓公与管仲于台上谋伐莒,东郭牙望桓公口开而不闭,故知所言者莒也。然则莒、矩必不同呼。此为知音矣。

不管颜之推、李季节这种考求古音的方法是否是科学的,但《切韵》鱼、虞分韵除了方音的根据之外,还参考了古音应该是事实。有了这个了解之后,我们只说《切韵》吸收了方音而不说它吸收古音,似乎也就够了。

但是《切韵》音系既然以洛阳语音为基础,同时作者们的方音知识又不可能不受到时代的限制,可以断言《切韵》所吸收的方音一定不多。我们认为《切韵》吸收的方音,就广度来说恐怕很难超出作者们各自家乡话的范围,就数量来说,也一定不会达到破坏洛阳音系基本面貌的程度。因此我们坚决反对认为《切韵》音系是一个古今南北语音互相拼凑的音系的说法。主张这一说法的主要理由有两个:一个理由是,王仁昫《刊谬补缺切韵》韵目下说明《切韵》参考诸家韵书分韵的附注有一个通例,就是《切韵》只从诸家之分,不从诸家之合,可见《切韵》是取诸家的韵部,拼凑而成;另一个理由是,从古音或现代方言看,汉语绝不可能有过像《切韵》那样声韵复杂的音韵系统,《切韵》声韵类复杂是拼凑南北古今语音的结果。这两个理由成不成理由呢? 我们认为都有问题。

《刊谬补缺切韵》关于韵部分合的附注其实是很不完全的。《切韵》所参考的韵书主要有五家,附注在有的韵下五家分合的情况完全注出,有的韵下只注一家至四家不等。看不出全注和不全注的任何原则。所注从分从合也有类似情形。《颜氏家训·音辞篇》说:

  《韵集》以成仍宏登合成两韵,为奇益石分作四章……不可依信。

《切韵》从颜氏把"成、仍"分为清、蒸两韵,"宏、登"分成耕、登两韵,又把"为、奇"合成支韵,"益、石"合成昔韵。前者不从《韵集》之合,后者是不从《韵集》之分。可是两者附注中都不见。可见附注不但对《切韵》不从前人之分的付诸缺如,就是对《切韵》不从前人之合的也没有全注。因此根据这些附注就想判定《切韵》对前人韵部只是"因其或异而分,不因其或同而合",不免把问题看得太简单了些。

  退一步说,即使《切韵》只从前人之分,不从前人之合,这种分合也未必都表明《切韵》和前人韵书或前人韵书相互之间在语音上的异同,有时很可能只是表明各家韵书分韵的粗细不同。有很多迹象可以证实这种推想。

  王书附注中有很多韵只在四声或三声中的一声、二声或三声下有注,其余的缺注。例如:

声调	平	上	去	入
韵目	东	董	送	屋
附注	○	吕与肿同 夏与肿别	○	○

这种缺注并不是由于缺注各声与已注各声情况相同,所以省略,因为有四声情况完全相同而仍然全注的。例如:

声调	平	上	去	入
韵目	咸	豏	陷	洽
附注	夏与衔别	夏与槛别	夏与鑑别	夏与狎别
	李与衔同	李与槛同	李与鑑同	李与狎同

所以缺注的地方很可能是由于《切韵》和各家分合都相同的缘故。如果是这样的话，凡相承各声不全注的，就表明各家四声分合不相承。以某韵书在某韵（不分声调）有注算有注一次的话，各声全注的26次，不全注的80次，不全注的占绝大多数。根据汉语四声多半相承的通常情形看，绝不能认为相承各声的分合不同，都是实际语音的不同。我们虽然不能说全部，至少其中大部分是由于审音能力不够，分析不清的缘故。附注中所注夏侯詠《韵略》分韵的情况就相当有力地说明我们的推测是可信的。例如：

声调	平	上	去
韵目	脂	旨	至
附注	夏与之微大乱杂	夏与止为疑	夏与志同

所谓"为疑"就是分合不能确定，暂时存疑的意思。证明《切韵》以前各家韵书对韵部的分析不够清晰，不够精密，确是事实。《切韵·序》说：

> 吕静《韵集》、夏侯詠《韵略》、阳休之《韵略》、周思言《音韵》、李季节《音谱》、杜台卿《韵略》等，各有乖互。江东取韵与河北复殊。

"江东取韵与河北复殊"指的是方言差别，"各有乖互"指的是各家分韵不精确的地方。可见各家韵部的分歧虽然有方音的因素，但的确也有正确与不正确的因素。

除了分韵的正与误的不同之外,分韵的标准也有差别,尤其在《切韵》和它所参考的韵书之间。刘善经《四声论》说:

> 齐仆射阳休之,当世之文匠也。乃以音有楚夏,韵有讹切,辞人代用,今古不同,遂辨其尤相涉者五十六韵,科以四声,名曰《韵略》。制作之士,咸取则焉。⑪

可见阳休之《韵略》是为纠正诗文的用韵而作的,多少总得受用韵习惯的影响。《切韵》就不然了。《切韵·序》说:

> 欲广文路,自可清浊皆通,若赏知音,即须轻重有异。

说明《切韵》的目的主要在于分析语音,不是专为押韵而作。标准既然不同,韵部的多少,当然也就不全关乎语音了。

根据上面这些分析,我们可以断言,王仁昫书的附注并不能为《切韵》音系是拼凑音系这一看法提供任何可靠的证据。

至于拼凑论者的第二个理由,即所谓汉语不可能有《切韵》那样复杂音系的理由就更站不住了。我们不妨先看看《切韵》音系和当时诗文押韵所反映的语音情况,究竟有多大差别,经过比较之后,我们可以把两者之间的差别情况分为下列几种:⑫

(1)《切韵》开合韵而押韵不分的,如"灰、咍""殷、文"等。

(2)《切韵》一、三等韵而押韵不分的,如"冬、钟""阳、唐"等。

(3)《切韵》三、四等韵而押韵不分的,如"仙、先"⑬"盐、添"等。

(4)其他《切韵》分韵而押韵不分的。按押韵有下列几部:
1. 脂之 2. 皆咍⑭ 3. 臻真⑮ 4. 元痕 5. 歌麻 6. 庚耕(清青) 7. 幽尤 8. 栉质物迄 9. 陌麦(昔锡) 10. 业乏

(1)(2)两项不表示语音的不同。(3)项也可以认为不表示语音的不同,假使承认《切韵》三、四等的分别只在介音有无的话。这样,就只有第四项是押韵和《切韵》语音不同的地方了。但事实上这些不同还有折扣可打,因为音近相押在韵文里是常见的事,我们很难保证这些通押的韵主元音都完全一样。例如阳固诗文押韵的韵部就比他儿子阳休之《韵略》所分韵部要宽缓得多。请看下面的对照表。

阳休之韵部	根据	阳固押韵韵部	根据
1.脂 2.之 3.微	（王仁昫刊谬补缺切韵韵目附注）	1.{ 脂 之 微	《演赜赋》押微基｜微机思非｜薇时｜微嶷诗辞⑯
1.鱼 2.虞		1.{ 鱼 虞	《演赜赋》押涂舒娱庐,《疾幸诗》押车与徒趋⑰
1.质 2.物		1.{ 质 物	《演赜赋》押鬱珱術质

如果承认父子两个语音应该相同的话,这种差别就完全是标准宽严的问题,与语音的分合无关。阳固的韵文传下来的极少,阳休之韵部王仁昫书韵目下注明的也不多,可是两人的韵部分合就有这么大的不同。《切韵》分韵比阳休之更细密,那么它和当时韵文韵部之间的关系类似阳氏父子的情形一定就更多。如果承认这一点的话,那么《切韵》音系和当时韵文所反映的韵系简直符合到了惊人的程度。我们怎么能说汉语从来不可能有《切韵》那样复杂的音系呢?

其次,我们还可以把《切韵》音系和现代方言比较一下。现代方言的音系一般说来固然简单的较多,但复杂的也并不少。拿临川话来说,就有263个韵母,[18]已经和《切韵》韵母的数目相差不远了。潮州话有308个韵母,就更接近《切韵》,[19]至于广州话的韵母则有三百五六十个之多,[20]甚至远远超过了《切韵》。我们怎能说汉语从来不可能有《切韵》那样复杂的音系呢?

由此可见,拼凑论者的第二个理由也是武断的,完全没有根据的。

总之,我们认为《切韵》音系是以洛阳音系为基础的音系。它吸收了一部分方音,但方音成分还不致多到破坏洛阳音系基本面貌的程度。强调《切韵》音系的单一性,或夸大它的综合程度,都是片面的,与事实不符的。

二 《切韵》音系在汉语语音史上的地位

《切韵》音系的性质确定了之后,我们就来进一步讨论《切韵》音系在汉语语音史上的地位问题。

《切韵》音系如果是纯粹的洛阳音系的话,由于洛阳音系的标准音性质,它在汉语语音史上的重要地位,就比较容易肯定。可是事实并不如此,它不是一个单纯的音系,它带有一定的综合成分,于是问题就来了。一个综合音系比起同时的任何实际音系来,不是多一些什么,就是少一些什么,拿这样一个音系作为一个语音发展阶段,即中古阶段的语音代表,会不会把一些没有着落的音素强加到汉语语音的发展过程中去呢?对这个问题,我们的答案是否定的。

《切韵》从系统上对方言进行综合，不外从分和从合两个办法。就声母方面举例来说，假定端母和知母在当时洛阳话里没有分别，在别的方言里有分别，《切韵》吸收方言，把端、知两母分开了；帮母和非母在当时洛阳话里有分别，别的方言里没有分别，《切韵》吸收方言，把帮、非两母合并了。这样，《切韵》的声母系统就变成了方音和洛阳语音的综合系统。在这个系统里，帮、非合一的确不是当时的洛阳话，但这并不意味着它就是落空的，因为它在别的方言里存在着，它代表方言里头比洛阳语音发展得较慢的特点。当洛阳话已经进入帮、非分化的阶段，这些方言仍然保持着帮、非合一的状态。因此，我们根据《切韵》帮、非合一的现象和此后发展了的语音写出的"帮→帮、非"的发展公式仍然是有效的，它仍然代表汉语语音发展的实际过程，只不过这一过程发生的时间，就洛阳音系来说，要早一点罢了。端、知的分立，和帮、非的合一，情形相反，道理仍然一样。它代表方言里头比洛阳语音发展得较快的特点。当洛阳话还保持端、知合一的情况下，这些方言已经进入了端、知分化的阶段。因此我们根据《切韵》端、知分立的现象和此后的语音写出的"端→端，知→知"的发展公式也仍然是有效的，它仍然代表汉语语音发展的实际过程，只不过这一过程发生的时间，就洛阳音系来说，要晚一点罢了。由此可见，把带有综合成分的《切韵》音系作为中古语音的代表，根本就不存在把没有着落的音素强加到汉语语音发展过程中去的问题。问题只在于对于那些综合音素在标准语里的年代无法确指而已，虽然我们知道它们往上不早于魏晋，往下不晚于公元601年。

当然，问题还不这么简单。语音是成系统的，在每个系统里头、声、韵、调三方面都是有机地相互结合着的。虽不说牵一发而动全身,但如果综合别的音系的成分过多,或所综合的成分和本音系的对应关系复杂,那就不单是比其他音系多一点什么,少一点什么的问题,而是导致系统的大部分,甚至整个系统都流于虚构的问题了。例如,如果我们把广州话的入声韵完全并入北京音系里头的话,我们就没有办法不虚构,因为要使四声在一定程度上协调,广州话的入声韵母就必须加以改造才能和北京平上去声韵母相配。结果我们用北京话的韵头、韵腹加上广州话的韵尾和调类制造出来的入声韵的结构,就必然是毫无根据的。它既不符合当前的任何方言,也不符合历史上的任何音系。如果根据这样一个结构来说明此后广州话或北京话的语音演变,那么得出来的有关入声韵的音变规律和音变条件一定大部分都是虚构的,不符合事实的。因此只有在综合别的音系的成分不多,或所综合的成分和本音系的对应关系比较整齐的情况下,综合才不致引起虚构。例如,如果把方言里头的 v 声母综合到北京音系里头,把古微母字都归入 v 声母,或者再把方言里头尖团音的区别也综合到北京音系里头,把古精组声母字读 tɕ 等的都改成 ts 等,使 ts 等也和 i、y 相拼,我们所得到的以北京音系声母为基础的综合声母系统,虽然比起北京音系来多了一个或几个声母,并改变了一部分声韵的配合关系,但并不是虚构的。在这个音系里 v、ts 等和韵母的关系不但在方言里可以找到(例如洛阳话的 v 声母),而且在历史上也可以找到(例如徐孝《重订司马温公等韵图经》里的 ts 等声母)。往后拿这样一个音系来解释北京话的演变,定出 v→u, ts(i, y)→tɕ 的演变公式,完全是符合北京话演变的实际过程的,只不过这一过程不是发生在现在,而是发生在几个世纪以前罢了。

由此可见,如果《切韵》音系真的像有些人所说的那样,是南北古今语音的大拼凑,那么把它作为中古语音的代表,的确就有问题了,因为把数量多,对应关系复杂的语音硬拼在一个系统里,要想免于混乱,免于虚构,可说是办不到的。但是我们已经说过,《切韵》音系基本上是洛阳音系,综合的成分是不多的。再者它所综合的成分又以金陵音系为主,金陵音系是洛阳音系的分支,两者差别是不大的。《切韵》音系所综合的成分和它本身之间的关系,必然大半类似上面所举北京音系和 v、ts 之间的关系。所以我们虽然一般地否定综合音系,但像《切韵》这样的综合音系仍然是可以肯定的。

有人认为肯定《切韵》音系在中古语音中的代表地位还有一个困难,就是《切韵》音系是以洛阳音系为基础的,北京和洛阳地点不同,方言不同,一千多年前的洛阳音系不可能是现代北京音系的直接祖宗,它们之间各个音素的关系不是一针对一线的直接继承关系,因此它们之间不能建立语音发展公式,也就是不能建立历史关系。一个不能与后代语音建立历史关系的音系,怎么能作为一个历史时期的语音代表呢?

这一困难是不是真能否定《切韵》音系的价值呢?我们认为也是有问题的。

首先,所谓一针对一线的直接继承关系这一提法本身就是不正确的。我们知道,方言都不是孤立的。由于社会的变动,人口的流迁,方言区之间人民交际的从不间断,方言之间的相互影响,相互渗透,是非常频繁,非常复杂的。这种频繁的,复杂的互相影响,互相渗透的结果,使得各个方言的音系千丝万缕地交错在一起,使得它们之间的界限具有一定程度的相对性。这种相对性在不同的历史时期,又各表现于不同的具体内容。因而想在一个语言不同的历史阶段,找到两个在范围上完完全全重合的音系是不可能的。所谓一针对一线的直接继承关系只不过是一种毫无根据的虚构罢了。一些西方学者不适当地夸大方言界限的这种一定程度的相对性,从而否定方言本身的存在,当然是错误的,但是忽视这种一定程度的相对性,认为方言之间的界限是断然的,绝对的,也同样是错误的。

　　其次,就是承认有直接和非直接的继承关系,《切韵》音系和北京音系之间是不是直接继承关系,也还不能轻易作出结论。第一,我们不能单凭地理关系来断定。我们不能因为北京和洛阳地点不同,现在也有些方言差别,就认为一千多年前的洛阳话和现代北京话之间不可能有直接继承关系。有些地点现代是不同的方言,古代未必就是不同的方言,有些地点古代是不同的方言,现代就未必仍然是不同的方言。地点是死的,不变的,方言范围却是活的,经常变动的。如果认为方言的直接继承关系完全取决于地理上的同一关系,那就是把方言范围看成了一成不变的东西,显然是错误的。第二,从前节所引颜之推和陆德明等人的话里,我们不难看出,在《切韵》的时代,北方方言基本上已经形成。因此北京话和洛阳话不论在《切韵》时代还是在现代,都是同一北方方言里的两个土语或次方言。如果我们以方言为单位而不以土语或次方言为单位来考虑继承关系的话,我们也没有理由断言北京话和一千多年前的洛阳话之间不可能有直接继承关系。第三,两个方音是不是直接继承关系,语音本身应该是一个非常重要的根据。用《切韵》音系来说明北京语音的演变,除了个别的可以用其他原因解释的特殊情况以外,基本上没有什么困难。因此语音本身也不能提供任何可以否定《切韵》音系和北京音系是直接继承关系的东西。这一切都说明,即使用直接和非直接继承关系的论点来否定《切韵》音系的价值,也是很难办到的。

再退一步说,就算《切韵》音系和北京音系之间的关系不够直接,也并不能取消《切韵》音系在中古音中的代表资格。研究语音史也像研究其他各种历史一样,不可能不受到材料的限制。就汉语而论,方言在一个历史阶段上具有材料的已经百不得一,在各个历史阶段上都拥有材料的,根本一个也没有。强调必须在各个方言的直接继承关系上才能建立语音史,事实上就是取消语音史,这显然是错误的。一般建立一个语言有文献记载以后的语音史,只能在这个语言各个阶段的标准音音系的基础上来建立。[21]汉语当然也不能例外。《切韵》音系既然是中古阶段具有标准音性质的音系,它当然也就是汉语语音史赖以建立的重要一环。我们怎么可以轻易地否定它呢?

或者要问,标准音音系之间如果不一定是直接继承关系,那么在它们之间建立起来的语音发展公式会不会只是一种对应公式,而不是历史公式呢?我们说不会的。我们承认一个语言的语音在不同时期有不同的面貌。这种面貌是通过各个时期的标准音音系表现出来的。因此标准音音系之间的关系,基本上就是这个语言不同时期语音之间的关系,根据这种关系建立起来的语音公式,当然也就是历史公式,而不是仅仅的对应公式。

标准音音系当然不等于所有的音系,标准音音系之间的关系,当然也不等于所有音系之间的关系。例如我们根据汉语三个不同时期的三个标准音音系《切韵》、《中原音韵》和北京音系建立起来的 k→k→k,tɕ(i、y)的公式,从横的方面说,它只表明这一音类在《切韵》和《中原音韵》的时代大部分人读 k,在现代大部分人读 k,tɕ,但它并不表明古代所有的人都读 k,现代所有的人都读 k,tɕ,从纵的方面说,它只表明汉语的主流是从 k 按照一定的条件向 tɕ 发展。因此音韵学虽然以研究语音发展的主流为其主要任务,但对于语音发展的支流,即方音的发展也应该予以充分的注意。这样才能更全面地描绘语音发展的整个图景。

但不论怎样,由于语言的极其复杂的发展关系,由于资料的严重缺乏,我们对于语音的各个阶段,以及各个阶段之间的历史关系,都不可能全部真实地重建。语音发展公式里的符号就其所代表的音值来说,很大一部分只是表示一个大致的音域,而不表示绝对的音值。例如《切韵》歌韵的主要元音我们写成 ɑ,并不意味着它当时一定就读 ɑ,实际上它也许是 ɒ,也许是 ʌ,但是它不能是 ɔ,也不能是 ɐ 或 a。因此这个 ɑ 与其说代表 ɑ,还不如说代表 ɔ→a 之间的音。语音符号的意义既然如此,语音公式所能表示的当然也就只是语音发展的一个大致趋势。公式 ɑ→o→ɤ 只不过表明《切韵》歌韵主要元音一千多年来发展的大致趋势而已。虽然如此,语音公式的价值却并没有降低,因为建立语音史的最重要的的目的就是根据它所提供的语音发展规律来促进语言规范,推动语言向健康的道路上发展,而语音公式就是在最精确的程度上,以最具体的方式提供这种规律的手段。当然语音公式可能也有连发展的大致趋势都弄错了的,但那毕竟是少数,而且凭借历史和方言的资料,对于那些有错误可能的公式,我们大致都能做到心中有数,因而也就不会上当。并且只要我们充分地、谨慎地利用各种材料,我们就可以一点一点地修改这些公式,使它逐步达到正确的程度,这样,我们就可以把我们的错误缩小到最小限度之内。有人害怕确定语音发展公式会犯错误,就主张废弃拟音,那是因噎废食的办法。试想,如果没有语音符号,没有用语音符号建立起来的语音发展公式,我们怎么能说明复杂的语音变化条件和语音变化规律呢？仅仅满足于把语音归归类的办法,必然使我们的语音史工作退回到几世纪以前的旧路上去,对此我们坚决不同意。

总之,不论从《切韵》音系的语音性质看,或是从它跟在它之后的代表音系之间的继承关系的性质看,《切韵》音系在汉语语音史上的地位都是应该肯定的。

《切韵》音系的性质和它在汉语语音史上的地位问题是当前汉语音韵学上的重大问题。这一问题能否得到正确的解决,密切地关系到汉语音韵学的发展前途。本文的意见很不成熟,目的只在引起大家的讨论。希望依靠集体的力量,通过讨论,使问题得到正确的解决,从而为在我国建立马克思主义的、科学的汉语语音史打下良好的基础。

附　注

① "然"作"言",据《三国志·魏书》,13卷,《王朗传》附《王肃传》改。
② 《北齐书》45卷,《颜之推传》,《观我生赋》自注说:"中原冠带随晋

帝渡江者百家。"

③ 参看陈寅恪《从史实论切韵》,《岭南学报》,9卷,2期(1949),1~18页。

④ 《经典释文·序录》,四部丛刊本,3页。

⑤ 《刊误》,学津讨原本,卷下,9页下。

⑥ 见高本汉《中国语言学研究》,贺昌群译本,91页;又《上古及中古汉语语音简编》,《远东古物博物馆杂志》,26期(1954),212页;又见马伯乐《唐代长安方言》,BEFEO,20卷(1920),2号,11页。

⑦ 萧该是梁武帝第九弟鄱阳王恢的孙子,兰陵(今江苏武进县)人。见《隋书》,75卷,《何妥传》附《萧该传》。颜之推祖籍山东琅邪临沂(今山东临沂县),九世祖随晋元帝渡江以后定居金陵。《观我生赋》说"吾王所以东运,我祖于是南翔,去邪之迁越,宅金陵之旧章;作羽仪于新邑,树杞梓于水乡"就是叙述迁居金陵的事。

⑧ 见《从史实论切韵》。

⑨ 《魏书》,75卷,《尔朱彦伯传》;又见《北史》,48卷,《尔朱荣传》附《尔朱彦伯传》。

⑩ 《中国音韵学研究》,中译本,19~20页。

⑪ 遍照金刚《文镜秘府论》,天帙,30页下至31页上。

⑫ 材料根据于海晏《汉魏六朝韵谱》。

⑬ 于海晏合"山仙先"为一部,不妥。就于书所收材料看,152个作者中,只有19人,"山"与"仙、先"相押,显然"山"和"仙、先"应分为两部。

⑭ 皆韵于氏收集了14个作者的材料,7个人与咍灰两韵押韵,5个人独用,2个人与齐韵押韵。就押韵次数来说,皆、咍相押11次,皆独用8次。于氏认为皆独立,不妥。

⑮ 这里根据《切韵》韵部,真韵相当《广韵》的真、谆两韵。歌、戈两韵同此。

⑯ 见《魏书》,72卷,《阳尼传》附《阳固传》。

⑰ 见《魏书》,72卷,《阳尼傅》附《阳固传》。

⑱ 据罗常培先生《临川音系》,科学出版社,1958年版。

⑲ 据詹伯慧《潮州方言》,见《方言和普通话丛刊》第二本,41~120页。

⑳ 据陈慧英、白婉如《广州音和北京音的比较》,见《方言和普通话丛刊》第一本,8~101页。

㉑ 这里"标准音音系"借来指一定时期内最有权威的音系,并不含有它和现在的标准音具有同等规范水平的意思。下同。

(原载《中国语文》1961年4月号)

《切韵》尤韵和东三等唇音声母字的演变

《切韵》有些三等韵里的双唇音后来变成了唇齿音,这是大家所熟知的。这种变化在大多数韵里包括的是全部唇音字,但在尤韵和东三等(举平声包括上去入声)里却出现了例外。在这两韵里帮、滂、并三母字依例变成了唇齿音,而明母字却保持未变。这种变化不一致的现象究竟是如何形成的?王力(1900~1986)先生在他的《汉语史稿》里曾经作过解释,他说:

"双唇音一部分字分化为唇齿音,分化的条件是合口三等。合口三等是带有韵头ǐw或全韵为ǐu的韵母。凡合口三等的双唇字,到了后来一律变了唇齿音。表面上有一个例外,就是尤韵的开口三等字,如'浮''妇''负''富'等。实际上这并不是例外,因为这些字在没有变为唇齿音以前,已经转到虞韵去了,而虞韵正是ǐu音。""明母字(原注:"'谋''矛''眸'等")没有转到虞韵去,因此它没有变为唇齿音。"[①]
王先生的这个说法,至少有三点困难。一是与历史上有些语音系统的音变情况不符。比如张参(714~?)《五经文字》的反切系统唇齿音已经完全分化出来,但侯韵的"裒"字作"莫富反",用尤韵的"富"字作切,说明"富"字变入侯韵而不是变入虞韵,可是这样并没有妨害它的声母变为轻唇。②二是与现代北京话以及很多方言的音变情况不符。比如北京话虞韵唇音字的韵母是-u,但尤韵"否""缶"二字读 fou,不读 fu,说明它们并没有变入虞韵,可是它们的声母则都变成了轻唇。其他如汉口、成都、苏州、上海、长沙、梅县、广州等地"否""浮"二字的韵母都读同侯韵而不读同虞韵,可是它们的声母也都变成了轻唇。③三是解释不了东三等明母字不变轻唇的现象。东三等的韵母王先生拟作 ĭuŋ,各家的拟法也基本相同。这完全符合王先生三等合口的条件,可是东三等的明母字并没有变轻唇。王先生压根儿没有考虑到东三等的问题,不免是一个疏忽。以上这些困难说明尤韵和东三的唇鼻音变不变轻唇关键并不在开合上头,当然更不在变不变入虞韵上头。

在《切韵》前后的一些反切系统里,我们发现了能够说明这两韵唇鼻音字演变过程的重要线索。首先我们不妨从陆德明(约555~627)《经典释文》的反切说起。在陆氏的反切系统里,一方面唇音声母还没有轻化,另一方面尤韵和东三的明母字基本上都变入了一等侯韵。关于第一点可以参看王力先生《〈经典释文〉反切考》和拙著《〈经典释文〉音系》,④这里不再细说。关于第二点请看下面《释文》尤韵和东三明母字的具体音切。⑤凡"音某"都指直音。

尤 韵

平声　　髳:音谋(3,10下)茂侯反(4,2上)　　鍪:莫侯反(3,16下;11,6上;14,16下;16,3上)音矛(4,14下)音牟(10,29上)亡侯反(12,29上;16,10下)

矛:音谋(5,20下;11,6下)莫侯反(6,19下;11,33上;20,16下;20下;22,10下)　缪:亡侯反(5,31下;28,4下)蟊:莫侯反(6,30上;7,16下)　髦(鬃):莫侯(6,35上)　眸:莫侯反(7,7上;⑥9,12下)茂侯反(27,17下)　蛑:音牟(7,22上;30,15上)　毋:音牟(8,12上;10,3下;11,29上;12,12下)　牟:莫侯反(9,10上;11,15下;21,15下)亡侯反(11,27上;13,6上;15,4下;12下;16,21上;18,12下;19,3下;13下;26下;22,3上)木侯反(12,14下)武侯反(21,3上)　侔:亡侯反(9,23上)莫侯反(9,32上;32下)音谋(26,23下)　桙:音牟(10,29上)　堥:木侯反(12,14下)　蝥:莫侯反(15,7上;17,12下)亡侯反(20,5上;30,16下)音谋(30,15下)　务:莫侯反(17,25下)　鍪:亡侯反(22,30下)　鹜:亡侯反(30,19下)音缪(30,19下)　鸭:亡侯反(30,20下)　谋:亡侯反(29,6上)　莫浮反(29,2下)

去声　贸:亡救反(11,22上)

东 三

平声　梦:莫红反(6,20上)莫空反(7,15下)音蒙(16,23上;20,20上)莫公反(17,10上;22下;18,3下;19,27下)无工反(22,27下)亡工反(29,14下)　鄸:莫公反(21,30下)音蒙(21,30下)

去声　蕺:音梦(8,31上)　瞢亡贡反(9,9下)　䁅:亡贡反(30,21下)

入声　牧:音目(6,11下;7,29下;8,25上;9,1下;21上;16,8下;17,19上;19,9下;22,9上)音木(11,23下;21,10下)亡卜反(29,30上)　坶:音牧(7,2上)　繆:音穆(8,33下;11,16上;⁷23上;13,26上;21,1下;3上;20下;22上;23下;25下;22,3上;10下;16下⁸)莫仆反(12,27上)⁹音木(12,27上)　穆:音木(12,2下)　苺:音牧(30,7下)

睦:音目(23,1下)

尤韵共20个字,差不多全都变入了一等侯韵。平声"谋"字大多与侯韵切下字相系联。同时又有"莫浮反"一音,大概是有一、三等两读。去声"贸"字"亡救反",也读三等。只有这两个字未变或未全变一等。这说明陆氏反切的这一变化正处在即将完成但还没有完全完成的阶段。

东三平、去声各例都用一等字作切或直音,或是用已变为一等的三等字"梦"(即"䁅"的别体)来直音,入声"穆"字用一等字直音,同时它又用来为"繆"字作音,说明这些字全都变成了一等。"牧"字既有一等读,又"音目","目"字大概也已变入了一等。不过"目"字在《释文》里又多次做三等唇音的切下字,并跟三等的"六"字相系联。例如:

幅　方目反(7,34下)方六反(11,15上)⑩

覆　芳目反(2,19下)敷目反(17,14上)芳六反(2,29上)

蝮　　孚目反(18,29上)

在陆氏反切轻重唇音还没有分化的条件下，"幅"等字不可能读洪音，而"六"字同时又做三等其他各组声母字的切下字，也不可能有一等的读法。据此可以断定"目"字一定还有个三等的读法。"目"字有一、三等两读，"睦"字"音目"，究竟是读一等或三等，一时不容易确定。不管怎样，陆氏东三明母字虽然有少数有三等又读或仍然读三等，但绝大多数已变入一等，则是毫无疑问的。

陆氏反切尤韵和东三的明母字在唇音轻化之前绝大多数都已变入了一等，这就明确告诉我们，它们后来所以没有跟同韵的唇塞音字一起变轻唇，就是因为早就失去了前腭介音，致使轻唇化的音变规律对它们不起作用的缘故。

须要指出的是，这一音变的出现并不是从《释文》时才开始的，早在东晋前期李轨《周礼音》里就发现有同类的例子。往后徐邈(344～397)《礼记音》、《春秋左氏音》，沈重(500～583)《周礼音》和顾野王(519～581)《玉篇》的音切尤韵或东三明母字都有变一等的例子。现依次把各家这类有关的例子开列于下：[⑪]

李轨　尤韵平声　牟：莫侯反，又无不反(9,10上)

徐邈　尤韵平声　雺：亡钩反(4,3下)[⑫]　务：莫侯反(17,25下)

　　　去声　　贸：亡救反，又音茂(11,22上)

　　　东三入声　牧：音目(2,6下；3,4下；9上；5,14下；7,2上；29下；8,2下；13上；11,10上；15,5下；19上)

沈重　东三入声　牧：音木(9,1下)

顾氏　尤韵平声　缪:莫侯氏(340)　繁:亡侯反(347)[13]
例子虽然不多,但从中可以窥测到一些演变的脉络。李轨的"牟"字有个一等读,但它还有个三等的又音,遣显示了一等读的出现还不久,地位还不怎么巩固。徐邈一、三等各有两例,说明一等读已经逐渐多了起来。到了沈重和顾野王,就只见一等读,未见三等读,说明一等读已经占了大多数,跟陆德明的反切情况已经差不多了。沈、顾和陆氏时代相接,他们的反切系统相类是理所当然的。顾氏反切还有大致保存其系统的日僧空海(774~835)《篆隶万象名义》的反切可以相印证。[14]《名义》反切尤韵和东三明母字的绝大多数都读成了一等,只有"苺""姆"等少数字仍读三等,确实与陆德明基本一致。李、徐、沈、顾四家,时代都比《释文》早,他们的三等变一等都是在唇音还没有轻化的情况下发生的,就是一个毋庸证明的问题了。

　　《释文》之后有一些反切系统,如曹宪《博雅音》、颜师古(581~645)《汉书注》、玄应(?~661)《一切经音义》等也反映了类似的情况。

　　曹宪《博雅音》的反切轻重唇往往互混。现将其互混次数统计如下:[15]

　　　帮非8　滂敷7　並奉15　明微39
各母加起来共69字次,可见轻重唇音还没有分化。下面再看《博雅音》尤韵和东三明母字的反切和直音:

尤　韵

　　平声　䎺:音牟(1,1503)　𦭼:音牟(8,1559;10,1575)

　　　　　鍪:音牟(8,1563)　　蟊:音牟(10,1571)
　去声　鍪:音茂(7,1551)　　瞀:莫候反(8,1559)

东　三

　去声　雺:莫洞反(5,1537)⑯　䁁:音梦(8,1560)

尤韵去声"瞀""鍪"二字,东三"雺"字都用一等字作切或直音,说明它们都已变入了一等。尤韵平声"䩬""𪎭""鍪""蟊"和东三"䁁"字都用本韵字直音,大概是因为一等明母平声没有常用字的缘故,实际上它们大概也都变入了一等。由此可见,《博雅音》也可以作为尤韵和东三明母字在唇音轻化之前就已失去前腭介音的证据。

颜师古《汉书注》和玄应《一切经音义》的反切轻重唇也往往互切,但两人互切的程度不同,出现了不相一致的情况。请看下面两人轻重唇互切次数的统计结果:⑰

	帮非	滂敷	並奉	明微
颜师古	2	0	1	15
玄应	14	13	18	50

师古互切共18字次,玄应互切共95字次,玄应互切是师古的五倍多。单从数字看,师古轻重唇已开始呈分化趋势,而玄应则否。师古《汉书注》完成于唐太宗贞观十五年(641),⑱而玄应《一切经音义》从贞观十九年(645)即开始撰写,⑲前后相差仅三四年,可见两人上述反切的差异绝不可能是时差所致。师古是雍州万年人,即长安人。玄应里居不详,但他是长安大总持寺和大慈恩寺沙门,长期居住在长安。两人反切的语音基础应当同是当时长安一带的

话。因而两人唇音反切的差别也不大可能是出于方言的不同。这样一来,比较合理的解释似乎就只有一个了,就是两者的差别是出于旧读与新读的不同。可以设想,当时长安话唇音正处在轻重开始分化的过程之中,分化出来的轻唇字往往都还有重唇的旧读。玄应总的说,采用旧读较多,故轻重唇没有显露出分化的迹象,而师古则采用新读较多,故轻重唇的分化趋势较为明显。对二人的唇音反切有了这个了解之后,我们再来看他们的尤韵和东三明母字的音切情况:

颜 师 古

尤 韵

平声　侔:音牟(5,49下)　犛:音牟(36,503下)
　　　蛑:莫侯反(76,928下)　鍪:音牟(87下,1047上)

去声　贸:武又反(56,695上)

东 三

平声　梦:莫风反(1下,26上;20,184上;40,541下;57上,704上)莫风反(100上,1275上)　鄸:莫风反(27下之上,363下)　䈽:莫风反(100上,1275上)

去声　梦:莫风反(100上,1275上)　䈽:莫风反(100上,1275上)

玄　应

尤　韵

平声　矛：莫侯反（1,43；2,67；11,475；12,568；12,789；18,819；19,894；21,957；22,1005）莫浮反（3,134）　眸：莫侯反（4,178；198）　鍪：莫侯反（4,201）　侔：莫侯反（8,391）　蛑：莫侯反（10,459）　鋒：莫侯反（14,662）　牟：莫侯反（21,963）　谋：莫侯反（25,1126）

东　三

入声　牧：莫禄、亡福二反（2,69；3,120；22,985；23,1082）　目：莫鹿、莫六二反（2,80）莫鹿反（6,261）　睦：莫斛反（3,161）亡竹,莫禄二反（9,417）　穆：忙鹿、忙竹二反（17,801）莫谷反（24,1114）[20]

为了说明的方便，我们不妨先看玄应的音切。玄应两韵明母的每一个字都有一等读，其中尤韵的"矛"，东三的"牧""目""睦""穆"都又有三等读。这少数的三等读既然都与一等读重出，我们可以十分合理地把它们理解为玄应录存的旧音。玄应两韵明母字一等读的普遍存在，是它们从三等变入一等已经完成的标志，也是这一变化在当时长安话里比正处在发展过程中的唇音轻化现象发生得较早的反映。由此可见，玄应反切也可以作为尤韵和东三明母字在唇音轻化之前已经变为一等的证据。

其次我们再看师古的音切。师古尤韵平声的"鍪"字用"侯"

字作切,已经变入一等当无问题。"鍪"是"䥷"的异体,"鞻鍪"或作"鞻䥷"。"鍪"字"音牟",说明"牟"字也已变入了一等。这样,"侔""𦬼"二字"音牟",它们当然也都读为一等。只有去声"贸"字"武又反",作三等读。师古东三明母只有舒声的例子,都读三等。入声的例子未见。不过反切下字中有个入声"目"字。比如"复"字"方目反"(1 上,18 上)、"扶目反"(1 下,24 下)、"房目反"(2,34 下)、"防目反"(74,906 上),"覆"字"方目反"(9,93 上)、"芳目反"(21,197 上),等等。所切的全都是三等字,"目"字当然也读三等。师古反切尤韵明母字大都读一等,与玄应的基本上一致,而尤韵去声的"贸"字和东三各例都只有三等读,没有一等读,则与玄应的不相一致。不过既然玄应东三明母字全都有一、三等两读,同一语音基础的师古反切也不应该例外。他的三等读显然也是采录旧音的结果。虽然总的说,师古采用新读较多,但在个别字类上采用了旧音也完全是可能的。如果这一推想不错的话,师古上列明母字的洪音读法固然跟玄应的一样,可以作为这些字在唇音轻化之前就已经变入一等的证据,而它们的三等读法也并不构成这些字在唇音轻化之前在口语里已经变入一等的反证。

据上所述,既然《切韵》前后的这些反切系统尤韵和东三的明母字大多都读成了一等,很自然地就会令人产生这样的疑问:会不会这些字本来就属一等,《切韵》作三等是弄错了呢?周法高先生就是这样看的,他在《玄应反切考》一文里写道:[20]

"在唇音演变的规则上,《广韵》尤韵莫浮切的'谋'等字在现代官话不变轻唇而保留 m- 的读法。这是一个不易解释的例外。按玄应反切下字的系联,《广韵》尤韵明纽字不和尤韵字系联而跟侯韵字系联。……《切三》尤韵末'谋,莫侯反,十二'。'侯'字在侯韵。敦煌《王韵》原属侯韵而传写误入尤韵。《广韵》侯韵'呣,亡侯切,一'。诸本《切韵》俱无,系后加。那么,侯韵,恰巧另外没有明纽。我们拿玄应相印证,知道应属侯韵。在唇音的演变,便不算例外了。"

我们认为周文的这种看法与事实是不相符的。首先,《切三》"谋"小韵虽然作"莫侯反",但"浮"小韵则作"薄谋反"。如果说"谋"小韵属侯韵,难道"浮"小韵也能属侯韵吗?"浮"用"谋"作切,说明"谋"字本属尤韵。"谋"小韵之后紧接着是侯韵,《切三》"谋"用"侯"作切显然是蒙下文而误,不足以作为本读侯韵音的凭证。其次,退一步说,即使《切韵》"谋"小韵本属侯韵,也没法解释东三的情况。《王三》东三明母平声"瞢"、去声"梦"两小韵分别与东一平声"蒙"、去声"幪"两小韵对立。这种对立,《切韵》系韵书没有例外。难道说"瞢""梦"两小韵也是从东一错入东三的吗?对此,周文只字未提,大概是觉得无法解释的缘故。再说不论是《切韵》前的李轨、徐邈、顾野王、陆德明,还是《切韵》后的颜师古和玄应,尤韵和东三明母字都有一些三等的读法,颜师古甚至还以东三的三等读法为正读。这些都跟《切韵》相一致。它说明三等的读法不仅存在而且具有普遍性。在这样的事实面前,周文所持的完全否定它们的论点当然就站不住了。

现代汉语方言尤韵和东三明母字未见有变轻唇的例子,也没有不作一等读的。这种一等重唇读的普遍性也是这一音变发生较早的见证。它跟上举李、徐、顾、陆诸人的反切时代都比《切韵》还要早,也能相符合。

根据以上的论述,我们比较相信,《切韵》尤韵和东三明母字之所以没有变轻唇,完全是它们在唇音轻化之前已经失去前腭介音,变入一等,从而使唇音轻化规律对它们不起作用的结果,而不是别的甚么原因。王力先生在前引文[注②]里还有下面这样一段话:

"《切韵指掌图》索性把'谋'音归入效(按此字误,当作'流'——引者)摄一等,《中原音韵》里,'谋'字归入鱼模(原注:与'模谟'同音),'牟侔'则与'矛'同音,可能是在轻唇化出现之前,'谋''牟'等字已由三等转到了一等,不再受轻唇规律的约束。"

这里王先生用尤韵明母字在轻唇化之前可能已由三等转到了一等的说法来解释它们不变轻唇的原因,可以说是触到了问题的本质。只是他所根据的是不能真正说明问题的晚期材料,又把它作为先变虞韵说的一个或说,以不确定的口吻顺便一提了事,不免令人感到很可惜。

辨明了东三和尤韵明母字演变的历史过程之后,剩下的就是它们演变的语音机制问题了。根据我们的拟音,中古时期明母是m-,东三是-iuŋ和-iuk,尤韵是-iəu。[22] m-和-iuŋ等几个韵母相拼,所以会很早失去-i-介音,也许跟发音要求方便的倾向有关系。比如m-和-iu相拼时,先合拢双唇,软腭和小舌下垂,接着又上抬以关闭鼻腔,然后前舌面抬向硬腭,又压向后低,同时再把舌根向软腭隆起。动作不但很多,而且很曲折。为了方便,就把处于弱位的-i-介音予以减免,以省去前舌面上抬的动作,舌头的运动就变得简易得多了。-iəu中的ə实际读音也许较高较后,m-和-iəu相拼时,发音过程也就跟 miu 很相似,所以-i-介音也失去了。

附 注

① 《汉语史稿》(北京,中华书局,1974年),上册,111页,正文及注②。
② 参看邵荣芬《五经文字的直音和反切》,载《中国语文》1984年第3期,214~230页。
③ 方言资料据北京大学中国语言文学系语言学教研室编《汉语方言字汇》(北京,文字改革出版社,1989年),104,202页;江苏省和上海市方言调查指导组编《江苏省和上海市方言概况》(南京,江苏人民出版社,1960年),209,331页。王先生在上引文注②里也提到了北京话"否"字音和"浮"字的一个又读音未变遇摄跟他的说法不合的事实。他解释说:"可是,'否'字很早就转到了遇摄;宋吴文英《莺啼序》以'户暮树絮雾素缕鹭旅雨渡土苎舞柱否'押韵,由此可知。在《中原音韵》里'否'字也有两读:一在鱼模韵,一在尤侯韵。'浮'字在《中原音韵》里只入鱼模韵。由此可见,'否''浮'早在《中原音韵》以前就已转到合口去了。所以它们的变化还是合乎条件的。"按王先生的这一解释理由并不充分。第一是,个别历史材料"否""浮"等字变入遇摄并不就能证明北京话的不变是后起的例外变异,而在地域分布广阔的很多方言都具有此现象的情况下,就更是如此。第二是,唇音轻化至少在八世纪我们就有完整的资料,比如张参《五经文字》的反切系统就是其例。但尤韵唇塞音声母字变遇摄我们却举不出比张参更早的例子。王先生所举吴文英的词韵和《中原音韵》的归字固然不能证明"否""浮"等字变入遇摄是在唇音轻化之前,就是白居易(772~846)的诗韵也证明不了这一点。
④ 王文见《龙虫并雕斋文集》(北京,中华书局,1982年),第三册,135~211页;《〈经典释文〉音系》,(台北)学海出版社,1995年。
⑤ 据四部丛刊影印通志堂本。凡一字数音的,这里只录首音。理由详邵荣芬:《略说经典释文音注中的标准音》,载中国社会科学院语言研究所古代汉语研究室编:《古代汉语研究论文集》(北京,北京出版社,1982年),1~9页。
⑥ 7,7上"侯"原误作"佳",据卢文弨(1717~1796)抱经堂本改。

⑦　11,16 上"穆"原作"木",据北京图书馆藏殷字四十四号唐写本《礼记音义》改。

⑧　22,16 下"昭穆,音韶穆"。"昭穆"之"穆"据阮元(1764~1849)《经典释文校勘记》改"缪"。

⑨　"仆"原误"侯"。据黄焯(1920~1984)《经典释文汇校》(北京,中华书局,1980 年,134 页)正。

⑩　"六"原作"木",盖"六"之形误。

⑪　李、徐、沈三家音切据《释文》所引。顾野王反切据《玉篇零卷》(丛书集成初编本)。

⑫　"雺"原作"蒙",注云:"武工反,徐亡钩反"。黄焯《汇校》云:"段云,本作雺,开宝中改作蒙。"(39 页)按徐音所据当是"雺"字。

⑬　"亡侯"原误作"已侯",今正。

⑭　参看周祖谟《万象名义中之原本玉篇音系》,载《问学集》(北京,中华书局,1966 年),271~404 页。

⑮　据丛书集成初编本。

⑯　"瘳"原误作"寐",据正文正。

⑰　《一切经音义》据丛书集成初编本,《汉书注》据商务印书馆影印百纳本,1958 年。

⑱　《汉书注·汉书叙例》云:"岁在重光,律中大吕,是谓涂月,其书始就。"据此可知《汉书注》完成于辛丑年十二月,即唐太宗贞观十五年十二月。

⑲　玄应《音义》前终南太一山释氏《大唐众经音义序》云:"以贞观末历,勑召参传综经正纬,资为实录,因译寻阅,捃拾藏经,为之音义。"按贞观共历十九年,其末即指十九年。

⑳　"穀"原误作"殻",今正。

㉑　载《史语所集刊》,第 20 本(1948 年),417 页。

㉒　参看邵荣芬《切韵研究》(北京,中国社会科学出版社,1982 年),109,130~131 页。

(原载香港大学《东方文化》

[Journal of Oriental Studies]1991 年第 1 期)

《晋书音义》反切的语音系统

《晋书音义》(以下简称《音义》)是唐代何超所著。杨齐宣序末署天宝六年,此书写成当不晚于这一年。天宝六年是公元747年,上距《切韵》146年。

何超事迹无考。杨序称他为"东都处士",说明他是洛阳人。我们曾经假定《切韵》音系的语音基础是洛阳话[1],何超是洛阳人,这就使得他的反切系统占有了十分重要的地位。只要拿它来和《切韵》音系进行一番比较,一方面可以看出八世纪中叶洛阳语音的概貌,另一方面也可以检验一下我们对《切韵》音系基础方言的假设究竟有多大的可靠性。这就是我们要考求《音义》反切系统的原因所在。

《音义》音、切共6490条,反切只有3904条,去其重复,剩2703条,其余都是直音,加以常用字多不作音,用系联法,困难就比较大。我们还是用比较法,即大致是过去我们在《〈五经文字〉的直音和反切》一文中所使用的方法[2]。个别地方可以系联的则系联之,作为进一步的证据。

下文我们分声母、韵母、声调三项,依次讨论。

一　声母

1. 唇音

唇音轻化在汉语里发生比较早,至少差不多和《音义》同时就存在着具有非、敷、奉、微四个轻唇声母的方言。但《音义》的唇音好像没有分化的迹象,轻重唇混切的例子比较多。现在把这些例子分声母开列于下[③]：

a. 帮、非混切

犇	方孔反(98)	褊	方缅反(42,67,79,85,117)
贲	方义反(83)	镳	甫骄反(9)
颁	斐古反(36)	熛	甫遥反(11)
斌	府巾反(2,22,40)	藨	甫乔反(51)
	甫巾反(55)	祊	甫彭反(23,31)
彪	府巾反(20,32)	枋	甫彭反(54)
	甫巾反(53)	榜	方孟反(55)
彬	府巾反(73,76)	彪	甫尤反(1,76)
	甫巾反(99)		甫休反(7,43)
彪	反闲反(20)	砭	方廉反(121)
	甫还反(56)	窆	方验反(77)
扁	方典反(51)		

b. 滂、敷混切

駓　敷悲反(51)　　　烹　抚庚反(51)
番　孚袁反(45)　　　癖　芳辟反(42)
扁　芳莲反(106)　　幅　芳逼反(42,50)
漂　抚昭反(54,89)　幅　芳逼反(116)
缥　敷昭反(25,27)

c. 並、奉混切

郫　苻羁反(120)　　楩　扶然反(27)
禆　苻支反(74)　　　飘　符霄反(43)
邳　符悲反(15,45)　瓢　苻霄反(43)
毗　房脂反(39,64)　　　苻遥反(99)
貔　房脂反(71,90)　棚　扶萌反(54)
圮　符鄙反(4,30,43,　辟　房益反(2)
　　51,65,72)　　　　愎　符逼反(40,43,67,
否　符鄙反(46,54)　　　70,85,115,126)
崥　扶鸡反(55)　　　䩯　苻逼反(81)
悲　防介反(88)　　　　　扶北反(8)④

d. 明、微混切

苺　亡毒反(40)　　　禡　亡嫁反(14)
采　武移反(35)　　　虻　武庚反(27)
茉　亡古反(40)　　　名　无骋反(50)
满　亡本反(59,61)　霿　亡豆反(29)
谩　武安反(30)　　　缪　武彪反(25,31,67,75)
眇　亡少反(59)　　　姆　武酣反(27)
麽　亡可反(99)

唇音四母的混切,见于许多韵中,分布相当广,十六摄中只有江、宕、深三摄没有;混切的数目相当可观,达96次之多。这样的规模当然不可能是偶然的。如果我们对《音义》和《广韵》两书中唇音各声母的反切、混切作一统计、对比,《音义》这些混切的意义就清楚地显示出来了。请看下页表[⑤]。

分别来看,除了明、微的混切《音义》比《广韵》少以外,其他各母都比《广韵》多。就混切的总数来看,绝对数《音义》超过了《广韵》,比例数两书差不多。既然《广韵》轻重唇不分是大家所公认的,那么《音义》的轻重唇无别也就基本上不成问题了。

	《音义》			《广韵》		
	反切数	混切数	百分比	反切数	混切数	百分比
帮非	173	34	19.65	138	26	18.84
滂敷	100	12	12.00	115	12	10.43
並奉	154	33	21.42	144	25	17.36
明微	140	17	12.14	140	30	21.43
总数	567	96	16.93	537	93	17.32

此外,还有两种现象也是《音义》唇音没有轻化的有力证据。一种现象是,同一个字既用重唇字作切,又用轻唇字作切。例如:

  裨 频卑反(11,38,59,119) 䩨 步萌反(111)

          扶萌反(54)

   符支反(74)   辟 旁益反(2)

  彪 布蛮反(32)   房益反(55)

   方闲反(20)   僰 白北反(14)

   甫还反(56)   傍北反(58,81)

飘　频宵反(40)　　　　　扶北反(8)
　　符宵反(43)

另一种现象是,一个用轻唇作切的字,又切重唇,例如:

毗　房脂反(39,64)　　秘　毗必反(55)
芘　毗至反(55)　　　　泌　毗必反(94)
膑　毗忍反(30)　　　　苾　毗必反(120)
牝　毗忍反(53,75)

前者说明轻重唇可以互换,后者说明轻重唇可以递用。很明显,如果《音义》轻重唇已经分化,就不可能有这么多这一类的反切出现。

2. 端、知两组

《音义》端、知两组声母也有一些混切,现分母开列于下:

a. 端、知混切

戆　丁降反(40,44,48,　　晫　丁角反(66)
　　54,102,114)[6]　　　　倬　丁角反(92)
琢　丁角反(2)　　　　　　铚　丁乙反(14)
啄　丁角反(28)　　　　　鹝　丁刮反(55)
涿　丁角反(28)　　　　　罩　都教反(26,87,130)
斲　丁角反(52,67,84)[7]　注　丁救反(92)[8]

b. 定、澄混切

荼　大家反(15)　　　　　订　直鼎反(75)

c. 泥、娘混切

奶　奴解反(99)　　　挠　奴效反(17,33,45,
赧　奴版反(4,9,37,46,　　　70,128)
　　59)

淖　奴孝反(28)　　　　奴教反(39)
　　乃孝反(55)

值得注意的是,透、彻两母没有混切,而定、澄两母的混切也是不可靠的。"茶,大家反"的"大"字很可能是"丈"字之误,第27卷的"茶"就作"丈加切"。"订"字《音义》云:"《字林》曰:订,评议,音亭,又音汀,《说文》'直鼎反'。"很显然,这是《音义》引《说文》旧音,以供参考,并非拿"直鼎反"作正音。这样,《音义》的混切就只限于端和泥娘了。这种情况也和《切韵》约略相似,试以《王三》为例,列表对照如下①:

	《音义》			《王三》		
	反切数	混切数	百分比	反切数	混切数	百分比
端、知	194	20	10.31	156	11	7.05
透、彻	189	0	0	139	2	1.43
定、澄	259	1(?)	0.39(?)	151	5	3.31
泥、娘	115	14	12.17	116	10	8.62
总数	757	34	4.49	562	28	4.98

虽然《音义》端、知和泥、娘的混切比例数比《王三》略高,但《音义》透、彻和定、澄基本上没有混切,其分化程度比《王三》更为彻底。从总数来看,《音义》混切比例也比《王三》略低。既然我们认为《王三》端、知两组声母已经分化,那就应该认为《音义》端、知两组声母也已经分化。

还有一点值得注意的是,上列《音义》端、知或泥、娘混切的具体字跟《王三》几乎完全相同,只有下列几个字有差别:

    《王三》   《音义》

 嚸(即"注") 陟救反 丁救反

 铚   陟栗反 陟栗反 丁乙反

 斲   丁角反 丁角反 陟角反

 䊨   奴版反 奴版反 女版反

《音义》这几个反切与《王三》不同,未必是读音的不同。它们很可能是由下列三种原因造成的。一是受前人反切的影响。比如《史記·律书》:"西至於注。""注"《索隐》:"音丁救反。"《史記·天官书》:"柳为鸟注。"《正义》:"喙,丁救反,一作'注'。"[10]《音义》"嚸"的反切也许也就是从这一类书中抄来的。二是字有错误。比如"䊨"字五次都作"奴版反","女版反"也很可能是"奴版反"之误。《音义》"㼌,奴乱反"(34),而殿本"奴"误成了"女",就是一个例子。三是拼切不准确。比如"斲"字的反切就可能如此。总之,《音义》端、知两组声母混切数目不多,和《切韵》不同的几个反切又很不可靠,应该承认《音义》这两组声母和《切韵》一样是分立的。

3. 从、邪两母

《音义》从、邪两母只有几个混切,现开列于下:

 以从切邪 烬 疾刃反(25,51,86,111)

 以邪切从 雋 似转反(15),辞究反(100)

吮　徐兖反(121)

另外"烬"《音义》又作"徐刃反"(7)和"似刃反"(56),"隽"《音义》又作"徂兖反"(44),同一个字既用从母字(疾,徂)作切,又用邪母字(徐,似,辞)作切,好像从、邪两母的界限有点模糊了,其实并非如此。"烬"《广韵》"徐刃切",属邪母,而《王二》《王三》却作"疾刃反",属从母;"吮"《王三》"徂兖反,又徐兖反"。这说明"烬","吮"两字本来就存在着从、邪两读。《音义》或从或邪,只不过兼收并蓄罢了。"隽"字的情况大概也类似。可见《音义》从、邪两母并没有混并。再有在现代北方方言里,虽然"烬"字继承了《王二》《王三》的反切,读同从母,但仙韵系合口字从、邪两母仍然是划然不紊,因而《音义》从、邪两母的混并也就更谈不上了。

4. 精、庄两组

《音义》精、庄两组声母混切也不多,现开列于下:
　　以庄切生　租　侧孤反(1,7)
　　　　　　　牂　侧郎反(48)
　　以心切生　縰　想里反(25)
另外"牂"字又作"子郎反"(11),这就使"侧"和"子"系联了起来。不过我们知道,《切韵》音系庄组声母只拼二等和三等,相当严格。《切三》《王三》都只有一个"鲰"字"士垢反"例外。但此字《集韵》在"仕垢切"之外,又收了一个"才垢切",说明"士垢反"是"鲰"字的一个异读。这类异读显然是古反切的遗留,《切韵》原本也未必就有。《音义》上列反切应当也属于这类性质。如果说在何超的语言里"侧"和"子"两字的声母相同,那大概是不可能的。

5. 俟母

《音义》俟母就只有一个"漦"字,出现了三次。现在把这三次的反切开列于下:
　　漦　俟淄反(29,45)
　　　　《史记》音俟其反,《字林》五之反(31)
"五之反"是"漦"字的别读。这音不见于两次出现的"俟淄反"的后面,说明是《音义》引《字林》音作参考的,可以不管它。"漦"字三次出现,用了两个反切上字,都没有越出俟母的范围。在俟母字特别少的情况下,这就有了比较重要的意义。它说明《音义》俟母独立具有一定的可靠性。

《切韵》前后各家反切系统,俟母字大都与崇母字互切,没见有作为禅母二等而独立的迹象。《音义》俟母独能与崇母字不混,这就比较有力地证明了它和《切韵》具有共同的语音基础。

6. 常、船两母

《音义》常、船两母也有几个混切,现开列于下:
　　以常切船　贳　时夜反(100)
　　以船切常　褶　神入反(40,25)
　　　　　　　　　神执反(72,94)

远在《音义》之前,各家反切常、船两母往往有参差,往后这种现象就更为普遍。比如上表"贳"字在《切韵》系韵书里就有参差。这里"贳"字作为船母看待,是根据《广韵》"神夜切"定的。《王三》麻韵去声没收"贳"字,但祭韵"舒制反"小韵下收有"贳"字,却注云:"又时夜反"。可见《王三》把祃韵的"贳"字读作常母,就与《广韵》有参差[11]。《音义》"贳"字作"时夜反",同《王三》正好一致,从《切韵》来看,当然就不能算是常、船混切了。这样,《音义》常、船混切例就只剩下了一个"褶"字,而《晋书》卷40的"褶"字"神入反,又是汁反",船、常对举,说明《音义》常、船并未混并,"褶"字船母的读法只不过是一个又读而已。

7. 反切上字和等的关系

《切韵》声母有的在四个等里都出现,例如帮组等,有的在二等以外的三个等里都出现,例如精、清等。这些声母的反切上字有按等分组的现象,即三等为一组,一二四等为一组。这种分组现象一方面对上述声母具有普遍性,另一方面它们的划分又都不是绝对的,都有分不清楚的地方。中国有些学者根据反切上字分组的这两个特点,否定了高本汉关于《切韵》有[j]化声母以及纯四等有[i]介音的学说[12]。为了检验一下这一否定的可靠程度,我们不妨观察一下《音义》反切上字在分组上的表现,看看对这种否定能不能提供一些支持。现把《音义》有关声母的反切上字在各个等里的使用情况全部列于下表(表中汉字数码指的是等,"博10"表示反切上字"博"字用了10次,"卜"表示反切上字"卜"字用了1

次。一、二、四等和三等反切上字之间用"｜"隔开)。

帮 一 博10 补3 布3 卜(一等17)｜方斐(三等2)

　　二 北10 布3 补博(一等15)版(二等1)｜甫4 方比(三等6)

　　四 博5 布补(一等7)｜匹方(三等2)

　　三 补(一等1)｜甫26 方24 必18 卑16 府14 彼12 并6 分2 兵俯鄙俾(三等122)

滂 一 普15[13](一等15)｜匹3[14]片(三等4)

　　二 普9(一等9)｜匹3 抚(三等4)

　　四 浦(一等1)｜匹2 芳(三等3)

　　三 普2(一等2)｜匹20 芳15 抚10 敷8 妃4 孚3 片驱(三等62)

並 一 蒲15 薄12 傍4 步2 裴[15]2 薄(一等36)白2(二等2)

　　二 步6 蒲4 薄3 旁(一等14)白4(二等4)｜防扶(三等2)

　　四 蒲12 步5 傍5 薄3(一等25)｜扶(三等1)

　　三 旁(一等1)并(四等1)｜苻20 符13 房8 毗7 频6 扶6 平2 皮2 脾2 婢浮(三等68)

明 一 莫56[16]母2(一等58)｜亡6 武3(三等9)

　　二 莫7 芒(一等8)｜亡2 武2(三等4)

　　四 莫7(一等7)｜亡(三等1)

　　三 莫3(一等3)｜武22 弥7 无6 靡5 亡4 美2 眉名妙妄(三等50)

精 一 作7 则5 左祖(一等14)｜子30[17]兹5[18]借2(三等37)

　　四 则4 作(一等5)｜即11 子6[19]将(三等18)

三　作3(一等3)｜子62㉑即13紫4将(三等80)
清　一　仓5粗2(一等7)｜七24(三等24)
　　　四　仓(一等1)
　　　三　仓(一等1)千2(四等2)｜七56㉑此11取5且2(三等74)
从　一　在14㉒昨13㉓才8徂2胙(一等38)
　　　四　在昨才(一等3)齐2(四等2)
　　　三　才10在6昨2徂胙(一等20)前(四等1)｜疾29慈7字4秦(三等41)
心　一　蘇41素4(一等45)先2(四等2)｜息2(三等2)
　　　四　蘇13(一等13)先4(四等4)｜四息(三等2)
　　　三　蘇(一等1)先(四等1)｜息29相17私15虽10思4仙3胥2㉔斯想辛雪悉(三等85)㉕
来　一　卢28㉖郎15㉗落9来4鲁洛勒(一等59)㉘｜力8禄2録(三等11)
　　　二　吕4力(三等5)
　　　四　卢5落5郎4鲁3来3(一等20)｜力3(三等3)
　　　三　力69吕3理3良3裏六(三等80)
见　一　古103㉙姑2公2各刚(一等109)｜吉(三等1)
　　　二　古73㉚公3姑2(一等78)卦格(二等2)
　　　四　古31㉛工4公3(一等38)｜吉(三等1)
　　　三　居80吉8纪7九6幾3举3俱2君久(三等111)
溪　一　苦71口7㉜康可(一等80)
　　　二　苦35口13㉝(一等48)客4(二等4)

《晋书音义》反切的语音系统　　133

	四	苦 17[34] 口 3(一等 20)
	三	去 48 丘 3 窥 2 卿曲区绮起(三等 58)
疑	一	五 70[35] 吾(一等 71)
	二	五 10[36] (一等 10)
	四	五 27[37] (一等 27)
	三	五(一等 1)｜鱼 33 语 7 牛 2 禺 2 迎虞艺(三等 47)
晓	一	呼 23[38] 好 6 火 3 荒(一等 33)｜许[39](三等 1)
	二	呼 7 火 6(一等 13)｜许 14(三等 14)
	四	呼火(一等 2)
	三	火虎(一等 2)｜许 66 况 20 香 7 虚 4 悦凶向(三等 100)[40]
影	一	乌 77[41] 安 2 哀阿屋(一等 82)｜一 4 於 3(三等 7)
	二	乌 36(一等 36)｜於 3 乙(三等 4)
	四	乌 13(一等 13)｜於 9 一 2(三等 11)
	三	於 96 一 17[42] 乙 3 纡 3 衣 2 懿伊婴(三等 124)

从上表可以看出,只有个别声母在个别等里分组现象不正常,即一、二、四等韵用三等反切上字反而多于一、二、四等反切上字。如滂母四等,精母一、四等,清母一等,都是如此。但就滂、精、清三母总的情况来看,一、二、四等和三等仍然以自切的占多数,混切的占少数,分组趋势仍然存在。为了对各声母的分组情况能看得更清楚一点,我们不妨把各声母反切总数以及一、二、四等跟三等之间的混切数,列一对照表如下(表头"甲"代表一、二、四等,"乙"代表三等)。

	反切总数	甲乙混切数	百分比
帮	173	11	6.36
滂	100	14	14.00
并	154	4	2.60
明	140	18	12.86
精	157	58	36.94
清	109	27	24.77
从	105	20	19.05
心	225	6	2.67
来	178	19	10.67
见	340	2	0.59
溪	210	0	0
疑	156	1	0.64
晓	165	17	10.30
影	277	22	7.94

从表中数字对比，可以看出《音义》这些声母的反切上字和等之间的关系也与《切韵》基本相似，即一方面各声母都有分组现象，另一方面这种分组又不是很利落的，除了一个溪母偶然例外，都分得不怎么彻底。两书的这种一致，一方面说明《切韵》各声母反切上字的分组情况不是偶然的、没有意义的现象，另一方面也说明中国学者据以否定高本汉的[j]化说和纯四等[i]介音说是有道理的，是比较可信的。

二 韵母

1. 一等重韵

a. 东一等和冬[43]

《音义》东韵一等和冬韵平、入两声都有混切,现全部开列于下:

以东切冬　　彤　徒东反(38)
　　　　　　　𠓗　奴谷反(87)[44]
　　　　　　　楛　古屋反(85)
以冬切东　　蓩　亡毒反(40)

入声的混切使屋一等和沃两韵的切下字和直音的注音字大多数都联成了一类:

屋沃(楛:古沃反,古屋反)谷(𠓗:奴谷反,内沃反)木(谷:古木反)鹿(瀧:卢谷反,音鹿)禄(簏:音鹿,音禄)

不能系联的很少:

沐(霂:音沐),独(瓃:音独),读(牍:音读),速(𫗦:音速)

屋一等和沃有46字次,能系联的37字次,超过了80%,不能系联的只有9字次,不到20%。看来入声屋一等和沃的合并当无问题。

舒声只有平声一个混切,一般不足以作为两者合并的证据。不过这与《音义》东一等和冬的上、去两声收字很少可能有关系。

请看下表：

声调	平	上	去	入
字次	35	5	11	46

上、去两声出切次数只相当于平、入两声的五分之一，可见东一等和冬两韵上、去两声没有出现混切，具有很大的偶然性。加上"肜"又是个常用字，因此我们倾向于假定《音义》东一等和冬的舒声也已混并。

b. 咍、灰和泰

《音义》咍、灰两韵去声和泰韵都有混切，现把它们全部开列于下：

以泰切咍[45]　埭　达赖反(78)

　　　　　　　慨　苦盖反(59)

　　　　　　　徕　音赖(62)

以咍切泰　　　艾　五爱反(2)

以泰切灰　　　昧　卢会反(48)

开口混切较多，且大多是常用字。它们使代和泰开口的反切下字和用作直音的字基本上系联成为一类：

赖爱盖(艾：五爱反，五赖反，五盖反)太泰(丐：古泰反，古太反，音盖)代碍(概：古爱反，古代反，古碍反)贲(埭：达赖反，达贲反)恺(慨：苦爱反，苦盖反，音恺)贝(狈：博盖反，音贝)

不能系联的只有一个字：

大(缞：七大反)

可见咍和泰开口已经混而不分。

灰韵和泰韵合口的混切只有一例,不足以作为《音义》这两韵已经合并的证据。

c.覃和谈

《音义》覃韵和谈韵平、上、入三声都有混切,现全部开列于下:

以覃切谈　　憛　徒含反(36,59,73,93)

　　　　　　聃　他含反(73)

　　　　　　紞　都感反(38)⁴⁶

　　　　　　　　丁感反(55)

　　　　　　腊　卢合反(53)

　　　　　　㘍　他合反(14)

　　　　　　蹹　徒合反(10,81,92,106)

　　　　　　　　动合反(86)

以谈切覃　　合　音阖(56)

这些混切使覃、谈两韵平、上、入声的反切下字和用作直音的字全部系联为一类:

　　平声　　酣含(聃:他酣反,他反含)甘(憛:大甘反,徒含反)南(淊:古含反,古南反)堪(龕:口含反,音堪)潭(芸:徒含反,音潭)

　　上声⁴⁷　敢感(紞:都敢反,都感反)坎(埳:苦感反,音坎)

　　入声　　合盍(蹹:徒合反,徒盍反)阖阁(合:音阖,音阁)腊(胡腊反,音盍)答(都合反)

这说明《音义》覃、谈两韵已经全部合并。去声音切次数较少,没有混切,当属偶然。

2. 二等重韵

a. 佳、皆和夬

《音义》佳韵和皆、夬两韵之间的界线还比较清楚。乍一看,《音义》有"街,音皆"(126)一条,好像佳、皆也有混切,其实不然。这里的"街"是地名"允街"中的"街",《音义》注云:"孟康曰'允音铅,街音皆'。"此既为孟康音,来源当然就比较早。所以《广韵》"街"既见于佳韵,又见于皆韵。"街"的皆韵音只不过是它很早就存在的一个又读罢了,并不是两韵混淆的例证。夬韵合口"䯤"字《音义》作"苦迈反"(5)和"苦夬反"(75),音与《广韵》同,但又作"苦买反"(58),读入佳韵上声。由于声调不同,也不宜作为夬与佳混切的例子看待。当然"买"有可能是"卖"的误字,但在找到别的证据以前,又不便下断语,因此,《音义》夬和佳的合口也不能算有混切。

不过皆韵和夬韵《音义》却出现了一些混切,现开列于下:

开口　　以夬切皆　芥　古迈反(68)
　　　　以皆切夬　虿　丑芥反(20,45,68,85,115)
　　　　　　　　　蠆　丑芥反(68)
合口　　　　　　　哙　苦怪反(7)

《广韵》夬韵有"㦣"无"蠆",《集韵》"㦣"作"懜",云:"通作蠆。"开口的几个混切使皆韵开口去声和夬韵开口的反切下字以及用作直音的字基本上都系联为一类:

芥迈(芥:古迈反)界(械:胡界反,胡芥反)戒(薤:胡界反,户戒反)拜(杀:所芥反,所拜反)介(玠:音界,音介)

不能系联的只有一个字：

寨(柴:音寨)

可见皆、夬开口合并是不成问题的。

皆、夬合口混切只有一例,大概还没有合并。

b. 删和山

删、山两韵《音义》也有几个混切,现开列于下：

以删切山　 彪　布蛮反(32)

　　　　　　　甫还反(56)

　　　　　　刮　古滑反(88)

还有一个以山切删的例子,即"鹦,乌间反"(55)。不过元禄本"间"作"涧","间"可能是错字,所以表中没有列。这里平、入声可靠的都只有一例,照理可以不加考虑。不过"彪"出现两次都用删韵字作切,说明它不是偶然的。另外"还"字是删韵合口,就使"甫还反"还可以作为删、山两韵合口混并的例子。因此,似乎不能完全排除删、山混并的可能性。再有入声的一个混切,使镭、黠两韵的合口基本上系联为一类：

刖滑刮(刮:古刖反,古滑反)滑(滑:音猾)

不能系联的只有一个字：

八(黠:胡八反)

"刮"又是常用字,所以总的看来,我们比较倾向于《音义》山、删两韵已经混并。

c. 庚和耕

《音义》庚韵二等和耕韵有几个混切,现开列于下:

以耕切庚　　䃑　普萌反(92)
　　　　　　䤞　芒耿反(98)
以庚切耕　　浈　丈更反(37)
　　　　　　萌　亡行反(14)
　　　　　　栅　恻白反(1)

不过这些混切大多数都有问题。"䃑"《集韵》作为"磅"的异体,《广韵》"磅,抚庚切",是庚韵字。但"䃑"见于"䃑硠"一词,是象声词的一个组成部分,读音往往不容易稳定,比如《玉篇》"䃑"就作"普耕切",读入耕韵。"浈"《音义》注云:"浈水出南海龙川,音真,又更丈反。"但《晋书》卷15的"浈"《音义》又注云:"音贞,又丈茎反。"两例相校,"真"当作"贞","更丈反"大概是"丈更反"之误。不过卷15的"浈"元禄本作"音贞,又丈䎗反",这样,"丈更反"又可能是"丈䎗反"之误。如依元禄本"浈"是耕韵字,与《广韵》一致,就根本不存在混切了。"䤞"《音义》注云:"苏林音盲,《字林》芒耿反。"可见"䤞"的庚、耕两读很早就已存在,《音义》只不过加以征引罢了。《广韵》此字也庚、耕两收,和《音义》完全一致。这又是"䤞,芒耿反"不能作为庚、耕混切的证据。

"栅"字《音义》和《广韵》的反切都不止一个,现列表对照如下:

	广韵	《音义》
耕	楚革切	楚革反(61)
庚二		恻白反(1)
庚三	恻戟切	恻戟反(10,76,79,83,100)[⑱]

《切韵》系韵书此字庚韵的读法都作三等,为了和《切韵》一致起

见,我们认为把《音义》"侧白反"看作与"楚革反"同音,也就是说把"侧白反"看作是庚二等和耕混切的例子,比较妥当。尽管这样,《音义》庚二等和耕的混切,舒、入声也就只各有一例,不足以作为庚二等和耕已经混并的证据。

d. 咸和衔

《音义》咸、衔两韵上、入声有下面这样的反切。

以衔切咸　　阚　火槛反(23)
　　　　　　萐　所甲反(27,48)[49]
以咸切衔　　槛　胡黯反(2,34,59)
　　　　　　舰　胡黯反(29,79,121)
　　　　　　黯　乌槛反(37)

这里的所谓混切是根据《广韵》说的。《广韵》"阚,火斩切","黯,乙减切",都属豏韵,而"槛、舰""胡黤切",都属槛韵。但是"阚"字《音义》"火斩反,又火槛反","斩"是豏韵字,豏、槛对举,说明豏、槛两韵并没有混并,"火槛反"只不过是《音义》在槛韵的一个又读罢了。那么为什么《音义》"槛、舰"两字又用豏韵的"黯"字作切,而"黯"字又用槛韵的"槛"字作切?这岂不是自相矛盾了?原来这里问题出在"黯"字上面。查《王三》"黯"字作"於槛反",属槛韵,不属豏韵。《音义》反切和《王三》正好相合。这样"黯"和"槛"、"舰"互切就是理所当然的了,与混切全然无关。

最后还有一个"萐"字。《广韵》"萐"作"山洽切",属洽韵,《音义》"所甲反",属狎韵。不过《集韵》"萐"字洽、狎两收,"实洽切"属洽韵,"色甲切"属狎韵,可见洽、狎混切也不是十分可靠的。

根据上述情况,我们可以断言《音义》咸、衔两韵不混。

3. 三等重韵

a. 支、脂、之和微

《音义》之韵和脂韵唇音及开口混切较多，现开列于下：

以脂切之	眙	与夷反(113)
	第	庄几反(8)
	珥	而至反(72)⑩
以之切脂	郗	丑之反(37)
	秕	俾以反(9)
	砥	音止(33)

这些混切使脂、之两韵开口及唇音的反切下字及用作直音的字大多数系联起来了：

平声　之兹(孜:子之反,音兹)脂(郗:丑之反,丑脂反)夷(彝:以脂反,音夷)怡(泜:与之反,音怡)黎(鬐:渠脂反,巨黎反)⑪祁(耆:渠脂反,音祁)其(禧:许其反,许之反)淄(漦:浃淄反,俟其反)持(菑:侧持反,音淄)狸而(辎:侧持反,侧狸反,甾而反)⑫资(齐:子夷反,音资)咨(粢:子夷反,音资,音咨)茨(疾脂反,疾资反)

不能系联的：

熙(熹:音熙),诗(邿:音诗),时(蒔:音时),疑(茌:仕疑反),恣私(郪:取私反,仓恣反),梨(藜:音梨),几(嵤:直几反),尸(胝:竹尸反),悲(伾:敷悲反),

《晋书音义》反切的语音系统　143

　　　　　眉(郿:音眉)
　　上声　姊几(姊:将几反,音姊)旨履止(砥:征履反,音旨,
　　　　　音止)里(第:庄几反,侧里反)
不能系联的:
　　　　　纪(已:音纪),起(玘:音起),视(眡:音视),史(使:
　　　　　音史),士(茝:之士反),理似祀(汜:详理反,音似,
　　　　　音祀),鄙圮(否:符鄙反,音圮)
　　去声　异(馀吏反)吏志(识:之吏反,音志)嗣(饲:辞吏反,
　　　　　音嗣)伺(笥:相吏反,音伺)至(珥:仍吏反,而至反)
　　　　　利(鸶:脂利反,音至)致(踬:陟利反[33],音致)冀
　　　　　(觊:九利反,音冀)秘(閟:兵冀反,音秘)祕(毖:音
　　　　　祕,音秘)媚(魅:美秘反,音媚)備(濞:匹備反,普秘
　　　　　反)
不能系联的:
　　　　　示(溢:音示),字(牸:音字),次(佽音次),顺(洎:
　　　　　其器反),记(邔:渠记反)
平声两韵共134切次,能系联的106切次,不能系联的28切次;上
声共66切次,能系联的29切次,不能系联的37切次;去声共108
切次,能系联的95切次,不能系联的13切次。平声能系联的占总
切数的79%强,去声能系联的占总切数的88%弱,上声能系联的
较少,但也占总切数的44%强。总起来两韵系联的达到总切数的
74.67%,《音义》之韵和脂韵开口及唇音已经混并,当无疑问。

　　《音义》之、脂、支三韵的开口及唇音平、上、去三声也都有混
切,现开列于下。

以之切支　螭　丑之反(23,103)[54]
　　　　　　縱　想里反(25)
　　　　　　掎　居起反(103)
　　　　　　舣　魚嗣反(76)[55]
以支切脂　圮　並弭反(92)[56]

据此,《音义》之韵和支、脂两韵的开口及唇音大概也都已经混并。

支和脂的合口也有两个混切:

以脂切支　痿　於佳反(8,37)
　　　　　　檈　力軌反(43)

不过,"檈"字《集韵》"鲁水切",属旨韵,与《广韵》不同。这个字很早大概就有两读,不一定是支、脂相混的问题。这样,混切就只有一例了,可以假定支、脂合口仍然有分别。

《音义》微韵开口与支韵开口,微韵合口与脂韵合口各有一个混切:

以微切支　戏　音　希(3)
以微切脂　馗　渠违反(75)

既然都是孤例,虽是常用字,也不便作为根据。《音义》微韵大概还是一个独立的韵。

b. 鱼和虞

鱼、虞两韵《音义》平、去两声都有混切,现开列于下[57]:

以鱼切虞　须　相余反(34)
　　　　　　貏　敕居反(4)
　　　　　　迂　忆居反(92)
　　　　　　盱　况鱼反(113)

窶　良据反(85)

"窶"《广韵》未收,《集韵》"龙遇切",属遇韵,"貏"《集韵》鱼、虞两收,不太可靠。不过平声剩下的几个混切,使鱼、虞两韵的反切下字和用作直音的字大部分联系起来了[58]:

区俱(岖:曲俱反,音区)衢劬(朐:其俱反,音衢,音劬)於(諏:足俱反,子於反)鱼(盱:况於反,况鱼反)如(茹:如鱼反,音如)渠(璩:彊鱼反,音渠)疏(渣:侧鱼反,侧疏反)馀余(篽:以鱼反,音馀,音余)徐(雎:七余反,七徐反)俞(须:相俞反,相余反)渝(阘:音俞,音渝)朱(斔:音渝,羊朱反)殊铢(朱:音殊,音铢,是朱反)

不能系联的比较少,大多是直音字:

夫(廍:抚夫反),孚(俘:音孚),扶(夫:音扶),符(凫:音符),输诛(邾:除输反,音诛),除(蒢:音除),舒书(纾:音舒,音书),愚隅(禺:音愚,音隅),於(淤:音於)

鱼、虞两韵平声共116切次,能系联的94切次,占81.03%,《音义》鱼、虞两韵显然已经混并。

c. 真(臻)和殷

《音义》真韵和臻韵只有一个混切:

以真切臻　莘　所申切(47)

元禄本"申"作"巾"。不论哪个符合原本,都不妨害这是个真、臻混切的例子。在《切韵》音系里,真和臻本来就可以作为一个韵系看待[59]。《音义》此两韵有混切,虽然只有一例,也足以说明真、臻已经没有区别。

真韵和殷韵《音义》也有几个混切,现开列于下:

以殷切真　　彪　甫斤反(53)
　　　　　　鄞　语斤反(56)
以真切殷　　肷　许乙反(39,109)

"鄞"《音义》又作"牛巾反"(15),似乎使"巾"与"斤"系联起来了。不过"鄞"《广韵》真、殷两收,"语巾切"属真韵,"语斤切"属殷韵。《音义》真、殷两读,与《广韵》正同,不一定是真、殷混切的例子。《晋书》卷39"肷",《音义》"许乙反,又许讫反"。说明真、殷入声《音义》是有区别的。"许乙反"是"肷"字真韵的一个又读,也不是真、殷的混切。这样,真、殷混切就只剩一个"彪"字了。可见《音义》真、殷还没有混并。

d. 尤和幽

《音义》尤、幽两韵有下列几个混切。

以尤切幽　　彪　甫休反(7,43)
　　　　　　　　甫尤以(1,76)[60]
以幽切尤　　愀　兹纠反(65,104,107)

"彪"字用尤韵的"休"、"尤"作切各有两次,当非误切。另外还有个"缪"字,《音义》"武彪反"(25,31,67,75)。这似乎表明《音义》幽韵唇音已经并入尤韵。不过这里碰到个问题。我们知道,尤韵唇塞音后来变为轻唇,唇鼻音的韵母后来变为一等洪音。而幽韵唇塞音后来没有变轻唇,唇鼻音的韵母也没有变为一等洪音。因此,幽韵唇音变入尤韵应该有个先决条件,即应该在尤韵唇音上述的两项变化完成之后。比如《五经文字》的反切系统幽韵唇音变入尤韵就是符合这个条件的例子。现在《音义》的唇音整个都并没有轻化,尤韵的唇鼻音也没有发现有和一等洪音互切的例子。

幽韵唇音变入尤韵当然可能性就不大了。上列"彪"字的反切我们只能暂时假定是何超受别的书音或方言的影响弄错了，它并不代表当时洛阳口语的实际读音。

"愀"《广韵》"在九切"是尤韵从母字，与《音义》声、韵都不合。《集韵》有"子酉切"一音，与《音义》正好是尤、幽之别。但只此一例，不足以定《音义》尤、幽之合。

e. 盐和严、凡

盐韵和严韵《音义》只有两个混切：

以严切盐　　觇　敕劒反(2)

以盐切严　　怯　去葉反(40)

"劒"《广韵》收入梵韵，《王二》属去声严韵，这里根据《王二》。"觇"《广韵》"丑艳切"，在艳韵。《音义》于《晋书》卷28、59、65、76、86、101都作艳韵音，这里的"劒"也可能是"斂"的误字。又"葉"与"業"也容易互误。比如《晋书》卷83"胁"《音义》"虚業反"，殿本"業"误作"葉"，就是一个例子。总之，盐、严两韵的这两个混切都不是太可靠的。我们可以假定《音义》盐、严两韵还没有混并。

严、凡两韵《音义》有下列几个混切：

以严切凡　　氾　符严反(57)

　　　　　　　敷劒反(3,46)

　　　　　　汎　敷劒反(51)

《音义》凡韵一共只有五个字，三个字混切，说明严、凡两韵已经不分。其实，在《切韵》音系里，严、凡本来就可以作为一个韵系看待[61]，不过那时实际读音可能还略有区别。《音义》既然不作分别，不是认为没有区别的必要,就是当时两韵的实际读音已经没有区别,二者必居其一。

4. 重组

《切韵》重组两类的归字问题,各家说法不一。比如董同龢认为四等喉、牙唇音和舌齿音为一类,三等喉、牙、唇音为另一类[62]。陆志韦先生认为三等喉、牙、唇音和来母、庄组为一类,四等喉、牙、唇音和同韵其他舌齿音为一类。[63]我们认为这些说法都不够妥当,并在拙著《切韵研究》中提出了另外一种说法,即三等喉、牙、唇音,包括喻母,和同韵的舌、齿音为一类,四等的喉、牙、唇音单独为一类[64]。我们的这一说法,在《音义》的反切里也得到了一点支持。

《音义》重组两类,不论按照哪一家的说法,在大多数韵里和《王三》《广韵》一样,从反切上都已经不大能够分辨了,只在少数几个韵里,两类的界限还依然保存着。为了节省篇幅,不能分辨的就不再列举,只把能够分辨的两个韵的音切开列于下(例:鳖/必世=鳖,必世反。苹/蔽=苹,音蔽)。

祭韵

开口三等

　　唇音　　鳖/必世(14),苹/蔽(24)

　　舌齿音　巇/直例(75),砺/厉(125),疠/励(37),蟹/祭,制(76),晢/制(22),掣/尺制(73),噬/时制(42,56,71),贳/舒制(100)

　　喉牙音　𦜕/居厉(25,97),憩/去例(34,41),锲/馀制

(72),曳/裔(71)

开口四等

　　喉牙音　襫艺(55)

质韵

　　开口三等

　　　　舌齿音　铚/丁乙(14)陟栗(49,81,91),窒/陟栗(75),抶/丑栗(88),袠/秩(80),昵/尼质(5,43,45,57)女乙(40),衵/尼质(90)女日(43),溧/栗(7,15,49,74),慄/栗(42),蒺/疾(1),栉/阻瑟(2,5,36,65,77,92),虱/瑟(49,71,83,114),锧/之日(1,24,54,86),郅/之日(59),蛭/之日(97),叱/齿日(2,37,43,48,77,95,125)⑥

　　　　喉牙音　鮚/巨乙(15),軼/夷质(61,71)逸(6,36,43),佾/逸(40),泆/逸(40),佚/逸(3,11,35,56)

　　开口四等

　　　　唇　音　罼/必(21),韠/毕(25),笰/毕(48)必(51),柲/毗必(55),泌/毗必(94),苾/毗比(120),谧/名必(1)蜜(10)

　　　　喉牙音　诘/去吉(45,76)

这两韵的三等喉、牙唇音和同韵的舌、齿音都有互切现象。比如祭韵的"劂""憩"用来母字作切,"鼈"用书母字作切,质韵的"铚""昵"用三等的影母"乙"字作切等。反过来,四等喉、牙、唇音不仅不与三等喉、牙、唇音互切,而且也不和同韵的舌、齿音发生任何关系。这种现象有力地证明了在重纽中四等喉、牙、唇音单独为一类,三等喉、牙、唇音与同韵舌、齿音为一类。跟我们对重纽分类的说法正好一致。

5. 唇音的开合

《切韵》唇音字有一个特点,就是不分开合。从陈澧到高本汉都不了解这一点,因而都犯了错误。李荣同志《切韵音系》第一个比较详细地讨论了这个问题。我们在《切韵研究》中又作了一些补充论证。这个问题也许比较明朗了。《音义》唇音字也有这个现象,试看下列各表(表左端韵目中,支 = 支脂之,删 = 删山)。切语右上方的数字表示该切语出现的次数。

甲 开口字作唇音字的反切下字表

支三　帔诐/彼义⁶⁶,贲/方义,縻/靡宜,悶/比冀,椑/必移,髲/皮义,裨/苻支,采/武移

支四　纰/匹夷²,貔毗/房脂²,秕/补几,俾以,卑履⁴,髀匕秕/卑履³,庇屄/必至,并至,痹/必至⁴,芘/毗至

齐　　崥/扶鸡,髀/傍礼,躄/博计⁵,绅/区计,脾/匹诣

祭三　弊/必世

泰　　狈/博盖,霈/普盖,沛/普赖,博盖,旆/薄盖²

皆　　霾/莫皆,惫/防介,排/蒲芥

真三　斌/府巾³,甫巾,彬/俯巾,府巾,甫巾,彪/甫巾²,甫斤,珉/

武巾²

真四　泯/弥邻,牝/毗忍²,臏/婢忍,毗忍,泯/武尽³,偩/必刃²,摈/必刃³

桓　番/白干,谩/武安,懑/莫旱,沫/莫葛

删　虨/补闲,彭/方闲,办/薄苋,步苋

先　扁/芳连,方典,蒲殄,蹁/蒲田,胼/蒲坚,眠/莫贤,瞑/莫见,擎/匹结⁶⁷,蹩/蒲结,蔑/莫结²

仙四　楄/扶然,渑/弥浅,沔/弥兖,沔/弥兖²,偭/弥箭

戈　叵/普可,麼/亡可,磨/莫贺

麻　把/博下,祃骂/莫驾,骂/亡嫁

阳　枋/府良³,纺/方两

唐　滂/普朗,榜/博朗²,镈/补各,粕/匹各²,泊/傍各

庚二　烹/抚庚,䁞/武庚,虻/莫行,蝱/武庚,帕/莫格

耕　萌/莫耕,亡行,䁞/芒耿,迸/北诤²,比诤

清　名/无聘,屏/卑政

青　䏬/薄经,蒲丁,瓶/蒲经,鞞⁶⁸/补鼎,冥/莫经,茗/莫冷,榠甓/蒲历⁶⁹,汨/亡狄⁷⁰

蒸　偪/彼力,彼侧

登　萺/莫登,武登,莫亘,武亘

乙　合口字作唇音字的反切下字表

支三　累/彼力²,縻/靡为

微　诽/府谓³,沸/府谓

佳　派/匹卦

灰　　培/薄回,枚/莫回,玫/莫迴,字/卜内

真三　彪/方闾,滑/眉陨

文　　雰/抚云,贲愤/扶云,阋/妄云,偾/甫运,汶/亡运,无运,絭/无运²

元　　幡番/孚袁,贩/方願⁵

桓　　磻盘幡/薄官,瞒/母官

删　　颁/布还,彪/甫还,版/布绾

先　　笾/布玄,扁/薄泫

仙三　俛/靡卷

戈　　簸破/布火

阳　　仿/方往

丙　唇音字作开口字的反切下字表

微　　暨/居未²

佳　　蟹/胡买,下买,豸/宅买,䰜/直买,责/侧卖,晒/所卖²⁷¹

夬　　芥犗/古迈

删　　赧/奴版⁵,女版,㶛/生版,数版,数板,铩/所八,犚/公八

庚二　行/下孟,迋/侧陌,笨/侧陌²,栅/恻白,咋/诅陌²,助陌,壮百,烙/公白,额/五陌

丁　唇音字作合口字的反切下字表

支三　璲/徐郶

支四　恚/於避⁶⁷²,一避,睢/许鼻

微　　玮/王非⁷³,䰇/力尾

佳　　挂卦买[24],琶苦买

夬　　狯/古迈[2],琶/苦迈

废　　秒/於肺

文　　挥/於粉[3],韫/於粉,晕/云问,缊/於问[25],欻/许物[6],屈/居勿,诎/区物

魂　　噂/子本,忖/七本,仓本,绳衮鲧/古本[2][26],衮/古本,壶阃/苦本[4],浑混溷/胡本

删　　皖/户版,胡板,胡版,莞/胡版,黠/胡八[27]

阳　　矍/居缚[2],攫居缚,戄/许缚

庚二　犷/古猛[7],趪/古猛

青　　溴/公壁,阒苦觅[2]

蒸　　仇/况逼,阈/荣逼[2]

比较以上各表,就可以找出一些比较典型的例子。比如比较表丙和表丁中的佳韵,就可以发现,同一个"买"字,既作开口字的反切下字,又作合口字的反切下字;比较表乙和表丙中的删韵,又可以发现,同一个"版"字,既用合口字作反切下字,自身又作开口字的反切下字;如此等等。这都是唇音不分开合的典型现象。《音义》反切既然与《切韵》具有共同的基础方言,它的唇音不分开合,当然是《切韵》唇音不分开合的一个直接证据。

以上声母和韵母基本上讨论完毕。还有少数几个异读:声母方面的,如"渍"《广韵》"疾智切",属从母,《音义》"子赐反",属精母;"绌"《广韵》"竹律切",属知母,《音义》音黜(29,33,55),属彻母。韵母方面的,如"砺"《广韵》"力制切",属祭韵,《音义》音丽(49),属霁韵;"蜒"《广韵》"以然切",属仙韵,《音义》"馀言反"

(36),属元韵。这一类的例子或者是孤例,或者不符合语音演变的常例,都只能作为经师别读来看待,而不足以作为声、韵类混并的例证。至于个别可能有误字的反切,比如,"纺,方两反"(31),"方"可能是"芳"的误字,"扁,芳莲反"(106),"莲"可能是"连"的误字,就更不足以作为声、韵混并的例证了。

三 声调

《音义》在声调方面只有极少数字与《广韵》读法不同,比如"披"《广韵》"敷羁切",属平声,《音义》"匹靡反"(2),属上声;"苟"《广韵》"古厚切",属上声,《音义》"古豆反"(15),属去声;"伛"《广韵》"巨救切",属去声,《音义》"音臼"(34),属上声[73]。很显然,个别字的声调参差,说不上整个调类有不同。从调类上说,《音义》和《切韵》一样,都只有四个调。不过《音义》比《切韵》晚了一百多年,它的四个调有没有按声母清浊的不同而分化为阴、阳的可能呢?这个问题只要看一看《音义》清、浊声母在各个声调里所用反切下字的清、浊情况,就能够知道一个大概。下面我们不妨以唇音四母为例,对它们的反切下字的清浊加以统计。统计表中"浊"包括次"浊"。

	平 清	平 浊	上 清	上 浊	去 清	去 浊	入 清	入 浊
帮	20	37	10	23	22	37	10	14
滂	11	14	7	6	24	18	13	7
並	31	21	21	15	14	8	36	8
明	20	22	23	8	21	33	9	4

可以看出：清声母不仅用清声字作反切下字,也用浊声字作反切下字;浊声母不仅用浊声字作反切下字,也用清声字作反切下字。而且从各声母所用清、浊切下字的数目来看,丝毫也没有出现清声母多用清声切下字、浊声母多用浊声切下字的任何倾向。甚至帮母所用浊声切下字在各个调里还略多于清声字,并母所用清声切下字在各个调里还略多于浊声字。这些现象都有力地说明《音义》声调并没有按声母清浊作阴阳上的分化。《音义》只有四声,没有八调。

一字两切,反切下字清浊兼具的一些具体例子也许更有说服力。现在从每个声调清、浊、次浊三类声母中各举一例,以见一斑。

　　平　帮　晡　博孤反(9),补胡反(20)
　　　　定　肫　徒昆反(48),徒魂反(42)
　　　　来　丽　吕知反(55),力驰反(126)
　　上　心　憸　息浅反(5),息践反(55)
　　　　邪　雋　似转反(15),辞究反(100)
　　　　来　磥　落猥反(45),卢罪反(60[㉙])
　　去　滂　賵　抚讽反(65),芳凤反(20)
　　　　从　蕞　在最反(122),在外反(55)
　　　　泥　泥　乃计反(47),奴戾反(3)
　　入　书　螫　施尺反(60),式石反(72)
　　　　定　铎　大各反(125),徒落反(39)
　　　　日　衵　尼质反(90),女日反(43)

很明显,如果《音义》声调有阴阳之别,这一类反切的大量出现就是不可理解的了。

在我们对《音义》的音切材料进行了全面的分析和讨论之后，我们对《音义》语音系统就认识得比较完整、比较清楚了。《音义》和《切韵》在声母和声调方面可以说完全相同，不同只在韵母方面。《音义》韵母对《切韵》作了下列几项合并：东一等和冬，咍和泰开口，覃和谈，皆和夬开口，删和山，之和脂、支开口，鱼和虞，真和臻，严和凡。一共只有九项，而且全都局限在重韵的范围之内，幅度不算很大。就《切韵》来说，真与臻，严与凡，是可分可合的，所以，如果再顾及《切韵》音系里可能存在的这类情形，《音义》和《切韵》韵母之间的差别就显得更小了。在经历了一个半世纪之后，以洛阳话为基础的《音义》语音系统和《切韵》音系之间的差别还是如此之小，这在同时代的语音资料里还没有找到其他例子。这说明《音义》和《切韵》确实具有共同的语音基础。再者《音义》语音系统俟母独立，是迄今所知的与《切韵》音系相合的唯一语音系统。这也是《切韵》音系的语音基础是洛阳话的比较具体而且有力的证据。

附　注

① 《〈切韵〉音系的性质和它在汉语语音史中的地位》，《中国语文》1961 年 4 月号，26~32 页。
② 《中国语文》1964 年第 3 期，214~230 页。
③ 《音义》我们根据的是乾隆 4 年校刊本，也就是武英殿本（简称"殿本"），另外用元刻明修本（简称"元本"）和日本元禄壬午年（1702 年）刻本

(简称"元禄本")参校。例子后面括弧里的数字是《音义》所列《晋书》卷数。

④ 此卷中"棘"原误作"樊"。

⑤ 《广韵》各声母反切数据引自拙著《〈切韵〉研究》第二章第一节所列《广韵》声母表。

⑥ "丁降反","丁"卷40(指《音义》中《晋书》卷数,下同)误作"下",卷44、48误作"子",据卷54、102、11改正。

⑦ "丁角反","丁"卷52误作"子",据卷67、84改正。

⑧ "救"原误作"杖",据元禄本改正。元本作"柭",亦误。

⑨ 《王三》指故宫博物院藏宋濂跋本王仁昫《刊谬补缺切韵》。各声母反切数据引自拙著《〈切韵〉研究》第二章第一节所列《王三》声母表。

⑩ 两例依次见《史记》中华书局1959年版,1246页、1303页。

⑪ 《广韵》祭韵"贳"字下也收有又音"时夜切",以致本身就发生了矛盾。

⑫ 对[j]化说的批评,见陆志韦先生《三四等与所谓喻化》,《燕京学报》1939年第26期;《古音说略》4～7页,1947年;赵元任先生:*Distinctive and Non-Distinctions in Ancient Chinese*,《哈佛亚洲研究杂志》1941年第五卷,第三、第四份合刊;李荣《切韵音系》,100～103页,1952年。对纯四等[i]介音的批评,见《古音说略》,6～7页;《切韵音系》,111～113页。

⑬ 卷30"朴,昔木反","昔"元本、元禄本作"普",今据正。

⑭ 卷72"粕,四博反","四"当作"匹",形近而误。

⑮ 卷20"簿,楶古反","楶"误,据卷35改作"裴"。

⑯ 卷30"袜,皇发反","皇"当作"莫",形近而误。

⑰ 卷30"镂,字乱反","字"当作"子",形近而误。

⑱ 卷55"噂,慈损反","慈"当作"兹",形近而误。

⑲ 卷54"渫,之葉反","之"当作"子"。

⑳ 卷100"跛,丁六反","丁"当作"子",形近而误。

㉑ 卷70"悛,叱全反","叱"当作"七"。"七"误作"匕",又误添"口"旁。

㉒ 卷1"漕,左到反","左"当作"在",卷66"漕"作"在到反"。

㉓ 卷24、36"皁,作早反","作"当作"昨",卷41"皁"作"昨早反"。

㉔ 卷55"菱,八维反","八"字误。元禄本作"宵",是。
㉕ 卷60"苦,先廉反","先"当作"失",卷43"苦,失廉反"可证。故此"先"不计入心母反切上字。
㉖ 卷61"碌,初危反",反切上下字都不合。元禄本作"卢谷反",今据正。
㉗ 卷76"郦,都历反","都"当作"郎",形近而误。
㉘ 卷79"输,乱侯反","乱"当是"托"字之误,卷126"输,托侯反"可以参证。
㉙ 卷48"概,石碍反","石"当作"古",形近而误。
㉚ 卷74"屦,古限反","古"当作"士",卷14"屦"作"士限反"可证。故此"古"不计入见母反切上字。卷10"狡,苦巧反","苦"当作"古",误加草头。
㉛ 卷6"徼,玉钓反","玉"当作"古",卷42、59"徼,古吊反"。
㉜ 卷81"龛,日含反","日"当作"口",卷69、82、110"龛"并作"口含反"。
㉝ 卷54"帢,目洽反","目"当作"口",卷8、27、86、87"帢"并作"苦洽反","口"与"苦"同属溪母。
㉞ 卷39"磬,芒定反","芒"当作"苦",卷75"磬,苦定反"。
㉟ 卷45"喟,五愧反","五"当作"丘",卷54"喟,丘愧反"。
㊱ 卷54"圻,五格反","五"当作"丑",卷28、33、36"圻"并作"丑格反"。故此"五"不计入疑母反切上字。
㊲ 卷23"啮,血结反","血"当作"五",卷95"啮,五结反"。
㊳ 卷50"诃,乎何反","乎"当作"呼",卷53、59、66"诃"并"呼何反"。
㊴ 卷30"猲,计葛反","计"当作"许"。
㊵ 卷2"铄,喜药反","喜"当作"书",《广韵》"铄,书药切"。故此"喜"不计入晓母反切上字。
㊶ 卷7"丘坞,音古",字和音不相应,显然有脱误。元本、元禄本作"母丘,音无;坞,乌古反"。当据正。
㊷ 卷14"厌,二琰反","二"当作"一",卷6"厌,一琰反",卷70"厌,二叶反","二"当作"一",卷20"厌,一叶反"。

㊸ 韵目举平以赅上、去、入。下同。

㊹ “奴”原误作“反”，据元本、元禄本正。

㊺ 卷55“溉，古碍反”，“碍”元本作“又”，“又”可能是“艾”之误。果然如此，这也是以泰切咍之例。

㊻ 卷34“紞，丁感反”，“感”元本、元禄本作“敢”；卷36“紞，都感”反，“感”元本作“敢”。故此两切不作为覃、谈混切之例。

㊼ 卷27“锲，公节反，又音契，又口颔反”，“颔”元禄本作“颉”，是。故“颔”这儿不作为感韵反切下字。“啖，徒槛反”，“槛”盖为“滥”之误，《音义》啗（即“啖”），“徒滥反”可证。故未入系联。

㊽ “恻”卷76、79、83、100并误作“侧”，据卷10“栅”音正。

㊾ 卷48“所”误作“赞”，据元本、元禄本正。

㊿ 卷72、92“珥，而至反”，元禄本卷72同，卷92作“仍使反”，元本卷72作“仍吏反”，卷92作“仍使反”。今姑从元禄本，但改“使”为“吏”。

(51) 卷55“鬐，巨黎反”，“黎”《广韵》为齐韵字，这里用来切脂韵的“鬐”字。不过《集韵》“黎”有脂韵一读“良脂切”。

(52) 卷81“辎，旨而反”，“旨”当是“甾”的形误。元本、元禄本作“侧持反”。

(53) 卷103“踬，涉利反”，“涉”误，据元本、元禄本改作“陟”。

(54) 卷55“螭，丑之反”，元本、元禄本“之”都作“知”，但卷23、103又与殿本同，都作“之”。今卷55从元本、元禄本，不作为之、支混切的例子。

(55) “鱼”原作“思”，据元禄本正。元本作“鱼绮反”，反切下字与元禄本、殿本异。

(56) 卷92“圮，普弭反”，《广韵》“並鄙切”，《音义》“普”当是“並”字之误。元本、元禄本作“音被”，“被”属並母。

(57) 卷11“桴，甫予反”，元本、元禄本“予”作“于”；卷26“与，音于”，卷51“玙，音于”，元禄本“于”都作“予”；卷78“伛，於语反”，“语”元本、元禄本都作“武”。以上四个音切都不作为鱼、虞混切之例。

(58) 卷46“铁，方无反，又甫于反”，两切同音，当有误字。卷11“铁，甫于反，又音府”，说明“方无反”当与“音府”相当，“无”大概是“抚”字之误。故“无”这里不作平声反切下字系联。

(59) 理由详《切韵研究》第三章第二节。

(60) 卷1“彪，甫九反”，“九”字误，据卷76正。

(61) 理由详《切韵研究》第三章第二节。

(62) 见《广韵重纽试释》，《史语所集刊》，第13本，1~20页。

(63) 见《古音说略》24~29页。

(64) 理由详《切韵研究》第三章第二节。

(65) 卷125“叱，齿只反”，“只”据其余各卷改作“日”。

(66) 卷16“诐，徐义反”，“徐”据元本、元禄本改作“彼”。

(67) 卷36“擎，幽结反”，“幽”字误，据元本、元禄本改作“匹”。

(68) 卷98“鞞，补鼎反”，“鞞”误，当作“鞞”，《晋书》正文（桓温传）作“鞞”。

(69) 卷20“椑，泝历反，史音闭”，音与字不相合。元本、元禄本作“蒲历反，又音辟”，今据正。

(70) 卷92“汨，音觅，七狄反”，“七”字误，据元本、元禄本改作“亡”。

(71) 卷65“晒，所买反”，“买”当作“卖”，卷49“晒，山寄反，又所卖反”。

(72) 卷106“恚，胡桂反”。元本、元禄本作“於避反”，今据正。《广韵》“於避切”。

(73) 卷53“玮，玉非反”，“玉”当是“王”字的形误。

(74) 卷27“挂，卦负反，又音卦”，“负”字误，据元本、元禄本改作“买”。《周易·系辞上》“挂一”，《经典释文》：“卦买反，别也。王肃音卦”。说明“挂”古有上、去两读。

(75) 卷92“缊，於门反”，“门”字误，当作“问”，卷33“缊，於问反”。

(76) 卷38“鲧，古木反”，“木”字误，当作“本”，卷88“鲧，古本反”。

(77) 卷122“黠，胡入反”，“入”据元本、元禄本改“八”。

(78) 此例也可以理解为“臼”读去声。

(79) “卢”原误作“虚”，今正。

（原载《语言研究》1981年创刊号）

《五经文字》的直音和反切

一

《五经文字》历来都认为是张参所著,清人严可均独认为应该归在颜传经名下。[①]张参《五经文字序例》叙述编纂原委说:

> 诏委国子儒官勘校经本,送尚书省。参幸承诏旨,得与二三儒者分经钩考而共决之。……卒以所刊书于屋壁。……然以经典文字六十余万,既字带惑体,音非一读,学者传授,义有所存,离之若有失,合之则难并,至当之余,但朱发其傍而已。犹虑岁月滋久,官曹代易,傥复芜汙,失其本真,乃命孝廉生颜传经收集疑文互体,受法师儒,以为定例。凡一百六十部,三千二百三十五字,分为三卷。

可知《文字》[②]是颜传经在张参等的指导之下,根据张参等对经典文字所作的考订编写而成的。可能写于屋壁的刊正文字没有像书里那样辨析得详细,所谓"至当之余,但朱发其傍而已"。同时在编排方面大概也和现书不完全一样,或者是依文订字,以经相从也说不定。如果是这样的话,颜传经所做的工作也不过是按照张参等考订的结果和制定的体例,加详注释,编排分类而已。因此我们认为著作权主要还应该归于张参。

张参唐书无传。《旧唐书·宰相世系表》河间张氏下有张参的名字,注云"国子司业",③说明张参祖籍在河北。孟浩然有《送张参明经举兼向泾州省觐》诗,④可知张参的家实际上住在泾州(今甘肃泾川县)。钱起也有《送张参及第还家》诗,头两句说"太学三年闻琢玉,东堂一举早成名",⑤说明张参在长安太学里当过学生,经过三年学习,后来就考中了明经。

《旧唐书·孟浩然传》说孟浩然"年四十,来游京师。应进士,不第,还襄阳"。⑥孟浩然卒于开元二十八年,五十二岁。⑦四十岁当是开元十六年。如果送张参诗就是作于这一年的话,张参就是开元十六年举的明经。孟浩然送张参诗头四句说"十五彩衣年,承欢慈母前,孝廉因岁贡,怀橘向秦川"。说明张参开元十六年举明经的时候才十五岁,可以推知他生于开元二年(714)。

《旧唐书·李勉传》说:

> 其在大官,礼贤下士,始终尽心。以名士李巡、张参为判官,卒于幕,三岁之内,每遇宴饮,必设虚位于筵次,陈膳执酹,辞色凄恻,论者美之。⑧

李勉死于贞元四年八月,⑨张参既然比李勉至少早死三年,那么他至多活到贞元二年(公元786年)。⑩

张参《五经文字序例》说他"十年夏六月"开始校订经典文字,"十年"两字前面虽然没有标明年号,根据《序例》末署有"大历"字样,知道指的是大历十年(公元775年),⑪到大历十一年夏(公元776年)全书完成,历时刚刚一年。

《文字序例》说:

> 又以前古字少,后代稍益之,故经典音字多有假借(谓若借"后"为"後","辟"为"避","大"为"太","知"为"智"之类,经典通用)。陆氏《释文》自南徂北,遍通众家之学。分析音训特为详举,固当以此正之。

从这一段话看来,好像《文字》的反切都是抄《经典释文》的,经过我们作部分比较之后,证明事实并不如此。虽然很多字的音切抄自《经典释文》,但从系统上说,《文字》的语音是有它自己的系统的。因此我们觉得有把《文字》的音系彻底弄清楚的必要。根据上文,我们知道张参是泾州人,很小就到长安念书,后来也以住在长安的时间较多,他所说的话大概不会越出"秦"音的范围。因而弄清楚他的语音系统,可以帮助我们了解唐代标准语基础方言在八世纪时期的一些重要特征,对于汉语语音史的研究是有很重要的意义的。

《文字》的石刻在明代嘉靖年间因地震倒损了一些,没有倒损的由于年代太久,文字漫灭的地方也很多。刻本凡是根据倒损以后拓本的,多有缺字,祁门马日璐刻本自称是根据家藏宋拓石本复刻的,虽然也有脱漏和错误,但在各本中要算最完整的了。后知不足斋丛书本是根据马本复刻的,而丛书集成初编本又是根据后知不足斋丛书本影印的。我们曾把集成本和马本对过,没有发现什么不同。因集成本翻检方便,本文就以集成本作为根据。脱误的地方用其他本子校补。实际上有关音切的错误并不太多。重要的校正都随文注出。

二

《文字》共收字三千二百四十七个,[12]其中重文二百五十六个,不算重文,实际上只有单字二千九百九十一个。[13]这些单字有好些只有解释,没有注音,全书音切总共只有二千五百八十三条。如果用系联反切上下字的方法考求它们的音韵系统,可能得不出什么结果来。因此我们决定采取比较法,就是把这些音切一个一个地和《切韵》的反切加以比较。从比较中,不难找出《文字》反切的音系和《切韵》音系的主要异同点来。宋濂跋本王仁昫《刊谬补缺切韵》[14]是一部大致完整的《切韵》传本。照理应该拿它来和《文字》比较,较为直截了当。困难在于《王三》收字较少,比较起来,没有着落的字较多。与其把这些没有着落的字用《广韵》来补缺,还不如干脆就和《广韵》比较。反正就音韵系统来说,《广韵》和《切韵》基本上一致,这样做也就没有什么大不妥的地方。

《文字》成书比《切韵》晚一个半世纪多,两者又都是以北方话为基础的,因而两者的不同,也就在一定程度上代表汉语北方话语音在这两个时期中的一些重要差别。

比较的先决条件当然是《文字》和《广韵》两书都收有某字。《广韵》里头的字《文字》没有收的当然极多,但《文字》里头的字,《广韵》没收的却很少。[15]因此除去这一部分字,并不影响我们对《文字》反切音系每一重要方面的审查机会。

当然光是两书同收某字,还不就是具备了比较的充分条件,这两个字还必须在意义上相同才行。例如:

《五经文字》的直音和反切　　165

　　文字：㮁　丁果反，捶也(2)。⑯
　　广韵：㮁　市缘切，木也(仙韵)。
《说文》木部"㮁，筩也，从木肩声，一曰度也，一曰㮁剟也(大徐兜果切)"；⑰"㮁，㮁木也，从木遄声(大徐市缘切)"。⑱可见《广韵》的"㮁"字实际上是"㮁"字，丁果反的"㮁"字《广韵》未收。我们绝不能把"丁果反"和"市缘切"两个音拿来比较，说它们在声、韵、调上都有所不同。又如：

　　文字：僤　都但反，厚也，见《诗·大雅》。(11)
　　广韵：僤　徒案切，疾也，《周礼》云："句兵欲无僤"。(翰韵)
　　　　　　　徒旱切，疾也，本音去声。(旱韵)

两书音义都不相同。《诗经·大雅·桑柔》："适天僤怒"，毛传："僤，厚也"。《经典释文》："僤，都但反，厚也，本亦作亶，同。"⑲《广韵》旱韵"亶，信也，厚也，大也，多也，谷也，多旱切"。显而易见，《文字》的"僤"就是《广韵》的"亶"。因此只能以《文字》的"僤"和《广韵》的"亶"比较，而不能以《文字》的"僤"和《广韵》的"僤"比较。

　　一个字两书的意义相同，但往往所收的音切有多有少。这时，如果属于少数一边的音切都能在多数的一边找到，可以认为两书这个字的读音基本相同，所不同的只是多数一边多出了又读罢了。例如：

　　文字：鞻　音娄，鞮鞻氏，又音屡，见《周礼》。(31)
　　广韵：鞻　落侯切，鞮鞻氏掌四夷之乐。(侯韵)
　　文字：倦　士眷反，见《虞书》。(11)
　　广韵：倦　士恋切，见也，具也。(线韵)

士限切,书传云"见也",《说文》云"具也"。(产韵)

"娄"音就是"落侯切",不同的地方在于"鞻"字《文字》多"音屦"一个又音。"士眷反"就是"士恋切",不同的地方在于《广韵》多"士限切"一个又音。《文字》多出的又音不多,可以置而不论。

可是当少数一边的音切和多数一边的音切都不相同的时候,困难就发生了。两边的音切哪一个和哪一个比较呢?例如:

文字:鶭　吐节反。(41)

广韵:鶭　徒结切,《尔雅》云:"鶭鴂䴆"。[20]

夷质切,鴂䴆鸟也。[21]

文字:阢　尸忍反。(45)

广韵:阢　试刃切,东方陵名。(震韵)

息晋切,八陵名,《尔雅》曰:"东陵阢"。(震韵)

所臻切,八陵东名阢。(臻韵)

碰到这种情况,我们以语音差别的远近作标准,也就是把两个最相近的音切拿来比较,比如以"吐节反"和"徒结切"比较,以"尸忍反"和"试刃切"比较。但是碰到远近关系相等的时候,这种办法又行不通了。例如:

文字:瓾　五势反,自此以下并见《尔雅》。(76)

广韵:瓾　去例切,《尔雅》:"康瓠谓之瓾",郭璞云:"瓠,壶也,贾谊曰'宝康瓠是也'。"(祭韵)

五计切,破罋。(霁韵)

"五势反"和"去例切"的不同是声母的不同,前者疑母,后者溪母;"五势反"和"五计切"的不同是韵母的不同,前者祭韵,后者霁韵。

疑、溪同组,都是牙音;祭、霁同摄,三四等相配。在这种情况下,最妥当的办法是从语音演变的趋势上来决定比较的"配偶"。两音的差别如果和汉语语音演变的一般情况不大一致,这两个音不作为比较的"配偶"。反之,两音的差别和汉语语音演变的一般情况较为一致,这两音应该作为比较的"配偶"。就上例来说,疑、溪两母的互变在汉语里是不多见的,而祭、霁两韵的合并则是一条大路。因此我们拿"五势反"和"五计切"作比较,而不拿"五势反"和"去例切"作比较。不过两书这一类字的读音不同,有些很可能只是继承经师的不同传授,不一定和音变有关。好在这类例子的数目很小,纵然有比较失当的地方,影响也不大。

《广韵》的唇音字不分开合口。开合口字都可以作唇音字的反切下字,反之,唇音字既可以作开口字的反切下字,也可以作合口字的反切下字。《文字》唇音字的反切也是如此。例如:

唇音字用开口字作切的:　　沛　补泰反(9)
　　　　　　　　　　　　　馒　莫干反(63)
唇音字用合口字作切的:　　　㠿　捕位反(54)
　　　　　　　　　　　　　魅　眉位反(66)
开口字用唇音字作切的:　　　獭　他末反(38)
　　　　　　　　　　　　　剌　力末反(49)
合口字用唇音字作切的:　　　罥　衢并反(17)
　　　　　　　　　　　　　缤　于贫反(61)

因此《文字》的唇音我们也不作开合上的分辨,并且不拿唇音反切下字定开合。在开合口有必要分别作统计的时候,唇音字姑且一律算开口。

《广韵》的反切,上字是合口的,下字纵然是开口,被切字大多也是合口,例如"为,薳支切","役,营只切"之类。《文字》反切的开合口和《广韵》大致相合。《广韵》的合口字,《文字》反切上字用合口,下字用开口的,比如"铉,玄典反"(38),"夐,火令反"(17)之类,我们也把它们算作合口字。

由于汉字的非拼音性质,反切上下字只表示和被切字是双声或是叠韵的关系,而不能标示出被切字的具体读音。作反切的人纵然无心存古,也不妨害在自己的反切系统里大量应用前人的反切。《广韵》、《文字》两书的反切,从系统上说,虽然并不相同,但就具体的切语来说,共同因袭前人的地方一定不少。因此在我们进行两书反切比较的时候,往往只能透过这种共同因袭的空档去发现它们之间的差别。这就使我们对那些反映《文字》和《广韵》语音不同的反切不能不给以较高的估价。只要不是孤例,我们都予以应有的注意。

三

现在依次比较声母、韵母、声调。

甲、声母

声母方面特别值得注意的是轻重唇音的分化和非、敷两母的对立。其他和《广韵》只是个别字的差别。

(一)轻重唇音的分化

《广韵》轻重唇音的字往往互切。《文字》则不然,轻重唇音虽

然也有混切的,但是很少,现列举于下:

声母	字	文字音	广韵音	文字各对声母音切总数	混切数[22]
以並切敷	丰	音玤(44)[23]	敷容	79	1
以奉切並	抙	负沟(6)	薄侯	86	1

一共就只有这两个,[24]其中"丰"字的音还不可靠。"丰"字《广韵》"敷容切"它书也从无"玏"音,《文字》"玏"当是"玤"之误。《诗经·郑风·丰》:"子之丰兮";《释文》:"丰,芳凶反,面貌丰满也;《方言》作'玤'"。[25]凡一字异体,《文字》往往用其中的一体给另一体注音,比如"阝,音邑"(24),"匕,音化"(55)之类。《文字》"丰,音玤"正同此体例。这样,在唇音二百九十个反切中(不包括"丰音玏"及一切直音)轻重唇互切可靠的就只有一例。这一事实说明在《文字》的声母系统里,轻重唇音已经完全分化。

如果我们进一步把《文字》的唇音反切一个一个地和《广韵》以及《释文》的反切比较一下,《文字》轻重唇分化的事实就更为显著。《文字》和《广韵》都有的反切,《广韵》用轻唇切重唇的共四十三个,而《文字》全是重唇切重唇。请看下表。

广韵非/文字帮

裨:府移/比支[26],镳:甫娇/逋娇(63),儦:甫妖/表娇(11),穮:甫娇/补遥(34),赗:甫遥/必幺(19),扳:方闲/必艰(8),褊:方缅/比善(33),徧:方见/补见(12),萹:方典/布殄(28),祊:甫盲/补茎(34),绷:方瞢/布邓(47)[27],窆:方隥/悲邓(16)。[28]

广韵敷/文字滂

摽:抚招/匹尧(7),构:抚招/匹幺(4),翩:芳连/匹绵(77),偏:芳连/匹先(11),鼺:芳逼/滂逼。

广韵奉/文字並

郫:符支/婢支(44),犗:符羁/捕池(9),圮:符鄙/捕美(47),貔:房脂/婢尸(37),摽:符少/婢小(7),篹:房连/婢绵(30),谝:房连/步千(42),楩:符善/婢善(5),辩:符蹇/皮勉(52),辨:符蹇/皮勉(52),冯:扶冰/步冰(60),煏:符逼/皮逼(10),辟:房益/婢亦(52),甓:扶历/蒲觅(76)。

广韵微/文字明

麋:武悲/莫悲(28),麑:武悲/莫悲(40),眉:武悲/忙悲(17),杪:亡沼/名小(2),宀:武延/弥仙(14),冕:亡辨/莫辨(16),磠:武巾/眉巾(78),珉:武巾/莫巾(48),黾:武尽/莫尹(11),黾:武幸/莫耿(76),黾:武幸/莫杏(75),茵:武庚/模庚(28)。

《文字》和《释文》都有的反切,《释文》用轻唇切重唇的共二十八个,《文字》全都改成了重唇切重唇。请看下表。

《释文》非/《文字》帮

柹:传盖(30,429上)[29]/布大(9),曓:方沃(30,429上)/布沃(9),赑:方遥(30,424上)/必幺(19),藦:方寐(30,415下)/必寐(29),襮:方沃(29,408上)/布沃(32),穮:方遥(29,405下)/补遥(34)。

《释文》敷/《文字》滂

盼:敷苋(5,60上)/普苋(17),渒:芳计(6,85下)/普计

(58),秠:孚鄙(7,90 下)/丕幾(34),鼅:孚逼(8,116 下)/滂逼(49),标:敷萧(20,295 上)/匹尧(7)。

《释文》奉/《文字》並

瀌:符骄(6,86 上)/被乔(85),㽰:符版(7,93 上)/蒲板(78)。

《释文》微/《文字》明

杪:亡小(11,170 下)/名小(2),鼏:亡历(10,141 上),亡狄(10,141 下)/模狄(17),脢:武杯(2,25 上)/莫来(19),眛:亡戒(30,418 下)/莫介(29),蘪:亡悲(30,417 下)/莫悲(28),猫:武交(7,95 下)/萌交(38),䮪:亡江(9,130 下)武江(30,428),武邦(17,248 下)/眉江(39),麋:亡悲(5,67 下),亡皮(16,234 上)/莫悲(40),蟆:武巴(30,422 上)/莫加(46),珉:亡巾(5,64 下),武巾(12,187 上),亡贫(9,126 下)/莫巾(48),密:亡笔(29,401 上)/眉笔(66),麇:亡池(2,30 上)/莫羆(61),靦:亡革(29,401 下)/莫获(70),霾:亡皆(5,56 下)/莫皆(72),雾:亡弄(29,411 上)/莫弄(72)。

对比之下,《文字》改动的痕迹是十分显著的。那些下字相同,只是上字不同的反切,有意改动的痕迹就更为鲜明。上文"捊"字显然是改而未尽的例子。另外还有些重唇字,《释文》有轻、重两种反切,《文字》的反切如果有和它们之中的一个相同,总是同于重唇中的一个。请看:

《释文》反切/《文字》反切

冒:莫到(4,46 上),亡报(4,49 上)/莫到(16),貉:莫白(29,

399下),孟白(9,127下),武伯(7,90上),武百(16,237下),亡白(20,285下),亡百(21,311下)/莫白(37),靡:莫兮(10,142下),米奚(24,342下),亡兮(6,74下)/莫兮(40),嫛:普结(19,269上),敷结(18,262下)/普结(44)。

这也清楚地揭示《文字》有意挑选的事实。经过以上的比较之后,我们可以毫不犹豫地得出结论:《文字》的轻重唇音已经彻底分化。

(二)非敷两母的对立

《文字》非、敷混切的很少,只有两个字。[30]

以非切敷　仿　方丈(11)　妃两　2
以非切敷　髬　方未(32)　芳未[31]

"仿髬"是一个双声联绵词,有特殊读法是完全可能的。不能据此怀疑《文字》非、敷两母的对立。慧琳帮、滂、并与非、敷、奉六母也已经大致分化,但非、敷不混,可以参证。[32]至于非、敷的实际音值是什么,一时难定。

(三)其他声母的异同

《文字》非、敷以外的其他各声母之间的混切也不多。而且有些显然是经师异读,为《广韵》所不传的,比如:(凡"音某",均为直音;下同)

字　　音　　　　　　　来源[33]
订　《文字》:音亭(42)　《释文》:音亭(九,136下)
　　《广韵》:丁定　　　刘昌宗:当定(同上)
铤　《文字》:他顶(63)　《释文》:他顶(十六,239上)

	《广韵》:徒鼎	《释文》:徒顶(同上)
稌	《文字》:驰古(39)	《释文》:音杜(十二,184上)
	《广韵》:他鲁	徐　邈:他古(同上)
燂	《文字》:音寻(53)	《释文》:音寻(九,139上)
	《广韵》:徒含	《释文》:大含(同上)
蒩	《文字》:才古(29)	施　乾:才古(三十,417上)
	《广韵》:采古	《字林》:千古(同上)
	昨何	郭　璞:才河(同上)
骒	《文字》:音缯(39)	《释文》:音缯(九,127下)
	《广韵》:食陵	《释文》:音绳(同上)
蟴	《文字》:弋鼓(46)	《字林》:弋鼓(三十,422上)
	《广韵》:施智	《释文》:式豉(同上)
矍	《文字》:况约(17)	徐　邈:许缚(二,28下)
	《广韵》:居缚	《释文》:俱缚(同上)
坅	《文字》:五锦(47)	《释文》:五锦(十,154下)
	《广韵》:丘甚	《万象名义》:丘锦(土部)
蜆	《文字》:下研(46)	《字林》:下研(三十,422下)
	《广韵》:苦甸	孙　炎:音倪(同上)
㝅	《文字》:火谷(59)	《字林》:火笃[33](二九,414上)
	《广韵》:胡觉	《说文》:音学(《广韵》:巧韵㝅字下)
烘	《文字》:巨凶(53)	《说文》:巨凶(六,86下~87上)
	《广韵》:户公	徐　邈:音洪(同上)
蜼	《文字》:以水(46)	《释文》:馀水(三十,427上)

《广韵》:力轨　　　《释文》:音诔(同上)

这类异读,既然两书各有所承,当然和音变没有什么关系。这样剩下来的混切就更少了。现在全部开列于下:[35]

以滂切帮	甏	普结(75)	方结 121	2
	标	匹小(2)	方小	
以並切帮	辟	婢亦(52)	必益 163	1
以滂切並	辟	匹亦(52)	房益 116	1
以透切定	鴶	吐节(41)	徒结 168	2
以定切透	骀	音兑(39)	他外	
以定切知	紾	徒展(60)	知演 142	1
以澄切端	裯[36]	直由(34)	都皓 132	1
以澄切定	咥	直结(74)	徒结 155	1
以从切邪	赆	音尽(19)	徐刃 64	1
以生切初	夂	山危(67)	楚危 60	1
以禅切章	鲊	上奊(22)	旨兖 91	1
以禅切船	揲	时设(6)	食列 36	1
以禅切以	洅	音市(59)	与之 124	1
以见切溪	毄	古历(69)	苦击 370	3
	蟿[37]	工地(46)	苦计	
以溪切见	艐[38]	丘戒(21)	古拜	
以见切群	捡	举琴(31)	巨金 335	4
以群切见	廷	求往(13)	俱往	
	檠	巨领(2)	居影	
	大(卅)	其恭(15)	九容	

《五经文字》的直音和反切　175

以见切匣	睔[39]	古本(17)	胡本	274	1
以匣切溪	埆	音学(47)	苦角	230	1
以匣切晓	甕	户快(81)	火怪	214	1
以匣切以	噧	於小(41)	以沼	129	1
以晓切来	羷	许俭(10)	良冉	231	1

这些混切差不多全是孤例,而且其中一定还有出于不同的来源而暂时无从查考的。所以在声母系统方面《文字》除了彻底分出非、敷、奉、微四个声母以外,其他和《广韵》没有什么不同。

乙、韵母

《文字》韵母方面的混切大致可以分为两类,一类是一摄之内各韵之间的混切,一类是各摄之间的混切。前者出现于通、止、蟹、臻、山、效、梗、流、咸九摄,往往说明音系上的变动;后者大多只限于个别字。下文照此两类分述,不过为了说明上的方便,把蟹摄二等和假摄二等混切的例子放在第一类内讨论。

(一)各摄之内各韵的关系

1. **通摄**　本摄各韵混切情形如下:

韵	字	《文字》音	《广韵》音[40]
以东一等切冬(45:6)[41]	梏	音縠(3)	古沃
	傕	户縠(40)	胡沃
	鹄	互屋(41)	胡沃
以冬切东一等[42]	熨	音宗(67)	子红
	暴	捕沃(78)	蒲木
	䊤	蒙毒(4)	莫卜

以东一等切三等(76∶2)	沣	孚工(57)	敷隆[43]
	鄸	莫公(44)	莫中
以钟切冬(55∶1)	狘	乃容(38)	奴冬

东、冬入声混切较多,"梏、鹄、暴"等字都是比较常用的字,看来在《文字》的韵系里,屋一等、沃大概已经不能分辨。舒声混切只有一例,"宗"虽然是常用字,"燹"则不然。冬、东舒声是否混并,还有疑问。玄应《一切经音义》的反切和这儿的现象完全一样。玄应东、冬舒声共有音切六十七次,混切两次,入声共有音切一百二十七次,混切二十三次,也是舒声混切的少,入声混切的多。不过玄应舒声混切的两个字中也有一个是"宗"字,可见《文字》东一等、冬的舒声纵然没有全部合并,至少一部分字已经合并。到慧琳《一切经音义》的反切里,东一等、冬不论舒入声全然不分了。[44]

东三等和钟韵一个混切都没有,说明东三等和钟韵仍然保持着区别。玄应和慧琳的反切也都如此。

东一等和三等的两个混切都是唇音,是一个值得注意的现象。侯、尤之间也有类似的情形(详下文)。在轻重唇音已经分化的方言里,轻唇后面的腭介音失去是不足为奇的。东韵一、三等唇音看来已经混并。

2. 止摄 本摄各韵混切情形如下:

韵	呼	字	《文字》音	《广韵》音[45]
以支切脂	开口(130∶6)	黎	力知(4)	力脂
		鸥	昌支(40)	處脂
	合口(77∶1)	樿	于随(3)	醉绥

《五经文字》的直音和反切　177

以脂切支	开口	贡	音䂿(19)	彼义
		辟	音毗(52)	符支㊻
		釃	音师(42)	所宜
		庪	音几*(22)	居绮
以支切之	开口(110:5)	颐	弋支(66)	与之
		瓵	戈支(76)	与之
以之切支	开口	芈	弥耳(9)	绵婢
		阤	丈己(45)	池尔
		儿	音而(76)	汝移
以支切微	合口(50:1)	徽	火为(22)	许归
以脂切之	开口(107:6)	榴	壮利(5)	侧吏
以之切脂	开口	匕	必里(71)	卑履
		齍	子之(33)	即夷
		蓍	申之(27)	升脂
		饥	久其(62)	居夷
		擅	伊志(6)	乙冀
以脂切微	开口(70:3)	蔇	己四(26)	居豪
		塈	许器(48)	许既
	合口(70:2)	蔚	于贵(28)	于胃
以微切脂	开口	哇	许既(74)	火至
	合口	犪	巨归(9)	渠追
以之切微	开口(59:4)	䜣	音其(20)	渠希㊼
		蚚	鱼己(47)	鱼岂
		饩	许记(10)	许既

微和支、脂之三韵的关系比较疏远。之、微混切的较多,但"饑飢"两字下注云"上穀不熟,居希反;下久其反,餓也"(62),"居希反"是微韵见母,"久其反"是之韵见母,之、微对举,表明之、微还没有合并。

忾　火记(36)　许既

支、脂、之三韵的关系比较密切。不过"痹"字注"音弃,瘗也,又弋二反"(78),"弃"是志韵,"弋二反"是至韵;"荎"字注"直其反,又丈尸反"(29),"直其反"是之韵,"丈尸反"是脂韵;脂、之对举,表明脂、之也没有合并。但是像"棃、儿、包、鸥"等混切的字,都是最常用的字,既不能证明出于师授的不同,也不像是由于偶然的误读,除了承认为音变之外,不可能作其他解释。大概支、脂、之三韵,甚至再加上微韵,一部分字已经合并,而一部分字仍然保持着差别。从混切的字里找不出分化的条理,也许正是反映混并的过渡状态。

3. **蟹摄、假摄**　两摄各韵混切情形如下:

以泰切咍	开口(16:1)	忾	空盖(36)　苦爱[48]
以泰切灰	合口(31:1)	頯	火外(32)　荒内[49]
以佳切皆	开口(17:2)[50]	价	古卖(11)　古拜
		楷	口解(2)　苦骇
以皆切夬	开口(4:1)	勋	莫介(49)　莫话
以夬切皆	合口(5:3)	块	音快(47)　苦怪
		聧	五快(51)　五怪
		蕢	户快(81)　火怪
以祭切齐	开口(99:2)	甈	五势(76)　五计

以齐切祭	开口		瘵	力细(43)	力制
以佳切麻二等	合口(17:2)		卐	火卦(71)	呼霸
以麻二等切佳	合口		挂	古化(7)	古卖

一等各韵的混切显然是个别的。显著的混乱出在三个二等重韵上。皆、佳开口只有两个混切，不过都是常用字，皆、佳开口混并大概没有什么疑问。夬韵开口无字，情况不明，不过有一个唇音"勱"字，用怪韵开口字作切，皆、夬开口也有可能不分。皆合口只有五个字，三个用夬韵合口字作切，皆、夬合口的混并十分显著。佳合口和麻合口混切的也是两个常用字，佳、麻合口相混大概也是事实。不过现代方言夬、佳两韵合口字都是一部分和皆合口相混，一部分和麻合口相混，未见夬、皆两韵合口，佳、麻两韵合口完全相混的。这里佳和麻相混的"卦、挂"两字，正好是现代方言佳和麻混的字，夬和皆相混的"块"字也正好是现代方言夬和皆相混的字。所以冒险一点说，《文字》皆、佳、夬、麻四韵的关系也许已经和现代北方话这几韵的关系大体相似。

齐、祭混切的不多，又不是常用字，两韵大概还有区别。不过清、青、仙、先、宵、萧、盐、添不是全混，就是部分相混（见下文），齐、祭的两个混切也许说明两韵已有少数字开始混淆。三四等相混，说明纯四等已经起了变化，即产生了 i 介音。

《广韵》唇音开合互补，惟独咍、灰有对立。很多人怀疑这种对立的可靠性。在《文字》的语音系统里，咍、灰唇音就不存在这种对立，因为灰韵唇音字有四个是用咍韵字作切的：

锱 莫才反(63)		痗 莫来反(19)	
禖 木才反(34)		培 甫才反(47)	

《文字》的语音是8世纪时长安一带的话,我们当然不能拿它去直接证明《切韵》咍、灰唇音对立的不可靠。不过《文字》的开合系统,包括唇音在内,和《切韵》基本上一致,从结构上来类比,至少可以加强对《广韵》咍、灰唇音对立的怀疑。

灰韵唇音用咍韵字作切下字表明在《文字》的系统里,灰、咍主元音相同。

4.臻摄 本摄各韵混切情形如下:

以真切臻 开口(79:1)	榛	色巾[51](76)	所臻
以殷切真 开口(84:1)	伒	其靳(11)	渠遴
以殷切臻 开口(11:1)	觕	所斤(39)	所臻

本摄各韵混并似乎都是个别的,不过臻韵《文字》一共只有三个字,而一个用本韵字作切(蓁,侧诜反〔26〕),一个用真韵字作切,一个用殷韵字作切,它的独立性是值得怀疑的。

5.山摄 本摄各韵混切情形如下:

以山切删 开口(37:6)	扳	必艰(8)	布还
	版	布简(73)	布绾
	赧	女简(53)	铙阪
	辖	胡戛(64)	胡瞎
以删切山 开口	顅	苦颜(66)	苦闲
	揳	古辖(5)	古黠
以山切仙 开口(84:2)	虔	巨山(79)	巨焉
以仙切山 开口	酁	壮善(23)	阻限

《五经文字》的直音和反切　181

以仙切先	开口(40:6)②	丐	音缅(56)	弥殄
		㹂	於浅(44)	於甸
		楔	先列(5)	先结
以先切仙	开口	偏	匹先(11)	芳连
		谝	步千(42)	房连
		羡	祥见(59)	似面
	合口(62:2)	悁	乌玄(36)	於缘
		威	音血(53)	许劣
以仙切元	合口(78:5)	怨	一倦(35)	於愿
以元切仙	合口	孌	李婉(65)	力兖
		捲	车宛(8)	居转
		卷	去元(45)	丘圆
		圆	音袁(74)	王权

山、删开口不但混切的多,而且大部分都是常用字,山、删开口已经混并。山、删合口没有混切的例子,③情况不明。仙先、仙元混切的例子虽然不多,但是"偏羡","怨圆"等字都是极常用的字,说明至少有一部分字已经开始合并。就上面的十二个例子来说,其中有五个是重纽,还有两个切下字也是重纽,几乎占到先仙,仙元混切的三分之二。可知在《文字》的音系里,先仙、仙元的混并是从重纽开始的。更有趣的是,并入先韵的"谝、偏、威、缅"都是重纽四等,而并入元韵的"悁、捲、卷"都是重纽三等。这当然不是偶然现象。它说明重纽四等和纯四等相近,三等和纯三等相近。

不过《文字》反切的重纽决不能说已经完全混并,例如:"挹,於及反,又音揖"(6~7),"於及反"属三等,"揖"属四等;"浥,乙入反,又於及反"(57),"於及反"属三等,"乙入反"当属四等。

6. 效摄 本摄各韵混切情形如下:

以萧切宵(93:6)	膫	必幺(19)	甫遥
	杓	匹幺(4)	抚招
	标	匹尧(7)	抚招
	僄	匹徼(73)	匹妙
	蘽㊴	捕幺(73)	符霄
	梢	音萧㊵(2)	相邀

本摄混切的不多,不过在六个混切的字中,五个是重纽四等,和仙、先混切的情况平行,是应该留意的。

7. 梗摄 本摄各韵混切情形如下:

以庚二等 开口(52:14) 切耕	甿	音盲(69)	莫耕
	鏗	口行(9)	口茎
	幸	胡梗(54)	胡耿
	眽	摸白(17)	莫获
	革	居白(31)	古核
以耕切庚 开口 二等	祊	补茎(34)	甫盲
	省	所耿(17)	所景
	绠	音耿(61)	古杏
	坑	音铿(45)	客庚
	柏	巴革(3)	博陌
	笮	侧革(30)	侧伯

			啧	音责(74)	侧伯
			觡	音革(22)	古伯
以耕切青	开口(122:1)		笿	补耕(27)	薄经
以清切青	开口(123:5)		鋞	丘正(63)	苦定
			胫	胡劲(20)	胡定
			幂	莫益(16)	莫狄
			鬩	听亦(32)	他历
			锡	星亦(63)	先击
	合口(20:11)㊶		駉	工营(39)	古萤
			扃	工营(45)	古萤
			颖	工颖(53)	古迥
			褧	音顷(33)	口迥
			颖	音顷(61)	口迥
			惧	古役(9)	古阒
			臭	工役(38)	古阒
			郹	工役(44)	古阒
			鶪	工役(40)	古阒
			阒	苦役(50)	苦鶪
以青切清	开口		䎡	乌经(19)	於盈
			嬴	以经(82)	以成
			擿	丈历(6)	直炙
	合口		颍	余炅(35)	馀顷
以清切庚	开口(64:1)		檠	巨领(2)	渠京
三等					

以青切庚　开口(97:1)　　惸　　丘历(79)　　绮戟
三等

庚二等、耕开口混切的除唇音外，还有十个例子，而且大多是常用字，所以庚二等、耕开口合并当无问题。合口没有混切的例子。不过合口只有四个字，虽然没有混切，也不能作为合口独立的充分证据。清、青合口混切超过了一半，合并毫无疑问。开口混切虽然较少，但"锡、赢"等都是极常用的字，清青开口大概也已不能分辨。庚三等和清、青混切只有个别例子，不能证明两韵已混。"虩，火历反，又许戟反"(79)，"火历反"属锡韵晓母，"许戟反"属陌三等晓母。陌三等和锡对举，是庚三等和青未混的有力证据。庚三等独立，而清青合并，和慧琳的反切完全相合。

　　8. 流摄　　本摄各韵混切情形如下：

以候切尤(123:5)	蟊	莫候(47)	莫浮
	髳	莫候(32)	莫浮
	驺	庄沟(39)	侧鸠
以尤切候	姆	莫又(65)	莫候
	袤	莫富(33)	莫候
以尤切幽(89:3)	彪	必由(32)	甫烋
	滤	皮周(57)	皮彪
	樛	纠由(2)	居虬

候、尤混切的不多，但多集中于唇音。这种现象和通摄一三等唇音的情形类似。"袤"字"莫富反"，很可能是"富"字失去腭介音的缘故。

　　幽韵一共只有三个字，都用尤韵字作切，尤、幽肯定已经合并。

9. **咸摄** 本摄各韵混切情形如下：

以覃切谈(52:14)	統	丁坎(60)	都敢
	聃	吐南(50)	他酣
	腊	力答(20)	卢盍
	盍	户答(27)	胡腊
以谈切覃	撢	他甘(7)	他含
	惏	力三(36)	卢含
	寁	子敢(15)	子感
	惨	七敢(36)	七感
	蠶	千敢(76)	七感
	顉	牛敢(66)	五感
	颔	牛敢(66)	五感
	蜬	户甘(47)	胡男
	莟	户敢(28)	胡感
	咂	子阖(74)	子答
以覃切衔(50:1)	毵	山函(60)	所衔
以谈切衔(24:2)	挦	所览(7)	所衔⑰
	監	户暂(14)	胡忏⑱
以咸切衔(23:7)	槛	下减(4)	胡黤
以衔切咸	儳	士衫(11)	士咸
		士监(11)	仕陷
	攕	音衫(5)	所咸
以衔切咸	掺	山槛(8)	所斩
	陷	下监(45)	户韽

	插	初甲(6)	楚洽
以咸切盐(69∶1)	𪒠	乙减(53)	於琰
以衔切盐(65∶1)	箝	巨衫(30)	巨淹
以咸切添(24∶1)	医	口笺(77)	苦协
以添切盐(63∶3)	棪	乌簟(3)	於琰
以盐切添	芙	工妾(26)	古协
	鍱	先涉(80)	蘇协
以严切盐(60∶2)	堑	千剑(47)	七艳
	㺑	力剑(38)	力艳

罩和谈,咸和衔混切的很多,而"憯、颔、腊"和"槛、陷、插"等都是常用字,罩、谈合并,咸、衔合并,大概没有问题。

盐、添也如仙、先等一样,有一部分字混淆。盐韵重纽混入添韵的只有一个"棪"字,可也是四等,和仙先、宵萧的情形一致。

上面我们把九个摄的混切都列举并讨论完了。总的看来,各摄重韵合并的最多,重韵之中又以二等合并的最彻底,除个别韵类情况不明以外,差不多都合并了。三四等除清、青以外,都只有部分字相混,还仅仅意味着混并的开始。

除这九摄以外,其他各摄都没有混切。其所以没有,是因为这些摄有的只有一韵,例如果、假、江、深四摄。有的虽然有两个韵,如曾摄有蒸、登,宕摄有阳、唐,但这些韵在那个时候还不大可能混并。至于遇摄之没有混切,大概因为当时长安一带话鱼、虞的确还有分别。这可以从玄应的反切,朝鲜、越南译音和日译汉音等得到证明。当然,我们上文已经说过,反切系统往往都是从因袭的空档中透露一些音变消息的。我们如果认为上面所讨论的那些混切已经包括了当时长安一带话的全部音变情况,就未必符合事实。

(二)各摄之间的关系

摄和摄之间除了上面已经讨论过的佳、麻两韵以外,几乎没有什么混切。有些异读显然是出于两书的承继不同,各有各的来源,比如:

字	音	来源[59]
傫	《文字》:力委(11)	《释文》:力委(十二,305下)
	《广韵》:力罪	《博雅音》:力罪[60](释训)
娃	《文字》:音恚(53)	《释文》:音恚(六,87上)
	《广韵》:乌携	顾野王:乌携(同上)
笴	《文字》:音槁(30)	刘昌宗:古老(十,247上)
	《广韵》:古旱	《释文》:公但(同上)
㲋	《文字》:呼角(28)	李 戚:好角(九,134上)
	《广韵》:呼到	刘昌宗:呼报(同上)
焞	《文字》:吐雷(53)	《释文》:吐雷(六,76上)
	《广韵》:他昆[61]	《释文》:他屯(同上)
躩	《文字》:驱碧(81)	李 轨:驱碧(二七,379下)
	《广韵》:居缚	徐 邈:九缚(同上)

这类异读当然不表示两书韵系上的差别。剩下的几个异读也不大可靠:[62]

	《文字》音	《广韵》音	韵别
咮	陟句(74)	陟救	遇—宥[63]
裯	直由(34)	都晧	尤—晧
爆	布沃(53)	北教	沃—效

乚　音偃(71)　　於谨　　阮—隐

鳻　步丁(41)　　房脂　　青—脂

《文字》"裯,直由反"的可疑,我们在前面声母部分已经指出。"咮"《文字》说"见于春秋传",当是"鸟口"或"鸟首"之意。《广韵》遇韵"咮,中句切。鸟声。"音与《文字》同而意义不合。"咮"作为"鸟口"讲,《广韵》"陟救切",《释文》"张又反"(二十,198下),《篆隶万象名义》"猪救反",《玉篇》"竹救切"都和《广韵》同音,《文字》"句"也许是错字。"乚"它书从无作"偃"音的,也不可靠。"爆"和"鳻"的两读也不像同一个来源,可能都各有所承,只是一时无从查考罢了。所以除了佳、麻两韵以外,《文字》摄与摄之间可以肯定没有发生混淆。当8世纪的时候,一个方言音系摄与摄之间的界限大致保持不乱,完全是可以理解的。

《文字》的声调系统和《广韵》的大致相同。两书在声调方面的异读很少,除了几个大概各有所本的以外(比如"桡"《文字》"女绞反",《广韵》"奴教切",一同于徐邈,一同于王肃;[64]"簪"《文字》"祖感反",《广韵》"作含切",一同于王肃,一同于刘昌宗;[65]"戭"《文字》"弋刃反",[66]《切韵》"余忍切",一同于韦昭,一同于《万象名义》;[67]"施"《文字》"以豉反",《广韵》"弋支切",各同于《释文》两音中的一音[68]),就只有一二十个,其中还包括上文已经指出过的可疑的在内。现在附列于此。1. 平(《文字》)——上(《广韵》):裯,直由反(34)——都晧切;台,音"铅"(59)——以转切。2. 上——平:簝,音潦(30)——鲁刀切;掺,所览反(7)——所衔切;泲,音市(59)——与之切。3. 平——去:茷,防非反(28)——扶沸切。[69]4. 去——平:疋,山虑反(79)——所菹切;攌,古患反(7)——古还切;挼,堕恚反(7)——许规切。⑩5.上——去:朩,匹忍反⑪(5)——匹刃切;敱,丘忍反(28)——去刃切;矧,尸忍反(45)——试刃切;賮,音尽(19)——徐刃切;扮,捕本反(47)——蒲闷切;郾,於浅反(44)——於甸切。6.去——上:懆,千到反(36)——采老切;璪,子到反(48)——子皓切;琢,丈绢反(48)——持兖切;舛,充绢反(81)——昌兖切;愤,扶问反(36)——房吻切;瓿,步豆反(76)——蒲口切。7.入——去:爆,布沃反(53)——北教切。

四

现在根据上文比较的结果把《文字》和《广韵》的主要不同列表对照如下:

甲、声母

《广韵》　　帮　　　滂　　　並　　　明
　　　　　　∧　　　∧　　　∧　　　∧
《文字》　帮　非　滂　敷　並　奉　明　微

乙、韵母

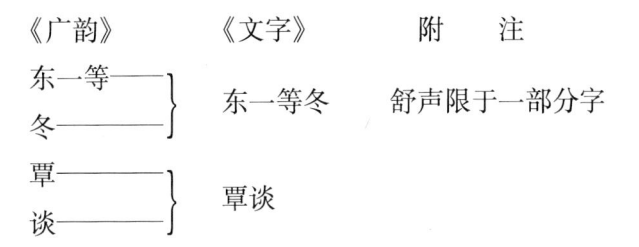

《广韵》	《文字》	附　注
东一等⎫ 冬　　⎭	东一等冬	舒声限于一部分字
覃⎫ 谈⎭	覃谈	

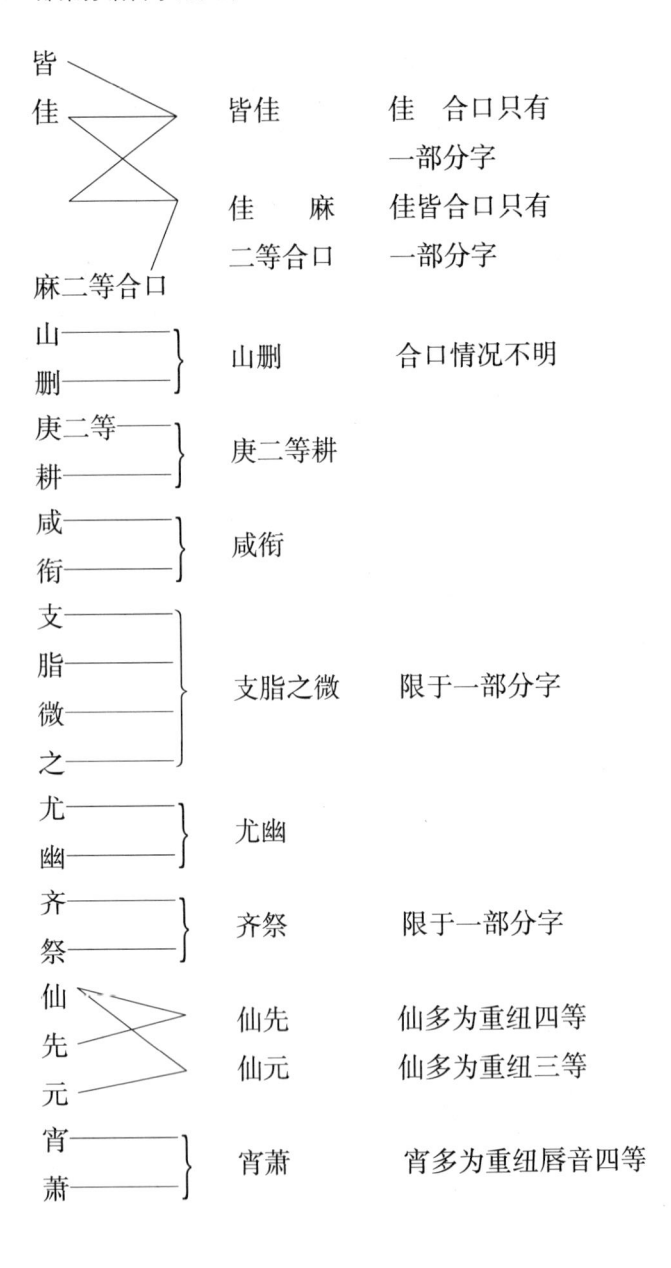

韵类	合并	备注
皆 佳 麻二等合口	皆佳 佳麻二等合口	佳 合口只有一部分字 佳皆合口只有一部分字
山 删	山删	合口情况不明
庚二等 耕	庚二等耕	
咸 衔	咸衔	
支 脂 微 之	支脂之微	限于一部分字
尤 幽	尤幽	
齐 祭	齐祭	限于一部分字
仙 先 元	仙先 仙元	仙多为重纽四等 仙多为重纽三等
宵 萧	宵萧	宵多为重纽唇音四等

```
清 ──┐
青 ──┘  } 清青

盐 ──┐
添 ──┘  } 盐添    限于一部分字
```

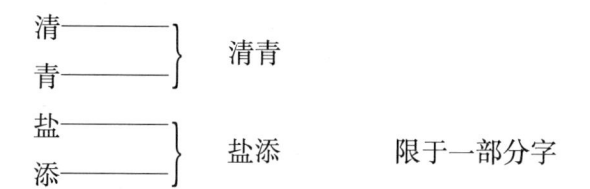

从表中我们可以看出《文字》音系是那些距离《切韵》音系并不太远的音系之一。正因为如此,它给我们提供了《切韵》以后音变过程的一些极其宝贵的特征。例如它告诉我们轻重唇分化之后,非、敷两母的确经过了一个对立阶段;仙韵的重纽先向先、元分流,通过先、元的合并,才最终混一,等等。又因为《文字》的时代距离《切韵》比较近,它给我们提供了很多到目前为止我们所知道的《切韵》以后音变的最早记录。例如轻重唇的彻底分化,皆、佳、夬、麻的合并,清、青的不分,等等。所有这些对了解《切韵》以后汉语语音的发展都有极其重要的价值。

附 注

① 见严可均《唐石经校文》卷十,1页,酾忍堂重刻本。
② 《五经文字》以下简称《文字》。
③ 卷七十二下,65页,商务印书馆百衲本(下引同此本)。
④ 《孟浩然集》,卷三,24页下,四部丛刊本。
⑤ 《钱考工集》,卷十,62页下,四部丛刊本。
⑥ 卷一百九十下,140页上。
⑦ 见王士源《孟浩然集序》。
⑧⑨ 卷一百三十一下,1003页。
⑩ 《册府元龟》也有关于李勉和张参关系的记载(卷六、八、七,8189页下,中华书局影印明刻本),文字与《旧唐书》略有不同,不过前后矛盾之处甚

多，当以《旧唐书》的比较可靠。

⑪ 《封氏闻见记》说张参考订经典文字在大宝十年，与"序例"不合。不过封氏记此事的一段话在《闻见记》的很多传本里都没有，盖不可靠。唐人刘禹锡《国学新修五经壁记》（《刘梦得文集》卷二十六），唐玄度《九经字样·序》都说张参在大历中考订经典文字。李肇《国史补》（卷下）谓张参做国子司业时，已年老，和刘、唐之说也相合。

⑫ 张参"序例"说"凡一百六十部，三千二百三十五字"和现传本字数不合，张参也许计算错了。又草部"苗"下马本空一大字位，注云"卜道反"，孔继涵《五经文字疑》引戴东原云"空处以音考之当是葆字"（微波榭本，6页上）。今从戴说，把"葆"字计算在内。

⑬ 原书注出的重文只有一百七十八个，82页危部多注了一个，实际上漏注七十九个。

⑭ 以下简称《王三》。

⑮ 《文字》里头的字，《广韵》未收的只有下列十二个：丞（8页），𠆢（9页），俜（12页），庢（14页），胏（20页），鲜（22页），菜（28页），底（28页），襦（29页），幘（37页），旻（65页），嵐（82页）。这些字大多都是《说文》里所没有的，其中"俜"见于《王二》，"胏"见于《切二》《王一》，"菜"见于《王一》。

⑯ 括弧里是页数，下同。

⑰ 世界书局影印段注本（以下《引文》都同此本），卷六上，278页下。

⑱ 卷六上，254页上。

⑲ 卷七，95页下。四部丛刊本（下引同此本）。以下《经典释文》简称《释文》。

⑳㉑ "𢾢"泽存堂本、巾箱本作"𢼊"，与《尔雅》同。《王三》作"𢾢"，与《说文》同。今从《王三》。

㉒ 以下各表表式和本表相同的，表端标注从略。

㉓ 括弧内是《文字》音切出现的页数。下同。

㉔ 《文字》："脆，亡忍反，又音问。"（20）《广韵》未收"亡忍反"一音，无从比较。"忍"疑是"念"，形近而误。

㉕ 卷五，63页下。

㉖ "裨:府移/比支"指"裨"字《广韵》"府移切"，《文字》"比支反"；括

弧里的数字是《文字》反切出现的页数。以下准此。

㉗㉘ 《广韵》登韵有"堋"无"塴",《集韵》"塴"为"堋"的异体。《说文》"堋"下云:"春秋传曰'朝而堋',礼谓之'封',周官谓之'窆'。"(13下,732页下)段注说:"上偁春秋传、礼、周官,说转注也,堋、封、窆异字同义也。"可是《文字》"窆,悲邓反",显然以"窆"为"堋"。《集韵》以"窆"为"堋"的异体,和《文字》的看法相同。

㉙ 括弧里头的数字是《释文》反切出现的卷数和页数。又《释文》同一个反切往往多次出现,这里只录首次出现的,其余的从略。

㉚ 《文字》:"茀,粉勿反,饰也,见易。"(27)《广韵》:"茀,敷勿切,草多。"声母虽然有非、敷之别,但意义不相合。《说文通训定声》:"茀,又为'髴',《易·既济》'妇丧其茀',按即《尔雅》之'袡'也,注'首饰也',则谓借为'髴',子夏传正作'髴'。"(世界书局影印本,559页,上。下引同此本)《广韵》"髴,分勿切,妇人首饰",与《文字》"茀"字音义正合。

㉛ 《广韵》物韵:"髴,分勿切,妇人首饰",未韵:"髴,芳未切,髣髴"。《文字》"髴"字下虽没有注明意义,不过如注㉚所已指明的,《文字》既以"茀"作"分勿切"之"髴",这儿的"髴"应该是未韵的"髴"。

㉜ 请参看《玄应反切考》,《史语所集刊》,第20本,399~401页。下引同此。

㉝ 本项下各家音切,除"坽"字的《万象名义》音,"崈"字的《说文》音以外,全引自《释文》。括弧内的数字是《释文》的卷数和页数。

㉞ 《文字》"屋、沃"不分(见下文),所以"火笃反"就是"火谷反"。

㉟ 有三类字没有列表。第一,《文字》的一个字和《广韵》的另一个字相对应,从而和《广韵》的同形字不同音的。第二,一个字两书音义全不同的。第三,确知《文字》的音切有错误的。现在依次一一说明于下。第一类以比较难认出的为限。

《文字》:"段,都乱反"(69),《广韵》换韵:"段,分段也,……徒玩切",不同音。按《说文》:"段,椎物也",段玉裁以为"段"即古"锻"字(《说文》卷三下,126页上),《广韵》"锻,丁贯切"与"都乱反"同音。

《文字》:"掦,他狄反,又他帝反,见诗风。"(7)《诗经·鄘风·君子偕老》:"象之掦也",毛传:"掦,所以摘发也。"《文字》以"掦"为"摘"之借字,故音"他狄反"。《广韵》锡韵:"摘,他历切"与"他狄反"同音。

《文字》:"荻,子遥反,见《穀梁》及《春秋左氏传》。"(28)按《穀梁》文公九年:"使荻来聘",《左传》作"椒来聘"。《广韵》尤韵:"荻,七由切,萧似蒿也",音义与《文字》都不合。但宵韵:"椒,即消切"与"子遥切"同音,可见《文字》的"荻"字即《广韵》的"椒"字。

《文字》:"剿,楚交反,见《礼记》。"(49)按《广韵》肴韵:"剿,钼交切,轻捷也",小韵:"剿,子小切,劳也",与《文字》都不合。《礼记·曲礼》"毋剿说",《说文通训定声》认为"剿假借为钞"(167下)。《广韵》"钞,楚交切",与《文字》音合,《文字》之"剿"即"钞"的假借字。

《文字》:"叚,音遐"(62),《广韵》马韵:"叚,古疋切,《说文》'借也'"音不合。按《集韵》麻韵:"叚,何加切,姓也,《春秋传》晋有叚嘉,通作'瑕'。"《广韵》麻韵:"瑕,胡加切,玉病也,过也,又姓,《左传》周大夫瑕禽,又复姓有瑕吕氏。"可见《广韵》的"瑕"字就是《集韵》、《文字》的"叚"字。

《文字》:"侉,苦瓜反"(11),《广韵》过韵:"侉,安贺切,痛呼也",麻韵:"夸,苦瓜切,奢也",《文字》"侉"音与《广韵》"夸"合,与"侉"不合。《玉篇》人部:"侉,苦瓜切,奢也,又安贺切,痛呼也。"可见《广韵》的"夸"字就是《文字》的"侉"字。

《文字》:"楑音倦,见《考工记》"(3),《广韵》愿韵:"楑,其偃切,关楑",音义都不合。按《周礼·考工记·辀人》:"左不楑",郑玄注:"书'楑'或作'卷',玄谓'卷'今'倦'字也,辀和则久驰骋,载在左者,不罢倦。"可见《文字》依郑注作音,"楑"即"卷"字。

《文字》:"肫,时伦反,见《礼记》。"《广韵》谆韵:"肫,章伦切",音不合。按《礼记·中庸》:"肫肫其仁",郑玄注:"肫,读忳忳之忳,忳忳恳诚貌也。肫肫或为纯纯。"《文字》显然以"肫"为"纯",所以音"时伦反"。

《文字》:"朾,他丁反,见《春秋传》"(3),《左传·成公十八年·经》:"同盟于虚朾",注;"虚朾地阙"。《广韵》耕韵:"朾,伐木声也,中茎切",又"宅耕切,《尔雅》曰:'蠭朾蚁',郭璞云:'赤驳蚍蜉'"。按两处音义与《文字》都不合,因此不作比较。

《文字》:"褅、裼,二同,并他系反,上《说文》,下见《诗》。"(33)《广韵》不收"褅"字。《诗经·小雅·斯干》:"载衣之裼",《释文》:"裼,他计反,褓也"

(卷六,71页下),《广韵》锡韵:"裼,先击切,袒衣",音义与《文字》都不合,故不作比较。

《文字》:"烄,呼交反,见《诗》"(53),与《广韵》肴韵:"烄,薄交切"不合。《诗经·大雅·荡》:"女炰烋于中国",《释文》:"烋,白交反;烄,火交反"(卷七,94页下),与《文字》不合。《文字》"呼交反"显然是误录"烋"字音。

《文字》:"蝥,音谋,又直诛反。"(47)《广韵》尤韵:"蝥,莫浮切"与音"谋"合。《尔雅·释虫》:"蟊蝱蠹蝥",《释文》:"蝥音谋,又音无"(卷三十,422页下),《广韵》虞韵:"武夫切"即音"无"。《文字》直诛反的"直"字盖误。

《文字》:"蓷音佳,又他回反。"(25)《广韵》及他书从无音"佳"的。《尔雅·释草》:"萑蓷",《释文》:"萑音佳,蓷,他回反"(卷三十,416页上)。《文字》"音佳"显然是误录"萑"字音。

《文字》:"歺,几承反。"(77)《王一》"五割反,又几丞反",《广韵》只收"五割反"。《说文》:"歺读若櫱岸之櫱",段玉裁据此认为《文字》《九经字样》"音兢,非"(卷四下,169页)。

《文字》:"雁,五贤反,见《春秋传》"。(41)《广韵》先韵:"雁,苦坚切",音不合,可是"鵳,五坚切"与《文字》的音同。不过依《广韵》,"雁"和"鵳"意义不同,前者指"石鸟",后者指"鸡鹢"(《玉篇》同),《文字》也许是把"鵳"和"雁"误作同字,故音"五贤反"。

㊱ 《文字》:"裯,直由反,又音诛,祭名,见《周礼》。"按音"诛"根据《释文》(卷八,121页下)。《广韵》尤韵:"裯,襌被,直由切。"《文字》读"裯"如"诛",不知何据。

㊲ 《文字》:"蟁,工地反,又音弃,(见尔稚)。"《广韵》至韵"蟁,诘利切"与《文字》的又音同,而霁韵"苦计切"与"工地反"声、韵都不同。不过"地"字《集韵》有霁韵"大计切"一读,"计、地"应该看作同韵。《尔雅·释虫》:"蟁螽蝼蚓",《释文》"蟁,音弃,《字林》口地反"(卷三十,422页上),《文字》的"工"疑是"口"字之误。

㊳ 《文字》:"䑦,丘戒反,又古八反,又音泽。"《广韵》"䑦"字有"古拜、口简、子红"三切。现以"丘戒反"对"古拜反",其余音切关系不明,姑置之不作比较。

㊴ 《文字》:"瞯,古幻反,又古本反,郑伯名,见《春秋》。"《广韵》混韵:"瞯,胡本切,大目",又"卢本切,瞯目貌",慁韵:"瞯,大目露睛,古困切",音与《文字》都不同。《春秋经》襄公二年:"郑伯瞯卒",《释文》:"瞯,古困反,徐又胡忖反"(卷十七,251 页上),和《广韵》"胡本、古困"两切相合。今姑以"古本反"对"胡本切"。"古幻反"也许指的是"鰥"字,《广韵》裥韵:"鰥,鰥视,古幻切。"

㊵ 以下各表表式同的,表端标注从略。

㊶ 括弧里头":"号前的数字是《文字》东一等和冬韵音切总数,":"号后的数字是《文字》东一等和冬韵混切数。以下类推。

㊷ 《文字》:"豰,乎卓反,小豚也,又火沃反。自此以下并见《尔雅》。"(39)《广韵》觉韵:"豰,蒲角切,《说文》云'小豚也'。"大徐音"步角切"与《广韵》同,《文字》的"乎"字也许是"平"字之误。按"豰"字的本义是"小豚",借义是"貔白狐之子"。《广韵》本义读觉韵並母,如上所录,借义读屋韵晓母"呼木切"。《文字》的两音没有作意义上的区别,似乎"火沃反"与《广韵》的"呼木切"不相对应。不过《文字》说它根据《尔雅》,而《尔雅》的"豰"字是借义,《释文》音"火卜反",可见《文字》的"火沃"反可能就是"豰"字的借义音。不过为了谨慎起见,不把它作为屋、沃混切的例子。

㊸ "沣"《广韵》"敷空切",《切二》、《王二》、《王三》都作"敷隆反",今据改。

㊹ 见黄淬伯《慧琳一切经音义反切考》,《中央研究院历史语言研究所单刊》,下引慧琳反切同此。

㊺ 以下各表同此表式者,表端标注从略。

㊻ 《文字》:"䘷,《礼记》'终䘷',音毗。"案《礼记·玉藻》:"而素带终䘷",郑玄注:"䘷,读如'禆冕'之'禆'"。可见《文字》的"䘷"字就是"禆"字。"禆"《广韵》"符支切"。

㊼ "肵"《广韵》未收。《切二》、《王一》"渠希反"。

㊽ 《广韵》"忾"字在代韵,但用泰韵"盖"字作切下字,和《文字》同。陈澧认为"盖"是误字(《切韵考》四卷,39 页下,音韵学丛书本),今姑从之,并把《广韵》的反切改从《王二》及宋跋本《王韵》的反切。

㊾ 案《说文》以"须"为"沫"之古文,段玉裁改作"頮"(卷 11 上,597 页

上)。《广韵》"颒"正体作"靧"。

㊿ 《文字》:"洒,色买反,又色解反,经典或借'洒'为洒埽字。"(58)案"色买、色解"两反,《广韵》同音。就《文字》说也不能说是异读,因为像在这里"解、卖"都切皆韵系牙音字,看不出佳韵系唇、牙音有什么不同来。《礼记·内则》:"灑埽室堂及庭",《释文》:"灑,本又作洒,所买反,又所卖反。"(卷十二,183页上)《文字》"买"字大概是"卖"字之误。今作两个音计算。

(51) 马本"茿"作"蘒"误,今据段玉裁说改。段说见《说文解字注》卷八下,431页"茿"字注。

(52) 《文字》:"徧,补见反"(12),《广韵》"徧"字在线韵,但作"方见切"。陈澧认为"见"是误字(《切韵考》卷五,6页上),但各本王仁昫《切韵》"徧"都在霰韵,"博见反",可见"徧"本应在霰韵。《广韵》误置于线韵,而反切不误。因此我们不把"徧"作为仙、先混切的例子。

(53) 《文字》:"鰥,古顽反"(22),《广韵》同,但"鰥属山韵","顽"属删韵,似乎可以作为山、删合口混切的例子。不过《广韵》实误,《切三》《王三》"顽"字都在山韵。

(54) 《说文》:"橐,囊也",大徐"胡本切",又"橐,囊张大皃,从橐省,缶声",段玉裁认为《文字》和《广韵》以"橐"音为"橐"音(以上并见卷六,293页)。从大徐音和谐声看来段说是对的。《文字》和《广韵》的"橐"应改为"橐"(泽存堂本《广韵》即作"橐")。

(55) 《广韵》:"梢,音萧,又山交反,见《考工记》。"《周礼·冬官考工记下·匠人》:"梢沟三十里而广倍",郑玄注:"郑司农云'梢'读为桑螵蛸之蛸"。《释文》:"梢,刘音萧,注蛸一音色交反。"(卷九,138页上)按刘昌宗依郑司农把"梢"作为"蛸"的借字,故音萧,《文字》从之。

(56) 《文字》"蝾,户扃反,又音萤",依《广韵》两音没有分别。按《尔雅·释鱼》:"蝾螈蜥蜴",《释文》"蝾,音荣,本或作荣"(卷三十,424页上)。可知《文字》"萤"当是"荣"之误。《广韵》"蝾,永兵切"和"荣"同音。故音"萤"一音不计入青韵合口。

(57) 《文字》"摲,所览反,见《礼记》。"《礼记·礼器》"有摲而播也",郑注:"摲之言芟也"。朱骏声认为这里"摲"借为"芟"(《说文通训定声》,104页下),今从之。

(58) 《文字》“鑒，户暂反，见春秋传。”《左传》襄公九年“备水器”，杜注“盆鑒之属”，正义云“郑玄云‘鑒如甄大口，以盛冰’，则鑒是盛水之器”。《集韵》以“鍳”为“鑒”之异体，《广韵》鑑韵：“鍳，大瓮似盆，《续汉书》云‘盗伏于鍳下’”。义与“鑒”合。故今以《文字》之“鑒”和《广韵》之“鍳”比较。

(59) 本项下各家音切除《博雅音》外都引自《释文》。括弧里的数字，是音切在《释文》中出现的卷、页数。

(60) “力罪切”一音不见于《切三》，《广韵》是从王仁昫《切韵》继承下来的。曹宪《博雅音》远在王仁昫《切韵》之前。

(61) “焞”《广韵》作“噋”。

(62) 有三个字没有列举，说明于下。

《文字》：“胝，音帝，见礼经。”(20)《仪礼・士丧礼》：“进柢执而俟”，郑注：“柢，本也，古文‘柢’皆为‘胝’”，可见《文字》“胝”即“柢”字。《广韵》霁韵“柢”字音义与《文字》合。

《文字》：“内，人九反，象形，又女厄反。”(51)《广韵》“内”字有“人九、女九”二切，《尔雅・释兽》“内”字《释文》音同(卷三十，427页下)。可知《文字》“厄”字当是“九”字之误。

《文字》：“獥，胡犬反。”(38)按《广韵》“獥”字“古历，胡狄、古弔”三切，《尔雅・释兽》“獥”字《释文》“胡狄、古狄、工弔”三反(卷三十，426页下)，可知《文字》“犬”大概是“狄”字之误。

(63) 《周礼・冬官考工记・梓人》：“以注鸣者。”朱骏声认为“注”假借为“咮”。《文字》：“咮，之句反，又陟句反，见春秋传。”“之句反”大概就是“注”字的音。《广韵》“注，之戍切”，和《文字》“之句反”的音相合。

(64) 《文字》音见4页；徐、王音见《释文》卷二，33页。

(65) 《文字》音见31页；王、刘音依次见《释文》卷二，22页上，卷十，151页下。

(66) “弋”原误作“戈”。

(67) 《文字》音见50页；韦音见《释文》卷十六，239页下；《万象名义》音见戈部。

(68) 《文字》音见32页；《释文》音见卷十，141页下。

(69) “沸”《广韵》误作“涕”，《切韵》各残卷作“沸”，据正。

⑦⓪ 《文字》:"挼,堕恚反,见《周礼》。"按《仪礼·持牲馈食礼》:"祝命挼祭",郑注:"《周礼》曰'既祭则藏其堕,堕与挼同读耳'。今文改挼为'绥',古文此皆为'挼祭'也。"《释文》:"挼,依注音堕,许恚反。"(卷十,156页下)可知《文字》"挼"即"堕"字,《广韵》作"隓","许规切"。

⑦① 《中原音韵》真文韵收有此字,作上声,与《文字》同。

(原载《中国语文》1964年第3期)

敦煌俗文学中的别字异文和唐五代西北方音

一　引论

敦煌发现的俗文学抄本(有个别刻本)中有很多别字。同一种作品的各个不同抄本,彼此之间又有很多异文。这些别字和异文对于研究唐五代西北方音的价值,也不下于古籍中的假借字和异文对研究上古音的价值。本文打算根据这些别字和异文对唐五代西北方音作一番考察。罗常培先生曾经根据敦煌《千字文》等几种写本和《唐蕃会盟碑》里的汉藏对音及《开蒙要训》写本里的汉字注音著《唐五代西北方音》[①]一书,揭橥了八世纪到十世纪西北方音的概貌,对汉语语音史的研究作出了重要的贡献。本文所述也许能对罗先生的论点有所补充和修改。

敦煌文献,内容范围很广,从儒释经典、子史文集,直到社会契约、户籍账册之类,应有尽有。我们所以只以俗文学作为取材对象,基于两点考虑:一方面儒释经典自古就有不同传本,别字及异文产生的时代、地点不容易确定;另一方面社会契约、户籍账册之类别字比较少,没有俗文学那样繁多。

所谓敦煌俗文学主要是变文或近似变文的东西,其次是曲子词、诗或唱词等。王重民先生等编的《敦煌变文集》[2]收集的变文最多,任二北先生的《敦煌曲校录》[3]收集的曲子词最多。本文就以这两书资料为据,再用刘复《敦煌掇琐》[4]上辑和许国霖《敦煌杂录》[5]的偈赞部分加以补充。

《敦煌变文集》的编者对变文抄本里的别字、异文作了相当详尽的校记,附载在书里。徐震堮、蒋礼鸿两先生又先后对该书的校记,作了一些补正工作,分别发表在《华东师大学报》和《杭州大学学报》上。另外蒋礼鸿先生的《敦煌变文字义通释》[6]一书,后面也附有变文校议一篇。关于变文我们就拿这几种校记作为依据。对曲子词作过校勘工作的人比较多。王重民先生的《敦煌曲子词集》,任二北先生的《敦煌曲校录》,对诸家校勘有集成之功。我们就拿这两书的校记作为依据。《敦煌掇琐》和《敦煌杂录》里有一部分作品没有作过校勘,我们就自己来校读。

这些抄本里的别字、异文,就数量来说相当多,就性质来说又特别复杂,而校勘工作不论如何精审,又不大可能全无缺点;因此,如果不加以精选,随便拿来作为语音通借的根据,那所得的结果肯定是荒谬的。为了避免这种错误,我们订下下面几条选择材料的原则。

1)别字、异文的同音代替是确定它们可以用来观察语音现象的唯一前提。因此,凡是不反映这种关系的别字、异文一概不取。例如:"黑烟"作"里烟"(变132),[7]"科徵"作"科徽"(变4)之类是因形近而误;"断续"作"续断"(变10),"疑踪"作"踪疑"(变170)之类是因颠倒而误;"水上荷花"作"水上荷水"(变6),"见机先集徒众"作"见集先集徒众"(变347)之类,是因上下文而误;"长安"作"洛阳"(变54),"魏书"作"汉书"(变906)之类,是因知识不够而误;"蛾眉"作"娥媚"(变197),"眉"因"娥"而加"女"旁之类,是因偏旁类推而误;"嬾向庭前睹明月"(变11〔S.328〕)[8]作"嬾向庭前步明月"(变11〔P.2794〕)之类,是因意义各有所当而异;"如来"作"如一"(变400),"孝顺"(变838〔S.3728〕)作"孝足"(P.3361)之类的别字、异文,甚至说不出道理来。凡此种种,都和语音无关,都不是我们取材的对象。

2)形声偏旁相同的别字、异文,如"第"作"弟"(变182),[9]"膑"作"宾"(变112)之类,其致误原因有四种可能:一是形误,二是习惯上的别体,三是偏旁类推误读,四是同音代替。这类例子作为观察语音的正式资料,固然欠当,根本不用也不免武断。比较妥当的办法是:不拿它们作为下结论的根据,可以附在正式例子的后边,以备参考。

有些别字、异文,形声偏旁虽然相同,可是从语音沿革的角度看,同音代替的可能性不大,参考例里也可以不收。例如:"释"作"择"(变738)之类,不妨认为形误;"借"作"昔"(变725)、"迎"作"仰"(变744〔盈字76:S.2614〕)之类,不妨认为形误或习惯上的别体,等等。

3)我们观察音变以《切韵》音系作出发点,因此,在同音代替的别字、异文里,我们只注意那些从《切韵》的角度看反映了一定音变的例子,例如以"仙"代"先"(变18)、以"负"代"附"(校录59)[10]之类。

至于那些从《切韵》的角度看是完全同音的例子,例如以"徒"

代"图"(变4),以"遊"代"犹"(变5)之类,则一概不取。

4)就异文跟别字的可靠性来说,两者并不完全相等。异文来自不同的抄本,是客观存在,可靠性较大;别字须要经过考校,虽然大多数不会认错,但难免一部分是无中生有,张冠李戴的。因此,诸家校出的别字,必须严格挑选,至少有三不取。第一,校错的不取。例如变文《孝子传》:"妻以(於)母前叱孔狗"(变906),"孔"当是"吼"之形误。王庆菽先生校"孔"作"喝",显然不确。又如变文《目连缘起》:"洋铜灌口苦难当"(变705),王庆菽先生校"洋"作"汁"也不妥。一来"汁铜"不辞;二来下文"浆水来变作铜汁"(706)作"铜汁"不作"汁铜"。这儿"洋"当是"烊"之误。"烊"是"熔化(金属)"的意思。《目连变文》:"渴饮熔铜损肝胀(肠)"(变757),《西方赞偈文》:"喝饮融童《熔铜》登剑树"(杂录64上),都作"熔铜"。"熔铜"和"烊铜"意义和结构正同。第二,原文和校文意义并通的不取。例如变文《目连缘起》:"慈乌返报"(变文712),王庆菽先生校"报"作"哺";曲子词《菩萨蛮》:"依依金柳黄"(校录33),任二北先生校"柳"作"缕";这里"报"跟"哺","柳"跟"缕"意义都讲得通,所以都不取。第三,缺乏根据的不取。例如曲子词《喜秋天》:"谁家台榭菊,嘹亮宫商足"(校录31),任二北先生校"菊"作"间",杨铁夫先生校"菊"作"曲",蒋礼鸿先生校"菊"作"旁",都不一定符合原文;又如失调名:"日惠处处管丝声"(校录110),"惠"字难懂,王文才先生校"惠"作"会",仍然不好理解。这类例子当然也不能作为观察语音的根据。第二、第三两条同样适用于异文。

根据这几条原则来选择材料,就大致能保证它的可靠性。

或者有人要问，根据语音条件而产生的别字、异文，正误两方是同音的呢，还只是音近的呢？如果两种关系都有，又各占多大比例呢？一般多肯定音误的别字正误两方的关系是同音关系，可是没有人作过认真的考察。这个问题关系到能不能或者如何利用别字、异文来观察语音的问题，对汉语语音史的研究来说，十分重要。因此我们不应该满足于自己的印象而应该有事实根据。

回答这个问题的最好办法，莫过于对现代人所写的别字进行一番调查研究。知道了现代人怎么样写别字，就可推想古代人怎么写。不用说，被调查的人的方言音系必须是已经知道的，因为只有这样，我们才可以确定一个别字是音误或不是音误，是同音而误，还是音近而误。我们选择的调查对象是说地道北京话的高中学生。由于条件的限制，我们只调查三十个人写的一百五十二篇作文。共得别字二百八十二个。[11]在这二百八十二个别字中，音误的二百二十六个；非音误的四十一个，如"待"误"持"，"爪"误"瓜"等；不能确定是音误还是非音误的十五个，如"挠"误"饶"，"侧"误"则"等。二百二十六个音误的例子中，同音而误的，如"利"误"力"，"飞"误"非"之类，共一百八十四个，占总数的百分之八十一点四；音近而误的，如"锦"误"景"，"拍"误"排"之类，共四十二个，占总数的百分之十八点六。就这个百分数来看，音近而误的比例似乎并不小。不过值得注意的是，四十二个例子中，正误两方只有声调上的差别的三十六个，占全部音误例子的百分之十五点九；而同声不同韵或同韵不同声的则只有六个，只占全部音误例子的百分之二点七。因此，把声调除外，单就声母、韵母来说，调查结果和我们通常的印象大体上是一致的。

音近而误的例子既然绝大多数集中在异调互代上,那就说明别字的资料不宜于拿来作为观察声调改变的根据,除非我们另有办法来排除这种不可靠性。据此,我们在利用敦煌别字、异文材料上还需要补充说明一点,那就是当我们利用别字、异文来观察声母和韵母的时候,声调不同的例子也包括在内。例如在"敷、付"代用一例中,我们只承认"敷、付"声母、韵母相同,而不考虑声调不相同,但并非承认声调也相同,也就是说,拿"敷、付"代用来证明非敷两母合并时,并不表示又证明平声和去声的合并。

那六个同声不同韵或同韵不同声的例子中,有三个是韵尾的不同:"竟"误"尽","锦"误"景","正"误"真"。这多少暗示在利用别字、异文的材料来观察韵尾的时候,需要特别谨慎。

至于不是音误或可能不是音误的那些例子,不外乎形误、意义两通和形声偏旁相同等几种情况。这些例子根据我们上面几条选择材料的原则,一般都可以排斥。

总之,我们调查的规模虽然不大,它还是给我们提供了两点重要的证明。第一,音误的别字、异文基本上是同音代替;[12]第二,根据我们所订的几条原则所选择出来的敦煌别字、异文的材料基本上是稳当的,可靠的。

最后还要说明一点。敦煌俗文学抄本的年代,大都不出八世纪中叶以后至十世纪中叶以前的一段时间。抄写人虽然大多数都是敦煌一带的人,但不可能是说完全相同的方言的。因此,别字、异文所反映的音变特点也就不可能是"并时同地"的音变特点。它们应该是敦煌一带许多方言点二百年间音变特点某种程度上的总和,比当时敦煌一带任何一个方言点的实际音变特点要丰富得多。如果我们认为当时敦煌方音是一个单一的音系,又把这个总和看作是这个单一音系的代表,那就不符合事实了。

二 声母部分

(一)轻重唇音分化

唐五代西北方音轻重唇音肯定已经分化。这可以从三方面来证明。

1. 轻重唇互代的例子未见。下面的一些例子都是不可靠的:

本字	声母	代替字	声母	出现次数	出　处
辅	奉	补	帮	1	变407 祇[13]
哺	並	甫	非	1	变674 父
哺	帮	甫	非	3	校录135,138,163[14]
服	奉	眠	明	2	变182,186 山
务	微	牧	明	1	变848 苏
浦	滂	浮	奉	1	变249 燕(P.2653；P.3757)[15]
悲	帮	物	微	1	变778 欢(P.3375:上会)[16]

首三例本代字形声偏旁相同,是属于我们所谓参考例之类,不可靠;次三例有可能是形误,虽然"务牧","浦浮"的可能性较小;末一例致误的原因不明,至少不能作语音上的解释。

2. 非、敷代用例：

抚	敷	府	非	2	变129 子
赴	敷	付	非	1	变398 难
敷	敷	付	非	1	变820 不3

参考例：[17]纷→分(4)变138 韩,352 破,543,544 维/菲→非(1)曲47/芬→分(2)变580,234 孔(P.3883:3883)/妨→方(4)变109 永,275,276 下,458 佛/访→放(1)变729 大目(华1,43)[18]/方←芳(1)琐175 三三[19]

3. 敷、奉代用例：

附	奉	赴	敷	1	变169 山[20]
泛	敷	梵	奉	1	杂录75 上,五台
妃	敷	肥	奉	1	变185 山
泛	敷	饭	奉	1	杂录75 上,五台

参考例：复→覆(2)变91 李,103 王/俸→捧(3)变456(2),457 佛/忿←分(8)变85 李,199,201,202(3)[21]虎,249 燕,353 破。

第三项证明能成立,因当时敦煌一带方音浊塞音和塞擦音已经变为清音,而且仄声不送气(见下文)。否则"附赴"等相代不一定与轻唇音分化有关。

轻重唇分化和《唐五代西北方音》的几种材料所反映的情况相合。另外唐代还有很多文献也都反映了这种音变。敦煌《守温韵学残卷》里《声韵不和切字不得》例下辨别类隔切时,指明轻唇切重唇的反切是"切轻韵重"。又《辨声韵相似归处不同》例下所分辨的都是非、敷两母的字,说明当时实际语音轻重唇已经分化。[22]其他像慧琳《一切经音义》的反切和张参《五经文字》的反切,轻重唇音也都已经分化。[23]慧琳的反切大概是根据秦音。张参家在泾州,又多在长安活动,他的语音基础大概和秦音相去不远。[24]可见唐代不仅敦煌一带轻重唇音已经分化,西北的其他地区也有这种现象。

(二)泥、来两母关系

泥、来代用有下列一些例子:

阑[25]	来	南	泥	1	变273下(S.5949;3877)
拦	来	难	泥	1	校录112
阑	来	难	泥	1	校录123(P.2963:周字70)
宁	泥	灵	来	1	变104王
奈	泥	赖	来	1	校录118
年	泥	连	来	1	琐185三八:杂录91上,五调

这些例子依次出现在下列词语中:更~;[26]~遮;更~;丁~塞(地名);~知耶娘防守到,何时度得雪山川;佛在世,八十~。校勘似乎不误。不过汉藏对音[27]泥、来两母全不混。《开蒙要训》[28]注音里泥、来只有两个互注的例子。也不够证明它们已经合并。现代敦煌一带的方言也没有这种现象。据《甘肃方言概要》[29]所述,现在甘肃天祝以西只有民勤、安西两地泥、来不分,其他地方都有分别,而民勤、安西唐代都不属于敦煌郡。[30]根据这些情况,我们这里的六个例子似乎还不够证明当时泥、来已经合并,至少这种现象在当时是不普遍的。

(三)知、章两组声母合并

知、章两组声母代用例有下列两项。

1. 知、章代用例:

知	知	支	章	13	杂录66下,西偈,变60捉(P.3199,S.5440,5439,5441:P.3697),160前汉(P.3645:S.5547),184山,244晏(P.2564:P.3716),274(2)下,294太(P.2999:S.548,2682,2352),348破(S.3491:P.2187),482佛,4,728大目,908孝,琐172三一
中	知	终	章	1	变,200虎
张	知	章	章	1	变223孔(P.3754:P.3883)
知	知	诸[31]	章	4	变290太(S.548,P.2299,潜字80:P.2999),琐194四一,校录80,163
中	知	众	章	1	变744大目(P.2319:S.3883)

智	知	至	章	1	变346 破(华2,115)㉜
窒	知	质	章	1	校录159
终	章	中	知	9	变36 汉,275 下(P.3909;P.3350),276下,287 太(S.2352,潜字80;P.2999),曲38,杂91上,五调:琐185 三八,校137(2),138
志	章	智	知	3	变244 晏
诸	章	知	知	1	变250 燕(P.2653;P.2491)
诸	章	诛	知	1	变723 大目
章	章	张	知	1	变809 秋
招	章	朝	知		变830 摩(S.2440 甲;2440 乙)
真	章	珍	知	1	变875 搜
之	章	知	知	2	校录165(S.2947,5549;P.4525),176(S.5594;S.2947)

参考例:蛊←中(1)变268 孝。

2. 彻、昌代用例:

鸱	昌	痴	彻	1	变250 燕

参考例:A.澄、章代用例:㉝住→注(3)变137 韩,180 山,琐184 三七/注←住(2)变216 叶,琐185 三八/召←诏(6)变

42,46(3)汉,70(2)捉(华1,34)/柱←主(1)变800(S.4511；P.3048)。B.澄、禅代用例：值→植(1)变842押。

汉藏对音知、章两组声母不分,《开蒙要训》也有很多互注的例子,都和这里的情况相合。根据这里的例子,可以相信当时三等韵里的知、章两组声母已经不能分辨。

(四)庄组一部分字并入知、章组

庄组和知组只有崇、澄代用一例：㉞

状 崇 仗 澄 1　　变99王

庄、章两组代用例有下列三项。

1.崇、章代用例：

祝㉟ 章 助 崇 3　　变23伍,130子,173山(华211,3)

2.崇、常代用例：

仕 崇 侍 常 1　　变41汉
事 崇 时 常 1　　变86李
事 崇 是 常 9　　变171,176山,203虎,224叶,296太(S.548,2682,2352；P.2999),299太附㊱(潜字80；P.2999),428金,琐170三二(P.3266；P.2718),校录80

是	常	事	崇	6	变37 汉（S.5437,北大藏：[37] P.3627,3607,3867），294 太（S.548,2682,2352,潜字80：P.2999），332 八相（云字24：乃字91），810 秋,858 龀（P.2633：P.2564），曲40
是	常	士	崇	1	校录132
侍	常	仕	崇	2	变138 韩,772 欢
侍	常	事	崇	2	变139,140 韩
氏	常	事	崇	2	变213 唐

3. 生、书代用例：

生[38]	生	申	书	1	变512 妙

另外章组之内还有船、常相通的几个例子：

射	船	社	常	1	变204 虎
示	船	是	常	1	变829 摩（P.3210,S.1441：S.2440）
视	常	示	船	2	变573 维,907 孝
盛	常	剩	船	3	变323 太4,620,621 维5

汉藏对音庄组除生母和止摄崇母字同章组的书、船、常三母字不分以外，其余大致有分别。[39]这里除生、书两母通代的例子太少和对音不合以外，其余都和对音相同。根据这儿的例子，关于庄、章两组的关系，我们似乎只能肯定止摄崇母和常母不分。至于常、船两

母的混淆,在中古以来的文献里是屡见不鲜的。这里的例子当然可以相信。不过就现代方言来看,当时这两母虽然混乱,可不一定全无区别。

《切韵》的崇母是塞擦音,常母也很可能是塞擦音,[40]不过这里合并了的崇、常、船大概都是擦音,因为汉藏对音都作ç(ç)。另外我们还有"神身"代用(曲20)一例,船、书相通,也可以作为船是擦音的证明。

(五)三等韵和纯四等韵里的精组声母和知、章两组声母合并

精、知代用例只有从、澄一项:

| 情 | 从 | 程 | 澄 | 1 | 变233孔(P.3883:P.3833) |
| 重 | 澄 | 从 | 从 | 3 | 曲43,变276下(P.3893:P.3350),327太6(杭,[41]140) |

精、章两组代用的例子有下列四项。

1. 心、书代用例:

| 小 | 心 | 少 | 书 | 8 | 变224叶,286太(华,2,115),347破(S.3491:P.2187),460佛(华2,117),580维2(浙1,40),649佛观,717大目(华1,43),766频 |
| 少 | 书 | 小 | 心 | 3 | 变192山,766频,799女 |

| 输 | 书 | 须 | 心 | 1 | 变 327 太 6 |

2. 心、常代用例：

| 是 | 常 | 思 | 心 | 1 | 变 322 太 4 |

3. 邪、常代用例：

| 祥 | 邪 | 常 | 常 | 1 | 变 191 山 |
| 似 | 邪 | 是 | 常 | 1 | 曲 23（S.467；P.3360）|

4. 精、章代用例：

纵	精	众	章	1	曲 50
子	精	之	章	2	变 820 不，3，901 孝
烛	章	足	精	1	校录 138

五种汉藏对音精组和知、章两组都截然不混。《开蒙要训》有精组和知、章两组互注的例，限于三、四等，并且不见止摄字。罗先生参照现代西北方音认为这种现象表明《开蒙要训》止摄以外的精组细音变同知、章两组，而洪音不变。我们这里也没有洪细音相代的例子，⑫应该可以接受罗先生的推断。不过这里也不见三、四等代用的例子。当时三、四等韵仙、先合并，祭、齐合并没有问题，盐、添，清、青以及宵、萧是否都已合并，由于材料较少，不能十分肯定（参下文韵母部分）。因此认为四等韵的精组声母都已和三等韵的知、章两组声母合并，是多少含有猜测成分的。至于止摄的例子这里有"是思""似是"等四个，就一个摄来说，实在不能算少。我们似乎不能就凭现代西北方音来否定它们。《开蒙要训》止摄例子不见，大概只是偶缺。

（六）浊声母的消失

擦音声母清浊代用例子有下列六项[83]。

1. 非、奉代用例：

负　奉　傅　非　1　　变90 李
腹　非　服　奉　1　　变181 山

　　参考例：符→府（1）变227/府←符（1）变218 叶/弗←佛（1）变570 维2。

2. 敷、奉代用例：（见前）

3. 心、邪代用例：

泻　心　谢　邪　1　　曲19
赐　心　似　邪　1　　变906 孝
席　邪　悉　心　2　　变129 子
旋　邪　选　心　1　　变884 搜

4. 心、常代用例：（见上节）

5. 书、常代用例：

输　书　殊　常　5　　变325 太5（2），校录113，120（2）（P.3065：李木斋藏）

　　参考例：偿←赏（1）变836 故（P.3361，S.3728；S.7）。

6. 晓、匣代用例：

喜　晓　系　匣　1　　变197 虎
华　匣　花　晓　6　　变119 张附2，624（3），625 维5，656 无

华　匣　化　晓　　1　　　变620 维5

参考例:胁→协(1)变42 汉/呵←何(1)变414 长/唤→换(1)变337 八相。

这里各项的例子都不多,单就任何一项例子来看,都不够用来肯定浊音清化,不过把各项例子合起来看,浊音清化的趋势就比较明显。《唐五代西北方音》的材料也和这里的基本上相合。可见浊擦音当时大概全都并入和它相对的清擦音了。

塞音或塞擦音清浊代用的例子有下列六项。

1. 帮、並代用例:

布　帮　捕　並　1　　　变172 山

背　帮　倍　並　5　　　变63 捉(华2,111),203(2),205 虎,848 苏

贝　帮　珮　並　1　　　变139 韩(华1,35)

辈　帮　倍　並　1　　　变456 佛

抱　並　保　帮　1　　　变405 祇

罢　並　霸　帮　1　　　曲17

参考例:谤←傍(1)变250 燕/蔽→弊(2)变348 破(S.3491:P.2187),549 维/蔽→敝(1)变387 降/彼→被(1)变779 欢/薄←搏(4)变6,14 伍,824 八押,曲64 伴←半(1)变55 捉(P.2547,S.2056,5441:P.3697)/膑←宾(2)变112,113 永/嫔←宾(1)变221 叶/白←百(1)变550 维(华1,40)[44]/婆←波(4)变819,820(3)丕3。

2. 端、定代用例:

到　端　道　定　2　　　变396 难,577 维2

惮　　定　　旦　　端　　1　　　曲38

参考例:但←旦(1)变160前汉。

3. 精、从代用例:

尽　　从　　进　　精　　1　　　变338八

参考例:曾→增(1)变91李/字→子(1)变323太4/悴→醉(1)变756目/剪←剪(1)变90李/裁←裁(1)变424长(华1,38)/遭←曹(1)变631维5。

4. 清、从代用例:

钱　　从　　千　　清　　1　　　变275下(S.5949,P.3893;P.3350)

参考例:青←靖(2)变756,758目/清←情(1)变810吟。

5. 章、崇代作例:(见前)

6. 见、群代用例:

既　　见　　及　　群　　1　　　变170山
竞　　群　　竟　　见　　2　　　变351破,琐149三十

参考例:A.见、群代用例:奇←寄(1)变586维2/衾←今(1)变653佛观。B.滂、並代用例:劈→避(1)变96李/被(2)变720大目,校录45。C.穿、澄代用例:程→逞(4)变5,19,20伍,155秋。

汉藏对音只有《大乘中宗见解》浊塞音和浊塞擦音变成了清音,但是所变的清音平、仄声都送气,和我们这里的情况不合。这儿浊音仄声字都和全清互代,表明所变的清音都不送气。这种分别不是出于时间上的因素,就是出于地理上的因素。至于平声这里有第四项一个例子,是全浊通次清。浊平送气符合现代大多数北方话。

不过凭一个例子还是不宜于下判断。

(七)云、以不分

喻母云、以互代有下列的一些例子：

违	云	惟	以	1	变33 孟
员	云	缘	以	1	变201 虎
炎	云	艳	以	1	变582 维2
为	云	惟	以	2	变293 太,722 大目
圆	云	缘	以	1	曲27
唯	以	为	云	5	变182 山,289 太,320 太3,325 太5,347 破
悦	以	越	云	1	变819 不3

这说明云、以已经不能分辨。汉藏对音里已经出现了这种现象。试看《千字文》的对音：

云	炜	运	远	垣	员	友	右
'we	'un	'wan	'wen	'wen	'iu	yu
以	野	贻	誉	异	犹	游	豫	辖
ya	yi	yi	yi	yu	yu	yu	yi'o
攸	遥	飘	筵	楹	用	葉
yi'o	ya'u	ye'u	yan	yen	yun	yab
逸	易	尹	营	悦
yir	yig	'win	'we	'war

可以看出云有'w-,y-,以也有'w-,y-,不能分辨。开口或独韵的字都读 y-,合口的字都读 'w-。罗先生说"综合大多数的例证来看,

我们应该承认喻三等读'w-,四等读 y-"。⑥这种说法对《千字文》固然说不通,对四种藏音材料来说也未必恰当。四种藏音里喻三读'w-的十四字,读 y-的三字,喻四读 y-的五十字,读'w-的三字。依罗先生的说法,合的六十四字,不合的六字。如果认为开口和独韵读 y-,合口读'w,则合的六十五字,不合的五字。这比起罗先生的说法来例外还少一字。我们并不想拿《千字文》的情况去强行概括其他几种材料,只不过是想指出罗先生的综合有时会抹杀实际的语音特点罢了。至于罗先生借助于谐声和假借来解释那些例外,例如认为依谐声"营"字应该是三等,依假借"尹"字应该是三等之类,不光是对谐声和假借的通例有所误解,而且在方法上也是非历史的。我们怎能随便拿先秦两汉的通借现象来解释《切韵》以后的语音呢?

(八)疑、影两母和喻母不分

疑、影两母和喻母相互代用有下列四项例子。

1. 疑、云代用例:

| 远 | 云 | 阮 | 疑 | 1 | 变 809 秋(华 1,44) |

2. 疑、以代用例:

尧	疑	姚	以	1	变 129 子
原	疑	缘	以	1	变 206 虎
业	疑	葉	以	4	变 522 维,584,585 维 2, 729 大目
缘	以	元	疑	1	变 91 李
与	以	语	疑	1	变 206 虎

喻	以	御	疑	1	变525维
葉	以	业	疑	1	变580维2
以	以	语	疑	1	变727大目(S.2614;P.2319)
馀	以	语	疑	1	变907孝

3. 影、云代用例：

柱	影	往	云	5	变611维4(华2,120),665无,曲37,39,45
苑	影	园	云	1	变842押
往	云	柱	影	1	变661维4
羽	云	衣	影	1	琐141三十

参考例：萦→荣(1)变579维2。

4. 影、以代用例：

一	影	亦	以	21	变41汉,131,133子,168,192山,197,198,199,201,202,203(2)204(2),205(6),206,209虎,211唐,217,220(3),221叶,340八相,琐147三十
殃	影	羊	以	1	变141韩(S.3873;P.2653)
益	影	亦	以	1	变292太(华2,115)
於	影	与	以	2	变660无,906孝

易	影	异	以	1	变 678 父
移	以	伊	影	1	变 780 欢（释,88）
馀	以	於	影	1	变 124 维
以	以	一	影	1	172 山（华 2,113）
与	以	於	影	1	变 345 破
诱	以	幼	影	1	变 660 无

参考例：营←萦（1）变756目。

云、以合并，而疑、影既都和云代用，也和以代用，可见疑、影也已经合并进去了。不过疑母和影母没有互代的例子，表明在洪音前疑、影仍然保持分别。

(九) 日母和疑、影、以三母的关系

日母和疑、影、以三母都有通代的例子。

1. 日、疑代用例：

| 鱼 | 疑 | 如 | 日 | 1 | 变 189 山 |

2. 日、影代用例：

| 如 | 日 | 於 | 影 | 1 | 变 184 山 |
| 於 | 影 | 而 | 日 | 1 | 变 848 苏 |

3. 日、以代用例：

如	日	与	以	1	变 274 下（P. 3350；S. 5949）
已	以	如	日	1	变 274 下（S. 3877；P. 3350）
与	以	而	日	1	变 275 下（P. 3350；S.

						5949）
以	以	汝	日	1		变295 太（S.2682，潜字80：P.2999）
与	以	汝	日	1		琐117 二十

这里例子都集中在鱼韵和止摄开口上。根据我们下文韵母部分的假定，当时鱼韵和止摄开口相通的字，韵母可能都是 i。那么这里的现象也许表明日母在 i 韵前和疑、影、以等母合并。不过例子不多，不便过于肯定。

（十）微母和云、以的关系

微母和云、以也有代用的例子。

1. 微、云代用例：

亡	微	王	云	3		变141 韩（S.3873：P.2653），662 无，776 欢（上会：罗振玉藏）

2. 微、以代用例：

惟	以	微	微	1		变202 虎

这几个例子依次出现在下列的词里：灭～，死～，死～，思～。校勘大概不误，不过例子不多，又大多集中在"亡王"代用上，《唐五代西北方音》里也不见，最多也只能认为是个别字在特定的词里的特殊变读。

关于声母，除上面讨论的一些现象以外，还有精系，知组同见系相代的一些例子："既即"（3）（变94 李，175 山，296 太〔潜字80：P.2997〕），"饷向"（3）（变218 叶，717，722 大目〔释，95〕），

"浃洽"(变36汉),"浃甲"(曲18)。"休修"(变777欢),"知季"(变155秋),"齐奇"(变345破)。这些例子大部分显然是不可靠的。"既即","饷向"同声旁。"浃洽"多半是读"浃"如"峡",然后误作"洽"。"浃甲"大概是"浃"从偏旁读"夹",而后误作"甲"。"修休"也有问题。原文作"夫人受戒却回来,七日身修掩夜台","修"大概是"终"字的笔误。因为"身休"不如"身终"自然,而且下面紧接着解释这两句的散文说"有於(相)夫人于石室比丘尼所,受戒了,归来七日满,身终也",用的正是"身终"而不是"身休"。这样一来,我们当然不能凭一两个例子就断言当时见系字已经腭化。何况直到十六、十七世纪我们也没有发现见等真正腭化的方言,就更不能鲁莽了。

另外还有几个全清和次清通代的例子:"龉彼"(变26伍),"专穿"(释163),"苦瞽"(4)(变129〔3〕,130子)。例子不多,"龉""瞽"比较生僻,可能是误读,所以可以不予考虑。

三　韵母部分

甲　阴声韵

(一) 止摄各韵不分

止摄支、脂、之、微四韵两两相代的例子共有下列六项。
1. 支、脂代用例:

施	支	尸	脂	1	变88李
池	支	迟	脂	1	变203虎
斯	支	私	脂	1	变461佛2
为	支	惟	脂	1	变722大目
移	支	伊	脂	1	变780欢(释,88)
鳍	脂	歧	支	1	变56捉
夷	脂	移	支	1	变201虎
迟	脂	驰	支	1	变859䛂（P. 2546；P. 2633）
唯	脂	为	支	5	变182,289太,320太3,325太5,347破
被	纸	备	至	4	变187山,203虎,696父2（华2,122）,800女（释,53）
比	旨	彼	纸	1	曲20
智	寘	资	脂	1	变522维
刺	寘	次	至	2	变130子
智	寘	至	至	1	变346破(华2,115)
累	寘	类⑯	至	1	变605维4
离	寘	利	至	3	变621维2,626,627维5
魅	至	靡	纸	1	变130子
次	至	此	纸	4	变33孟（释,93）,187叶,206虎,775欢
备	至	被	纸	8	变291(2),294,295太,

					336,338,339 八相,800 女
示	至	是	纸	1	变829 摩（P.3210,S.1441;S.2440）
位	至	为	寘	1	变201 虎
至	至	智	寘	1	变346 破
利	至	离	寘	1	变660 无(华2,121)

2.支、之代用例：

儿	支	而	之	3	变40 难,95 李,739 大目（P.2319,丽字85：S.2614）
知	支	之	之	12	变60 捉（P.3197,S.5440,5439,5441：P.3697），160 前汉（S.5547：P.3645），184 山,244 晏（P.2564：P.3716），274(2)下,294 太（P.2999：S.548,2682,2352），348 破（S.3491：P.2187），482 佛4728 大目,908 孝,琐172 三二
斯	支	思	之	7	变75 捉,186,187 山,589 维3,琐115 十九,曲54,校录64

奇	支	其	之	5	变169山,395,397难,732大目,889搜
仪	支	疑	之	1	变204虎
骑	支	其	之	1	变268茶
奇	支	期	之	1	331八相
宜	支	疑	之	1	变632维5
之	之	支	支	1	变10伍
而	之	儿	支	1	变90李
之	之	知	支	1	校录（S. 2947,5549：P. 4525）
骖	之	离	支	1	变104王
持	之	池	支	1	变129子
疑	之	宜	支	1	变196虎
时	之	是	纸	2	变792,799女
是	纸	时	之	2	曲41,45
尔	纸	而	之	1	校录128
紫	纸	子	止	1	变100王（浙,137）
尔	纸	耳	止	2	变401难,766频
是	纸	士	止	1	校录133
是	纸	事	志	7	变36汉（S. 5437,北大藏：P. 3627,3867），294太（S. 548,2682 2352,潜字80：P. 2999），332八相（云字24：乃字91），

					810 秋,858 龡(P.2633；P.2564),曲40,校录80
氏	纸	事	志	2	变213 唐(2)
是	纸	思	志	1	变322 太4
市	止	氏	纸	1	变61 捉(P.3197,S.5439；P.3697)
耳	止	尔	纸	1	变370 降
似	止	是	纸	1	曲23(S.407；P.3360)
喜	止	戏	寘	1	曲9(P.4692；P.3128)
戏	寘	喜	止	3	变112 永,231 孔(S.5529,1392,2941；P.3883),232 孔(P.3833,3255,3754；P.3883)
赐	寘	似	止	1	变906 孝
易	寘	异	志	1	变213 唐
智	寘	志	志	3	变244(3)晏
事	志	是	纸	8	变171,176 山,203 虎,224 叶,296 太(S.548,2682,2352；P.2999),299 太附(潜字80；P.2999),428 金,琐170 三二(P.2718)
思	志	赐	寘	1	变205 虎

3. 支、微代用例：

逯	支	威	微	1	变452佛
违	微	为	支	8	变89李,137韩（S.4901：P.2653）,198,199,203（2）虎,498妙,540维
为	寘	谓	未	3	变158秋,250燕（P.2491：P.2653）,657无
谓	未	为	寘	15	校录142（P.2054,P.2714,3087,3286）,变226叶,267（2）,268（5）,269茶,269茶（P.2972：P.2718）,434（2）金,882,888搜
既	未	寄	寘	3	变199（2）,203虎

4. 脂、之代用例：

鸱	脂	痴	之	1	变250燕
迟	脂	持㊼	之	3	变102王,490妙,琐193四一：杂录84上,劝
兹	之	资	脂	1	变296大
思	之	死	旨	1	变140韩（P.2653：S.3873）
死	旨	史	止	1	校录132（P.2633：P.2564）
指	旨	止	止	1	变532维

旨	旨	止	止	1	变 810 秋
止	止	指	旨	1	变 193 山
理	止	利	至	1	变 875 搜（华 2,125）
至	至	之	之	2	变 267 茶（P. 3910：P. 2718），273 下（S. 5949：S. 3877）
致	至	置	志	3	变 796 女（S. 4511：P. 3048），797 女，807 秋
字	志	自	至	2	变 182 山，733 大目
志	志	至	至	1	变 494 妙

5. 脂、微代用例：

伊	脂	依	微	1	变 59 捉（P. 3193：S. 5440,5441）
惟	脂	微	微	1	变 202 虎
违	微	惟	脂	1	变 33 孟

6. 之、微代用例：

医	之	依	微	2	曲 19,20
衣	微	意	志	3	变 70 捉（P. 3697：P. 3386），860 䫄，校录 133
其	之	岂	尾	1	变 123 淮
起	止	岂	尾	2	变 129,130 子
己	止	几	尾	1	变 198 虎
岂	尾	起	止	6	变 262 燕 2,788 女（S. 4511,2114, P. 3592：P.

					3048),848 苏,校录 47, 120,148(P. 2054,3087: P.2714,3286)
记	志	既	未	3	变 110 永,201 虎,188 山
既	未	记	志	1	变 819 不 3

支、脂、之、微四韵只能有六种相代法,都出现了。四韵的合并应该可信。《唐五代西北方音》的六种材料也都与此相合。

(二)鱼、虞一部分字不分

鱼、虞互相代用有下列一些例子:

居	鱼	俱	虞	1	变 34 孟
於	鱼	于	虞	1	变 460 佛说 2(华 1,39)
诸	鱼	诛	虞	1	变 723 大目
拒	语	具	遇	1	变 202 虎(华 1,36)
儒	虞	如	鱼	1	变 22 伍
输	虞	舒	鱼	1	变 202 虎
虞	虞	鱼	鱼	1	曲 1
乳	虞	汝	语	1	变 158 秋
数	遇	所	语	1	变 197 虎
喻	遇	御	御	1	变 525 维

汉藏对音虞韵的韵母都作-u,鱼韵则一部分字作-i,一部分字作-u。也就是说鱼、虞两韵只有一部分字相混。联系下文,这里鱼、虞两韵的关系和它们的音值似乎也只能假定和对音一样,虽然对音里鱼韵的字读-i 或-u 都找不出分化的条件来。

(三) 鱼、虞和止摄各韵相混

鱼、虞和止摄各韵代用例有下列四项。

1. 支、鱼代用例：

儿	支	如	鱼	3	变235 孔（S.395；S.3883），校录98（P.2713：乃字74），170（S.2947：P.3168）
枝	支	诸	鱼	1	变289 太（P.2999：潜字80）
知	支	诸	鱼	6	变290 太（S.548，P.2999，潜字80：P.2999），琐194 四一，校录80，123（同字70：P.2963）163
诸	鱼	知	支	1	变250 燕（P.2653：P.2491）
诸	鱼	支	支	1	变715 大目（P.3485：S.2614）
如	鱼	尔	纸	1	杂录90下，饮
汝	语	儿	支	1	变232 孔（P.3883：P.3833）

2. 之、鱼代用例：

| 而 | 之 | 如 | 鱼 | 26 | 变40 汉，53 捉（P.2747， |

					2648,S.5441：P.3697），59 捉（P.3697：S.5440），65 捉（P.3697：P.3197,S.5439,5441），137 韩,137 韩（S.3227：P.2653），140 韩（P.2653：P.2922），161,162 前汉,188（2）山,320 太3,325 太5,327（6,太6,475,476 佛2,717 大目,779 欢（P.3375：上文），820 不3,874 搜,906 孝
之	之	诸	鱼	3	变53 捉（P.3697：P.2747,S.2065,5441），267 茶（P.2718：P.3910）
疑	之	鱼	鱼	1	琐167 三二（P.3266：P.2718）
诸	鱼	之	之	5	变57 捉（P.2648,S.2065,5439,5441：P.3697），292 太（S.548,2682,P.2299,潜字80：P.2999），725 大目,851 百（S.5752：S.3835），校录162

如	鱼	而	之	3	变185山,406衹,799女
於	鱼	而	之	1	变848苏
於	鱼	以	止	1	变906孝
而	之	如	鱼	1	变866秋
喜	止	虚	鱼	1	变231孔(P.3883:P.3833)
巳	止	如	鱼	1	变274下(S.3877,5949:P.3350)
巳	止	与	语	3	变39汉(P.3627,3867,北大藏:S.5437),137韩(P.2653:P.2922),275下(P.3350:P.3893)
以	止	与	语	14	变132,133子,201唐,233孔(P.3882:S.5529),865,876(华2,125),878搜,901(2),902(2),906(2)孝,杂录65下,西偈
从	止	汝	语	1	变295太(S.2682,潜字80:P.2999)
喜	止	许	语	1	变852百
与	语	而	之	1	变275下(P.3350:S.5949)
与	语	以	止	19	变70捉(P.3697:P.

3386），116 张，232 孔（P. 3833：P. 3883），233 孔（P. 3833：P. 3883），252 燕（S. 214：P. 2491），277 下，285，290 太，295 太（S. 548：P. 2999），322 太，740 大目（P. 2319：S. 2614），865（华 1，45），876，887 搜，902（华，125），903，907，908，释 161

语　语　以　止　1　　变 727 大目（P. 2319：S. 2614）

与　语　已　止　2　　变 770 欢（罗振玉藏，P. 3375：上会），858 迓（P：2633：P.2564）

3. 微、鱼代用例：

於　鱼　依　微　2　　变 293 太（P. 2999：S. 548，2682，潜字 80），琐 168 三 二（P. 3266：P. 2718）

於　鱼　衣　微　1　　变 743 大目（P. 2319，盈字 76，丽字 85：S.2614）

4. 脂、虞代用例：

| 虽 | 脂 | 须 | 虞 | 7 | 变231 孔（P.3833,3882；P.3883），235 孔（P.3883；S.5529），244（2）晏（P.3716；P.2564），364 降，735 大目，860 虷，867 搜，校录132 |
| 诛 | 虞 | 追 | 脂 | 1 | 变54 捉（P.2747，S.2056，5441；P.3697） |

汉藏对音鱼韵一部分字和止摄开口合并，都作-i。这里鱼和止摄开口相通，正好和对音相合。我们可以根据对音假定这里的止摄开口也是-i。上文假定虞韵是-u，止摄合口和虞相通；虞既是-u，止摄合口似乎也应作-u。不过《千字文》对音止摄合口作-ui，-ui 比-u 更合乎现代北方话，似乎把止摄合口假定作-ui 要妥当些。上文假定鱼韵一部分字作-u，这里鱼不通止摄合口，也正说明止摄合口不是-u。止摄合口和虞相通的例子虽然有八个，但"虽须"代用占去了七个。完全有理由相信这是"虽"或"须"读音特别的缘故，正如现代有些方言（例如皖南的一些方言）"虽须"同音而脂韵合口和虞韵仍然有区别一样。

或者说鱼一部分字作-i，一部分字作-u，找不出条件，说明对音不一定可靠。不过如果我们把鱼韵字一律假定读作-y 或-iu 或其他什么音，又没有办法解释这里鱼韵既同止摄开口相通又同虞韵相通的现象。

我们假设的最大困难是和现代方言不大联得起来。虽然我们也许可设想这样的方言后来消失了，但这不一定就符合事实。好在材料都摆在这里,读者可以自己去解释,我们的假设只不过备作参考罢了。

(四)止摄和齐韵的关系

止摄各韵和齐韵代用的例子有下列三项。

1. 支、齐代用例:

羁	支	继	霁	2	变572 维2(华2,120),
					631 维5(华2,210)
离	支	藜	齐	1	变731 大目(华1,43)
羁	支	计	霁	1	校录92

2. 脂、齐代用例:

地	至	帝	霁	1	校录137
第	霁	地	至	4	变199,203,204,205 虎

参考例:梨→藜(1)变609 维4(华1,41)/黎←梨(1)变156 秋/批←枇(1)变720 大目/藜←梨(1)变809 秋。

3. 止、齐代用例:

喜	止	系	霁	1	变197 虎
你	止	泥	齐	1	变344 破(P.2187:S.3491)

《唐五代西北方音》里没有止摄各韵和齐韵混淆的例子。这里止摄和齐韵混淆的例子限于开口。根据上文止摄开口韵母作-i 的假定,这里齐韵开口也只能是-i。不过鱼韵不通齐韵,止摄通齐韵的也远没有通鱼韵的多,齐和止摄及鱼韵似乎仍然有区别。对音齐韵多作-ei 或-e,我们也许可以把齐韵假定作-ei,而认为止摄和齐

相通是由于音近的缘故。不过这样仍然不能解释齐何以不通鱼，因为鱼韵的一部分也是 i，和齐韵也同样是音近。要解决这一困难，只有重订鱼或止摄的音值，譬如说假定鱼和止摄并不同音，止摄是一个介乎鱼和齐之间，而又更近乎鱼的音。不过鱼和止摄相通的例子多到一百多个，说它们全都是音近相通，那大概是不可能的。因此我们姑且回到上述的 -i。鱼不通齐以及止摄通齐不多的现象，可以用当时齐作 -i 的方言地区较小来解释。

（五）霁、祭不分

霁韵和祭韵代用有下面一些例子：

薛	霁	弊	祭	1	变169 山
际	祭	济	霁	3	变198 虎，曲6,50
际	祭	剂	霁	1	校录152（P. 3087：P. 2714）
蔽	祭	闭[48]	霁	1	校录126（2）（咸字18：露字6）

汉藏对音里的《千字文》和《金刚经》祭、霁都不分，和这里的情况相合。霁的韵母如果是 -i，祭的韵母当然也就是 -i。

另外还有真、祭开口以及至、祭合口通代各一例：

| 荔 | 霁 | 例 | 祭 | 1 | 变169 山 |
| 悴[49] | 至 | 脆 | 祭 | 1 | 变94 李 |

真、祭开口都是 -i，所以可以通代。上文假设止摄合口是 -ui，那么至、祭合口相代，祭韵合口也就是 -ui。同理祭、霁合并，齐韵的合口也应当是 -ui。不过凭一个例子作这么多的推论，是有些冒险

的,虽然从现代方言看,当时齐、祭的合口作-ui 是极其可能的。

(六)咍灰和泰相混

咍灰两韵和泰互相代用的有下列两项例子:

1. 咍、泰代用例:

待	海	大	泰	2	变132 子,校录170(P. 3168;S.2947,5594)
代	代	大	泰	1	变95 李
耐	代	奈	泰	1	变250 燕
概	代	盖	泰	1	变657 无(华2,121)
溉	代	盖	泰	1	校录60
带	泰	戴	代	1	曲45,变493 妙[50]

2. 灰、泰代用例:

背	队	贝	泰	1	变206 虎
贝	泰	珮	队	1	变139(华1,35)
会	泰	迴	灰	1	变722 大目(P.3485;S.2614)

汉藏对音泰开口和咍混,泰合口和灰混,和这儿的情况相合。《千字文》开口作-ai,合口作-wai,《大乘中宗见解》《阿弥陀经》开口作-e,合口作-we,《金刚经》开口作-ei,合口作-wei。可见咍、灰、泰合并之后,音值在各方言点还是并不是统一的。这儿的材料里还有泰、霁合口代用一例。

| 会 | 泰 | 惠 | 霁 | 1 | 变674 父(华1,42) |

如果齐韵的合口是-ui,那么,泰也就是-ui 了。

(七)皆和佳的关系

皆、佳代用只有一例。

豺　皆　柴　佳　2　　变10伍,[51]校录98

汉藏对音和《开蒙要训》的注音皆、佳相混。这儿的例子也可能是实际语音的反映。不过只有孤证,只能存疑。

(八)佳和麻二等混

佳、麻两韵有下面一些代用的例子:

家　麻二　佳　佳　4　　变34孟,177(3)山
家　麻二　解　蟹　1　　变58捉
涯　佳　　衙　麻二　1　变331八相
罢　蟹　　霸　祃二　1　曲17
画　卦　　华　祃二　1　变116张

这种现象和《千字文》《大乘中宗见解》的对音相合。佳、麻合并在唐代是很普遍的现象。杜甫和李白的诗里就有佳、麻互押的例子,例如[52]:

李白《千里思》押:沙家花嗟涯

《古意》押:花斜家崖[53](卷8,159页)

杜甫《喜晴》押:佳华花涯蛇赊家麻瓜瑕沙斜嗟

《江畔独步寻花第三首》押:家花涯[54]

至于白居易诗,佳麻通押的例子更多,"'涯'字五见,'娃'字五见,无不押入麻韵"(麻三等和麻二等及佳韵押韵是因为押韵不考虑介音的缘故,麻二、三等应该还有区别)。韵文之外,反切也

有这种现象,《五经文字》的反切佳和麻二等就往往相混。这都使我们相信当时西北方音佳、麻合并大概是事实。这儿佳并麻的例子都是唇牙喉音字,前一节佳并皆的是庄组字,佳韵的分化好像是以此为条件的。

(九)尤、幽不分,尤韵唇音并入虞韵

尤、幽两韵代用有下列三个例子:

由	尤	幽	幽	1	校录126(露字6:咸字18)
诱	有	幼	幼	1	变406祇
幽	幽	憂	尤	1	校录137

幽韵字少,常用字更少,《唐五代西北方音》里未见,这里虽然只有三个例子,也足以使我们相信当时尤、幽已经合并。唐代已经是这样。玄应《一切经音义》《五经文字》、慧琳《一切经音义》等书的反切尤、幽都不分。

唇音字尤、虞代用的有下列一些例子:

扶	虞	浮	尤	1	曲22
辅	虞	负	有	1	变345破
附	遇	复	宥	1	变244晏(P.2564,3460,3716,3821:S.6332)
副	宥	赴	遇	1	释162

尤、虞唇音合并和《唐五代西北方音》的各种材料都相合(《唐蕃会盟碑》里未见尤韵唇音字)。汉藏对音尤韵唇音都作-u,而其他声母都作-iu,似乎也可以给这里的尤韵作注脚。

（十）宵、萧的关系

宵、萧代用只有一例：

尧　萧　姚　宵　　1　　　变129子

《千字文》的对音和《开蒙要训》的注音宵、萧都不分，慧琳反切也不分。可见宵、萧不分是当时西北方音很普遍的现象。可惜这里只有一个例子，虽然可靠（出现在指帝尧的"～王"一词中），也无法下断语。

乙　阳声韵

（一）东、冬、钟合并

东、冬、钟三韵代用的例子有下列三项。

1. 董一等、冬代用例：

宗　冬　总　董一　　　　变802女（S.2114，P.3592；S.4511）

2. 东一等、东三等代用例：

梦　送三　蒙　东一　2　　变101王（华1，35），174山

公　东一　宫　东三　1　　变795女

参考例：东一等钟代用例：聋→龙（1）变819不3。

3. 东三等、钟代用例：

镕　钟　融　东三　1　　杂录64上、西偈

从	钟	冲	东三	1	变125 淮
锋	钟	丰	东三	1	变201 虎
容	钟	融	东三	2	变125 淮,250 燕(P.2653;P.2491)
衝	钟	充	东三	1	变250 燕(P.2491,3666,S.6267;P.2653)
封	钟	风	东三	1	曲46
种	肿	众	送三	2	变725 大目 P.2319;S.2614.879 搜(释,125)
重	肿	仲	送三	1	变901 孝
纵	用	众	送三	1	曲50
凤	送三	奉	肿	1	变103 王
众	送三	种	用	3	变233 孔(S.395;P.3883),286 太(P.2999;S.548),300 太附(P.2999;潜字80)

参考例:A. 东三等、钟代用例:盅←中(1)变268 孝,B. 冬、钟代用例:侬→浓(1)曲7/脓→浓(1)变130 子/浓←脓(1)变180 山。

《唐五代西北方音》东一等和冬混,东三等和钟混,而一等和三等截然不混,这里连一等和三等也开始合并。一、三等代用还有"从匆"一例(变216 叶),由于和三等韵精组声母同知、章组声母合并的现象不合,不可信。

(二)山、删合并,仙、元、先合并

山、删代用有下列一些例子:

简　产　谏　谏　1　　变735 大目
患　谏　幻　裥　1　　变575 维2

参考例:揀→谏(2)变179 山,337 八相。

仙、元、先代用的例子有下列三项。

1. 仙、元代用例:

缘　仙　元　元　2　　变 68 捉(P. 3197, S. 5439;P. 3697),91 李

原　元　员　仙　1　　变 197 虎

原　元　圆　仙　1　　变 203 虎

原　元　缘　仙　1　　变 206 虎

2. 仙、先代用例:

迁　仙　千　先　4　　变 95 李,250 燕(P. 249: P. 2653) 722 大目(华 1.43),校录112

鞭　仙　边　先　1　　变 129 子,327 太 6

鲜　仙　先　先　1　　变 130 子

仙　仙　先　先　1　　变 274 下

绵　仙　眠　先　3　　变 556,558 维

先　先　仙　仙　3　　变 18 伍,186 山(华 1.36),685 父

千　先　迁　仙　2　　变 95 李,722 大目

怜	先	连	仙	1	变 718 大目
年	先	连	仙	1	琐 185 三八:杂录 91 上, 五调
面	霰	面	线	1	变 538 维

参考例:连→莲(1)变 730 大目/莲←连(11)变 105 王,191 山,320 太 3,472,474,476(2)佛 2,校录(S.2947,5549:P.3168),曲 45,47,释 168。

3. 愿、霰代用例

| 建 | 愿 | 见 | 霰 | 1 | 校录 19 |

山、删代用虽然只有两个例子,也可以相信已经合并,因为在唐代山、删不分是极常见的事。不仅《千字文》对音和《开蒙要训》的注音如此,玄应和慧琳的《一切经音义》以及《五经文字》的反切都是如此。

仙、先合并和《千字文》《金刚经》的对音以及《开蒙要训》的注音相合,又和齐、祭的合并平行,没有问题。

这里不见山摄一、二等代用的例子。《唐五代西北方音》里《千字文》对音一、二等不分,其余都有区别。[65]

另有"完晚"代用一例(变 155 秋),表明元韵唇音字已经变成了洪音。汉藏对音元韵唇音韵母作-an,和寒韵同,可以参证。

(三)覃、谈合并,咸、衔合并

覃、谈,咸、衔代用的例子分别列举如下。

1. 覃、谈代用例:

| 婪 | 覃 | 蓝 | 谈 | 1 | 变 659 无 |

眈　罿　担　谈　1　　　变858斜

担　谈　眈　罿　1　　　变251燕（S.214：P. 2491,3666）

感　感　敢　敢　13　　变18伍,55捉,168, 173,174(3),176,182 山,626维5,711起,744 大目（P.2319：S.2614）, 798女

敢　敢　感　感　6　　 变196,197(2),198,199 虎

2.咸、衔代用例：

衔　衔　咸　咸　4　　 变18伍,744(2)大目, 809秋（华1.44）

参考例：巉←谗(2)变721,731大目。

罿、谈合并和《千字文》《大乘中宗见解》《金刚经》的对音相合。咸、衔合并和山摄的山、删不分的现象平行。罿、谈不分,咸、衔不分和张参《五经文字》、慧琳《一切经音义》的反切也相合。

（四）庚三等和清、青不分

庚三等和清、青都有代用的例子。

1.庚三等、清代用例：

鸣　庚三　名　清　1　　杂录75上,五台

明　庚三　名　清　4　　变267茶（P.2718：S. 5774）,406祇,582维

					2,820 不 3	
名	清	明	庚三	2	变268茶,735大目(S. 2614:盈字76)	

参考例:萦←荣(1)变579维2。

2. 庚三等、青代用例：

荆	庚三	经	青	1	变231孔(P.3883:P.3833)
冥	青	明	庚三	1	校录137

参考例:清、青代用例:清→青(1)变137韩(S.4901:P.2657)/青←清(6)变228叶,808,811吟,校70,84,85/青←情(1)校录24。

《开蒙要训》的注音庚、清、青三韵全混,汉藏对音这三韵也基本上混淆。这里清、青代用只有参考例,虽然清、青都与庚三等通,但多是唇音字,清、青也许还没有完全合并。

(五) 魂、真、殷、文四韵的关系

这四韵的代用例子有下列两项。

1. 魂、文代用例：

荤	文	昏	魂	1	变509妙

2. 震、焮代用例：

觐	震	近	焮	1	变197虎

参考例:魂、真代用例:尊→遵(1)855兽。

汉藏对音魂、文大致有分别,魂作-on,文作-un。这里魂、文代用的例子见于"~辛"一词,震、焮代用的例子见于"朝~"一词,都还可靠。可惜只有孤例,难下判断。

(六) -m 尾和-n 尾的关系

-m 尾有与-n 尾混合的趋势:咸摄字和山摄字互相代用,深摄字和臻摄字互相代用。咸摄、山摄代用有下列三项例。

1. 寒、覃代用例:

| 弹 | 寒 | 谭 | 覃 | 1 | 变157 秋 |
| 兰 | 寒 | 南 | 覃 | 1 | 变 273 下(S. 5949;S. 3877) |

2. 愿、梵代用例:

| 梵 | 梵 | 饭 | 愿 | 2 | 变 377 降,835 故(S. 7;P. 3361,S. 3728) |
| 泛 | 梵 | 饭 | 愿 | 1 | 杂录75 上,五台 |

3. 仙、添代用例:

| 愆 | 仙 | 谦 | 添 | 1 | 变 187 山 |

深摄、臻摄代用有下列两项。

1. 真、侵代用例:

侵	侵	亲	真	1	变 495 妙
斟	侵	真	真	1	变 519 维
心	侵	辛	真	1	杂录64 上,西偈
任	沁	忍	轸	1	杂录(92 上;93 上)

2. 殷、侵代用例:

| 斤 | 殷 | 金 | 侵 | 1 | 变 138 韩(P. 2922;P. 2653) |

《唐五代西北方音》里没有碰到这种现象。《全唐诗·谐谑二》有胡曾《戏妻族语不正诗》说："呼十却为石，唤针将作真。忽然云雨至，总道是天因"，说明唐末的确有-n、-m尾混合的方言。不过我们前面的调查证明，鼻音韵尾相通的例子可靠性较小，而这儿山、咸、臻、深四摄一共才有十个例子，至少表明-m跟-n的混淆还不是当时西北方言的普遍现象。出现这些例子的变文本中，有两个我们是知道它们的年代的。《庐山远公话》是宋代开宝五年（公元972年）的写本，《故圆鉴大师二十四孝押座文》是后周广顺元年（公元951年）以后的刻本。两者都是十世纪下半纪的文献。这多少可以使我们相信-m > -n如果是事实的话，不光在地域上是不普遍的，而且在时间上也是相当晚的。

（七）-ŋ尾和-n尾的关系

-ŋ尾和-n尾互相代用的有下列三项。

1. 蒸、真代用例：

胜	蒸	身	真	1	变197 虎
陵	蒸	璘	真	6	变199（2），200，201（2），202 虎
臣	真	承	蒸	1	变253 燕（P. 2653：S. 214）
邻	真	陵	蒸	1	变351 破（S. 3491：P. 2187）
孕	证	胤	震	1	变295 太

2. 庚二等、真代用例：

生　　庚三　申　真　　1　　　　变512 妙

3. 梗三等、隐代用例：

隐　　隐　　影　梗三　1　　　　变206 虎

《韩擒虎话本》凡三例（共八见），依次出现在下列词语中：喜不自～；金～（地名）；～灭身形。这似乎表明当时有些方言确有曾、梗两摄二、三等的-ŋ尾已经变为-n 的。不过其余的例子都不十分可靠。它们出现的环境依次是：推问根由，元无～伏；东～美女；指其耶输腹有～；好～。"邻"作"陵"可能是形误；"臣伏"作"承伏"，"有孕"作"有胤"意义也勉强可通；"生"作"申"上文已指出其不可靠，很可能是音近而误。所以整个说来，认为当时西北方音有-ŋ,-n 合并的现象是没有多大根据的。

(八)-ŋ 尾和阴声韵的关系

-ŋ 尾字跟阴声韵字代用的有下列四项。

1. 耕、皆代用例：

埋　　皆　　萌　耕　　1　　　　杂录84 上，劝

2. 敬三等、霁代用例：

计　　霁　　敬　敬三　1　　　　琐168 三二（P.3266；P.2718）

3. 清、齐代用例：

妻　　齐　　清　清　　2　　　　曲29（P.2809；P.3319,3911）

4. 青、齐代用例：

泥　　齐　　宁　青　　1　　　　校录124（P.2963；周字

					70)
体	荠	听	青	2	校录 124 (P. 2963：周字 70)；(周字 70；P. 2963)
第	霁	定	径	1	变 218 叶(杭 139)

这里-ŋ尾的字限于梗摄,阴声字则大多是齐韵字,说明这种现象不是偶然的。《千字文》的对音庚、清、青、齐四韵字就有很多混用的,韵母都作-ye(-ie)；《开蒙要训》里庚、清、青三韵字和齐韵字互注的也有九对。敦煌曲子词《苏莫遮》以"令"字"定"字和"帝"字押韵。这都是当时西北方音庚、清、青等和齐韵混淆的确证。罗先生说,庚、清、青等韵的明母字,也就是和齐韵相混的,声母是m-,不像在非鼻音韵母前的明母字读'b-；藏译庚、清、青等韵的字有-ŋ尾,无-ŋ尾不定,表示这里用藏文标音有困难；所以-ŋ只不过是变到半鼻音的程度,还没有完全消失。㊾这种推论可能符合事实。不过陆游《老学庵笔记》说"四方之音有讹者则一韵尽讹,如……秦人讹青字则谓'青'为'萋',谓'经'为'稽'"。㊿似乎宋时西北又真的有-ŋ尾消失净尽的方言。

丙　入声韵

(一)阴声韵和入声韵的关系

阴声韵和入声韵的相通牵涉到入声韵尾的性质问题。为了下文按韵尾逐类讨论入声的方便,有必要先确定入声韵尾的性质。因此,这儿我们先从阴声韵和入声韵的关系讨论起。

阴声韵和入声韵发生关系的,可以分为前元音韵和后元音韵两类。属于前元音韵的有阴声通-t 例子三项,阴声通-k 例子三项,阴声通-p 例子一项。现在依次列在下面。

1. 止、质代用例:

以　止　一　质　1　　变172 山(华2,113)
一　质　以　止　1　　变133 子

2. 旨、质代用例:

比　旨　必　质　1　　变660 无

3. 微、迄代用例:

岂　尾　乞　迄　4　　变197,198,201,203 虎
讫　迄　既　未　1　　变37 汉(S. 5437,北大藏:P. 3627)

4. 微、职代用例:

依　微　忆　职　1　　校录43

5. 志、昔代用例:

益　昔　意　志　1　　变245 晏

6. 霁、职代用例:

诣　霁　亿　职　1　　变796 女

7. 未、缉代用例:

既　未　及　缉　1　　变170 山
泣　缉　气　未　1　　变21 伍

参考例:A.真、昔代用例:臂→辟(2)变433 金,581 维2/臂→辟(1)变331 八相。B.真、锡代用例:劈←避(1)变96 李。C.志、职代用例:值←置(2)曲6/忆←意(1)变317 太2

(P.2496:推字79）。

属于后元音韵的都是阴声通-k的例

1. 尤、屋三等代用例：

覆　　屋三　副　　宥　　1　　　变12伍（P.2794:S.328）

服　　屋三　负　　有　　1　　　变199虎

2. 御、屋三等代用例：

祝　　屋三　助　　御　　3　　　变23伍,130子,173山（华2,113）

3. 暮、屋一等代用例：

沐　　屋一　暮　　暮　　1　　　变118张附2

4. 遇、物代用例：

拂　　物　　赴　　遇　　1　　　变157秋

参考例：暮、铎代用例：暮→莫（1）变744大目。

所谓前元音韵的韵母,元音应该是i。因为在这一类里阴声字限于止摄各韵和霁韵的开口。我们前面已经假定止摄开口及霁韵的韵母都是i,那么,这里和它们相通的入声各韵的韵母元音当然也是i了。汉藏对音这些入声韵除迄韵缺例外,其余各韵的元音都作i,正好可以作证。

所谓后元音韵的韵母,元音应该是u。我们前面已经假定鱼韵的一部分字和尤、虞两韵的唇音字元音是u,那么和它们相通的物韵和屋韵三等的唇音字符音当然也就是u。汉藏对音物韵和屋三等的唇音字符音都作u,也相合。屋一等和暮韵的唇音字根据对音也可以肯定是u。

汉藏对音入声韵尾依次作-b、-r、-g。如果-b、-g是破裂的浊塞音的话，这儿阴入相通的例子就没有办法理解，因为那是不大可能的。我们不妨假定-d、-r、-g就是塞而不裂的-p、-t、-k。这样，具有这种韵尾的入声字，由于-p、-t、-k在高元音i、u后面不太显著，和阴声字相通就完全是可能的了。藏语译音用b、g而不用p、k对译汉语的-p、-k，那大概是因为在藏语里b、g可以作尾辅音，而t、k不能作尾辅音的缘故。至于用r而不用d对译-t，就更不难理解，因为塞而不裂的-t，用r对译实际上比用d对译还更切合些。

也许有人认为如果假定入声韵尾在i、u后失去，问题就更简单些。不过直到十四世纪，周德清都还说："呼吸言语还有入声之别"，[58]入声韵尾在北方话里的消失恐怕不能早到十世纪。

（二）-k尾和-t尾的关系

-k尾和-t尾代用的例子有下列三项。

1. 昔、质代用例：

席	昔	悉	质	1	变129子
一	质	亦	昔	28	变41汉，131子，168，192山，197，198，199，201，202，203（2），204（2），205（6），206，209虎，217，220（3），221叶，340八相，琐147三十

2. 职、质代用例：

| 悉 | 质 | 息 | 职 | 1 | 变525维 |

3. 屋三等、物代用例：

福　　屋三　弗　　物　　1　　　琐125 二四

例子虽然不多,可是都是元音作 i 或 u 各韵的字,和上节阴声韵、入声韵相通的规律相合,可见不是偶然的。有"达答"代用(变92李)一例,韵母元音与上述规律不合,不可信。

（三）屋一等、沃合并,屋三等、烛合并

通摄各韵入声互相代用的例子有两项。

1. 屋一等、沃代用例：

独　　屋一　毒　　沃　　1　　　变79 汉
读　　屋一　毒　　沃　　1　　　变130 子

2. 屋三等、烛代用例：

嘱　　烛　　祝　　屋三　1　　　变791 女（P.3048：S.4511）

汉藏对音屋一等、沃混,但屋三等、烛不混,和舒声东、冬一等混,三等也混的情形不平行。这里屋一等、沃混,屋三等、烛混,和舒声一致。

（四）陌二等、麦的关系；陌三等、昔、锡的关系

1. 陌二等、麦代用例：

擘　　麦　　柏　　陌二　1　　　变740 大目（P.2319：S.2614）

2. 陌三等、昔代用例：

碧　　陌三　璧　　昔　　1　　　校录169（S.2947,5549：

P.3168)

3.昔、锡代用例:

藉	昔	寂	锡	1	变729大目(P.2319;S.2614)

参考例:璧→壁(1)变99王/辟←壁(2)变416长,775欢/劈←僻(2)变204,205虎。

《千字文》和《开蒙要训》陌二等、麦都不分;陌三等、昔、锡通代和舒声庚三等、清、青互代的情形一致,不过这里都是孤例,不便作推断。

(五)麦、陌二等和职的关系

1.陌二等、职代用例:

窄	陌二	侧	职	1	变57提(P.3697;S.5439)
索	陌二(59)	色	职	7	变201(2)虎,327太6,794女(P.3048.S.2114;S.4511),858齖(S.4129;P.2564)

2.麦、职代用例:

责	麦	侧	职	3	变203(2),206虎
测	职	策(60)	麦	1	变91
测	职	册	麦	1	变198虎

3.昔、职代用例:

释	昔	识	职	1	变188山

掷　　昔　　直　　职　　1　　　　变704起

麦、陌二等和职通的都限于庄组声母字。《开蒙要训》的注音也如此。汉藏对音《大乘中宗见解》职韵庄组声母字作-eg，其他声母字作-ig。因此我们可以认为职的庄组字和麦、陌已经不分。

汉藏对音和《开蒙要训》的注音昔、职庄组声母以外的字也不分，和这里的情况相合。

(六)黠、锴合并，薛、月、屑合并

1. 黠、锴代用例：

察　　黠　　刹　　辖　　1　　　变349破（S.3491：P.2187）

刹　　锴　　察　　黠　　3　　　变532(2)维，726大目

2. 薛、月代用例：

悦　　薛　　越　　月　　1　　　变819不3

参考例：羯←揭（1）变621维5

3. 薛、屑代用例：

泄　　薛　　楔　　屑　　1　　　变19伍

楔　　屑　　泄　　薛　　1　　　变4伍（华1，32）

4. 月、屑代用例：

羯　　月　　结　　屑　　1　　　校录165（P.4525：S.2947）

这里的情况和舒声一致：二等混合，三、四等混合。

(七)葉、業不分

葉、業代用有下列一些例子：

葉	葉	業	業	1	变580维2
業	業	葉	葉	4	变522维,584,585维2,
					729大目

参考例：A. 洽、帖代用例：夹←颊(1)校66。B. 業、帖代用例：胁←协(1)变42汉。

咸摄舒声，如上文所述，没有三、四等韵代用的例子。这儿入声没有合、盍代用及洽、狎代用的例子，也没有三、四等互代的例子。因此咸摄舒声三、四等，和入声一、二等或四等的情况都不明。不过山摄舒声、入声平行的情况也许可以类推到咸摄，因为不论汉藏对音或现代方言，山、咸两摄的发展大致都是平行的。当然舒入声的变化在音类合并上的平行并不意味着音值上就相同。

另有"匣俠"代用(曲18)一例，也许表示当时二等见系字已经具有 i 介音，不过只有孤例，不足为凭。

最后关于韵母部分还有一点需要附带说明的就是开合口的问题。全部的韵母材料中，开合代用的例子很少。"兮携"代用(变845季)四见，"向况"代用(变175山，205虎，790女〔释,124〕五见，"见卷"代用(校录62)一见，"缘言"代用(变68 捉〔P.3197，S.5439；P.3697〕)一见。这有的可能是个别字的特殊读音，正像"兮携"现代很多方言也读为同音，而这些方言齐韵开合口一般仍然不混一样；有的可能是因音近而误。如"见卷"之类。总之，都不能作为当时开合混淆的证明。

四　声调部分

从上文关于声母的讨论中,我们知道唐五代西北方音浊声母已经开始清化。声调的演变跟声母的清浊关系密切。为了充分地进行观察,我们把材料按照声母的清浊分为清平、浊平、清上、次浊上、全浊上、清去、浊去、清入、次浊入、全浊入十目来看它们之间的通代关系。结果共发现二十四项例子(不包括参考例)。这些例子在审音方面价值不大,为了节省篇幅,不一一列举,只把各项例子的总数列表于下。

	浊平	清上	次浊上	全浊上	清去	浊去	清入	次浊入	全浊入
清平	25	13	6		24				
	7	48		6	31	2			
浊平		2	23	5		8			
		12	17	4	1	56			
清上					1	34	1	7	
					1	22	4		
次浊上					1	15			
						15			
全浊上					13	90			1
					1	24			
清去							9	5	1
							7	4	3
浊去							4	1	
							1	3	
清入								1	2
									6

格内横线上的数字是正例数,横线下的数字是参考例数。

前面我们对现代别字的调查,已经指出别字、异文的材料不宜乎一般地拿来作为观察声调变化的可靠根据。这里的情况也同样地证明了这一点。表上的通转不能用来说明当时敦煌方音没有声调。也不能说因为这些材料出自不同的方言点,以至合并起来列成一表就把声调关系弄乱了。就是同一个点的材料情形也一样。例如拿《庐山远公话》来说吧,它具有清平、浊平,清平、清上,浊平、浊去,次浊上、浊去,全浊上、浊去,清去、浊去,清去、全浊入,清入、次浊入八项通代的例子。联系起来,这个方言的调类就只剩下两个:

1. 清平、浊平、清上、次浊上、全浊上、清去、浊去、清入、全浊入;

2. 次浊入。

这样的方言肯定是找不到的。这最清楚不过地说明了这种材料的不可靠性。其实对声调的忽略不光是表现在写错别字上,也表现在很多和字音有关的其他情节上。首先谐声字的取声就是不大考虑声调的,例如"牙"平声,而"雅"上声,"讶"去声;"寺"去声,而"持"平声,"峙"上声,"特"入声;等等。其次戏曲或民歌的押韵一般也不管声调差别。就拿京剧和北京民歌来说,三个或四个字的韵脚往往把平、上、去或阴阳上去都用上了。例如:

丈党○狼(民歌)[61]

想江障良(京剧)[62]

敦煌变文也有类似的韵脚:

啼归雨噎虚(变43~44汉)

次〇骑〇死〇记〇耳〇子(变90李)

这里不光平、上、去相押,连入声也和平、上、去相押了。最使人奇怪的是,《开蒙要训》的注音是注音人为了自己的识字方便而作的,可是平、上、去三声也相当混乱。这一切都说明忽略声调是我们在很多生活实践上的一贯作风,并不是写别字时的特有表现。别字材料不能作为观察声调变化的根据,从此也更加可以确信了。

虽然如此,上表所列的各项例子恐怕也不能说全都没有意义。至少全浊上和浊去相通的一项例子是值得注意的。这项例子共有九十个,约占全部声调例子的三分之一,比各项例子的平均数大七倍多。数量上如此突出,似乎不能把它和其他各项例子同样看待。

现在把这项的全部例子列在下面:

仕　　上　　事　　去　　6　　变11,14,27 伍,138 韩,363 降,682 父

土　　上　　事　　去　　4　　变23 伍,201 虎,222 叶,348 破(S.3491;P.2187)

是　　上　　事　　去　　6　　变37 汉(S.5437,北大藏:P.3627,3607,3867),294 太(S.548,2682,潜字80:P.2999),332 八相(云字24:乃字91),810 秋,858 舐(P.2633:P.2564),曲40

仕	上	侍	去	1	变41汉
待	上	大	去	1	变132子
杜	上	度	去	2	变187山,203虎
被	上	备	去	4	变187山,203虎,696父2(华2,122),800女(释,53)
拒	上	具	去	1	变202虎(华1,36)
氏	上	事	去	2	变213(2)唐
辩	上	弁	去	4	变292太(P.2999:潜字80),534,535维,604维4
诞	上	但	去	1	变320太3
断	上	段	去	1	变809秋(华2,124)
重	上	仲	去	1	变901孝
缓	上	换	去	1	校录24
舵	上	驮	去	1	校录40
负	上	附	去	1	校录59
是	上	事	去	1	校录80
蹈	去	道	上	3	变17,25伍,88李
状	去	仗	上	1	变99王
凤	去	奉	上	1	变103王
事	去	士	上	2	变131子,773欢(上会藏:罗振玉藏)
侍	去	仕	上	2	变138韩,772欢

寿	去	受	上	10	变162(3)前汉,179,180山,775,776(2)欢,曲4,31
事	去	是	上	9	变171,176山,203虎,224叶,296太(S.548,2682,2352:P.2999),299太附(潜字80:P.2999),428金,琐170三二(P.3266:P.2718),校录80
侯	去	後	上	2	变197虎(华1,36),203虎
具	去	拒	上	1	变202虎
射	去	社	上	1	变204虎
備	去	被	上	8	变291(2),294,295太,336,338,339八相,800女(华1,44)
步	去	部	上	2	变320太3,曲4
倦	去	圈	上	1	变323太4
事	去	仕	上	7	变363降(华1,37),346,378降,682父(华1,42),790女(P.3048:S.4511),791,792女
示	去	是	上	1	变829摩(P.3210,S.1441:S.2440)

避　去　被　上　1　　校录137

参考例：静→净(1)变106 王/受→授(1)变221 叶/畔←伴(7)变38 汉(华2,111),456(2)佛,682 父(华2,122),741 大目(华1,43),曲22,23/第←弟(13)变182 山,201,206 虎,274 下,405 祇,426 金,475 佛2,607 维4,785 欢,817(3)不2,902 孝/住←柱(1)变263 燕2/晧(1)曲6。

浊上变去我们虽然不能在唐代敦煌材料里找到其他的直接证据，[63]但在唐代其他文献里，却能找到很多旁证。安然《悉昙藏》提到日本所传汉音的声调时说：

我日本国元传二音。表则平声直低，有轻有重；上声直昂，有轻无重；去声稍引，无轻无重；入声径止，无内无外。平中怒声与重无别，上中重音与去不分。[64]

虽然南北朝和唐代和尚在音学上用"轻"、"重"两字有时指的是送气、不送气，有时指的是清、浊，有时指的又是开合或别的什么东西，但这儿恐怕只能解释为清、浊，因为送气、不送气或开合等都用不上去。如果轻重就是清、浊，那么表信公所根据的汉语方言浊上显然已经变去。安然《悉昙藏》作于公元880年，可见这一音变现象是九世纪以前的事，绝不比敦煌俗文学抄本的年代晚。

慧琳的反切里全浊上和去声混淆的例子也很多，而且往往在全浊上声字的下面注上全浊上声反切之后，又注上"上声"或"上声字"等字样，表明慧琳所根据的语言浊上也已经变去。[65]此外像李涪的方言浊上变去更是大家所熟知的事实。这些证据都出在北方话，可见当时北方话浊上变去已经不是个别方言的现象。慧琳的反切所根据的大概是秦音，而隋唐时代又把"秦陇"作为一个方言区,⁶⁶这就更足以使我们相信敦煌一带方音浊上变去是完全可能的了。

与全浊上变浊去有联系的是清去和浊去的关系问题。上表中清去和浊去相通九次,全浊上和清去相通十三次。两项加起来才不过二十二次,远不到全浊上和浊去相通的次数。这一点显然表明当时清去和浊去不相同。这样我们对当时敦煌一带方音的声调大概可能肯定三点:清上(包括次浊上)、浊上有分别;清去、浊去有分别;浊上变浊去。

五　总结

根据上文的讨论,我们从敦煌俗文学抄本的别字、异文中所能看到的唐五代西北方音的特点可以归纳为下列二十七条。凡是《唐五代西北方音》一书所没有发现的特点,前加 * 号,以示区别。没有把握的结论放在方括弧里。

声母

1. 轻重唇音分化,非、敷、奉三母不分。
2. 全浊声母消失。並、定、从、澄、群、崇母仄声字依次变同帮、端、精、知、见、庄母字,[平声字依次变同滂、透、清、彻、溪、初母字];邪变同心,匣变同晓,常、船一部分字变同书母。
3. [泥来不分。]
4. 三等韵里的知、章两组声母不分;三等韵和纯四等韵里的精组声母和三等韵里的知、章两组声母不分。

5. 喻母三、四等不分。

＊6. 疑、影两母三四等和喻母不分。

＊7. [日母在-i 韵前失声母。]

＊8. [微母消失。]

韵母

9. 止摄支、脂、之、微四韵不分。

10. 鱼韵一部分字和虞韵不分,一部分字和止摄开口不分。

＊11. 止摄开口和齐韵开口不分。

12. 齐、祭两韵开口不分。

13. 咍、灰两韵和泰韵不分;[皆佳两韵庄组字不分。]

14. 麻二等、佳韵[唇牙喉音]不分。

＊15. 尤、幽两韵不分。

16. 尤、虞两韵唇音字合并。

17. [宵、萧两韵不分。]

18. 东一等、冬不分,东三等、钟不分;东三等、钟[唇、牙音]和东一等、冬不分;屋一等、沃不分,屋三等、烛不分。

19. 山、删不分,仙、元、先不分。黠、鎋不分,薛、月、屑不分。

20. 覃、谈不分,咸、衔不分,[盐、严添、梵不分];[合、盍不分,洽、狎不分],葉、業[帖、乏]不分。

21. [庚三等、清、青不分;陌二等、麦不分;陌三等、昔、锡不分。]

22. 陌二等、麦庄组字和职韵庄组字不分。昔韵和职韵庄组以外的字不分。

＊23.［山、咸两摄舒声不分。］

＊24.［臻摄三等开口舒声和深摄舒声不分。］

＊25.［曾、梗两摄舒声三、四等和臻摄舒聋三等不分。］

26. 梗摄舒声三、四等和齐韵不分。

声调

＊27. 清上（包括次浊上）、浊上有分别；清去、浊去有分别；浊上变浊去。

我们前面已经说过，当时任何一个方言点都不可能具有上述的全部语音特点。也就是说以上的二十七条特点，每一条都可能有它的地区上的局限性。因此条与条之间的矛盾有时是可能出现的。例如第二十五条和第二十六条就可能有矛盾。如果梗摄-ŋ尾已经消失，当然就不能再和臻摄字相通。但实际上由于臻、梗两摄相通代的例子和梗、蟹两摄相通代的例子并没有出自同一个抄本的，这种矛盾就完全是可以容许的。如果我们一定要假设臻摄三等字和梗摄三、四等字韵尾都已鼻化，因而可以自相通代并与齐韵通代，虽然能自圆其说，但不一定就符合事实。

从上面的表里不难看出，凡是《唐五代西北方音》所没有发现的现象，都是在汉语语音发展过程中较晚期的现象。这说明敦煌俗文学抄本的年代一般要比汉藏对音资料，甚至《开蒙要训》的年代要晚。估计它们大多是十世纪中后期的抄本。从十世纪中后期到《蒙古字韵》《中原音韵》的时代只有三百来年的时间，那就无怪乎这些抄本里的别字、异文所反映的语音特点有好多都和《蒙古字韵》或《中原音韵》的语音特点相近或相同了。

引用书名、篇名简称表

书名	简称
敦煌变文集	变
敦煌曲子词集	曲
敦煌曲校录	校录
敦煌掇琐	琐
敦煌杂录	杂录
敦煌变文字义通释	释

篇名	简称
伍子胥变文	伍
孟姜女变文	孟
汉将王陵变	汉
捉季布传文	捉
李陵变文	李
王昭君变文	王
董永变文	永
张义潮变文	张
张淮深变文	淮
舜子变	子
韩朋赋	韩
秋胡变文	秋
前汉刘家太子传	前汉
庐山远公话	山

韩擒虎话本	虎
唐太宗入冥记	唐
叶净能诗	叶
孔子项托相问书	孔
晏子赋	晏
燕子赋	燕
又	燕2
茶酒论	茶
下女夫词	下
太子成道经	太
太子成道变文	太2
又	太3
又	太4
又	太5
又	太6
八相变	八相
破魔变文	破
降魔变文	降
难陀出家缘起	难
祇园因由记	祇
长兴四年中兴殿应圣节讲经文	长
金刚般若波罗蜜经讲经文	金
佛说阿弥陀经讲经文	佛
又	佛2

又	佛3
妙法莲华经讲经文	妙
又	妙2
维摩诘经讲经文	维
又	维2
又	维3
又	维4
又	维5
又	维6
佛说观弥勒菩萨上生兜率天经讲经文	佛观
无常经讲经文	无
父	父
又	父2
目连缘起	起
大目乾连冥间救母变文	大目
目连变文	目
频婆娑罗王后宫彩女功德意供养塔生天因缘变	频
欢喜国王缘	欢
丑女缘起	女
秋吟一本	吟
不知名变文	不
又	不2
又	不3
八相押座文	八押

维摩经押座文	摩
故圆鉴大师二十四孝押座文	故
押座文	押
季布诗咏	季
苏武李陵执别词	苏
百鸟名	百
四兽因缘	兽
㚣姤书	㚣
搜神记	搜
孝子传	孝

以上《变文集》

大乘净土赞	大乘赞
西方赞偈文	西偈
五台山赞文	五台
劝善文	劝
饮酒十过及念佛十功德文	饮
五更调	五调
	又

以上《敦煌杂录》

附 注

① 《史语所单刊》甲种之十二,上海,1933 年。
② 人民文学出版社,1957 年。
③ 上海文艺联合出版社,1955 年。

④ 《史语所专刊》之二,1925年。
⑤ 商务印书馆,1933年。
⑥ 中华书局,1960年,第二版。
⑦ "变132"指《敦煌变文集》132页。下仿此。
⑧ 括弧内是变文卷子编号。下同。
⑨ "第弟"相代出现次数很多,这儿只注出一个出现的地方,下面有些例子同此。
⑩ "校录59"指《敦煌曲校录》59页。下仿此。
⑪ 像"步"错成"步","被"错成"被",或"面"简成"百","原"简成"厡"之类不计,因与我们的问题无关。
⑫ 根据现在别字的音误情况去推证唐五代西北方言里别字的音误情况大致是有效的,因为两个时期的语音相去还不太远。用同一方法来推证周秦时代的假借字,准确性也许就要差些。上古语音系统比较复杂,同音字较少,从而同音假借的机会也就要少些。
⑬ "祇"是变文《祇园因由记》的简称。如果几个例子都出于同书,书名简称只标在第一个例子的页码前面。书名和篇名简称并请看本文后附的简称表。以下类推。
⑭ "甫"原作"雨",当是形误。
⑮ 此例是异文。"P.2653:P.3757"指"浦"见于《燕子赋》P.2653号卷于,"浮"见于《燕子赋》P.3757号卷子。以下类推。
⑯ "上会"指上海市文物保管委员会。
⑰ 在"→"号和"←"号前面的是本字,后面的是代用字。"→"指在其前面的本字的声母和正例第一例本字的声母相同,在其后面的代用字的声母和正例第一例的代用字声母相同。"←"号所指的相反。例如"纷→分"表示"纷"是敷母,"分"是非母;"方←芳"表示"方"是非母,"芳"是敷母。下文讨论韵母或声调时,参考例列法同此。
⑱ "华1,43"指《华东师大学报》1962年第1期,43页。以下类推。
⑲ "三三"是《敦煌掇琐》的编号。以下类推。
⑳ "缘墙弊例(薜荔)枝枝渌(绿),赴地莓苔点点新","赴"原校作"铺",语音上不切,今改作"附"。

㉑　202(3)指202页出现三次。以下类推。

㉒　罗常培先生在《敦煌守温韵学残卷跋》一文里曾经指出过这点。见《史语所集刊》，第3本，第2分。

㉓　慧琳的反切请看黄淬伯《慧琳一切经音义反切考》，《史语所单刊》。张参的反切见拙文《五经文字的直音和反切》。下文引慧琳、张参同此。

㉔　详见《五经文字的直音和反切》。

㉕　"阑"和第三行"阑"原均误作"兰"。

㉖　"～"号代替别字出现的地位。下同。

㉗　指《唐五代西北方音》所录。下同。《唐蕃会盟碑》字太少，凡非特别指出，都不包括在所称"汉藏对音"之内。

㉘　指《唐五代西北方音》所录。下同。

㉙　甘肃师大中文系方言调查室编，1960年。

㉚　《新唐书·地理志》："沙州燉煌郡下都督府……县二：燉煌、寿昌。瓜州晋昌郡下督都府……县二：晋昌、常乐。"（商务缩印百衲本，卷40，280下～281上）案晋昌就是现在的安西，见《大清一统志》212卷附表。

㉛　当时敦煌一带鱼韵和止摄开口字通，见下文韵母部分。

㉜　"华2，115"指《华东师大学报》1962年第2期115页。以下类推。

㉝　凡只有参考例的例项，都不作为正例项列出，只附在它们所属的大项最末了的参考例里头。这时"→"号前后两个字的声母次序按照标目的次序：前面本字的声母同于标目的第一个声母，后面代用字的声母同于标目的第二个声母。例如"住"的声母是澄，"注"的声母是章。"←"号前后字的声母反是。

㉞　另有"捉卓"代用，（变160前汉〔P.3645：P.4692〕）一例牵涉到二等韵知、庄合并问题，不可信。

㉟　当时入声韵尾并没有消失，所以凡阴声和入声相通的例，除声调不同外，韵尾也不同。这里从宽举例。入声韵尾在下文韵母部分讨论。

㊱　"太附"指《太子成道经》附录，以下凡说"某附"者准此类推。

㊲　北京大学图书馆藏。

㊳　"生申"代用牵涉到二、三等合流的问题，未必可靠。

㊴　把止摄崇母字除外，对音庄组塞擦音一共有十一个例子，六个作c-

(tɕ-)类,四个作 ts-类,还有一个“状”字既作 c-类,又作 ts-类。这和知、章两组全作 c-类的情况显然不同。从“状”字的两译上可以看出译音的困难。庄组字的读音大概还是介乎 ts 等和 tɕ 等之间的 ʧ 等。罗先生认为知、庄、章三组全同,未确。

㊵ 依早期韵图常母应是擦音,不过梵文字母对音唐代中叶以前大都用常母字对译梵文的 j 或 jh,间有不用常母字的,也不用船母字,而用其他塞擦音声母的字,这表明常母是塞擦音。又《颜氏家训·音辞篇》说:“南人以‘钱’为‘涎’,以‘石’为‘射’;以‘贱’为‘羡’,以‘是’为‘舐’。”两对例子都是以从母字和常母字对举,以邪母字和船母字对举。这也说明当时常母是塞擦音,船母是擦音。其他常母读塞擦音的证据请参看陆志韦先生《古音说略》11~13 页。

㊶ “杭,140”指《杭州大学学报》(人文科学),1962 年第 1 期,140 页。以下类推。

㊷ 一、三等代用有“尊珍”(变 192 山〔华 2,113〕),“逐族”(820 不 3)两例,这牵涉到三等洪音化的问题,不可信。

㊸ 又“神身”代用(曲 20)是船、书相通的例子。船母字有的可能已经变成擦音,有的也许本来不是擦音。这一例也可以作为清浊擦音相通看待。

㊹ “百”,朱骏声《说文通训定声》认为是从白声。这里从朱说。

㊺ 《唐五代西北方音》,26 页。

㊻ “类”原误作“纇”。

㊼ “迟”与“持”互代都见于“陵迟”一词中。《敦煌变文字义通释》释“陵迟”条(64~65 页),认为“陵持”就是“陵迟”,“持”不必改作“迟”。但从语音角度看,“持”古不同于“迟”;变文以“持”代“迟”是“持”变与“迟”同音以后的事。

㊽ “闭”原作“闬”,《魏石门铭》“闭”作“闬”(见罗振玉《增订碑别字》,文字改革出版社,268 页),形与“闬”近。“闬”当也是“闭”的别体。

㊾ “悴”原作“碎”,是“悴”的形误。

㊿ 原文说:“面载惊惶。”王庆菽校“载”作“戴”,按当作“带”,“带”音误作“戴”,又形误作“载”。

(51) 《伍子胥变文》里的药名诗说:“近闻楚王无道,遂发材狐之心”,按

"材"当是"豺"的形误,"豺狐"又是"柴胡"的同音词。原校"材"作"柴",未透彻。

㊾ 都引自陆志韦先生《记唐四家诗韵》,未刊稿。

㊿ 据四部丛刊本《分类补注李太白诗》卷六,123页;卷八,159页。

54 据四部丛刊本《分门集注杜工部诗》卷一,58~59页;卷二十四,407页。

55 《开蒙要训》有以"姦"注"奸"一个例。罗先生据以判定一、二等已经合并。其实"奸"字《集韵》寒、删并收。现在"干""姦"有区别的方言,"奸"又大都读同"姦",可见"奸"字删韵的读法一定起源很早。

56 《唐五代西北方音》,39~42页。

57 丛书集成本,卷6,56页。

58 见《中原音韵》后附《中原音韵正语作词起例》。

59 "索"《广韵》凡三收:铎韵"苏各切",陌韵"山戟切",麦韵"山责切"。《韵镜》《七音略》"索"皆列陌韵,今从之。

60 "策"原作"策"。

61 北京出版社编:《北京民歌选》,132页。

62 田汉编:《白蛇传》,见《中国京剧院演出剧本选集》,169页。

63 罗先生认为《开蒙要训》的注音反映了浊上变去。其实,如果不算形声偏旁相同的例子,《开蒙要训》上去互注的情况是:清上、清去十六例,次浊上、浊去六例,全浊上、浊去八例。可以看出,清上、清去互注的例子比全浊上、浊去多一倍。就是依罗先生把次浊上、浊去互注例子也算在浊上、浊去一类里头,浊上、浊去的例子仍然比不上清上、清去的例子多。罗先生认为少数的浊上、浊去互注例反映了实际语音情况,而多数的清上、清去例反而不反映实际语音情况,显然是错误的。

64 《大正新修大藏经》,卷八十四,414页。

65 见周法高《玄应反切考》,《史语所集刊》,第20本。

66 《切韵·序》说:"吴楚则时伤轻浅,燕赵则多伤重浊,秦陇则去声为入,梁益则平声似去。"

(原载《中国语文》1963年第3期)

《中原音韵》音系的几个问题

一 唇音和开合

《中原音韵》含有开合对立的韵共有十一个,即江阳、齐微、皆来、真文、寒山、先天、萧豪、歌戈、家麻、车遮、庚青。这些韵里的唇音字过去学者们的处理除细音置于开口完全一致外,洪音置开置合则很不统一。有的置开口的多,置合口的少;有的则相反,置开口的少,置合口的多。其所以如此,是因为唇音在《中原》里除个别例外,都只有一套,开合不对立,置开置合有较大的自由。所谓例外,指的是歌戈韵。在歌戈韵里"入声作平声"栏有"薄"和"跋"两个小韵同声重出,一般都认为它们是开合的对立。不过值得注意的是,这个对立并不可靠。因为在卓从之《中州乐府音韵类编》里只有"跋"小韵,没有"薄"小韵。这会不会是卓书抄漏了呢?回答是否定的。原来卓书本栏不仅没有"薄"小韵,而且凡是《中原》所收中古江宕两摄的入声字,如"铎""浊""学""凿""着""杓"等小韵也都没有,"入声作上声"栏的情况也一样。不用说这是有意删改的结果。周德清自己承认对入声字的安排"或有未当",那么卓氏的这种修改很可能就是比较正确的了。如果这个推断不错的话,"薄"与"跛"的对立就不存在了。这样,就为我们把《中原》唇音作更加合理的安排创造了条件。所谓合理的安排,包括两方面的要求:一是有一个统一的标准;二是便于解释语音的演变。

我们知道,《切韵》的唇音不分开合[①]。论其音值,有可能略带撮口势,可以把它们写作 p^w 等。《中原》的唇音既然开合不对立,如单从来源考虑,也就是单从它们同《切韵》的关系考虑,似乎把它们一律置开,或一律置合都可以。比如:

  例字 《切韵》   《中原》
  杯   p^{w}ɒi → pei(开)
          → puei(合)

置开口的,ɒ 变 e,声母撮口势消失;置合口的,声母撮口势强化而变为介音 u,ɒ 变 e,两者都可以说得通。可是如果考虑到《中原》往后的发展,也就是考虑到它和今天普通话的关系,置于合口,就会有不太合理的现象发生,比如:

  例字 《切韵》 《中原》 普通话
  杯   p^{w}ɒi → puei → pei

这里声母的撮口势先强化而变为介音 u,然后 u 又弱化而消失,出现了循环演变现象。循环演变虽然不能说绝对没有,但究竟不是语音发展的常规。如果把唇音置于开口,就可以避免这种现象。试看:

  杯 p^{w}ɒi→pei→pei

据此,我主张把《中原》洪音韵里面的唇音也和细音韵里的一样,一律置于开口。

或者说齐微韵阳声"微"小韵收有"维惟"二字,《正语》诸例中有"网有往"一例,似乎表明"微"、"网"等唇音字读合口而不读开口。其实这样的看法并不一定准确。"网"与"往"虽然可以理解为 vuaŋ 与 uaŋ 的对立,但也可以理解为 vaŋ 与 uaŋ 的对立。这后一种对立绝非出于杜撰,在现代方言里确有其例。比如西安话:②

  往 uaŋ(上声): 网 vaŋ(上声)

可以假定《中原》就是这样的格局。"维惟"与"微"同居是一种反变化现象,即介音 u 变成了 v,结果 uei 变成了 vei。这在现代方言里也不乏实例。比如太原话:③

  微 vei(平声): 维惟 vei(平声)

可以假定《中原》这三字也就是这样的格局。总之,《中原》本身并不存在唇音读合口的必然证据。这就使我们对把唇音全配开口这一安排的合理性有了更强的信心。

现在根据上述结论,以 p 代表唇音声母,把它在洪音韵母有开合对立的韵中配开口的情况列一总表如下。萧豪韵有合口,见下文第三节。

	开	合	唇		开	合	唇
江阳	aŋ	uaŋ	paŋ	齐微	ei	uei	pei
皆来	ai	uai	pai	真文	ən	uən	pən
寒山	an	uan	pan	萧豪	au	uau	pau
歌戈	o	uo	po	家麻	a	ua	pa
庚青	əŋ	uəŋ	pəŋ				

二　舌齿音与洪细

《中原》舌叶音声母 tʃ,tʃ',ʃ,ʒ 有二、三等两个来源。来源于二等的都拼洪音，大家没有分歧。来源于三等的拼洪或拼细虽然在多数韵里也没有分歧，但在东钟和江阳两韵里，意见却很不统一。

先看江阳韵的情况。江阳韵 tʃ 系声母有两组对立的小韵，现以阴平声为例，列其小韵首字如下：

tʃ	tʃ'	ʃ	ʒ
章	昌	商	穰
庄	窗	雙	

"章"行是中古阳韵知、章两组声母字，"庄"行是中古江韵知、庄两组声母字和阳韵庄组声母字，阳、上、去三声同。它们可能归入的韵母有三个，即 aŋ, iaŋ, uaŋ。这就给归法的分歧准备了条件。有人主张"章"行归 aŋ，"庄"行归 uaŋ[④]；有人主张"章"行归 iaŋ，"庄"行归 uaŋ[⑤]；有人主张"章"行归 iaŋ，"庄"行归 aŋ[⑥]。究竟哪种归法比较正确呢？

"章"行字的韵母《蒙古字韵》译作 aŋ，似乎把它们归入 aŋ 比较合适。但这并不可靠。第一，《中原雅音》"章"行字归 iaŋ，不归 aŋ[⑦]。第二《中州音韵》用"章"行字切同韵细音，如"亮，离丈切"，表明"章"行字也归 iaŋ，不归 aŋ[⑧]。《雅音》和《中州》都在《中原》之后，它们的"章"行字尚未失去 i 介音，《中原》就已变洪，当然未必。第三，周德清在《正语》条中举出"让有酿"一例，"让"与"酿"

声母既然不同,韵母则必然相同。"让"读细音可知。据此三点,可以断定"章"行字不应归 aŋ,而应当归 iaŋ。

"庄"行里的古江韵字自《四声等子》以下,《切韵指掌图》《切韵指南》等就都置于合口。但"庄"行里的古阳韵字都还一直在开口。到了《蒙古字韵》,又进了一步,一方面把"庄"行的古江韵字译作合口 uaŋ,一方面又把"庄"行的古阳韵字译作洪音 eaŋ[⑨]。eaŋ 是向 uaŋ 发展的过渡形式[⑩]。据此,"庄"行江、阳两韵字各自变化的步骤大致如下:

例字	《切韵》	《等子》	《蒙韵》	《中原》
庄	iaŋ	iaŋ	eaŋ	uaŋ
桩	ɔŋ	uaŋ	uaŋ	uaŋ

这种变化步骤看来是相当自然的,好像应该得到承认。不过就《中原》本身的例证来看,它的"庄"行字的韵母是 aŋ,不是 uaŋ。在《正语》条的辨误例中,有下面的对举系列:

桑有雙　　仓有㧯　　脏有粧　　藏有床
磉有爽　　　　　　葬有状

有人认为这些例子不仅辨别声母 ts 等与 tʃ 等的不同,而且也辨别韵母 aŋ 与 uaŋ 的不同[⑪]。这种看法显然是站不住的,因为在周德清所列的其他各对辨误例子里,没有一对是既辨声母,又辨韵母的,这儿的几对当然不应独为例外。如果承认每对例子只辨别声母或只辨别韵母,那么这里的对立系列就毫无疑问是辨别声母的,因为《中原》"桑"等与"双"等声母的有差别是已知事实。这一点确定了之后,这些例子所能证明的问题也就明确了。宁继福同志根据这些例子判定"庄"行字的韵母是 aŋ,不是 uaŋ[⑫],我认为是有道理的。这样一来"庄"行字的变化就出现了与前不同的情况：

	《切韵》	《中原》	《雅音》
庄	iaŋ	aŋ	uaŋ
椿	ɔŋ	aŋ	uaŋ

不仅步骤简化了，分并的程序也有了改变。前面"庄"等与"椿"等在都变合口以前一直不同韵，而这里则是先行合并，然后再变为合口。同样的音变结果在不同的方言里经历不同的变化途径是完全许可的。比如入声韵尾由 p、t、k 变为 ʔ，各方言的步骤就很不一致。有的 t、k 先变 ʔ 而 p 保持不变，如邵雍《皇极经世声音图》；有的 p、t 先并入 k，然后变 ʔ，如福州话[13]；有的 k 先变 ʔ 而 p,t 不变，如临川话[14]；等等，不一而足。可见《中原》的不同变化途径并不是不可理解的。因此我同意宁继福同志的意见，把"庄"行字归 aŋ 韵。

其次再看东钟韵的情况。东钟韵 tʃ 系声母大多认为当配细音。杨耐思同志根据《蒙古字韵》的译音把 tʃ,tʃ' 两声母配洪音，ʃ 声母配细音，但由于 tʃ,tʃ' 两声母的字也有译作细音的，他又声明配洪音不一定可靠[15]。

我认为东钟韵的 tʃ 系字应当归洪音，这有《中原》本身的两个证据。

1. 东钟韵平声阳 tʃ' 声母小韵内有下列各字："重虫慵鱅崇"。值得注意的是，里面有个古庄组声母的"崇"字。在《中原》里古庄组三等字在各个韵里都已变成了洪音，东钟韵当然也不能例外。这是一条规律。如果承认这条规律，"崇"字就得读洪音，那么与"崇"同音的"重虫慵鱅"等字当然也就都读洪音了。

2. 鱼模韵"入声作平声"栏有下列两个对立的小韵：

赎属述秫术术：淑蜀孰熟塾

这两个小韵也见卓氏《类编》，说明它们绝不是误衍。鱼模韵只有洪细两个韵母，这里两小韵的对立只能解释为洪细的对立。从"熟"字重见于尤侯韵，可以推知"淑"小韵读细音，而"赎"小韵读洪音。"赎属"二字原为东钟韵的入声，它们读洪音，也可以说明其相应舒声读洪音的可能性。

此外，《中原雅音》也可以参证。《雅音》在《中原》之后不过百年左右。它的东钟 tʃ 系字已经全部变成了洪音[16]。如百年之前尚未发轫，此事似乎不太可能。《雅音》原通摄入声字大部分也已变为洪音，并入 u 韵，但还有小部分字仍读细音，并入 y 韵[17]。这也说明原通摄舒声变洪音较早较快，而入声变洪音较晚较慢。这与《中原》的情况正好一致。

三　萧豪韵的韵母

《中原》萧豪韵究竟有多少韵母，至今意见还不能统一。我最初主张有三个韵母。即：au，包括中古豪韵和肴韵的唇音及舌齿音；iau，包括中古肴韵的喉牙音；iɛu，包括中古宵、萧韵[18]。后来觉得周德清"包有褒"等的辨误例子应当受到重视，因为那是本证，用参证材料推翻本证，显然是不合适的。因而又主张韵母数目可以不变，但要把 iau 改为 au，以中古肴韵全属之，同时相应地把 au 改为 ɑu，iɛu 改为 iau[19]。当然，不难看出，这样做有一个不利之处，就是不承认二等开口喉牙音产生 i 介音在《中原》里是一个普遍的规律,而且这一规律还是被《蒙古字韵》的译音所证实了的。不过在我们考虑到另外一些情况时,就知道这样做是有道理的。第一,《中原》其他开口二等韵的唇音及舌齿音都已与相应的一等韵合并了,只有肴韵例外,仍然独立。既然我们可以承认肴韵唇音乃舌齿音的例外,当然也就可以承认喉牙音的例外。就肴韵来说,《中原》与《蒙韵》本来就不相同,在唇音乃舌齿音是这样,在喉牙音也应当是这样。第二,《中原》把山摄(桓韵除外)分为寒山、先天二韵,又把咸摄也分为监咸、廉纤二韵,说明那时洪细有别,主元音 a 与 ε 不能互相押韵。这一点与元曲各家的押韵完全一致[20],可见它有广泛的语言基础,绝不是周德清的杜撰。如果我们把二等肴韵喉牙音韵母定作 iau,就得把三四等宵、萧韵的韵母定作 iεu。这不仅和两者之间可以押韵的事实不相符,也和周德清划分韵部的通例不相符。因为要是那样的话,周德清就必然会像对待寒山与先天,监咸与廉纤一样,把萧豪韵也分为洪细两部,即豪肴与宵萧。周德清没有这样做,正说明二等肴韵与三四等宵、萧韵的主元音一定是相同的,并不存在什么洪细之别。

总之,我认为对萧豪韵来说,ɑu、au、iau 三个韵母是比较符合事实的。但是否就只有这三个韵母呢?这就涉及合口 uɑu 韵是否存在的问题了。

最早承认萧豪韵"郭廓""镬"两小韵的韵母是 uɑu 的是赵荫棠,[21]后继者则为董同龢,不过他认为 uɑu(原作 uau,盖误)这样的韵母太奇怪[22]。再后,薛凤生也承认这个 uɑu[23]。我过去曾以现代方言未见和"镬"等字歌戈、萧豪两收容易弄错等理由否定了这个 uɑu 韵[24]。现在觉得这样做似乎武断了一点。现代方言未见,不一定古代就绝对没有。歌戈、萧豪两收也只有"镬"字,"郭"与"廓"都只见于萧豪,不见于歌戈。可见否定的理由并不充分,应当重新予以考虑。

至少有五点理由支持《中原》有 uɑu 韵:

1. 卓氏《类编》也收有"郭""镬"两小韵,说明《中原》并没有弄错。

2.《蒙古字韵》把这三字的韵母都译作 uaw[25],说明那时确实有 uɑu 韵存在。

3.《中原雅音》萧韵里也有 uɑu 韵,其中有"郭"字以及与"镬"同音的"获"字(据《集韵》),正与《中原》一致[26]。

4. 徐孝《司马温公等韵图经》效摄第十一合口篇除收唇音以外,还有见母的"钁"字和照母的"斵"字。陆志韦先生认为唇音是虚设,倒是很有可能,但他认为"斵"是 tʂuɒ 或 tʂuɒfi 而"钁"是错了地位或错字则未必可信[27]。很显然 uɒ 或 uɒfi 都不是 au 的合口,依徐书开合图的通例,作为 au 的合口的"斵"只能是 tʂuau。至于"钁"除依图例当读 kuau 以外,还有现代方言的证据。现代方言有把"钁"读 kuo 的,比如我的家乡寿县南乡话就是如此。尽管 uo 并不就是 uau,但这音作为一等合口,折合为徐孝的方言,实际上就等于 uau。大概"钁"字古代除三等合口的读法以外,还有个一等合口的读法,只是一等的读法《切韵》系韵书失收罢了。果然如此,徐孝《图经》不仅舌齿音有 uau 韵,喉牙音也有 uau 韵,这就更显得《中原》uɑu 韵的可靠性了。

5.《中原》古铎韵开口字派入 ɑu 韵,合口字派入 uɑu 韵,完全合乎规律。既然我们不怀疑派入开口读 ɑu 的可靠性,也就不应该怀疑派入合口读 uɑu 的可靠性。

由此可见要抹杀"郭""钁"两小韵在《中原》里的存在实在有困难。或者说,能否把它们作为开口字对待呢?[28]这也不能,因为无法解决它们分别与开口"阁""鹤"两小韵对立的问题。如果把它们看作开口,但不是和一等韵而是和二等韵,即肴韵相配的入声又如何呢?[29]这样做,对立倒是没有了,但可惜找不到根据。"郭""钁"等都是一等字,而且又都是合口,不变一等变二等,实在与音理相违背。何况这种变化又是在同韵开口入声"铎、落、恶"等字的韵母变同萧豪一等的同时实现的,就更是不可能的了。或者说,《中原雅音》"郭"作"古卯切"也许是这几个字的韵母变同二等肴韵的证据。实际上这也是不相干的。因为《雅音》肴韵唇音和舌齿音已与豪韵完全合并,如"庖,普毛切""谗,丑高切"等等都可以作证。所以"郭,古卯切"并不能作为"郭"变二等的证据,否则"攫"(与"钁"同音)《雅音》作"希毛切"又如何解释呢?

既然否定的道路走不通,恐怕还是以承认《中原》音系里有 uɑu 比较稳妥,这样萧豪韵就有了四个韵母,即:ɑu, uɑu, au, iau。这个 uɑu 后来元音单化变成了 uɔ 或 uo,并入了歌戈韵的合口,就成了现代普通话的格局。可见承认 uɑu 的存在也并不增加我们解释历史音变的负担。

附　注

① 参看邵荣芬《切韵研究》,110～122 页,中国社会科学出版社,1982年。

②③ 据北京大学中文系语言教研室编《汉语方言字汇》240页,124页,文字改革出版社,1962年。

④ 见杨耐思《中原音韵音系》,82~87页,中国社会科学出版社,1981年。

⑤ 见赵荫棠《中原音韵研究》,144~151页,商务印书馆,1936年。李新魁《中原音韵音系研究》135~136页,138页,中州书画社,1983年。

⑥ 宁继福《中原音韵表稿》,18~19页,22~23页,222页,吉林文史出版社,1985年。

⑦ 见邵荣芬《中原雅音研究》,43~45页,106页,山东人民出版社,1981年。

⑧ 据啸余谱本《中州音韵》,8页上,康熙刻本。

⑨ 据罗常培、蔡美彪合编《八思巴字与元代汉语》,102~103页,科学出版社,1959年。

⑩ 参龙果夫《八思巴字与古汉语》,30页,唐虞译,科学出版社,1959年。

⑪ 丁邦新《与〈中原音韵〉相关的几种方言现象》,《史语所集刊》第52本,第4号,1981年。

⑫ 《中原音韵表稿》,222页。

⑬ 据北大《汉语方言字汇》及高本汉《中国音韵学研究》后附《方言字汇》,商务印书馆,1938年。

⑭ 据罗常培《临川音系》,55~57页,科学出版社,1958年。

⑮ 《中原音韵音系》,79页。

⑯ 《中原雅音研究》97~98页。我在此书中为了照顾到同开合但洪细有对立的韵里三等 tʃ 系字一律配细音,只把用洪音切下字的"祟、廯"二字作为例外归入 uŋ 韵,其余的仍作细音,归 iuŋ 韵。现在看来并不妥当。《雅音》此韵 ts 系字已变洪音。ts 系吞并后面 i 介音的能力远不如 tʃ 系。因而 ts 系字变洪音,而 tʃ 字仍保持不变应该说是不可能的。《雅音》此韵 tʃ 系字应全部改归 uŋ 韵。

⑰ 《雅音研究》,138~139页,142~143页。

⑱ 见邵荣芬《汉语语音史讲话》,53~54页,天津人民出版社,1979年。

⑲　见《雅音研究》,73 页注①,按原注较简,未提改 ɑu 为 au,改 iɛu 为 iau 之事,因为这可以从 iau 改 au 推知。

⑳　参廖珣英《关汉卿戏曲的用韵》及《诸宫调的用韵》。依次见《中国语文》1963 年第 4 期 267～274 页,1964 年第 1 期 19～27 页。

㉑　《中原音韵研究》,233 页,237 页。

㉒　《汉语音韵学》,66～67 页,香港版。

㉓　薛氏先写作 wow,后改作 wɔw。见 *Phonology of Old Mandarin*, The Hague,1975 年。《北京音系解析》,105 页注②,北京语言学院出版社,1986 年。

㉔　《汉语语音史讲话》,54～55 页。

㉕　120 页。

㉖　《中原雅音研究》,150 页。

㉗　陆志韦《记徐孝重订司马温公等韵图经》见《燕京学报》,32 期,179 页,1947 年。

㉘　《中原音韵音系》即主此说,见该书 137～138 页。

㉙　《中原音韵表稿》即主此说,见该书 94～95 页,226 页。

(原载《中原音韵新论》,北京大学出版社 1991 年)

《中原音韵》尤侯韵中《广韵》尤韵明母字的音韵地位

《中原音韵》尤侯的平声收有《广韵》尤韵明母的一个同音字组中的八个字,即：

○缪矛眸鍪蟊牟麰侔

圆圈表示字组间的空格。《中原音韵》尤侯韵共有洪细两个韵母,即-əu和-iəu。研究《中原音韵》的人,对这组字的音韵地位持有不同的看法,在韵表里或者把它归入-iəu韵[1],或者把它归入-əu韵[2]。究竟哪种归法对呢？本文想谈谈这个问题。希望能对正确地确定这组字音韵地位有所帮助。

《广韵》尤韵和东三等的明母字在今音里有两个特点。一是没有跟同韵的唇塞音帮、滂、並一起变轻唇,二是韵母都由细音变成了洪音。问题在于这两个特点在《中原》时期是否就已经较普遍地存在了,如果已经较普遍地存在,那就可以肯定,把缪小韵归入洪音-əu韵的做法是正确的,而把它归入细音-iəu韵的做法是错误的。

我们知道,尤韵、东三等明母字变一等洪音还远在晋代李轨、徐邈的反切里就已有所反映[3],到陆德明《经典释文》的反切里,这一变化甚至基本完成了[4]。与德明差不多同时的曹宪《博雅音》,

及稍后颜师古的《汉书注》、玄应的《一切经音义》也都出现了类似变化[5]。再往后，张参《五经文字》[6]、慧琳《一切经音义》[7]也都有这方面的表现。只有《晋书音义》无此变化[8]，也许是遵守旧规使然。唐代的情况既然如此，可以想见，宋元时期出现这一音变的方言范围当然就更为广泛了。下面我们不妨检查一下宋元时期的一些重要音韵文献，看看在这个问题上的反映。

一 《集韵》

《集韵》中《广韵》尤韵和东三等明母字所属之韵及其反切如下，只录小韵代表字，韵目举平以赅上去入。

	平	去	入
侯韵	谋迷浮切		
东三	瞢谟中切	梦莫凤切	目莫六切

尤韵去声还有个"谬，眉救切"小韵；当是从幽韵混入的。《广韵》收幼韵，"麋幼切"，可证，所以上表未列。值得注意的是，"谋"小韵整个被移入了侯韵。这是《集韵》这个小韵已失去前腭介音，变为一等洪音的确证。反切下字仍用尤韵的"浮"字，显然是因袭《广韵》的结果。《礼部韵略》谋小韵也移入侯韵，反切则改成了"莫侯切"，纠正了《集韵》的因袭之弊，也进一步证实了这两书尤韵明母字已变洪音的事实。

《集韵》在书前《韵例》里写道："凡字之翻切，旧以武代某，以亡代芒，谓之类隔，今皆用本字。"这是轻重唇已经彻底分化的明确宣示。由此可知，上列东三的三个小韵都用明母字作反切上字，就绝不是在因袭《广韵》，而是在贯彻执行它分离轻重唇的条例。也就是告诉我们这些字读的是明母，而不是微母。既然这些字保持着重唇未变，可以推知它们的韵母实际上都已变成了洪音。切下字未改，也是因袭所致。

二 《皇极经世书》"声音唱和图"

邵雍此图列有十二"天音"图，主要表示其音系的声母系统并兼及元音洪细。现录其第三音图如下[⑨]：

		开发收闭
		水火土石
	清水	安亚乙一
三音	浊火	口爻王寅
	清土	母马美米
	浊石	目皃眉民

开发收闭这里略等于四等。我们要说的主要是末行首位属于东三等的"目"字。它排在行首，被标为开类，说明它具有洪音韵母。又在邵图轻重唇分离的情况下，它不与轻唇同列，而与重唇明母字同图，说明它具有重唇声母。一句话，邵雍音系东三等明母字已经变成了明母洪音。东三明母字如此，尤韵明母字当然也不例外，只是邵图没有表露出来罢了。

三 《切韵指掌图》

《指掌图》入声阴阳两配,侯、尤也各配入声。东冬已合并。它的侯、尤与东三明母字的列图如下,数字指等[⑩]:

	平	上	去	入
侯	德明一	谋	母	茂 墨
尤	质迄 微三	○	○	莓 ○
东三	钟 明三	瞢	鹲	夢 目

"谋"列入一等侯韵,是此小韵已变洪音的确证。尤韵微母不应有字,去声收有"莓"字,是根据《广韵》的"亡救切"。《切韵》"莓"字未收此音,大概是一个后起的或不规范的反切。

东三"瞢、夢、目"三字置于明母之下,这也跟《集韵》的情形一样。在轻重唇已经分化的情况下,这些字的韵母实际上也只能是洪音。此行上声"鹲"字《广韵》入肿韵,而实际上它是冬韵上声,是一等洪音。它跟"瞢"等同列,也是"瞢"等已读洪音的一证。

四 《五音集韵》

韩道昭《五音集韵》沿用荆璞《五音集韵》的办法,把三十六字母引入书中,各小韵前都标明所属声母。现看它的尤韵和东三等韵明母字的反切[⑪]:

		平	去	入
尤	微	谋莫浮切		
东三	微	瞢谟中切	雺莫凤切	目莫六切

这里除了把这些小韵的声母标作微母外,跟《广韵》好像没有什么区别,透露的语音消息比起《集韵》来,似乎更少。不过韩道昭在"谋、瞢、䁠"等小韵内对把这些用明母字作切的字改作微母的做法加注作了解释。三处解释文字虽略有差异,但内容大致相同。下面转录"瞢"小韵最后一字下的解释于下:

  此上一十一字,形体可以归明,却谟中为切,正按第三互用,违其门法。今昌黎子改于微母,以就俗轻,风丰逢瞢,共同一类。引先人《澄鉴论》云:"随乡谈无以凭焉,逐韵体而堪为定矣"。正明此义者也。

原来韩氏认为这些字本身确实是明母字,但作谟中切,荆氏把它们标作明母则不妥。由于切下字"中"是三等字,三等字只能与微母相拼,否则就不合"第三互用"门法。为此他主张应遵从其父遗训,把这些字的明母一律改读微母,以便与轻唇音非、敷、奉三母一致。韩氏这样做,完全忽视了尤韵和东三等的明母字不变轻唇的特殊情况,而认为唇音轻化也应当适用于这两韵的明母字,这当然是不正确的。好在他还承认这些字本读明母,读微母是他改的,而且认为明母的读法是"乡谈",也就是口语读音。结果还是把这些字在口语里已变成明母洪音的事实给透露了出来。

五 《蒙古字韵》

  《蒙古字韵》不仅把字音按声韵归类,而且还用八思巴字母为之注音。下面是《广韵》尤韵和东三等明母字在《蒙古字韵》中的声韵类别及其八思巴字注音的转写[12]:

	平	上	去	入	
十一	尤	微	谋	○	○	wuw
一	东	微	瞢	○	䁅	wung
五	鱼	微	无	武	务	目	wu

从八思字的注音看,上列明母三等字的韵母,全都读成了一等洪音,即"谋"与一等"裒"的韵母都是-uw,"瞢"与一等"蒙"的韵母都是-ung,"目"与一等"木"的韵母都是-u。这完全符合明母字韵母变洪音的规则。但值得注意的是,它们的声母不是明母,而是微母。这显然跟这些字保持明母不变的一般常例不相合。虽然这对证明我们的论题并无大碍,但这一情况毕竟有些异常。这里面可能存在人为因素。上文提到《五音集韵》改明为微的情形,与此有点类似,只不过这里的韵母都明确注为洪音罢了。

六 《古今韵会举要》

《举要》中《广韵》尤韵和东三等明母字的反切及注音如下[13]:

	平	去	入
十一	尤_{与侯}	谋迷浮切	
	幽通	宫次浊音	
一	东独用	瞢谟中切	梦莫凤切	目莫六切
		音与蒙同	音与懵同	次宫次浊音

《举要》只给所分的韵编号,而不用韵名,但在韵的编号下注明"独用"、"与某通用"等字样。上列各小韵都是沿用《集韵》的反切,并不代表《举要》自己的语音系统。《举要》的音系:由其所

标注的小韵声母、字母韵以及"音与某同"等来表示。第一韵平声:"瞢"小韵注云:"音与蒙同",去声"梦"小韵注云:"音与檬同"。这是明确告诉我们"瞢、梦"两小韵都读一等洪音。入声"目"小韵下未见"音与木同"的注文,而且把声母定作"次宫次浊音",也就是微母。这种情况与《五音集韵》《蒙古字韵》都有类似之处。改明为微,固是虚构,以微母拼切洪音,也乏实证。

十一韵"谋"小韵也未注与何字同音,这是因为一等韵平声明母无字之故(《广韵》侯韵有"呣,亡侯切"。《集韵》改"呣"为"谋"重文。《集韵》是对的),并不足作为谋小韵未变洪音的证据。另外"谋"小韵的声母注为"宫次浊音",也就是明母,这也是此小韵的韵母已变读洪音的标志。

七 《四声等子》和《经史正音切韵指南》

《等子》⑭和《切韵指南》⑮对《切韵》尤韵和东三等明母字所作的列图,完全相同。请看:

	一等	二等	三等	四等
流摄 明微	呣母茂木	此下二字 并入头等	谋○莓目	缪○谬○
通摄 明微	蒙朦檬木	○○○○	瞢○瞢目	○○○○

值得注意的是,流摄二等栏内"此下二字并入头等"的注文。所谓此下二字当指下栏"谋、莓"二字而言。这是尤韵明母字读一等洪音的确证。可惜所注未包括"目"字。这又让人想到了《五音集韵》。把"目"字改读三等微母的是《五音集韵》,而《等子》与《切

韵指南》都跟《五音集韵》关系十分密切。刘鉴在书的自序中,曾明确指出,他的书"与韩氏《五音集韵》互为体用,诸韵字音皆由此韵而出也"。显然"目"字归微母三等是沿袭韩书而来,跟实际语音当然不可能相符。通摄三等的"犎"字是钟韵字,可以暂且不论。"朦"字是一等字,此处列入三等,也可能是此栏字均读洪音的一个信息。不过此字于通摄只有上声读,没有去声读,《广韵》《集韵》《五音集韵》都如此。此处列入去声栏,大概是抄刻之误。

以上我们检查了八种韵书及韵图,除了来源较早的《韵镜》和《七音略》之外,宋元时期的重要语音文献遗漏的不太多了。在这些文献里,《切韵》尤韵、东三等的明母字都毫无例外地变成了一等洪音。面对这种情况,我们显然没有理由认为《中原音韵》独能例外。何况与上列诸书相比,除了《切韵指南》之外,《中原》还算是最为晚出的呢。更重要的是《中原》本身还有证据。比如东钟韵平声三等"瞢"与一等"蒙"同小韵,去声三等"梦"与二等"孟"同小韵,鱼模韵平声栏三等"谋"与一等"模"等同小韵,入声作去声栏三等"目、穆、睦、牧"与一等"木"等同小韵都是。如果说前列各文献的证据是外证,那么这里《中原》自身的证据就是内证了。外证加内证,我们可以绝对有把握地说,《中原》尤侯韵"缪"小韵的八个字应当是入洪音韵-əu 韵母,而不应该归入细音韵-iəu 韵母,归-iəu 韵母的做法错了。

最后还有必要说明一点。我们一向认为尤韵和东三等明母字之所以没有变轻唇,是因为在轻重唇分化之前,它们就已经失去了前腭介音,变成了一等洪音,从而轻化条件对之不起作用的缘故。由此可知,此类字变洪音应该在前,唇音轻化应该在后,否则明母就没有理由不跟同韵唇塞音一起变轻唇了。这也就是说，凡是轻重唇已经分化了的音系，它的尤韵、东三等明母字由细到洪的变化，必定都已经在先就完成了。陆德明《经典释文》音切的轻重唇尚未分化，但它的尤韵、东三等明母字已基本完成了从细音到一等洪音的变化，应该说是一个很好的例证。如果这一想法不错的话，我们就能更进一步证明上述八书以及《中原音韵》音系中《广韵》尤韵、东三等明母字变洪音的确凿可靠，因为八书及《中原》的轻重唇都已经完全分化了。这一点对《韵镜》《七音略》也一样适用。因为它们都引入了轻唇四母。尽管《切韵》轻重唇尚未分化，但两书作者的语音肯定已经分化了。他们的尤韵、东三等明母字也肯定已经变成了洪音，只是由于韵图格式的局限，没能表露出来罢了。

附 注

① 见赵荫棠《中原音韵研究》277页，281页，商务印书馆，1936年；杨耐思《中原音韵音系》176页，中国社会科学出版社，1981年；李新魁《〈中原音韵〉音系研究》204页，中州书画出版社，1983年。
② 见宁继福《中原音韵表稿》132页，吉林文史出版社，1985年。
③ 参见《〈切韵〉尤韵和东三等唇音声母字的演变》，《邵荣芬音韵学论集》198~210页，首都师范大学出版社，1997年。
④ 同上。
⑤ 同上。
⑥ 参邵荣芬《〈五经文字〉的直音和反切》，《邵荣芬音韵学论集》247~279页。
⑦ 参黄淬伯《慧琳〈一切经音义〉反切考》，《史语所单刊》。

⑧　参邵荣芬《〈晋书音义〉反切的语音系统》,《邵荣芬音韵学论集》,211~245页。

⑨　转录自陆志韦《记邵雍〈皇极经世〉的"天声地音"》,《陆志韦近代汉语音韵论集》40页,商务印书馆,1988年。

⑩　渭南严氏《音韵学丛书》本,3页,7~8页,四川人民出版社1957年原版印行。

⑪　据宁忌浮《校订五音集韵》,中华书局,1992年。

⑫　据照那斯图、杨耐思《蒙古字韵校本》28~29页,138页,66~67页,民族出版社,1987年。

⑬　据中华书局2000年影印明刊本,宁忌浮整理。

⑭　据南海伍氏咸丰11年(1861年)刻粤雅堂本。

⑮　据北京大学图书馆藏手抄本。

(原载《音史新论——庆祝邵荣芬先生八十寿辰学术论文集》,董琨、冯蒸主编,学苑出版社2005年)

《韵法横图》与明末南京方音

《韵法横图》和《韵法直图》都是最早由梅膺祚刊表的书。梅氏在分别为两书写的序言里，认为传统等韵和门法"其法繁，其旨密，人每惮其难而弃之"，《横图》则"褫其繁，以就于简，阐其祕，以趋于明，令人易知易能"。《直图》的情况也一样，只要"按图诵之"，则"音韵著明，一启口即知"。[①]因而于万历甲寅（1614年）决定把它们付梓，并附于他自己编的《字汇》的后面。

《横图》和《直图》的性质相近，都是教人根据反切以求字音的书。《横图》原名《标射切韵法》就是作者根据写作目的确定的书名。因其图式是声母横列，与《直图》的声母直列正好相反，梅氏为了使书名对称，所谓"一直一横，互相吻合"，于是把它改称为《韵法横图》。

《直图》的作者无考。《横图》为上元（今南京）人李世泽所作。李氏又名嘉绍，据梅氏说，他是李如真，也就是李登的儿子。李登有《书文音义便考私编》（以下简称《私编》）一书。据自序成书于万历丙戌，即1586年[②]。《横图》有受《私编》影响的痕迹，应当作于《私编》之后。

梅氏说，他得到《直图》在先，即在万历壬子（1612年），得到《横图》在后，因而一般认为《直图》的成书要早于《横图》。其实这是一个误解。比较两书，不难发现，至少在韵的归呼问题上，《直图》有明显抄袭《横图》的地方（详下文）。因而实际上应该是《横图》在前，《直图》在后。如果这个判断不错的话，那么《横图》的成书年代应该在《私编》之后至梅氏发现《直图》之前，即1586年至1612年之间。

《横图》和《直图》是两部比较有影响的等韵图。过去虽然有人对它们作过介绍，但都很简略，因此很有必要对它们作进一步的研究。本文打算先讨论《横图》，重点在于揭示它有意无意中所反映出的当时南京方音。《直图》留待另文讨论。下面分声母、声调、韵母、特别字音四项，依次讨论。

一　声母

《横图》采用36字母，作横向排列，一母一行，跟《切韵指掌图》相同。这本甚简明，可又在帮、端、精组声母下分别以小字附列非、知、照组声母，在非、知、照组声母下分别以小字附列帮、端、精组声母，以便保存《七音略》《韵镜》等古韵图中邦与非，端与知，精与照各组声母的相互关系。因而不论是声母体系，还是列图形式，都存在着严重存古现象。嘉绍之父李登的《私编》曾经透露，当时的南京话只有21个声母[3]。两相比较，就不难看出，嘉绍在脱离自己的语音实际方面走得有多远了。不过从《横图》的具体列字和各图之末所附的注文中，我们还是可以大体上考出作者方音的实际声母系统来的。

1. 清浊

《横图》舒声列 42 韵,入声列 16 韵。韵末往往有附注,其中有一部分涉及清浊音的问题。现在先看跟照床、晓匣有关的附注。舒声韵目以每韵平声所列第一字为代表,照组声母列例时依《横图》之旧,行文时改用庄、章等。

  基韵上声床母 士 注云:士读如至音
    去声床母 示 注云:示音至
  居韵上声照母 阻 注云:阻即助上声
  瓜韵上声匣母 踝 注云:踝读如化音

例一"士"字是崇母字,例二"示"字是船母字,那时两字大概也同今天大多方言一样,都读成了擦音,但李氏认为它们应当读塞擦音,以与其他全浊声母一致,故特加注改读。他改读这两个全浊声母字用的是章母的"至"字,这说明当时崇、船两母的浊音成分已经消失。例三"阻"是庄母字,当时也许已读如一等,从而与居韵不合,故加注说明。但他用来注音的却是崇母的"助"字。这也是当时庄、崇合并,清浊没有分别的例证。例四"踝"是匣母字,当时大概读的不是去声,故以去声字注之。但用以注音的却是晓母字,也是清浊不分的表现。很显然,这些都是李氏口语不分清浊的反映。全浊声母失去浊音成分,并入相应的清音,跟《私编》在《辨清浊》一条中所提出的"并去+浊母"的说法基本相合。

现代的南京话跟北京话一样,全浊音的塞音和塞擦音逢平声变成了送气的清塞音和清塞擦音,逢仄声变成了不送气的清塞音和清塞擦音[④]。据我们看李氏的口音也是这种情况。请看下面的附注。

   京韵平声禅母 成 注云：成 升浊

   姜韵平声禅母 常 注云：常 商浊

   坚韵平声禅母 禅 注云：禅 羶浊

   鸠韵平声禅母 酬 注云：酬 收浊

这里被注的都是常母字，注音的都是书母字。所谓"某，某浊"并不是要人辨别某是清，某是浊的意思，否则常、书相配的音节很多，为何大多数都不加注，而只对少数平声字加注呢？其实这也跟上文所举"士""示"两例的情况类似，其所以要加注，显然是因为这些常母字的读音发生了歧异，跟相应的书母字不相匹配的缘故。我们只要把这些被注字跟今日的南京话对照一下，就不难看出两者的歧异所在了。原来被注字"成、常、禅、酬"的声母今日南京话都读 tʂʻ-，而注音字"升、商、羶、收"的声母今日南京话都读 ʂ，这就是它们的歧异之处。有理由设想李氏时的南京话也已如此，只不过这些声母当时还跟-i-介音相拼（见下文），发音部位大概还是舌叶罢了。所以李氏要提醒人们这些常母字是 ʃ - 的浊音，如依口语读成 tʃʻ- 的浊音，就两不相配了。此外，常母还有一个加注的例子：

   规韵平声禅母 垂 注云：垂 音谁

规韵平声书母无字，图中借用上声的"水"字充数，"水"与"垂"声调不合，故注云："垂，音谁"，而不说"垂，水浊"。"谁"字也是常母字，但既用它为"垂"字注音，说明李氏认为它的声母是跟书母相配的，而"垂"则不是。现今南京话"垂"读 tʂʻuəi（阳平），而"谁"读 ʂuəi（阳平），正好证实了这一点。可以推知，当时"垂"与

"谁"的区别当是 tʃʻ-与 ʃ-的不同。总之，上述诸例显示李氏时常母平声字一部分读送气清塞擦音，一部分读清擦音，已跟今日的南京话没有什么差别了。

常母之外，邪母平声字也有一些类似的附注例子：

  姜韵平声邪母　　详　　注云：详　襄浊

  基韵平声邪母　　词　　注云：词　思浊

  鸠韵平声邪母　　囚　　注云：囚　修浊

今日南京话被注字"详、囚"的声母读 tɕʻ-，"词"的声母读 tsʻ-，注音字"襄、修"的声母读 ɕ-，"思"的声母读 s-。被注字的声母都是送气清塞擦音，注音字的声母都是清擦音，其差别的性质跟上述常书的注例完全相同。李氏尖团音不混，因此可以推知当时"详、词、囚"的声母是 tsʻ-，"襄、思、修"的声母是 s-，腭化则是后来的演变。李氏邪母平声字一部分读送气清塞擦音，一部分读清擦音（"旋、涎"等字未加附注，可以假定读清擦音），也跟今日南京话完全相合。

现代方言显示，凡常、邪两母平声字有一部分读送气清塞擦音的，则其他全浊声母平声字也都读送气清塞擦音。既然李氏常、邪两母平声字都有一部分读送气清塞擦音，这就不难推定他的其他全浊声母平声字读的也都是送气清塞擦音了。

关于来自全浊母的清塞音及清塞擦音逢仄声不送气，《横图》的附注里也有所反映。上文所举以"至"字注"士""示"二字就是这类例子。此外还有一例：

  入声谷韵并母　　曝仆　　注云：曝仆音不

"曝仆"二字的声母不用说都如今音读 pʻ-，李氏认为这样读不合全浊入不送气的通例,故注云:"音不"。"不"字至少宋代以来都读同帮母,所以此注不仅说明李氏的实际语音帮並无别,而且也说明来自古浊音的清塞音和清塞擦音逢仄声都读不送气音。

来自古浊音的清闭塞音平声送气,仄声不送气,跟今天的南京话完全相合。

2. 照组和知组

《横图》照组声母二三等不分,也即庄组、章组不分,但知组与照组各为独立的声母组,分开列图。从表面上看,知、照似乎有分别,但是在具体列字时,两者往往有相混之处。比如"勺"《广韵》"之若切",是照母三等字,却列入入声脚韵知母之下;又比如"转"《广韵》"陟兖切",是知母字,却列入洺韵上声照母之下。由此可见,知组跟照组在李氏的口语里也是不分的。《私编》知照两组不计次浊只立照、穿、审三母,跟嘉绍的语音正好相合。

3. 疑泥娘影喻

疑母与泥娘喻三母的关系,《横图》的图注中也有一些反映。请看下面的例子:

基韵平声疑母　　倪宜　　　注云:倪宜一音
京韵平声疑母　　凝迎　　　注云:凝迎一音,不同宁盈
入声吉韵疑母　　逆岌鹢　　注云:逆岌鹢并一音,异乎匿乞亦
入声结韵疑母　　臬业　　　注云:臬业一音,异乎涅曳

例一的"倪"今读声母作 n-,而"宜"失声母。《横图》强调两字同音,说明当时的"宜"也跟今音一样,已经失声母,并入了喻母。后

三例以疑母的"迎""鸑""业"分别跟喻母的"盈""亦""曳"对举,要人们不要读"迎"如"盈",读"鸑"如"亦",读"业"如"曳"。这更明确地反证当时疑母的"迎""鸑""业"都已失声母,分别读同了"盈""亦""曳"。同时又以疑母的"凝""臬""逆"分别跟泥母的"宁""涅",娘母的"匿"对举,指出它们的读音也不相同。这又向我们透露,当时的实际读音"凝""臬""逆"已经分别读同了"宁""涅""匿"。也就是疑母的一部分字已与泥娘无别了。疑母细音字一部分失声母,一部分跟泥娘合流,跟近代官话的发展基本一致,现代南京话 n-与 l-不分,读 n-的疑母字可以读 l-,那显然是后来的演变。

《横图》影喻分立,但也有相混之处。例如入声甲韵把影母的"鸭"字列入喻母之下,就是一例。可见《横图》影也已失声母,并入了喻母。

4. 声母表

综上所述,可知李氏的口语里实际上已经不存在全浊声母。浊塞音和浊塞擦音的平声并入了次清,仄声并入了全清。浊擦音并入了相应的清擦音。但邪母、常母,也许还有船母,平声中的一部分字变成了清送气塞擦音。泥娘合并,疑母细音部分字并入了泥娘,部分字失声母,洪音大概仍作 ŋ-。这些都跟《私编》所列仄声 21 母(也就是当时南京话的实际声母)大致相合。惟有《私篇》并非、敷、奉为一母,而《横图》非、敷、奉之间未见相混之例,是两书的不同之处。不过《横图》的无例大概只是偶缺而已。

现把考得的明代南京话声母列表于下。

唇音	p	pʻ	m	f	v
齿头	ts	tsʻ		s	
舌头	t	tʻ	n		l
舌上正齿	tʃ	tʃʻ		ʃ	ʒ
舌根	k	kʻ	ŋ	x	
∅(零声母)					

二　声调

《横图》分平上去入四声，也是遵守旧规的表现。实际上他自己的语音平声是分阴阳的。这也可以从他的图注中看出。君韵平声心母"荀"字后注云："荀阴平。"这是因为"荀"字也跟今天的普通话或很多方言一样，读成了阳平，跟邪母所列的"旬"字变成了同音，所以李氏特地加以注明。这是平分阴阳的确证。

浊上也有变化。李氏在后序中提到射标的"浊声法"时写道：

浊声法者上声内有十标，标下字尽似去声，盖浊音也。若作去声，即差。今除平上入三声外，但去声箭觉有乖张，即便向上声内觅之。如多动切董字，思兆切小字，奴罪切馁字，是也。

"十标"指十个全浊声母。浊上字"尽似去声"，所以上声字若逢浊上字作切下字，势必切出去声字，与切字的目的不合，难免"觉有乖张"。这时则须"向上声内觅之"，才能得到要切的字。这段话可以说是当时浊上已经变去的生动表白。

平分阴阳，说明李氏的实际语音是阴、阳、上、去、入五个调。

浊上变去,也符合声调变化的一般潮流。现在南京话的声调系统跟李氏的完全一致,说明它的形成至少已有四百年了。

三 韵母

1. 四呼

明代由于音韵结构的演变,介音的四呼格局已经逐渐形成。于是音韵分析的新方法也就随着应运而生了。桑绍良的《青郊杂著》把韵母分为"轻科""极轻科""重科""次重科"四类[5],就是按照当时介音的新格局,用新的方法给韵母分类的。所谓四科就是后来的开、齐、合、撮四呼。只不过所用名称没有后来的贴切罢了。稍晚李登在他的《私编》中,在前已有之的"开口""合口"之外,创用了"撮口呼"一词,对四呼术语的发展作出了贡献。但可惜的是,他并没能完全从介音的角度来分析韵母,还杂用了韵尾、主要元音等尺度,如把收-m 的韵叫"闭口呼",收-n 的韵叫"卷舌"音,舌尖元音韵叫"抵齿"音,等等[6]。到了《横图》,继《私编》之后,又创造了"齐齿"(呼)这一术语,于是四呼之名遂臻于齐备。这是《横图》的一个重要贡献。过去凡是认为《直图》的成书在《横图》之前的,都把四呼名称的发明权归之于《直图》,比如赵荫棠就曾说过:"确切给呼类起名的,依现在所得见的材料,则当以此《直图》为始。"[7]这当然是一个错误,对《横图》,甚至对《私编》都是不公平的。

《横图》舒声分为42 韵,入声单立,分为16 韵,合共58 韵。它对这58韵都一一作了分类标注,现开列于下。舒声韵目以平声第一字为代表,入声韵附在舒声之后,以斜线隔开。

  合口   公裩光(限平声)规孤乖瓜戈官关/谷刮国郭

  撮口   巩君惲(限平声)居涓。阙[⑧](见母空缺,此第二字)/菊橘厥镢

  开口   庚根冈(限乎声)该歌干高钩/阁革各

  齐齿   京巾金基皆加结坚交骄鸠/吉甲结脚

  齐齿卷舌 间

  齐齿卷舌而闭 监

  闭口   兼甘

  混   肱/䋞 光/冈(上去声) 惲/姜(上去声) 姜/角

从上列的分类可以看出,虽然大部分韵《横图》都纳入了四呼的框架,但还没有完全摆脱《私编》的影响,仍然把-m和-n尾掺入分类的标准之中去。比如间、监两韵归入齐齿呼本来是很正确的,但仍然要缀上"卷舌"或"卷舌而闭"一类字眼,这就不免画蛇添足之憾了。所谓"闭"当是指-m尾而言,所谓"卷舌"大概指发-n时舌尖上翘而言。《横图》在监韵的附注中认为监韵的"音与间同,但旋闭口"。既然间韵为"卷舌",监韵当然就是"齐齿卷舌而闭"了。

"混"呼也是《横图》首用之词。就其所辖的韵来看,大概是指两韵同列而言。如肱和䋞是一合一撮;光和冈上去声是一合一开;惲和姜上去声是一撮一齐,平声姜既有古二等江韵字,又有古三等阳韵字;入声角韵虽基本上只有古觉韵字,但它的舌齿音是合口,因而也是开合两存的韵。值得注意的是,标为混的主要是光、惲、

冈、姜、角五韵。它们在古韵图里属于江宕两摄。后来由于语音演变而互混。到了《四声等子》遂有"内外混等""江阳借形"一类说法。《横图》"混"呼之名大概是受《等子》影响而来，只不过略加扩展，延伸至肱、绷两韵而已。

上文说过，在归呼问题上《直图》有沿袭《横图》之处，指的主要就是这混呼。《横图》所谓混呼都是实有两韵并列。到了《直图》《横图》合列的韵都已分开，各自独立成韵，但仍然标为混呼，于是就造成了名不副实的局面。比如肱、绷两韵《直图》改名为觥韵和肩韵，并分开各自独立为一图，但在肩韵后面仍然注为混呼，其盲目抄袭之迹，就暴露了出来。最为突出的是冈、光两韵及其入声各韵和郭韵。《横图》平声冈、光两韵及入声各与郭两韵均分列，故分别依次标为开与合；上去冈合列，故标为混。《直图》把冈与光的舒声及入声各与郭均各划分为两韵，并把古阳韵唇音字加入冈韵，每韵各为一图，四声相承。因而根本不存在因声调不同而异呼的问题。但它仍然沿袭《横图》按声调分呼的办法，在冈韵之后注云："平入开口呼，上去混呼"。这种不顾韵类划分的差异，盲目抄袭前人术语的现象，是《横图》成书在前，《直图》成书在后的确证。《直图》的这种承袭毫无疑问是由于对《横图》混呼这一术语不理解造成的。清人贾存仁的看法很对，他在《等韵精要》里说："《横图》《直图》俱有混呼。然《横图》所谓混呼者，皆谓两韵相混，非谓开齐合撮之外，别有一种呼法为混呼也。自《直图》误认，竟立混呼一名，后此诸家皆因之而不能变，然则韵家之辗转相误而有名无实者，夫岂少哉！"[9]贾氏看出《直图》的承袭是由于对《横图》混呼误认的结果，真可谓一针见血之谈。

此外，《直图》对《横图》的这种盲目承袭还见于韵部归字和音韵配合方面。比如《横图》光、冈两韵的上去声为混呼，故开合口字合列，而《直图》光与冈已分立，并且四声相承，但光韵上去声却仍然收入已见于冈韵的邦组、端组、精组及来母字。这种上去声开合字重出现象，也显然是由于对混呼的误认而盲目承袭的结果。又比如《直图》把《横图》加韵中的唇音和舌齿音字分出来独立为挈韵，其韵母当为－a，其入声当如干韵，但它却注云："入声如艰韵"。仍然以《横图》加韵为尺度来定挈韵的入声。这也是析韵不精，盲目承袭的结果。这些都进一步加强了《横图》早于《直图》的论断。

2. 分韵中的存古因素

《横图》的58韵虽不算太多，但其中仍然有不少存古因素，并不跟当时的南京话完全相合。根据韵图附注，参照今天的南京话，我们可以考知这方面的一些情况。现条述如下：

1）从表面看，《横图》有金、兼、甘、监四个-m尾韵，把它们叫做闭口呼，以与巾、坚、干、间四个-n尾韵相对立。不过就李氏的实际语音来说，-m尾已不复存在。这从其对-m尾韵一律指明其与-n尾韵同音，但只需闭口的附注中可以看出。比如金韵图中列在巾韵下一行，附注云："音悉同上列，但旋闭口"；兼韵图中列在坚韵下一行，附注云："音悉同上列，但旋闭口"；甘、监两韵之末的附注也类似。其他分立的韵不注明其区别，独对-m和-n尾韵注明区别，正是两者没有区别的证据，至少在口语里是这样。此外巾韵滂母"缤"字图末注云："缤，品平。"这可以说是一条直接的证据。

既然"品"跟"缤"韵母相同,-m 尾并入-n 尾就是毫无可疑的了。这样金、兼、甘、监四韵就纯粹是为存古而设,跟当时口语的实际读音并无关系。今天的南京话包括原-m 尾的-n 尾一部分变-ŋ,一部分鼻化,那是后来进一步演变的结果。

《私编》的-n 尾韵都注明兼该-m 尾韵,但又指出"内自有别"[⑩],好像二者仍有区别似的。今既确知《横图》两尾已并,可断《私编》的所谓"内自有别"也不过是存古之词罢了。

2)庚韵包括古庚二等、耕及登三韵的开口字,《横图》也标作开口。但平声图末注云:"行音恒,非刑";上声图末注云:"杏、幸并衡转,不依刑转"。所谓"转"是指调四声而言。既然强调"行、杏、幸"等字不能读同四等细音的"刑"字或与"刑"四声相转,正好从反面告诉我们此三字当时已经有了-i-介音,韵母已经跟"刑"字相同了。《横图》没有根据此三字当时的实际读音把它们归入京韵,而仍然把它们跟读洪音的一二等字一起放在庚韵,也是存古的表现。

跟此相类似的还有规韵和橘韵。规韵去声图末注云:"帅即税。"这说明"帅"字的韵母当时已不读-uəi,而像今日大多数官话方言,也包括南京话在内一样,读成了类似-uai 的音。但《横图》不把它归入乖韵,而仍然跟古脂韵系合口字一起归入规韵。这显然也是存古的做法。入声橘韵图末注云:"率,书入声。"据此可知"率"字当时的韵母一定不是-yʔ,大概也跟今日南京话相类似,读作-uəʔ。但《横图》仍然把它归入韵母是-yʔ 的橘韵。不用说这也是存古。"帅"和"率"都是庄组字,它们在今天方言里,跟古同韵的字往往异读,《横图》附注所反映的正是这种带有规律性的变读,因而也不一定就限于这两个字。要是那样的话,《横图》的守旧意识就更浓了。

3)肱、绒两韵合列,标为混呼。平声图末注云:"此列与公、巩列同音,但旋开口。"上声注云:"此列与°工巩列同音,但旋开口。"去声注云:"此列与贡巩°列同音,但旋开口。"这里注出两者的读音差别,正是反证当时实际读音肱与公,绒与巩都已经没有了区别。可见肱、绒两韵的设立,完全是为了存古。[11]

4)齐齿的皆、加、间、监、甲等韵所包括的都是这些韵目字所在的各个古二等韵的全部开口字,其中帮、知、照各组声母现代官话,包括南京话,都跟古音一样,不同-i-介音相拼。如果在《横图》中它们带-i-,那就会出现从不带-i-到带-i-,又到不带-i-的循环演变过程,其可靠性似乎有问题。这些二等字不另外立韵或并入相关的一等韵,大概也与存古有关。这一点倒不是仅仅根据推想,也有图末附注可证。间韵平声图末注云:"间,坚安二合,与山叶,余皆同";间韵去声图末注云:"此一列兼见、干二列字音"。这说明间韵已分化为两类,一类同于一等干韵,一类有前腭介音,而且并入了坚韵,即古三四等韵。结果不仅间韵的帮、知、照组声母失去了独立性,并入一等,而且有了前腭介音的见系字也失去了与三四等对立的地位。这种情况就跟现今南京话毫无区别了。这明确告诉我们,当时实际语音并无独立的间韵,设立间韵完全是为了存古的目的。据此以推,皆、加、监、甲等韵中的古二等唇音字和舌齿音字按实际语音大概都应归入开口或并入一等,而不是如书中那样归入齐齿,见系字则都应并入古三四等,而不应跟它们对立。

光、恇、冈、姜四韵一组,包括古江宕两摄字,其相配列情况如下表,上去声栏的韵目举上以赅去。

调	呼	韵	古韵	调	呼	韵	古韵
平声	合	光	唐合	上去声	混	广°冈	荡开合
	撮	恇	阳合		混	°羗°䇎	养开合
	开	冈	唐开				
	混	姜	江阳开		混	讲	讲

可以看出,在四呼和韵的配列上,平声跟上去声是不同的。平声唐合与唐开分列,上去声则改为合列;平声江韵与阳开口合列,与阳合口分列,上去声则改为养开与养合合列,而讲韵单列。唐韵本来是开合相配的,分列或合列并不反映语音上的不同,合列只不过是为讲韵腾地方而已。至于江韵平声与阳开口合列,而上去声单列,就可能跟两者的读音有差别相关了。也许可以这样设想,即《横图》时,江韵喉牙音平声大部分字已产生了前腭介音,但上去声还没有,所以要与养开口分列。尽管如此,姜韵中还包括古阳韵中已变合口的庄组字,包括古江韵系的唇音字及已变合口的舌齿音字,而单列的讲韵中还包括已变合口的舌齿音字,这些也都是存古的表现。

入声角韵包括全部古二等觉韵字,另列有群母的"雐"字。"雐"不见于《广韵》、《集韵》,而见于《玉篇》,作"巨角切"。《字汇》引此反切,但云:"音脚"。可见此字当入脚韵,《横图》入觉韵,实为不当。又列有影母的"约"字。"约"《集韵》收有"乙角切"一音,入觉韵,当是《横图》所据。《横图》在角韵之外,还有各韵和脚韵,一开口,一齐齿。角韵则标为混。说明角韵具有与各、脚两韵不同的韵母。如果各是-oʔ，脚是-ioʔ，那角就是-ɔʔ了。上述江韵上去声单列的情况，正好与这里一致。这就是说角韵的喉牙音也没有细化。不过角韵的舌齿音应当已与舒声一致，即都变成了合口，作-uo。觉韵里保留这些合口字也是存古的表现。

交韵平声相当于古肴韵，它跟相当于古三四等韵的骄韵完全分立。但到了上去声两韵却合并了起来，上声并为矫韵，去声并为教韵。合并之后，有些声母如帮组、照组，在一个音节位把二等字和三等字并列起来。以矫韵为例，如帮母下并列"表"与"饱"，明母下并列"眇"与"卯"，照母下并列"沼"与"爪"，审母下并列"少"与"稍"，等等。这说明此两组声母的二三等并没有混，也就是说二等帮组及庄组字是洪音，而三等是细音，是有前腭介音的。不过二等知组却与三等混列，如既有二等的"罩""铙"，又有三等的"超""兆"，这大概是三等失去腭介音的缘故。由于此韵章组还保留腭介音，知组的洪音化当在它与章组合并之前。平声交骄二韵都标为齐齿。它们的分立只能是在韵母主元音的差别上了，大概交作-iɑu，骄作-ieu。不论交韵的舌齿音、唇音，或是矫韵、教韵的唇音以及舌齿音中的知、庄组字都应归入豪韵，李氏没有这样做，也是存古的表现。

总之，《横图》对古二等韵的处理既有写实的一面，又有存古的一面。据见系字前腭介音的产生，把二等韵归为齐齿，是写实；为了保持二等韵的整体性，没有把唇音和舌齿音字从中分离出来，是存古。

5)《横图》照二照三不分，也就是庄组与章组不分。但一韵之内，古三等字凡兼有庄、章两组字的每个声母下均并列两组字，先章组,后庄组,秩然不紊。现把这类韵中的照组声母列字情况移录于下。一律以平声为代表,只有规韵为避僻字,改用去声贵韵。"章"和"庄"均代表声组,是笔者所加。

	京韵	巾韵	金韵	姜韵	贵韵
	章庄	章庄	章庄	章庄	章庄
照	征	真臻	针簪	章庄	赘
穿	称	瞋濽	觇参	昌窗	吹
床	绳噌	神榛	岑	床	
审	升殊	申莘	深森	商霜	税帅

	居韵	基韵	鸠韵	吉韵
	章庄	章庄	章庄	章庄
照	朱菹	支葘	周邹	职侧栉
穿	枢初	鸱差	犨篘	尺恻刻
床	钽	茬	愁	食崱齰
审	书疏	诗澌	收搜	式色瑟

以上这种列法,说明这些韵中庄、章两组字当时至少有不同的韵母。现在南京话的一些调查资料虽然基本上限于常用字,但除京韵外,以上各韵两类字读音的异同还是大致可以查得出来的。计有四种情况:一是两类同音,如巾韵的"真臻"二字均读tʂəŋ;二是两类的声母不同,如金韵"深"ʂəŋ:"森"səŋ,居韵"书"ʂu:"疏"su,鸠韵"周"tʂɯɯ:"邹"tsɯɯ;三是两类的韵母不同,如姜韵"章"tʂã:"庄"tʂuã,规韵"税"ʂuei:"帅"ʂaue;四是两类的声母、韵母都不同,如基韵"支"tʂʅ:"葘"tsɿ,吉韵"职"tʂʅʔ:"侧"tsəʔ。四项中两类同音的只有一项,而且只有一韵,其余三项两类都不同音。这

基本上证实了《横图》两类的读音确有差别,如果差别在韵母上,参照今日南京话,我们可以把上列各韵庄、章两组字的韵母拟写如下:

	京	金巾	姜	规	居	基	鸠	吉
庄组	əŋ	ən	uɑŋ	uai	u	ɿ̈	əu	əʔ,eʔ
章组	iŋ	in	iɑŋ	uei	y	ʅ̈	iəu	ʅ̈ʔ

ɿ̈和ʅ̈表示与ɿ、ʅ近似但还不就是ɿ、ʅ的音。这跟声母的性质有关。姜韵庄组作-uɑŋ,可由其中混入古二等江韵的"窗"字证知。吉韵的庄组各声母下,《横图》均并列两字,一属古职韵,一属古质(含栉)韵。今日南京话质韵的"瑟"字读 səʔ,与"色"字同音,其他不详。今姑且把质韵庄组字写作-eʔ。各韵庄组字韵母的变化首先当是由 tʃ-等吞没前腭介音引起的。章组字由 tɕ-等变 tʃ-等则是较后的事。巾与金混一,而巾有不同的变化,可视为例外。上述这些庄组字既然都已分化出了不同的韵母,《横图》仍然把它们与章组字归入一韵之中,当然也是存古之举。另外,也有可能有些庄组字那时就已跟现在南京话相类似,已经变成了 ts-等。这样,横图的存古就更严重了。

6)入声阖韵相当古曷、合、盍三韵,韵末注云:"此列音并叶答字,与各恪列异。"今日南京话阁韵的见系字韵母作-oʔ 跟各韵字的韵母相同,其他声母字的韵母作-aʔ。此附注要人把阁韵见系字的韵母都读同本韵端系"答"字的韵母,显然表明当时的阖韵字也跟今天的南京话一样已按声母分化为两个韵母,即见系字作-oʔ,其他作-aʔ。《横图》合为一韵,也是保守的表现。要不是它加注说明,我们就很难知道有这种变化了。

3. 基韵和乖韵

基韵的韵母是-i,主要收古齐韵系开口字及古止摄开口唇牙喉音字。但它却又收有古止摄开口舌齿音字,这些字的韵母后来基本上都是舌尖元音。《横图》时地道的舌尖元音虽然还未形成,但它们跟-i 韵一定是有区别的。可能是因为两者区别较小,所以把它们放在一起,而没有另立一韵。但到了去声,却又把古祭韵合口精组字也加列进去,形成了三字并列,开合同居的局面:

　　　　精　　　清　　　从　　　心
　　祭恣蕝[12]　砌次脆[13]　剂　自　细四岁

祭韵从母合口无字,故空位。古祭韵开口的"祭"字跟代表-i 韵的齐韵去声的"砌""细"两字处于同一位次,其韵母应当也是-i,跟今天的演变一致。祭韵合口的"蕝""脆""岁"等字的韵母现在南京话都作-uəi。-uəi 跟《横图》规韵的韵母相同,但《横图》不把它们像其他祭韵合口字那样归入规韵,而却把它们跟-i 韵的字列在一起,说明这些精组合口字的韵母不是-uəi,而是-ui。-ui 不单独立韵,可能与字少有关。

在基韵去声照组声母下,《横图》没有像平上声那样把庄、章两组字并列,而是把祭韵的章组字跟止摄支、脂、之开口去声的章组字并列在一起:

　　　　照　　穿　　床　　审　　禅
　　　制志　憏齿　犁示　世施　逝嗜

这也许是因为祭韵开口庄组只有个别僻字小韵,而祭跟止摄的差别又必须表出,于是就把它给挤掉了。这里并列的次序是祭韵字在先、止摄字在后。拿它与上述祭跟止摄精组字并列的次序相对照,似乎可以作这样的猜测,即那时祭韵开口章组字的韵母也跟精组的"祭"字一样,是-i,而止摄开口章组字的韵母则已趋向舌尖后化,就是我们上文所定的-ʅ。大概南京方言祭韵开口变-i 发生在止摄开口变-ʅ 之后。

乖韵包括古蟹摄二等合口和古泰韵合口(不含唇音)。泰韵合口今南京话韵母作-uəi,与规韵同,但有少数字,如"外""会会计"的韵母作-uɐi,与乖韵同。《横图》不作区别,把两类字全都列入乖韵去声。但是在多数有对立的见系声母下,却又把古泰韵合口字跟乖韵字并列出来:

　　见　　晓　　匣　　影
　　怪侩　聐翙　坏会　黦䅟

这样的处理,说明《横图》至少古泰韵见系的大部分字跟乖韵仍然是有区别的。也就是说,泰合口见系的大部分字的韵母固然不同于规韵,但也不同于乖韵。我们可以把它假定为-uɐi,后来-uɐi 变为-uəi,并入了规韵,个别字并入了乖韵。另外《横图》乖韵还列有古祭韵的"憇"字和古废韵的"䅟"字。它们依例当入规韵,这里可能是又读。

4. 可疑韵变

《横图》有些韵的安排显示了比较奇怪的韵变现象,令人可疑。比如巩韵标为撮口,当然是细音,但是素为一等洪音的古冬韵字却全都包括在内。冬韵与公韵(即东一等)混一,历史上开始得较早。冬韵读细音,不见于古,也未见于今。即使李氏审音不精,

《韵法横图》与明末南京方音　317

也不至于洪细都不能辨。这实在令人难以理解。

在音韵配合上，有些撮口韵跟唇音相拼，也很特别。请看下表，舒声举平以赅上去。

		帮滂並明	非敷奉微
君	yən		分芬焚文
涓	yen	困 谩	贩翻饭万
居	y		夫敷扶无
橘	yʔ	逼愊愎煏	弗拂佛勿
厥	yəʔ		发怖伐袜
钁	yoʔ		鞾㩧缚

涓韵平声唇音无字，盖漏列，上声非敷两母字也漏列，故表中录去声为例。悭（yaŋ）也是撮口，平声与姜分列，唇音隶姜不隶悭，上声悭姜虽合列，唇音也当隶姜不隶悭，故上表无悭韵。p-等或 f-等拼介音-y-，现代方言似未见。《横图》的这种拼合关系跟实际语音是否相合，十分可疑。除非当时的-y-还没有出现，都像巩韵那样作-iu-。但在晚明时期作这样的假设，又难以叫人置信。

还有齐撮相配的韵在唇音分配上也有可疑之处。比如绚韵与京韵齐撮相配。绚韵唇音"丙"等与京韵唇音"柄、饼、凭"等同属古曾梗两撮三四等字，有的甚至是同一韵系的字，如"丙"与"柄"，《横图》却把它们分开，一入绚韵，一入京韵。巾、君两韵齐撮相配。《横图》把同是来自古真韵系的唇音字也一分为二，"彬、泯"等字入巾韵，"闵"字入君韵。坚、涓两韵齐撮相配。《横图》把来自古仙、先两韵系的唇音字也一分为二，"边、免"等字入坚韵，"困、谩"两字入涓韵。最后还有入声的齐撮两韵吉和橘。《横图》

把来自古质、缉韵的唇音字如"必、匹、弼、密"等(缉韵缺例)归入吉韵,把来自古职韵的唇音字如"逼、愊、愎、奆"等归入橘韵。以上这些唇音字齐撮两类的划分,由于跟两者具有大体一致的历史演变事实相龃龉,其可靠性也是值得怀疑的。

最后,也是最难理解的,是古微韵系的唇音字。它们在平上声置于合口规、轨韵,而在去声却置于齐齿记韵,而合口去声贵韵的唇音则由古废韵唇音字予以代替。难道微韵系的唇音平上跟去声真的有合口和齐齿的不同,以至去声合口唇音不得不由废韵唇音来代替?抑或记韵的微韵系唇音字"沸、费"等都是误衍?一时难以确断。

5. 入声韵尾

《横图》入声有近一半的韵古-p,-t,-k 尾的字杂收。如古-k 尾的谷韵收有"兀、忽"等古-t 尾字;郭韵收有"夺、话"等古-t 尾字;古-t 尾的橘韵收有"逼、役"等古-k 尾字;吉韵收有"的、直、尺"等古-k 尾字,又收有"及、禽"等古-p 尾字;结韵收有"怯、业"等古-p 尾字;古-p 尾的阎韵收有"达、喝"等古-t 尾字;甲韵收有"八、瞎"等古-t 尾字。其中吉韵-p,-t,-k 尾的字全有。这些都确证《横图》的入声已无-p,-t,-k 尾之分。今天的南京话入声字都作喉塞尾,可证《横图》的入声也当如此。

《横图》入声图末有附注云:"谱内凡入声俱从顺转,就其易也。如'谷'字只曰'孤古故谷',顺转也。若'公颡贡谷',又'昆衮裩谷、钩苟姤谷',[⑭]皆拗纽也。不从。""谷"字作"孤"入为"顺转",而作有阳声韵尾的"公"入、"昆"入,或不同韵母的"钩"入均为"拗纽",可见"谷"字已无-k尾。这也是《横图》入声收喉塞的一个证明。

6. 韵母表

根据以上讨论的结果,参考今天的南京话,我们把《横图》韵母按其所分各组的次序,构拟如下:

舒 声 韵

1)组　公 uŋ(肱)　巩 iuŋ(绚)　庚 əŋ　京 iŋ(庚部分喉牙)　肱 uəŋ
　　　绚 iuəŋ
2)组　裩 uən　君 yən　根 ən(巾庄)　巾 in(金)　金 im
3)组　光 uaŋ(姜庄知)　惶 yaŋ　冈 aŋ(姜邦)　姜 iaŋ
4)组　规 uei　居 y　孤 u(居庄)　基 i, ɿ, ʅ, ui
5)组　乖 uai(规部分庄),uɐi　该 ai(皆唇舌齿)　皆 iai
6)组　瓜 ua　加 ia[唇舌齿 a]　阙 ye　结 ie
7)组　戈 uo　歌 o
8)组　官 uon　涓 yen　干 an(间唇舌齿,甘)　坚 ien(兼)　兼 iem
9)组　关 uan　间 ian(监喉牙坚)　甘 am(监唇舌齿)　监 iam
10)组　高 au(交唇舌齿,矫教帮知庄)　交矫教 iau　骄(平)ieu
11)组　钩 əu(鸠庄)　鸠 iəu

入 声 韵

1)组　谷 uʔ　　　　　　　　　　　　　　　　菊 iuʔ
2)组　　　　　　橘 yʔ　　　　　　　　　　　吉 iʔ, ɿʔ, ʅʔ, eʔ
3)组　刮 uaʔ　　　　　　　　　阁 aʔ(甲唇舌齿)　甲 iaʔ
4)组　国 uəʔ　　　厥 yəʔ　　　革 əʔ(吉庄)　结 iəʔ
5)组　郭 uoʔ(角舌齿)　镬 yoʔ　各 oʔ(阁喉牙)　脚 ioʔ
　　　　　　　　　　　　　　　角 ɔʔ

表中有些韵母之后括注的是我们考定的当时南京实际语音应当与之同读的韵母。比如"公 uŋ（肱）"是指肱韵的实际读音同于公韵；"干 am（间唇舌齿，甘）"是指间韵的唇音、舌齿音及甘韵（包括实际语音当并入的监韵唇音、舌齿音）的实际读音同于干韵。"帮""知"等指的是声母组。加韵的唇音、舌齿音韵母实际语音当读 a，《横图》别无 a 韵，无可附隶，今以方括弧括注于 ia 韵之后，以与其他括注相区别。

《横图》列目的有 58 韵，但所包括的韵母实为 65 个。没有贯彻一个韵只含一个韵母的原则。由于材料的局限，我们不敢说把《横图》韵母系统中的存古因素跟实际读音的不同都已一一分辨了出来。不过如果就已经考出的一些实际读音，把《横图》的韵母加以调整，那么《横图》的韵母就变成了 60 个。不用说，这个韵母系统跟当时的南京话肯定要贴近得多了。也许有人怀疑官和关的分立有可能是存古，因为在现代南京话里它们并没有区别。不过值得注意的是，今天江苏自新海连市以南的地区官和关都是有区别的，只有南京和句容两地为例外。南京和句容话的这种孤岛状况，使我们有理由相信是不久前音变的结果。在距今近四百年的《横图》时代，南京和句容话也跟周围的其他江苏方言一样保持着官和关的区别则完全是可能的。

四　特别字音

《横图》的附注有时还反映出当时某些字的特殊读音，也就是不合一般规律的读音。声韵调三方面都有一些例子。现分述如下：

1. **声母特别字**

有下面一些例子：

巩韵平声审母	春	注云:春不读充
禅母	鯆	注云:鯆不读容
巾韵平声滂母	缤	注云:缤品平
官韵平声匣母	丸	注云:丸欢浊
规韵去声从母	萃悴	注云:萃悴即罪
喻母	锐	注云:锐即位
居韵上声审母	黍	注云:黍书上声
入声谷韵并母	曝仆	注云:曝仆并音不
入声橘韵晓母	獝	注云:獝虚入声⑮
入声吉韵疑母	逆岌鷁	注云:逆岌鷁并一音,异乎匿乞亦

例一"春"《广韵》"书容切"。书母字,按常例当读 ʃiuŋ,注云"不读充",正从反面指出当时一般读作 tʃ'iuŋ,跟常例不合,故特意加以纠正。例二"鯆"《广韵》"蜀庸切",常母字,当读 ʃiuŋ,但据注可知当时读成了零声母,跟喻母的"容"字同音。例三"缤"《广韵》"匹宾切",滂母字,本与"品"同声母,所以虽注"品平",肯定是因为当时也像今天一样把"缤"依偏旁读作了 pin,致与本音不合之故。例四"丸"《广韵》"胡官切",匣母字,本是晓母"欢"之浊,从今音可知当时读成了零声母。例五"萃悴"《广韵》"秦醉切",从母字,当读 tsuəi,从今音可知当时读成了 ts'uəi。例六

"锐"《广韵》"以芮切",喻母字,当读零声母,从今音可知当时读成了 ẓuəi。例七"黍"《广韵》"舒吕切",当读 sy,从今音可知当时读成了 ts'y。例八"曝仆"《广韵》"蒲木切",并母入声字,当读 puʔ,从今音可知当时读成了 p'uʔ。例九"獝"《广韵》"况必切",当读 xyʔ,当时大概读成了 kyʔ,例十"岌"《广韵》"鱼及切",疑母字,当读 niʔ,从注可知,当时读成了 k'iʔ。由于有今音作依据,以上我们所确定的各字声母的当时读音应该是可信的。

2. 韵母特别字

还有下面一些例子:

裩韵上声心母	笋	注云:笋荀转
邪母	楯	注云:楯旬转
去声心母	巽	注云:巽损去声
涓韵去声匣母	衒	注云:县音衒
入声谷韵泥母	奴	注云:讷奴入声

例一"笋"与"荀",例二"楯"(《集韵》"辞允切")与"旬",都是上、平之别。所以要加注,从今音以推,大概是因为"笋、楯"的韵母都已失去了 y 介音,作-uən,不作-yən 之故。例三"巽"本为"损"之去声,所以加注,显然是因为"巽"已如今读,产生了撮口介音,读 syən,不读 suən 之故。例四"衒"与"县"本来同音,所以加注,从今音可知当是因为"县"当时已读成了齐齿,韵母作-ien,不作-yen 之故。例五"讷"当时大概也已如今音读 nəʔ,不读 nuʔ,因而加注。"笋楯巽"三字今南京话变-ŋ 尾,"县"的-n 尾鼻化,那都是后来的变化。

还有一个声母、韵母都独特的例子：

入声橘韵喻母　　聿役　　　注云：聿役余入声

今南京话"聿役"都读 z̢uʔ，而"余"读 y。z̢uʔ 跟橘韵喻母的声和韵均不合。《横图》此注说明那时的南京话这两个字大概已经读近今音作 ʒuʔ 了，"聿役"读 z̢uʔ 是南京话独有的特点，北京话及江淮其他方言均无此读。这是《横图》所反映的实际语音是当时南京方音的确证。

3. 声调特别字

请看下面的例子：

巩韵去声透母　　统　　注云：统去声

君韵平声心母　　荀　　注云：荀阴平

居韵平声影母　　於　　注云：於音迁

例一"统"注"去声"，说明当时"统"已如今读，作上声。例二，"荀"注"阴平"，说明当时"荀"已如今读，作阳平。例三"於"注"音迁"，"迁"读阴平，说明当时"於"已如今读，作阳平。

以上这些字在声韵调方面的特别读音虽然有的在《中原音韵》里就已经出现了，如"丸、县、锐、黍、萃、悴、统"等，但也有一部分是《横图》首先记录的。又《中原音韵》是北音，而《横图》之音略偏南，在地域上也有所扩大。总之，提供这些特别字音也是《横图》的一个贡献。

以上是从附注中证知一些字的特别读音的，比较可靠。此外《横图》中还有一些一个音节位并列两字的情况，依例其中一字也当有异读。凡是没有生僻字的，差不多都能从今日南京话中看出一点蛛丝马迹来。比如庚韵来母下"棱玲"并列,"玲"《集韵》"力耕切",当是《横图》所据。但今南京话"玲"读 liŋ,"棱"读 ləŋ,韵母不同;京韵定母下"订挺"并列,今南京话"挺"读 t'iŋ(上),"订"读 tiŋ(去),声母、声调都不同;又精母下"精甑"并列,今南京话"甑"读 tsəŋ,"精"读 tsiŋ,韵母有别;金韵上声精母下"浸怎"并列,今南京话"怎"读 tsəŋ,浸读 tɕiŋ,声母、韵母都不同,规韵匣母下"回携"并列,今南京话"携"读 ɕi,"回"读 huəi,声、韵都不同;涓韵上声"远兖"并列,今南京话"兖"读 iẽ,"远"读 yẽ,韵母有别;吉韵溪母下"乞隙"并列,今南京话"隙"读 ɕiʔ,"乞"读 tɕ'iʔ,声母有别;等等。如果把腭化声母和"怎、兖"的韵尾都换成《横图》的,"玲、挺、甑、怎、携、兖、隙"等字那时的读音也许就跟今日南京话相同或相近了。不过由于李氏没有加注明说,仅凭推测,不便确断,故附述于此。

附 注

① 本文所据《横图》和《直图》为雍正甲寅(1734 年)吴郡宝纶堂刊《宝纶字汇》本。

② 据赵荫棠《等韵源流》(211 页,商务印书馆,1957 年)。赵说他曾见过万历丁亥(1587 年)陈邦泰所刻《私编》的两个本子。其一前有姚汝循、焦竑、王兆云序及李氏自序,时均在万历丙戌。另一为故宫藏本,前无诸序。按前者今不知流落何处,后者现尚藏故宫,惟有漫漶处,盖是晚期印本。书前虽有一序,但作者及年代均无载。下文提及《私编》凡未指明转引自赵书者,均据此本。

③ 《私编》分声母为平仄两类,平声 31 母,仄声 21 母。根据作者所说"仄声止用清母,悉可概括。故并去十浊母,以从简便"的话,把平声中表阳

平字的所谓十浊母除去，则平仄重同，均为 21 母，这应是当时声母的实数。21 母是：见、溪、疑、晓、影、奉、微、帮、並、明、端、透、泥、来、照、穿、审、日、精、清、心。请参卷一《平声字母》《辨清浊》《仄声字母》各条。

④　南京方言据江苏省和上海市方言调查指导组编《江苏省和上海市方言概况》，江苏人民出版社，1960 年；高本汉《中国音韵学研究》后附《方言字汇》，商务印书馆，1948 年；费嘉、孙力主编《南京方言志》；李荣主编《南京方言字典》。另承友人范培元先生提供一些南京字音，谨致谢意。

⑤　见《青郊杂著·声韵杂著》"四科"条。

⑥　见《等韵源流》214 页引述《私编》解释开合的一段话。这段话故宫本未见。

⑦　见《等韵源流》162～163 页。

⑧　"阙"此处借作平声，依例左下方当加圈志，鹿角山房本可证。以下漏圈者不再出校。

⑨　《音韵总论》下，10 页，河东贾氏家塾定本，乾隆乙未（1775 年）春镌。

⑩　见真、寒、先三韵及其上去声韵目下附注。

⑪　肱、绤两韵去声晓、匣、影三母下列字有误。肱、绤合列，凡两韵都有字的声母均并列两韵字。但去声晓等三母下只依次列有绤韵的兄、迥、鎣三字，而无肱韵字。当属肱韵的"轰、横、宖"三字却依次列入庚韵晓、匣、影三母下。庚为开口韵，不当有合口字，应移正。

⑫　"恣"原误"惢"，据鹿角山房本正。

⑬　"次"原误"吹"，据鹿角山房本、云栖寺重刊本正。

⑭　"姤"原作"垢"，"垢"与"苟"《广韵》同音，"垢"盖"姤"之形误。唯鹿角山房本、云栖寺本、古吴陈长卿新镌重订玉鼎字汇本、吴任臣汇贤斋刻《字汇补》本均作"垢"，或李氏亦如今人，读"垢"为去声？

⑮　"獝"原作"橘"，与"虚"声母不合，当是"獝"之形误。

（原载《汉字文化》1998 年第 3 期，25～38 页；
又载《语言文字学》1998 年第 11 期，111～124 页）

释《韵法直图》

《韵法直图》作者无考,它是梅膺祚万历壬寅(1612年)在新安,即安徽歙县发现的,并于万历甲寅(1614年)跟《横图》一同刊刻问世。我们在《韵法横图与明代南京方音》一文中已经考明《直图》成书在《横图》之后,并考明《横图》成书于1586年至1612年之间。[①]据此《直图》的成书也大致在这段时间之内,只不过比起《横图》来上限至少要晚一年半载而已。本文根据的《直图》本子是雍正甲寅(1734年)吴郡重刊《宝纶字汇》后附本。

《直图》的列图方式是声母直列,韵母按四声横列,跟宋元韵图声母横列、韵母直列的图式正好相反,故名直图。

《直图》所列声母为三十二个,各声母只标号码,不立代表字。韵母四十四个。声调四个。这大概是作者所认为的比较合理的或比较标准的音系。但也跟《横图》一样,它实际上跟作者的口语音系存在很大的距离。本文要着重探讨的就是《直图》作者的口语音系。下文分声母、声调、韵母三部分依次讨论。

一 声母

《直图》声母的编号及其与传统三十六字母的关系如下:

释《韵法直图》 327

```
 1  2  3 句  4  5  6 句  7 句  8  9 10 11 句 12 13 14 15
 见 溪 群 疑    端 透 定    泥    帮 滂 并 明    精 清 从
                          娘
16 17 句 18 19 20 21 22 句 23 24 25 26 句 27 28 29 30
 心 邪    知 彻 澄           晓 匣 影 喻    非 敷 奉 微
          照 穿 床 审 禅
句 31 32
   来 日
```

编号中的"句"表示分组之意。可以看出,与三十六母的不同只在于泥、娘不分,知、彻、澄与照、穿、床不分而已。但实际上《直图》作者的语音并没有这么多声母,这可以从列字上有些声母有混淆看得出来。下面分三项讨论。

1. 轻唇音

轻唇音图中编号为27—30,当是指非、敷、奉、微四母而言,但列字比较混乱。现把它们全部移录于下。非母字无号,敷母字下加〇,奉母字下加△,微母字下加×。原图跟上一字重同的作ヒ,今一律改用本字,如28号上声原作ヒ,今改为本字"捧"。

	27				28				29				30			
	平	上	去	入	平	上	去	入	平	上	去	入	平	上	去	入
公韵	风	捧	讽	福	冯	捧	凤	伏	〇	〇	〇	〇	〇	〇	〇	〇
冈韵	方	纺	放	霙	房	纺	放	缚	〇	冈	妄	〇	亡	冈	妄	〇
基韵	非	匪	费	〇	肥	朏	吠	〇	尾	未	〇	微	尾	未	〇
京韵	分	〇	〇	〇	坟	〇	〇	〇	温	〇	〇	〇	文	〇	〇	〇
裩韵	芬	粉	糞	拂	坟	愤	忿	佛	〇	吻	问	物	文	吻	问	物

江韵	方	䏻	放	○	芳	髣	访	○	房	○	防	○	亡	罔	妄	○
规韵	非	匪	废		霏	斐	肺		肥	膹	吠		微	尾	未	
姑韵	敷	抚	赴		扶	辅	附		○	武	务		无	武	务	
坚韵	番	○	○	○	烦	○	○	○	渊	○	○	○	铅	○	○	○
关韵	翻	返	贩	髪	烦	返	饭	伐	晚	万	袜		晚	万	袜	
甘韵	芝	钒	泛	法	凡	范	梵	乏	○	锾	菱	○	瑷	锾	菱	○
鸠韵	鸸	○	○		浮				○	○	○		○	○	○	

据图中附注,○表示有音无字;29 号栏下的小字"冈、妄"与 30 号栏的大字"冈、妄"分别同音,其余类推;京坚两韵外加方围的字是有声无字而借填的音近字,是练读本音的助字。助字所表之音非当韵语音所有,跟我们的考音关系不大。从各栏的列字来看,大多很混乱。第 27 栏非母混入大量敷母字,说明非敷无别。第 29 栏江、规两韵所列全是奉母字,而其他各韵所列则全是微母字。这说明江、规两韵的奉母字还未失去浊音成分,仍然读 v-。至于其他各韵的奉母字则占据了敷母的位置,有的还跟敷母字混列,这是它们已经失去了浊音成分,变成了 f-的证明。江、规两韵奉母的"房、肥、吠"等字又重见于敷母栏,说明它们的 v-声母大概是又读。正由于江、规两韵的第 29 栏有全浊声母 v-的存在,所以它们的轻唇四栏才保存了清、次清、全浊、次浊的格局,与帮、端、见等声母组的列字法相一致。其他各韵的奉母已经清音化,并入了非、敷,它留下的位置就只好由也读 v-的微母字来填充了。值得注意的是,已经清音化了的那些奉母字仍然跟非、敷母的字分列为 27、28 两栏。虽然仄声混入了一些非、敷母的字,但平声则纯为奉母字,无一混

渚。这显然是因为奉母的平声是阳调,可以用来充当浊音的角色,以便与非、敷的阴调相区别的缘故,就像"同"和"通"以阴阳调相区别一样(详下两节)。

综上所述,可知《直图》为轻唇音设置四个声母是受旧音影响的结果,而作者的实际语音只有 f -、v - 两读,即非、敷、奉 f -,奉(少数字)、微 v -。大概由于轻唇是擦音,所以《直图》不与重唇为邻,而置于晓匣之前。

2. 浊声母

上文奉母与非敷两母相混,已显示浊声母消变的痕迹。如果综观《直图》列字的全部情况,这种消变的现象就更清楚了。为了节约篇幅,我们不妨就举公韵为例。所录以全浊与有关的清声母为限。轻唇声母已见前,亦略去。匕号也同前换为本字。凡清混入浊的字,下加。号。

		平	上	去	入			平	上	去	入
二	(溪)	空	孔	控	酷	六	(透)	通	统	痛	秃
三	(群)	頑	空	控	酷	七	(定)	同	动	痛	独
十	(滂)	逢	○	○	扑	十四	(清)	悤	總	謥	簇
十一	(並)	蓬	埄	○	仆	十五	(从)	丛	總	瘶	族
十六	(心)		竦	送	速	十九	(彻穿)	充	寵	銃	畜
十七	(邪)	○	竦	送	速	二十	(澄床)	崇	寵	銃	畜
二一	(审)	春	○	○	缩	二三	(晓)	烘	哄	烘	忽
二二	(禅)	鱅	○	○	熟	二四	(匣)	红	唝	汞	斛

三号平声"顽"字《五音集韵》"渠公切",列三等,此列一等。二三号上声"哄"字《广韵》"唱声,胡贡切",匣母去声。此处当为"哄骗"之"哄",据今音盖来源于晓母上声,与《广韵》"哄"不同词,故不宜作清浊混例。从上列的图可以看出,除十、十一号滂、並母,二一、二二号审、禅母未见清浊混例外,其他各组都有混例。並与滂,禅与审的未混只是偶缺,在别的韵里它们也往往相混。试各举一例,以见一斑:

    关 韵   鸠 韵

    平 上 去 入   平 上 去 入

十 (滂) 攀 眅 盼 汃 二一 (审) 收 首 兽

十一 (並) 〇 眅 盼 汃 二二 (禅) 敊 首 兽

这里清声母字都是在浊声母有字的情况下混入浊母的,更是清浊不分的强证。

  从上举的列图来看,浊塞音和浊塞擦音一律跟次清音相混,浊擦音一律跟相应的清擦音相混。这说明《直图》作者的语音浊塞音和浊塞擦音失去了浊音成分,并入了次清音,不论平仄一律送气;浊擦音也失去了浊音成分,并入了相应的清擦音。不过就古床、禅母来说,变次清可能有少数字有例外。比如"赎"(弓韵)、"示"(基韵、赍韵)、"士"(赍韵)、"食"(基韵、京韵)、"裳"(江韵)、"蛇、射"(迦韵)等字今方言大多读擦音声母,《直图》也未必都读送气塞擦音,只是在旧声母框架下,依母填字,致使其实际音值模糊不清罢了。

3. 喻影疑

《直图》喻母不分三四等，三四等字杂列。比如居韵喻母（二六）"于羽豫"，钩韵喻母"云陨运聿"等都是既有喻三字，也有喻四字。喻、影虽然分立，但二母列字也时有混乱。下面略举数例：

		公韵				官韵				艰韵			
		平	上	去	入	平	上	去	入	平	上	去	入
二五	（影）	翁	蓊	瓮	沃	剜	椀	惋	斡	黰	晏	晏	轧
二六	（喻）	○	蓊△	瓮△	沃△	完	椀△	惋△	斡△	○	○	晏△	鸭。

		金韵				迦韵			
二五	（影）	音	饮	荫	揖	○	野	夜	
二六	（喻）	淫。	饮△	颣。	熠。	爷	野△	夜△	

影混入喻的下加。号，喻混入影的下加△号。官韵的"完"居于喻母平声，当是匣母失声母的结果，跟今音同。可以看出，影和喻也是不分的。"鸭"字入艰韵喻母，同时又出现于监韵影母，一字两韵两母兼列，更是影喻不分的明证。影喻合并，其声母当为零。

《直图》疑母绝大多数都列疑母字。公韵四号平上去入列为"峣㐫○㩆"。其中的"㐫"是上一行群母的"空"字的代替字。按疑母不可能跟群母同读，此"㐫"当是○之讹。但有一处值得注意，这就是嘉韵喻母（二六）。此母平上去作"牙、雅、讶"三字，它们都是疑母字。疑母是第四母，与第二十六母的喻母图上相去甚远，不可能是误填。这是疑母混入喻母的确证。不过只此一韵有此现象，也许疑母失去只限于部分韵，或仅限嘉韵也未可知。梅氏也注意到此事,他注云:"牙字《横图》在第四位"。意思是指"牙"《横图》列作疑母。

根据以上的讨论,可知《直图》作者虽然认为三十二个声母是比较标准的系统,但他自己的实际语音却跟此有很大的距离。这主要表现在存浊系统的虚设上。具体地说,他的並并入滂,从并入清,定并入透,澄、床、禅并入彻、穿(床、禅可能有少数字变入审),群并入溪;奉大部并入非、敷,少部分保留 v-或有 v-又读,邪并入心,匣并入晓;疑一部分及影失声母,并入喻。结果三十二母实际上只剩下了二十一母,现拟其音如下:

唇音	p	p'	m	f	v
舌头	t	t'	n		l
齿头	ts	ts'		s	
舌上正齿	tʃ	tʃ'		ʃ	ʒ
牙音	k	k'	ŋ(?)	x	
喉音	ø(零声母)				

这个声母系统从表面上看,跟《横图》差不多一样。但在字音分布上则有两点主要差别:一是《横图》v-母只有古微母字,而《直图》v-母除微母外还包括一部分古奉母字;二是送气音《横图》除包括古次清字外,只包括古全浊平声字,而《直图》除包括古次清字外,既包括古全浊平声字,也包括古全浊仄声字。另外,《直图》巾韵端组列有知母的"镇",澄母的"朕(原误作'朕')、阵",穿母的"瞋",其中有的又重见于照组下。这要么是误列,要么是少数字的特殊音变。

二 声调

《直图》表面上作平上去入四个调,而作者的实际语音透露出来的则是五个调,也就是平分阴阳。这个问题可以通过列字的规则看得出来。《直图》的列字有这样一种现象,即从浊音的角度说,浊音仄声往往跟同调的清音仄声重列同一个字,而浊音平声则从来不跟清音平声重列同一个字,反过来,从清音的角度说,清音仄声往往跟同调的浊音仄声重列同一个字,而清音平声则也从不跟浊音平声重列同一个字。这种列字法显然跟平分阴阳有关。下面各举一些例子看看:

		冈韵						关韵		
		平	上	去	入			平	上	去	入
三	(溪)	康	慷	抗	恪	十	(滂)	攀	阪	盼	汃
四	(群)	〇	慷	抗	恪	十一	(並)	〇	阪	盼	汃
		公韵						光韵		
十六	(心)	鬆	竦	送	速	二一	(审)	霜	爽	䢦	朔
十七	(邪)	〇	竦	送	速	二二	(禅)	〇	爽	䢦	朔
		根韵						迦韵		
二三	(晓)	〇	狠	恨		二五	(影)	〇	野	夜	
二四	(匣)	痕	狠	恨		二六	(喻)	爷	野	夜	

上文我们已经证明《直图》全浊音已失去浊音成分,并入了清音,影母失声母,并入了喻母。在这种情况下,如果平声不分阴阳,图中每个有关的清浊两行不仅仄声字实际上清浊同读,平声字也应

该清浊同读。那也就是说,依例,不仅仄声清浊同调的可以重列同一个字,平声也同样可以清浊重列同一个字。可是《直图》在仄声做了,在平声却并没有这样做。试看上列的例子。冈、关、公、光四韵的浊音,仄声全都跟同调的清音重列同一个字,但平声的位置却都空着,都没有重列清平字。根、迦两韵的清音仄声都跟同调的浊音重列同一个字,但平声的位置也都空着,也都没有重列浊平字。这种列字规则明确显示在《直图》作者的语音里仄声清浊同读,但平声的清浊是不同读的。在清浊的界限已经泯灭的情况下,清浊不同读就只能是阴平和阳平的分别了。仄声各调清浊同读,说明上去入三声的清浊都没有分化为阴阳,浊上也没有变为去声。由此可知,《直图》作者的实际语音是五个调,而不是书中所标出的四个调。浊上未变去声是《直图》声调不同于《横图》的重要特点。

三 韵母

1. 分韵法

《直图》共分四十四个韵。赀韵包含两个韵母,与 ts- 等拼的是 -ɿ,与 tʃ- 等拼的是近似 -ɿ 的音,不过由于它们互补,可以作为一个韵母看待,不妨用 ï 来表示。如入声只计其调位,而不考虑其韵母特征,那这四十四个韵所代表的基本上就是四十四个韵母。分韵分到韵母,使韵和韵母统一起来,《直图》比《横图》做得更为彻底,这种分韵法从《韵会举要》所据《礼部韵略七音三十六母考》似乎即已逐渐开始,到了明代,仿效者渐增。比起《切韵》系韵书不太顾及介音的分韵法来，从语音分析的角度看，应该说是一个进步，因为它提高了韵母系统的明晰度，虽然对诗文押韵来说，也许有所不便。《直图》选择了这种分韵法，是值得赞赏的。

2. 四呼

《直图》韵末也有附注。主要内容有五项：一是注明图例，二是注明四呼，三是注明相配的入声或有无入声，四是注明与《横图》或其他韵书的异同，五是注明相关韵类或个别字的读音。前三项大概是作者所注，第四项显然是梅氏所注，第五项究竟是出于作者，还是梅氏，不易遽定。为稳妥计，第五项附注暂不作为作者本人所提供的语音信息来利用。

根据有关四呼的附注，可知《直图》四呼大致跟《横图》相同。只是把它增加的赀韵叫做"咬齿之韵"，挐韵叫做"舌向上呼"，把《横图》撮口呼的惶韵并入光韵均作合口呼，主要差别仅此而已。

须要特别注意的是混呼。《横图》混呼大致都指两个韵母并列而言。到了《直图》把并列的韵都各分列为独立的韵，但仍标为混呼。如扃韵（《横图》绹韵）已与觥韵（《横图》肱韵）分开，觥韵虽改注为合口呼，但扃韵仍然叫混呼。最明显的要算是冈韵了。《横图》冈韵入声与光韵分列，分别标为开口和合口，上去声与光韵合列，标为混呼。《直图》此两韵已分开，作为两个独立的韵，分别列图，而且平上去入相承，可是冈韵下却仍然注云："平入开口呼，上去混呼"。光韵下四呼漏注，如不漏注，估计也会与冈韵相同。这是《直图》盲目抄袭《横图》四呼术语的明显表现。关于这一点，我们在上面提到的讨论《横图》的文章里已详细说过了，读者可以参考,此不再赘。

《直图》四呼术语既然基本上是从《横图》那儿抄袭过来的,当然也不可能贯彻用介音给韵母分类的原则。除了把韵尾也作为分类标准之外,还把韵母元音也掺了进去,如把舌尖元音韵母叫做"咬齿之韵",就是一例。"咬齿"有可能是从李登《书文音义便考私编》中的"抵齿"发展而来。至于把拏韵标为"舌向上呼",甚至可能是以声母为准了。拏韵所收为古麻韵二等开口唇音和舌齿音字,韵母应当是 a。读 a 时舌向下而不向上,而拏字的声母是 n-,读 n-时舌尖正好向上,这说明"舌向上呼"可能是指韵目字的声母而言。由此可见,《直图》在用四呼析韵方面,不但没有新的进展,倒反而后退了一步。

3. 韵尾

《直图》的阳声韵分为-m,-n,-ŋ 三类。对此三类韵尾的读音在金韵后有一段注文:

> 京、巾、金三韵似出一音。而潜味之,京、巾齐齿呼,金闭口呼;京齐齿而启唇呼,巾齐齿呼而旋闭口,微有别耳。

这段话不是直接告诉人们三个韵尾的区别,像《横图》的附注那样,而是以读者的身份,用"潜味之"字样,以辨析三者的区别。它似乎不是出自作者之手,而是梅膺祚所加。因此我们不宜乎根据此注来反证在《直图》作者的语音里这三个韵尾实际上无别,就像根据《横图》的附注反证它的-m 和-n 无别那样。这也就是说,我们暂时还只能承认在《直图》里三个韵尾是有区别的。梅氏是宣城人,从其注文看,似乎尚能区别三者,尽管现代宣城话京、巾、金三韵已经不分,都作-n了。只是他用"闭口"来形容抵腭的-n,跟形容金韵的-m混同,显然不妥。

《直图》入声韵尾无-p,-t,-k之别,有三方面证据。一是入声既配阳声,又配阴声。二是不同鼻音韵尾的韵同入。如根韵"入声如庚韵",巾韵"入声如京韵",表明-t与-k无别。三是一个韵的入声兼有不同韵尾的字。如基韵入声既有-p尾的古缉韵字,也有-t尾的古质韵字,还有-k尾的古陌三、昔、锡、职等韵的字;公韵入声有-t尾的物韵字;甘韵入声有-t尾的曷韵字;等等。有此三证,可断《直图》入声韵尾没有-p,-t,-k的区别。根据今日苏皖方言入声韵尾都作喉塞的事实,可知《直图》的入声韵尾也是如此。

4. 声韵配合特点

《直图》与《横图》不仅韵母数目不同,声韵配合也有很多不同,现条述如下。

1)《直图》把有些有共同来源的唇音字分别归入了开口和合口韵里。比如同是古微、废韵系的唇音字,却一部分归入基韵,一部分归入规韵;同是古唐韵系的唇音字,却一部分归入冈韵,一部分归入光韵;同是古庚、耕、登韵系的唇音字,却一部分归入庚韵,一部分归入觥韵;同是古庚三、清、青、蒸韵系的唇音字,却一部分归入京韵,一部分归入肩韵;同是古删、山韵系的唇音字,却一部分归入关韵,一部分归入艰韵。这样《直图》的唇音好像是开合对立的。不过值得注意的是,有很多字开合两韵重出。如基、规两韵同收"非、匪、肥、吠、微、尾"等字;冈、光两韵同收"榜、滂、傍、莽"等字;庚、觥两韵同收"崩、烹、猛、併"等字;京、肩两韵同收"丙、颖、命"等字；关、艰两韵同收"慢"字。这又使开合对立的设想不太站得住了。一字开合两置，是唇音不分开合的表现。这大概是受古反切唇音不分开合影响的结果。在前文提到的那篇文章里讨论《横图》唇音齐撮互置现象时，曾认为难以理解。现在看来，它跟《直图》唇音的情况很类似。齐撮也是开合，只不过是细音罢了。显然也是受古唇音不分开合影响所致。实际上两书的唇音也许已跟现今的官话一样，除了拼主元音 i, u 和介音 i 的以外，都读成开口了。

不过唇音拼 y 实为罕见，拼 y 与拼 i 分辨率很高，也不应互淆。《横图》把古反切唇音不分开合移植到齐、撮无别上来，似属欠妥。《直图》唇音不入撮口，比起《横图》来要合理得多。

2) 古二等开口字《直图》共分庚、挲、嘉、江、皆、艰、监、交八个韵。庚韵作开口呼，大概它的喉牙音还没有腭化，或者也像《横图》那样，只有少数字腭化，而没有顾及。如果是后者，那也是厚古薄今的表现。皆、艰、监、交四韵都是齐齿呼。它们也跟《横图》一样，都收有唇音和舌齿音字，因而也都存在这类声母拼齐齿呼的现象。不用说这也是未能冲破《横图》存古思想束缚的结果。不过《直图》有一个比较明显的改进，这就是从嘉韵中分出挲韵，使唇音、舌齿音配开口的 -a，把喉牙音留在嘉韵配齐齿呼，从而减少了一处不合理的声韵配合关系。江韵标为混呼，从韵中"江"与"羌"同列看，实际上也是个齐齿呼。《直图》把江韵中的古二等知照组字移入合口光韵，也是一个符合语音实际的改进。可惜唇音仍留在江韵，改革未能彻底。

3) 古三等韵的照二字《横图》大都入齐、撮两类细音韵，而《直图》有不少改入洪音韵的。如巾、根两韵的入根而不入巾,居、姑两韵的入姑而不入居,鸠、钩两韵的入钩而不入鸠,金韵的照二字甚至独立为簪韵,等等。这都跟古照二字演变的趋势相符合,不用说都是实际语音的反映。

4) 古三等合口喉牙音字在有些韵里今变为或部分变为洪音,如支、脂、微、祭、废等韵和东三等、钟、阳三韵的舒声。支、脂、微、祭、废各韵的合口喉牙音《直图》也跟《横图》一样,已变为洪音。阳韵舒入声合口喉牙音《横图》仍读细音,而《直图》则改入洪音韵,即光韵。这是完全符合音变潮流的现象,而梅氏不解,他在光韵下注云:

"匡、狂、王"三字《横图》属悭韵。"庄、窗、床、霜"四字《横图》属姜韵,此图俱属于光,所呼不同。予莫能辨,惟博雅者酌之。

这是梅氏音韵知识欠缺的反映。"床"又入江韵盖为又读。

东三等和钟韵舒声的喉牙音《直图》和《横图》都仍然归入细音韵。但当时的通语很多字已读成洪音。梅氏在弓韵后所加的附注可以证明这一点。梅氏云:

本图首句四声惟"穹"字合韵,余及纵从等字若照汉音当属公韵,今依《洪武》等韵收在本韵,则读"弓"字似扃字之音。

所谓"汉音"显然是指通语而言。弓韵首句四声除"穹"字外尚列有"拱、供、穹、恐"等很多字。在通语它们既不合韵,可知都已如今音,读成了洪音。另外梅氏还透露了弓韵精组声母"纵、从"等字当时通语也读洪音的消息。从《直图》古东三、钟知、照组字既入弓韵,也入公韵的情况来看,它们除读细音外,也有洪音一读,显然是正处在演变过渡时期的现象。这时作为舌尖音的精组字滞后一步,仍保留细音倒是可能的,不一定如梅氏所说是仿古(《洪武正韵》)的结果。

最后须要指出的是《直图》还有两点不合理的做法。一是把古冬韵字归入细音弓韵。这也是沿袭《横图》而来。二是让冈韵中的端组上去声字重见于光韵。这又是对《横图》混呼不理解的表现。《横图》冈光两韵平入声分列,一开一合,而上去声合列,故称混呼。端组字无合口,上去声当然也有开无合。《直图》不解,以为上去声"党、宕"等字既列于混呼一行,也应当兼有开合,于是采取了开合两列的错误做法。

5. 入声韵

《直图》入声没有像《横图》那样单另立韵。而是与舒声各字四声相承。《直图》阳声共有二十四韵,有二十二韵实配入声,即入声位有字。有两韵,即根和巾,虚配入声,即入声位无字,但韵后有关于入声的附注。根韵注云:"入声如庚韵",巾韵注云:"入声如京韵"。

阴声共有二十韵,有两韵实配入声。有十韵虚配入声,这十韵所注入声如下:

居韵	入声如钧韵	姑韵	入声如公韵
该韵	入声如庚韵	瓜韵	入声如官韵
挈韵	入声如艰韵	迦韵	入声如监韵
澬韵	入声如涓韵	歌韵	入声如冈韵
高韵	入声如冈韵	交韵	入声如冈韵

有四韵注云:"无入声",即骄、规、乖、皆。有四韵入声位无字,但也无注,即嘉、戈、钩、鸠。嘉、戈似应有入,钩、鸠应当无入,盖皆漏注。

阴、阳两类韵实配入声的共有二十四韵,似乎《直图》有二十四个入声韵,即:(基)吉,(赀)栻(按书前韵目无栻)、(公)谷、(冈)各、(弓)匊、(庚)格、(京)戟、(金)急、(簪)戢、(钩)橘、(肩)蕨、(裓)骨、(光)郭、(觥)国、(江)觉、(官)括、(涓)厥、(干)葛、(坚)结、(兼)颊、(关)刮、(艰)戛、(甘)阁、(监)夹。不过值得注意的是,有很多阴、阳两类韵所配的入声字是重同的,即同字或中古同韵。现把这类入声韵列举如下:

入声韵	所辖字的古韵类
吉戟急	质迄陌$_三$昔锡职(开口)缉
谷骨	屋沃没物$_{唇音}$
括郭	铎末(合口)觉$_{庄组}$
结颊	薛屑月(开口)叶贴业
戛夹	辖黠(开口)洽狎
葛阁	曷合盍洽$_{庄组}$乏$_{唇音}$

括弧所注开或合指其前的各韵,右下小字指当韵。以上六组入声韵每组各韵所辖入声字的范围基本一致,说明每组实合为一个入声韵。二十四韵减去重同的七韵,《直图》入声韵实际上只有十七个。

还有一点需要指出的,就是《直图》的舒入相配并没有像《切韵》《广韵》那样严格按照韵母介音和主元音完全相同的原则,有时只要有点相近似乎就可以了。比如歌、高、交、冈四韵的主元音和介音当然不可能全相同,但《直图》却把它们共配同一个入声韵,即冈韵的入声韵。又比如该与庚共入,拏与艰共入,也是同样的现象。《横图》入声韵末有这样一个附注:"谱内凡入声俱从顺转,就其易也。如谷字只曰'孤古故谷',顺转也,若'公颡贡谷',又'昆衮裩谷','钩苟姤谷'皆拗纽也,不从。"在当时入声韵尾已经一律变为喉塞尾的情况下,李氏主张应以阴声韵配同韵母的入声韵,因而他批评了几种不符合这个原则,也就是所谓"拗纽"的配法。如果李氏不是无的放矢,这就证明当时确实存在这类不合理的舒入相配法,《直图》只不过是其中的一例而已。因此我们在为《直图》韵母拟音的时候,不宜太坚守同主元音和介音这个舒入相配的一般原则,应根据情况,灵活处理,否则就难免要犯错误。

6. 韵母表

根据上述讨论的结果,现把《直图》四十二个韵母加以构拟,列表于下。《直图》入声不全配阴声而兼配阴阳,已不合理,又不严格按照韵母相同的原则相配,就更为不妥。因此我们把入声韵分出,单另拟音。《直图》比附五音,以宫、商、角、徵、羽分韵为五类,观其以公、冈、骄、基、居五韵分属于宫、商、角、徵、羽,似乎以与"宫商"等字韵母读音相同或相近为归类标准,并以五音排列韵次。可惜它只于上述五韵标注五音,其下再未标注,其余三十九韵的分类及其排次的具体依据,均不得其详。从语音的角度看,它所排的韵次并不怎么合理。为了便于跟《横图》比较起见,下表韵次大致依《横图》排列。

A. 舒声韵

公 uŋ	弓 yŋ	庚 əŋ		京 iŋ
觥 uəŋ	肩 yəŋ			
裩 uən	均 yən	根 ən	簪 em	巾 in　金 im
光 uaŋ		冈 aŋ(江唇)		江 iaŋ
规 ui	居 y	姑 u	赀 ï	基 i
乖 uai		该 ai(皆唇舌齿)		皆 iai
瓜 ua		拏 a		嘉 ia
	鞾 ye			迦 ie
戈 uo		歌 o		
官 uon	涓 yen	干 an(艰唇舌齿)	坚 ien	兼 iem
关 uan		甘 am(监唇舌齿)	艰 ian	监 iam
高 au(交唇舌齿)		交 iau		骄 ieu
钩 əu		鸠 iəu		

B. 入声韵

谷骨 uʔ				匊 iuʔ
	橘 yʔ	栉 ïʔ		吉戟急 iʔ
	矍 yə			
刮 uaʔ		葛閤 aʔ (戛夹唇舌齿)		戛夹 iaʔ
国 uəʔ		格 əʔ		
啟 eʔ	厥 yeʔ	结颊 ie		
郭括 uo(觉舌齿)		各 oʔ(觉唇)		觉 ioʔ

表中有些韵母之后括注的是当时实际语音应当与之同读的音。如"冈(江唇)"是指江韵唇音实际当读同冈韵。如果-m 尾韵真是符

合作者的实际读音的话，那么这个韵母系统比起《横图》来，应该说更真实一些。除了拏、簪、栵几个增添的韵是活生生的语音以外，声韵配合方面也有很多地方显得更为合理。

可惜的是，《直图》的方言基础究竟是哪里，一时还不太能够确定。我们知道，奉、微两母都读 v-，是现代吴语比较普遍的现象。《直图》微母字读 v-，奉母少部分字也读 v-，与吴语比较接近。可以设想，它的作者有可能是邻近吴语区的人。《直图》是在徽州歙县被发现的，而徽州一带正好是吴语区的近邻。《直图》全浊塞音、塞擦音变为相应送气清音的特点也跟徽州大多数方言点相一致。这样，它作为徽州一带产物的可能性就增大了。不过《直图》只有五个调，仄声三调都未作阴阳上的分化，这一点则并不与徽州方言相合，徽州方言似乎找不到仄声三调都不作阴阳分化的例子。这就把徽州一带方言是《直图》基础方言的想法给否定了。当然，也可以设想这种声调上的不合，可能是由于《直图》守旧，没有把基础方言声调的真实情况完全反映出来所造成的。但设想毕竟只是设想，未必能与事实相符。因此关于《直图》方言基础的问题，还有待进一步的研究来解决。

附 注

① 见《语言文字学》1998 年第 11 期，111~124 页。

（原载《纪念王力先生百年诞辰学术论文集》1~10 页，商务印书馆 2002 年）

《康熙字典》注音中的时音反映

1988年中华书局出版了王力先生的《康熙字典音读订误》一书。王先生完全以《广韵》音系为标准来衡量《康熙字典》(以下简称《字典》)的注音,跟《广韵》相合的为正,不相合的为误。其实通观《字典》的注音,虽然差不多每个字下都引录了前人的反切,但主要还是以缀在反切之后的直音为读音的真正归宿。不难看出,直音所反映的都是当时的实际读音,它们跟前人反切当然会有很多不合的地方。如果我们不把这种不合看作是正或误的问题,而看作是语音演变的结果,那么这类的所谓误音反而就都成为我们考求当时语音的有用资料了。下面不妨举几个例子看一看,例子后面括弧里是王书的页数。

上 又《唐韵》时掌切,《集韵》《韵会》《正韵》是掌切,并商上声。(1)

之 《唐韵》《正韵》止而切,《集韵》《韵会》真而切,并音枝。(4)

卯 《广韵》与久切,《集韵》以九切,《正韵》云九切,并音有。(2)

丞 《广韵》署陵切,《集韵》《韵会》辰陵切,《正韵》时征切,并音承。(2)

例一古反切一致,都是养韵常母,而"商"上声则是养韵书母,直音与反切的声母不合,说明当时常母失去浊音,并入书母。例二古反切也一致,都是之韵章母,而"枝"则是支韵章母,直音与反切的韵母不合,说明当时之、支已经合并。例三古反切分为二音,《广韵》《集韵》一致,都是有韵以母,《正韵》则是有韵云母。而直音"有"是有韵云母字,跟前者不一致,跟后者一致,说明当时云、以两母已经不分。例四反切也分为二音,《广韵》《集韵》《韵会》一致,都是蒸韵常母,《正韵》则是清韵常母。而直音"承"是蒸韵常母字,跟前者一致,跟后者不一致。说明当时清蒸已经不分。由此可见,《字典》直音跟古反切的不合一般都是语音演变的结果。如果不从《广韵》的角度来要求,就不必说它们是误音。从它们跟今天的读音基本相合,也可以证明这一点。甚至一些不规则的音变或较僻的方音在《字典》的直音里偶尔也得到反映。例如:

铲　《唐韵》、《集韵》、《韵会》并所简切,音划。(251)

肯　《正韵》苦等切,音恳。(349)

柔　《唐韵》耳由切,《集韵》《韵会》《正韵》而由切,并受平声。(176)

汻　《唐韵》呼古切,音火。(206)

例一"铲"的古反切是生母字,而"划"《广韵》"初限切"是初母字,"铲"读"划"是不规则音变,从《中原音韵》到今天的北京话均作此读。例二"肯"的古反切是等韵字,而"恳"《广韵》"康很切",是很韵字,"肯"读"恳"也是不规则变化,从《中原音韵》到今天的北京话也均作此读。例三"柔"的古反切是日母字,而"受"《广韵》"殖酉切",是常母字。常母读同日母,是吴方言的特征。[①]

例四"汻"的古反切是姥韵字,而"火"《广韵》"呼果切",是果韵字。姥韵与果韵同读,也是吴方言的特征。这些不规则音变和较僻的方音跟古反切的距离都比较远,而《字典》直音竟也采用,更显示《字典》直音的口语性质了。当然,强调直音跟古反切的不合是音变的结果,并不是说《字典》的注音就没有错误了。像同音歧为二音,异音并为一音,错抄反切,相信叶音,字误等等,不一而足。这些王先生大都已经予以指出,这里就不再举例加以说明。

除了引录大量古反切以外,《字典》也自制了一些反切,特别是在谈论古音或叶音的时候。例如:

立　又于贵切,音位。(302)

圃　又叶于诡切,音委。(60)

这当然也是考求《字典》注音特点的可用资料。虽然后一例是人造的叶音,但在把它跟直音比较后,同样可以窥见当时语音的一些信息。

《字典》的直音绝大部分都是自造的,但也有少部分是抄自前世字书的。例如:

𤡊《字汇》西亮切,音象。(119)

厎《字汇补》之是切,音智。(44)

这类直音虽是前人所作,但既然采用,也可以认为是经《字典》认可的。不过还有全部都不加改动,甚至连一些怪音或误音也依样照录的情况。比如:

骸《字汇》户该切,音该。(494)

漃《字汇补》延诣切,音吏。(544)

这就不免降低了这类直音的可信程度,为谨慎计,这类直音暂不采用。

我们打算就利用王先生书中所指出的《字典》注音中跟古反切不合的那些直音资料来观察一下当时的语音概况。《字典》成书于康熙五十五年,即公元1716年。因而我们所考察的也就是18世纪初年前后的汉语语音概况。

《字典》是个集体著作,参加编辑的官员共有30人。这30人的里籍及其所属方言区如下[②]:

北方官话区

王景曾:北方丰台区　　薄有德:北京大兴
励廷仪:河北静海

西北官话区

刘　灏:陕西泾阳　　　陈廷敬:山西晋城
陈壮履:山西晋城

西南官话区

朱启昆:武汉汉阳　　　涂天相:湖北孝感
周起胃:贵州贵阳

江淮官话区

刘师恕:江苏宝应　　　贾国维:江苏高邮
吴世焘:江苏高邮　　　缪　沅:江苏泰州
俞　梅:江苏泰州　　　刘　岩:南京江浦
张玉书:江苏丹徒　　　张少逸:江苏丹徒
汪　漋:安徽休宁

吴　语　区

赵熊诏:江苏武进　　　王云锦:江苏无锡

蒋廷锡:江苏常熟　　　　蒋　涟:江苏常熟
陈　璋:江苏吴县　　　　潘从律:江苏溧阳
史　夔:江苏溧阳　　　　陈世绾:浙江海宁
陈邦彦:浙江海宁　　　　凌绍雯:浙江杭州
万　经:浙江鄞县

赣　语　区

梅之珩:江西南城

官话分布范围太大,为了便于称述,故分列次方言。30人占了六个方言区,如果除去次方言不计,也占有三大方言区。语音情况之复杂,可想而知。不过《字典》是奉皇帝之诏编纂的官书,编辑的人都是在北京任职的官员,其注音当以当时的北京话为主体。当然,由于那时关于标准语的概念不可能像今天这样明确,因而多多少少掺入一些方音,或在个别方面有守旧倾向,也是势所难免的。对此我们应该心中有数,否则古今、方正不辨,眉毛胡子一把抓,就容易把系统给弄乱了。

壹　声母

一　唇音

1. 非组

非、敷、奉三母《字典》注音相混的很多,请看下面的各项例子。为了印刷方便,尽量选用常用字例,常用字少或没有常用字的酌列若干僻字例。声母系统除轻唇音依《集韵》外,其余依《广韵》,但匣和云分开。各项例子中,第一声母字无号,第二、三、四声母字依次下加圆点、横线、曲线。叶音中本字音与叶音的关系是假设的关系。此类本字下加圆圈以志之。

A. 非敷

仿　又《集韵》《韵会》抚两切,《正韵》妃两切,并方上声。(9)

分　又《集韵》方问切,纺去声。(31)

匪　又《正韵》敷文切,音分。(41)

峰　《广韵》《集韵》《韵会》并敷容切,音风。(106)

方　《唐韵》府良切,《集韵》《韵会》分房切,并音芳。(159)

法　又叶芳未切,音废。(209)

藩　《唐韵》甫烦切,《集韵》方烦切,并音翻。(384)

丰　又叶敷文切,音分。(411)

B. 非奉

幡　《唐韵》方吻切,《集韵》府(《字典》误"父")吻切,并音愤。(119)

癀　《广韵》扶问切,《集韵》符问切,并分去声。(265)

籓　《广韵》甫烦切,《集韵》方烦切,并音樊。(320)

迈　《玉篇》防罔切,音纺。(433)

C. 敷奉

孚　又叶芳尤切,音浮。(86)

冒　《玉篇》附夫切,音敷。(164)

翻　《广韵》《集韵》孚袁切,《韵会》浮袁切,《正韵》孚艰切,并音番。(341)
䦚　《玉篇》孚微切,《五音集韵》符非切,并音肥。(465)

非、敷混,又各与奉混,说明奉母浊音已经失去,三母合并,都读 f-音,非、敷相混较多,共 30 多例,从子到亥 12 集中差不多都有。这显然因为它们是《字典》编者所在的三大方言区的共同特点之故。非、敷与奉混例较少,大概跟吴语区编者两者仍有清浊之别有关。从非、敷、奉不分可以推知轻重唇有别,而《字典》未见轻重唇相混之例,也证实了这一点。

微母跟疑、影两母都有混例。

微疑

完　又《集韵》五勿切,音物。(89)
尾　《广韵》《集韵》《正韵》无匪切,《韵会》武匪切,并音委。(100)

下文我们将会看到疑母的绝大部分和影母都已变为零声母。微母与零声母字互注,说明它已经失声母。这跟官话及赣语都相合。

2. 帮组

帮、并两母有一些混例:

幣　又《集韵》《韵会》并必袂切,音獘。(124)
愊　又《集韵》弼力切,音逼。(139)
䳿　又《广韵》方免切,《集韵》邦免切,并音辩。(514)
鸔　《唐韵》蒲木切,音卜。(520)

以上的例子都是仄声。这是並母失去浊音，并入帮母，逢仄声读不送气塞音的证明。浊塞音的这种变化，跟今天的普通话完全一致。普通话浊音消失，平声有阴阳调之别。《字典》未见滂、並两母平声相通的例子，显然也是因为平声有阴阳之别的缘故，而绝不是並母平声不读送气音的证明。另有两个滂並混用的例子：

崰　又《玉篇》皮鄙切，音嚭。（110）

麃　又《集韵》匹诏切，《正韵》蒲沼切，并音缥。（521）

按规则滂、並两母不能相通。这里所以混用也许跟並母切上字"皮""蒲"二字有关。设想如果《字典》编者没有足够的音韵知识，依自己的口语把这两个字读作送气清塞音，那么"皮鄙"岂不正好切作"嚭"，"蒲诏"岂不正好切作"缥"吗？因而这两个例子也许透露了一点並母平声读送气音的信息。

明母未见有跟其他声母相通的例子，说明《字典》明母也跟普通话一样，是一个独立的声母。

二　舌齿音

1. 端组

端、定两母有一些混例：

囤　《广韵》徒损切，《集韵》《韵会》杜本切，并读若顿。（59）

嫷　又杜果切，音朵。（83）

叠　《广韵》徒叶切，《集韵》、《韵会》达协切，《正韵》丁协切，并音牒。（256）

这些例子都是仄声。它说明定母失去浊音,并入端母,逢仄声读不送气清塞音。另有几个透、定相混的例子:

忕 《广韵》《集韵》徒盖切,《韵会》《正韵》他盖切,并音泰。(131)

珽 《唐韵》他鼎切,《韵会》他顶切,《正韵》徒鼎切,并音挺。(242)

稠 又《集韵》徒吊切,音糶。(293)

这种透定的不规则相混也跟上述唇音滂、並相混的情形相似,也有可能是把切上字"徒"读成送气清塞音的结果。定母变为清塞音,平声送气,仄声不送气,跟上述並母的情形平行,也跟今天的北京话一致。

2. 知庄章三组

A. 知澄

知、庄、章三组清浊混例:

住 《广韵》持遇切,《集韵》《韵会》厨遇切,并音驻。(11)

竚 直吕切,《集韵》《韵会》展吕切,并音佇。(88)

著 又《集韵》陟略切,《正韵》直略切,并音著。(311)

跓 《广韵》直主切,《集韵》冢庚切,并音拄。(421)

这些例子都是仄声。说明澄母浊音消失,并入知母,逢仄声读不送气清塞擦音。情况跟並定两母相平行。另有彻、澄仄声,昌澄平声相通各一例,依次开列于下:

佗 《集韵》《韵会》并丑亚切,茶去声。(14)

䜅 《集韵》传追切,音推。(503)

这里"茶"显然是读成送气清塞音,而切上字"傳"也可能如此("推"昌母字,《字典》昌、彻不分,请看下文)。澄母平声读送气清塞擦音,也跟並、定两母相平行。

B. 章崇

浞 《唐韵》《集韵》《韵会》并士角切,音捉。(212)

未见庄、崇相混例,不过由于《字典》庄、章合并(见下文),这个章、崇仄声混例也可以说明同样的问题。它表明崇母失去浊音成分,并入章母或庄母,逢仄声读不送气清塞擦音,跟澄母的情形一致。另有初、崇相混一例:

魑 《广韵》楚交切,《集韵》鉏交切,并音谦。(508)

此例也可能是把平声切上字"鉏"读作送气清塞擦音的反映。崇母平声送气,也跟澄母一致。

C. 书常

上 又《唐韵》时掌切,《集韵》《韵会》《正韵》是掌切,并商上声。(1)

實 《集韵》《韵会》丞职切,音室。(94)

D. 书船

实 《唐韵》《广韵》神质切,《集韵》《类篇》《韵会》食质切,并音失。(95)

逝 又叶食列切,音设。(436)

常、船两母都跟书母相通,说明常、船不分,都失去浊音,并入书母。常、船合并还有更多的直接例证。附列数例于下:

嵊 《广韵》食证切,《集韵》石证切,《韵会》实证切,并音盛。(108)

示　又《唐韵》《集韵》《韵会》并神至切,音侍。(284)

舌　又叶食伪切,音逝。(364)

阇　又《广韵》视遮切,《集韵》《韵会》时遮切,《正韵》石遮切,并音蛇。(467)

常、船并入书母,当读清擦音。不过这只是常、船的大部分字,还有少部分字,主要是平声字,读塞擦音,请看下文。这跟今天的北京话基本一致。

知组与庄组清跟清、浊跟浊混例:

A. 知庄

偡　《集韵》张梗切,筝上声。(23)

剗　又《集韵》侧展切,音展。(34)

怵　《集韵》竹律切,音茁。(227)

B. 彻初

仦　《广韵》初教切,超去声。(9)

策　《广韵》楚革切,《集韵》《韵会》测革切,《正韵》耻格切,并音册。(308)

C. 澄崇

庄　《集韵》仕下切,茶上声。(76)

茬　《韵会》仕之切,音驰。(372)

觟　《集韵》丈蟹切,豸上声。(399)

以上三项混例说明《字典》知、庄两组完全合并。另外崇母跟俟母也有混例:

俟　《唐韵》《集韵》《韵会》并床史切,音仕。(人部)

涘　《唐韵》《集韵》《韵会》并床史切,音俟。(水部)

古反切崇、俟两母多相混,故此类例子王书未出。此处我们均直接抄自《字典》。俟母字少,只见于止摄。崇、俟不分,大概都读舌尖后擦音,这一点与北京话相同,请参下文。

知组与章组清跟清、浊跟浊混例:

A. 知章

中　又《韵补》叶陟良切,音章。(3)

朝　《唐韵》《广韵》《集韵》《类篇》《韵会》并陟遥切,音昭。(168)

珍　《唐韵》陟邻切,《集韵》知邻切,并音真。(242)

砧　《唐韵》《集韵》并知林切,音斟。(280)

祝　又《集韵》《类篇》并职救切,音昼。(286)

肘　《唐韵》《集韵》陟柳切,《韵会》陟肘切,《正韵》止酉切,并音帚。(348)

转　《广韵》《集韵》《韵会》陟兖切,《正韵》止兖切,并专上声。(430)

镇　《唐韵》《集韵》《韵会》并陟刃切,音震。(459)

长　又《韵会》《正韵》并展两切,音掌。(462)

驻　《唐韵》中句切,《集韵》《韵会》株遇切,并音注。(497)

B. 彻昌

彻　又《唐韵》丑列切,《集韵》《正韵》敕列切,并阐入声。(130)

畅　《广韵》《集韵》并丑亮切,音唱。(166)

棩　又《集韵》敕准切,音蠢。(187)

痴　《唐韵》丑之切,《集韵》《韵会》《正韵》超之切,并音鸱。

(265)

臭　《广韵》《集韵》并尺救切,抽去声。(361)

C. 澄常

俦　《唐韵》直由切,《集韵》《韵会》陈留切,《正韵》除留切,并音酬。(23)

成　又《韵补》叶陈羊切,音常。(146)

诚　又叶陈羊切,音尝。(404)

以上三项混例说明知、章两组完全合并。澄、常相混是常母这部分字读塞擦音的证明。三例都是平声字。

庄组与章组清跟清、浊跟浊混例:

A. 庄章

俎　又叶壮揣切,锥上声。(15)

諴　《集韵》庄持切,音支。(253)

瞻　又叶侧姜切,音章。(276)

篸　又《广韵》侧岑切,《集韵》缁岑切,并音斟。(314)

B. 初昌

夊　又《广韵》楚危切,《集韵》初危切,并音吹。(72)

帪　又《集韵》测伦切,音春。(118)

戗　又《集韵》初良切,《正韵》齿良切,并音昌。(139)

痊　《集韵》充自切,《集韵》充自切,并音厕。(261)

C. 崇船

铈　《集韵》士止切,音市(453)

D. 崇船

鍉　《唐韵》神旨切,音士。(365)

E. 生书

嫀　又疏邻切,音申。(83)

敉　又所例切,音试。(156)

生　又《韵补》叶师庄切,音商。(251)

訕　又叶所战切,音扇。(400)

以上五项混例说明庄、章两组完全合并。C、D两项混例都是止摄字,大概崇、常、船都读舌尖后清擦音。

知、庄组合并,知、章组合并,庄、章组也合并,不用说知、庄、章三组完全合并。这跟今天的北京话没有什么不同。

值得注意的是,章组的常、船两母跟日母有一些相混例:

A. 常日

睹　《玉篇》日朱切,音殊。(166)

甚　《唐韵》《集韵》《韵会》《正韵》并时鸩切,音任。(250)

谌　又叶市隆切,音戎。(406)

B. 船日

舌　《唐韵》《集韵》《韵会》《正韵》食列切,然入声。(364)

C. 常船日

劭　《唐韵》《正韵》实照切,《集韵》《韵会》时照切,并饶去声。(37)

盾　《唐韵》食尹切,《集韵》《韵会》竖尹切,并犉上声。(271)

前文曾经提到这一点。很显然这是吴语的反映。吴语区很多地方常、船跟日母同读。例如常熟"甚"和"任"都读 zəz(阳去),就是一例。《字典》编者吴语区的人超过了三分之一,杂入一些吴语特点,倒是意料中的事。

3. 精组

精组各母之间混例:

A. 精从

在　又昨代切,音载。(61)

奘　又《集韵》《韵会》《正韵》并才浪切,音葬。(77)

综　《广韵》《集韵》《韵会》并子宋切,琮去声。(329)

蠀　又《集韵》子艳切,音渐。(479)

駔　《唐韵》《集韵》《韵会》子朗切,《正韵》子党切,并藏上声。(497)

　　又《广韵》徂古切,《集韵》《类篇》坐五切,并音祖。(497)

B. 心邪

屿　《唐韵》徐吕切,《集韵》《韵会》《正韵》象吕切,并胥上声。(113)

心　又先容切,音松。(130)

柛　《集韵》《类篇》并松伦切,音荀。(171)

松　《唐韵》详容切,《集韵》思恭切,《正韵》息中切,并音淞。(172)

C. 从邪

从　《广韵》疾容切,《集韵》《韵会》《正韵》墙容切,并俗平声。(129)

祠　又叶祥吏切,音剂。(286)

耤　又《集韵》慈夜切,音谢。(344)
聚　《唐韵》《正韵》慈庾切,《集韵》《韵会》在庾切,并徐上声。(346)

A项精、从混例都是仄声字,说明从母失去浊音,变同精母,逢仄声读不送气清塞擦音。这跟澄、崇等母的情形是平行的。B项心、邪相混,说明邪母失去浊音,变同心母,读作清擦音。这些都跟今天的北京话一致。

C项从、邪混例表明邪母"俗""谢""徐"等字读塞擦音,跟官话的情况不符。这大概也是吴语的反映。例如"从"与"俗"今常熟话声母都读 dz-,就是证明。当然今天吴语也有很多把上述邪母字读作 z-的,不过那大概是后起的变化。因为吴语 dz-变 z-是一个有一定普遍性的现象。

4. 精组与庄组

精组与庄组之间有很多混例:

A. 精庄

则　《唐韵》《正韵》子德切,《集韵》《韵会》即德切,并音侧。(33)
咱　又《中州音韵》兹沙切,音查。(53)
抓　《唐韵》侧巧切,《集韵》《正韵》侧绞切,并音蚤。(149)
瘵　又《集韵》侧例切,音际。(264)
屩　《龙龛》侧救切,音奏。(547)

B. 清初

姐　又醋加切,音叉。(81)

抢　又《唐韵》初两切,《集韵》《韵会》《正韵》楚两切,并仓上声。(153)

榇　又《正韵》寸遴切,音襯。(196)

淘　又《集韵》楚庆切,请去声。(216)

C. 从崇

丛　又《韵补》叶徂黄切,音床。(46)

在　又叶才里切,示上声。(61)

曾　《集韵》锄耕切,音层。(95)

灊　又《广韵》昨淫切,《集韵》锄簪切,并音岑。(225)

蹀　又《集韵》才侯切,音骤。(424)

D. 心生

憯　又《集韵》师炎切,音纤。(119)

瘙　又《集韵》双佳切,音绥。(262)

赗　《玉篇》先卧切,音所。(416)

飕　又所九切,音叟。(489)

E. 邪生

数　又所六切,松入声。(157)

今日北京话庄组也有一部分字读同精组,但为数不多。以上六项例子中只有"侧"与"则","所"与"赗","飕"与"叟"精组与庄组不分,跟北京话一致。其余精、庄两组混例跟一些方言,如江淮官话、西南官话等相合,大概是这些方言的反映。

有一个特别值得注意的现象,就是心母有两个跟晓母相混的例子。

骦　《广韵》呼牒切,《集韵》悉协切,并音揲。(126)

鄦　《广韵》许及切，《集韵》息入切，并音嚖。(445)

这好像表明尖团音已经开始混淆，心与晓的细音都读 ç 了。1743 年成书的《圆音正考》透露了当时存在尖团不分的迹象。《字典》在《正考》之前只有 27 年，出现点尖团不分的苗头倒是很可能的。不过只有这两个例子，又只限于心晓两母，其他精组和见系细音各母的混例都未见，不一定很可靠。

此外邪母还有跟以母相混两例：

㠯　又《集韵》象齿切，音以。(62)

雓　又《集韵》余救切，音袖。(238)

这大概都是字误，即"以"为"似"之误，"袖"为"柚"之误。

5. 泥娘日来四母

泥、娘之间有一些混例：

泥　又《广韵》奴计切，《集韵》《韵会》《正韵》乃计切，并尼上声。(206)

伱　《广韵》《集韵》《正韵》并乃里切，泥上声。(人部)

尼　《广韵》《集韵》《韵会》并女夷切，音泥。(尸部)

柅　《五音集韵》《类篇》《正韵》并乃里切，音祢。(木部)

古反切泥、娘有相混的，王先生书或分或不分，在依违之间，故揭示泥、娘混例不多。上列后三例均直接抄自《字典》。《字典》娘并于泥，泥、娘不分，跟今日北京话相合。

另外娘母跟日母有一些混例：

㘝　《集韵》日涉切，音聂。(204)

紉　《广韵》女邻切，《集韵》而邻切，并音人。(325)

耴　又《集韵》日涉切,音聂。(345)

恁　《广韵》乃禁切,《集韵》《韵会》《正韵》女禁切,并音任。(415)

逖　《玉篇》而涉切,音聂。(442)

官话日母一般不读鼻音,日母读鼻音的以吴语的白话音为多。娘日相通,大概反映的也是吴方音。

来母《字典》未见有与它母相混的例子,来母当是一个独立的声母。

三　喉牙音

1. 见溪群三母

见、群之间有很多混例:

佶　《唐韵》巨乙切,《韵会》极乙切,并音吉。(17)

㥛　《广韵》纪力切,《集韵》《韵会》讫力切,并音极。(138)

窘　《唐韵》渠陨切,《集韵》《韵会》巨(王书误"且")陨切,并君上声。(299)

给　又《集韵》极业切,音劫。(328)

诀　又叶居悸切,音季。(401)

赳　《广韵》巨幼切,《集韵》祁幼切,并赳去声。(420)

这些例子都是仄声字,说明群母失去浊声,变同见母,逢仄声读不送气清塞音,跟並、定等母相同。另有几个溪、群混例:

䌰　《集韵》驱圆切,音拳。(310)

篜　《广韵》去宫切,《集韵》丘恭切,《韵会》丘弓切,《正韵》

丘中切,并音蛩。(317)
趯　《广韵》《集韵》并求获切,音阒(420)

这也都是不规则混例。"驱"、"去"、"丘"等溪母字切出群母平声的"拳"和"蛩",群母平声的"求",切出溪母的"阒",很可能是把这几个群母平声字读作送气音的结果。

2. 晓匣二母

晓、匣两母之间有不少混例:
汞　《广韵》《正韵》胡孔切,《集韵》虎孔切,并音哄。(206)
活　又《韵补》叶胡决切,音血。(211)
砉　《集韵》忽麦切,音划。(249)
䶈　《集韵》呼宏切,音横。(426)

这些混例说明匣母失去浊音,变同晓母。

另外匣母跟云母有两个混例:
王　《广韵》《集韵》《韵会》并雨方切,音徨。(241)
魂　又《韵补》叶胡匀切,音芸。(507)

这又是吴方言的反映。吴语区有些方言,如苏州、无锡、常熟等方言"王"和"徨"同音,都读 ɦuã(阳平);而"胡"和"芸"声母相同,都作 ɦ-。

3. 云以影疑四母

云、以、影、疑四母之间有很多混例:

A. 云以
匀　《唐韵》羊伦切,《集韵》《韵会》俞伦切,并音云。(39)
右　又叶羽轨切,音以。(48)

槱　又《集韵》余救切,音宥。(180)

楺　《集韵》《类篇》并以冉切,音炎上声。(194)

舀　又《广韵》以周切,《韵会》夷周切,并音尤。(362—363)

诱　又叶演女切,音雨。(403)

邮　又叶于其切,音移。(444)

饁　《玉篇》于劫切,音葉。(458)

B. 影云

右　又叶于记切,音意。(48)

囲　又叶于诡切,音委。(60)

浘　又于云切,音煴。(213)

淮　《集韵》羽两切,音枉。(214)

漫　《唐韵》《集韵》《韵会》《正韵》并于求切,音优。(223)

宥　又于六切,音郁。(260)

C. 影以

抗　《唐韵》以沼切,《集韵》以绍切,并腰上声。(149)

肞　《广韵》与改切,《集韵》倚亥切,并音佁。(359)

邪　又叶伊宜切,音移。(443)

D. 影云以

庸　又叶于方切,音央。(122)

荣　《唐韵》永兵切,《集韵》《正韵》于平切,《韵会》於营切,音营。(198)

篔　《类篇》於分切,《字汇补》余伦切,并音雲。(317)

E. 疑云

嫩　又鱼伦切,音辒。(84)

尤　《唐韵》《集韵》羽求切,《韵会》疑求切,《正韵》于求切,

并音邮。(98)

簑 《集韵》于元切,音元。(313)

F. 疑以

嶣 《集韵》鱼教切,《类篇》倪吊切,并音耀。(112)

影 又叶倚两切,音养。(127)

缘 《广韵》以绢切,《集韵》《韵会》余绢切,并音愿。(331)

G. 疑云以

炎 《唐韵》《集韵》于廉切,《韵会》疑廉切,《正韵》移廉切,并音盐。(226)

H. 疑影

外 《广韵》《集韵》五会切,《韵会》鱼会切,并歪去声。(73)

瓦 《玉篇》五化切,蛙去声。(89)

厄 《唐韵》《集韵》并五果切,倭上声。(116)

广 《广韵》《集韵》鱼检切,《韵会》疑检切,并醃上声。(121)

宆 又《广韵》《集韵》於交切,《韵会》幺交切,并咬平声。(298)

I. 疑影云以

颭 《广韵》於笔切,《集韵》《韵会》越笔切,《正韵》以律切,并音聿。(488)

A至D四项例子说明影和云失声母,变同了以母。疑母虽有少数与泥、娘的混例(见下文),但这里与影、云、以的混例要多得多,说明它的大多数字也都失去声母。疑、影、云、以读零声母跟今天的北京话基本相合。

疑母跟泥、娘两母也有少数混例：

A. 疑泥

忍　《玉篇》奴典切，妍上声。(29)

梛　又《集韵》乃曷切，《类篇》乃葛切，并岸入声。(185)

甗　又《集韵》牛堰切，音撚。(249)

B. 疑娘

验　《唐韵》《集韵》《韵会》并鱼窆切，黏去声。(501)

齞　《唐韵》研茧切，《广韵》研巘切，并音碾。(532)

疑母变同泥、娘北京话限在 i、y 前出现的字的一部分。这里的例子只有"牛堰"切"撚"与北京话声韵相合。其他如"妍""甗""验""鱼""齞""研"等字读同泥娘，有可能是西南官话或赣话的反映，而"岸"读 n-，则可能是河北方言的影响。

四　声母特别字

《字典》注音有的显示了在声母方面跟今天北京话一致的一些特别字的读音，也就是声母的读法跟今天一致，但是从历史演变看是不规则的一些读音。除了文章开头时已提到的"产"字外，还有下面一些例子：

勬　《集韵》拘员切，音捐。(38)

谑　《唐韵》虚约切，《集韵》《韵会》《正韵》迄却切，并饷入声。(407)

饷　《唐韵》《集韵》《韵会》《正韵》并或亮切，音向。(491)

辗　《集韵》《正韵》并尼展切，音辇。(429)

鞊　《集韵》激质切,音诘。(481)
齛　《集韵》渠介切,音械。(533)

例一"捐"《广韵》"与专切",以母字,此读见母;例二、例三"饷"《广韵》"式亮切",书母字,此读晓母;例四"辇"《广韵》"力展切",来母字,此读泥母;例五"诘"《广韵》"去吉切",溪母字,此读见母;例六"械"《广韵》"胡介切",匣母字,此读见母。《字典》这些字的读音都跟今天北京话相合,但就《广韵》来说,都是不规则变化。这些规则读法除"产"字外,《中原音韵》都未见,《字典》也许是它们较早的记录。

以上我们把《字典》注音所反映的当时语音的声母情况讨论完了。剔除方言成分之后,我们得到了18世纪初北京话的一个大致的声母系统。现列表于下,并附中古声母以资对照。tɕ组外加括弧,以示存疑。

p 帮並仄	p' 滂並平	m 明	f 非敷奉
t 端定仄	t' 透定平	n 泥娘疑少	l 来
ts 精从仄	ts' 清从平邪平少		s 心邪
庄少	初少		生少
(tɕ	tɕ'		ɕ)
tʂ 知澄仄庄崇仄章	tʂ' 彻澄平初崇平昌常平少船平少		ʂ 生俟崇少 ʐ 日书常船
k 见群仄	k' 溪群平		x 晓匣
(tɕ	tɕ'		ɕ)
○ 疑云影			
以			

这跟今天北京话有较大的差别,即腭化音 tɕ 组可能还没有出现,或者才刚刚萌芽。

贰　声调

《字典》注音所用声调系统从《凡例》里提到的在注释多音字时以平上去入为序的话里可以看出为传统的四声。注音中也经常出现平上去入等字眼。例如"皑"注云:"艾平声"(267);"宠"注云:"冲上声"(96);"欠"注云:"谦去声"(197);"彻"注云:"阐入声"(130);等等。也证明了这一点。不过尽管编者希望遵循古四声系统,但具体注音时,还是不知不觉地透露出一些当时声调的实际读音来。请先看浊上变去的例子。

漟　《唐韵》徒朗切,《集韵》待朗切,并荡上声。(219)

瘥　《集韵》荡亥切,怠上声。(262)

顁　又《集韵》疾郢切,静上声。(486)

奔　又《集韵》《韵会》并方问切,音愤。(77)

囤　《广韵》徒损切,《集韵》《韵会》杜本切,并读着顿(59)

抙　《集韵》薄旱切,盘去声。(76)

妇　又《正韵》防父切,音附。(82)

疱　又皮教切,音抱。(259)

籂　《集韵》下买切,音懈。(317)

簳　《广韵》《集韵》《正韵》并古旱切,音幹。(318)

籚　《集韵》直利切,音雉。(318)

財　又《集韵》昨代切,音在。(414)

  鈪 《集韵》胡典切,音现。(455)
  鯁 《唐韵》《集韵》《韵会》并古杏切,梗去声。(510)
前3例中的"荡""怠""静"本来都是浊上字,但又都注明"上声"字样,说明它们在编者口中都已读成了去声。第4例依反切是去声,但却音浊上的"愤"字,说明"愤"也已变成了去声。其余的例子依反切都是浊上字,但所注之音却都是去声。这都有力地说明当时浊上已经变去,与今音无别。

  其次就是平分阴阳的问题。据上文,我们知道《字典》注音所透露出来的当时声母系统全浊的浊音成分已经失去,逢塞音、塞擦音平声送气。在这种情况下,平声如果不分阴阳,送气清声母跟相应的浊声母,如滂和並,清和从,透和定,彻和澄,初和崇,昌和禅,船,溪和群等,以及擦音和零声母的清、浊声母,如非、敷和奉,心和邪,审和禅、船,影和喻等的平声字就必然同读,从而在注音时就难免会出现清浊互注的现象。但实际上互注现象基本上没有出现。只有两个可疑的例子:

  柯 又叶于希切,音衣。(177)
  脣 《玉篇》七由切,音酋。(357)
例1是叶韵音,反切是《字典》自造的其直音一般由反切拼切而得。例2是来自《玉篇》的古反切依例不当切"酋",切"酋"当是据时音拼合的结果。乍一看,这两条好像都是阴阳平不分的例子。"于"是喻母字,当切阳平,而实际上切了影母的"衣"字,属阴平;"七"是清母字,当切阴平,而实际上切了从母的"酋"字,属阳平。不过,仔细一看,切阴平的,切下字是阴平的"希"字,切阳平的,切下字是阳平的"由"字。这样,切阴或切阳都是由切下字决定的,一改古反切由切上字决定清浊，也就是阴阳的旧规。可以想见，当《字典》编者抛开声母来源，用自己的语言依反切上下字自然拼切的时候，切下字的声调因素就会很自然地发挥其作用。这时决定被切字声调的当然就是切下字而不是切上字了。这是在声母全浊系统消失之后完全会发生的现象。据此，这两个例子与其看作是阴阳平不分的反映，还不如看作是阴阳平有别的证据更为合理。如果这一解释不错的话，《字典》时北京话平分阴阳就是确定无疑的了。

《字典》注音入声保留得比较完整，未见入声跟平上去三声互为音注的例子。不过早在《字典》问世的一百多年前，徐孝的《重订司马温公等韵图经》就已显示北京话入声已经基本消失。后来顺治皇帝的话就更为明确。他说："北京说话独遗入声韵，盖凡遇入声字眼，皆翻作平上去声耳。"[3]据此，《字典》时似不可能仍然保存着完整的入声。注音未见舒促互混的例子可能有两个原因：一是三分之二以上编者的家乡话都是有入声的；二是家乡话没有入声的编者也大都是久经科场的文人学士，掌握入声一般都不存在问题。总之，《字典》的完整入声不大可能是当时北京话的真实反映。

《字典》所保留的入声没有韵尾辅音的区别，这从不同韵尾辅音来源的入声字的大量互注上可以看出。例子详见下文《韵母·入声》部分。

叁 韵母

一 舒声

通摄

1. 东一等 冬混例

傱 《集韵》徂宗切,音丛。(81)

宋 《唐韵》《韵会》苏统切,《集韵》苏综切,并音送。(89)

宗 《唐韵》作冬切,《集韵》《韵会》祖赍切,《正韵》祖冬切,并音燹。(90)

粽 《广韵》《集韵》《正韵》并作弄切,宗去声。(322)

2. 东三等 钟混例

捧 《唐韵》《韵会》敷唪切,《集韵》抚勇切,并豐上声。(150)

冯 又《唐韵》房戎切,《集韵》《韵会》符风切,《正韵》符中切,并音逢。(495)

崧 《广韵》息弓切,《集韵》《韵会》思融切,《正韵》息中切,并音松。(108)

宠 《唐韵》丑垄切,《集韵》《韵会》《正韵》丑勇切,并冲上声。(96)

𣟛 又《广韵》尺容切,《集韵》昌容切,并音充。(367)

宂 《唐韵》《正韵》而陇切,《集韵》《韵会》乳勇切,并戎上

声。(88)

禽　又叶渠容切,音穷。(289)

容　《广韵》《集韵》《韵会》并馀封切,音融。(92)

湛　又《韵补》叶羊戎切,音容。(217)

3. 东一等、三等混例

塳　《集韵》谟中切,音蒙。(71)

梦　《唐韵》《集韵》《韵会》莫凤切,《正韵》莫弄切,并蒙去声。(74)

徿　又《集韵》鲁孔切,隆上声。(130)

礲　《玉篇》力东切,音隆。(203)

4. 东一等　钟混例

漗　《玉篇》先公切,《集韵》苏丛切,并音松。(222)

𪫞　《广韵》卢红切,《集韵》卢东切,并音龙。(431)

龙　又《玉篇》《广韵》力董切,《集韵》鲁孔切,并音陇。(113)

供　又《广韵》《集韵》《韵会》《正韵》并居用切,音贡。(15)

5. 冬　东三等混例

礲　《集韵》卢冬切,音隆。(460)

6. 冬　钟混例

悰　《广韵》藏宗切,《集韵》徂宗切,并音从。(117)

𤞞　《玉篇》子宋切,音纵。(239)

霳　《玉篇》卢冬切,音龙。(478)

第1、2两项例子显示东一等与冬,东三等与钟已经分别合并。第3至6四项例子显示一等东、冬与三等东、钟也已经合并。只不过根据今音可知三等牙喉音合并于一等的并不是全部而是一部分。

通摄唇音和牙喉音还有通梗摄的例子,请看:

孟　《唐韵》《集韵》《韵会》《正韵》并莫更切,音梦。(87)

䓿　又《韵会》《正韵》并许用切,兄去声。(39)

例1"梦"与"孟"同音,说明通摄一等唇音的韵母已变入梗摄,作-əŋ。例2"兄去声"与"䓿"同音,说明通摄与梗摄三等合口牙喉音的韵母也已经合流,都作-yuŋ。这些都跟今音完全一致。未见梗摄二等合口与通摄一等相通的例子,当是偶缺。

江宕摄

1. 唐开口　江互混例

棒　《唐韵》《集韵》《韵会》《正韵》并步项切,旁上声。(182)

榜　又《唐韵古音》彼朗切,《集韵》补朗切,《韵会》《正韵》补曩切,并邦上声。(185)

䌽　又叶补光切,音邦。(285)

𥳑　又《广韵》巴讲切,《集韵》补讲切,并音榜。(331)

竜　又叶蒲光切,音庞。(534)

龙　《唐韵》《集韵》《韵会》并莫江切,音茫。(107)

峨　《广韵》《集韵》并莫江切,音茫。(99)

以上各例都是唇音字。第3、第5例切下字用合口的"光"字,那是继承古反切唇音不分开合的传统,并不表示所切唇音是合口。凡是《广韵》开合相对而又不分韵的韵,唇音本文都一律归开口。唐、江唇音混并,跟今音相同。

2. 唐　阳开口混例

峯　又叶敷康切,音芳。(106)

丰　又叶敷康切,音芳。(411)

恟　又叶兵旺切,音谤。(134)

3. 唐　阳合口混例

丛　又《韵补》叶徂黄切,音床。(46)

硄　《玉篇》口光切,《集韵》枯光切,声同匡。(280)

贶　又《韵补》叶虚王切,音荒。(414)

4. 江　阳开口混例

傇　《玉篇》乌江切,音央。(23)

第2项首2例说明阳韵唇音已经洪音化,变同唐韵,第3例以三等合口的"旺"切唐韵唇音的"谤"字,说明阳韵三等合口牙喉音也已经洪音化,变同了唐韵合口,从"旺"切"谤"也是唇音反切不分开合之例。第3项2、3两例进一步证明了阳韵合口牙喉音变同一等合口的事实。第3项首例则是阳韵庄组字变同一等合口的证据。第4项例子显示江韵牙喉音部分字已经有了腭介音。

可以看出,《字典》江、宕两摄的音韵格局已与今音大致相同。

　　止蟹摄

1. 支脂开口混例

崥　《类篇》彼义切,音秘。(119)

避　《唐韵》《集韵》《韵会》《正韵》并毗义切,音鼻。(441)

欪　又七赐切,音次。(178)

斯　《广韵》息移切,《集韵》《韵会》相支切,并音私。(159)

利　《唐韵》《集韵》《韵会》力至切,《正韵》力地切,音詈。(33)

屭　《广韵》《集韵》之义切,音至。(112)

眠　又《唐韵》是支切,《集韵》常支切,并嗜平声。(271)
器　《唐韵》《集韵》《韵会》《正韵》并去冀切,欷去声。(59)
弝　《集韵》翘移切,音祁。(125)
屎　又《玉篇》许夷切,《广韵》喜夷切,《集韵》《类篇》馨夷切,并音牺。(101)

2. 脂之开口混例

孳　《广韵》《集韵》子之切,《韵会》津之切,《正韵》津私切,音咨。(88)

字　《广韵》《集韵》疾置切,《正韵》疾二切,并音自。(86)

思　又《广韵》《集韵》《类篇》《韵会》并相吏切,音四。(133)

吏　《唐韵》力置切,《集韵》《韵会》良志切,《正韵》力地切,并音利。(50)

偫　《集韵》《韵会》并丈里切,音雉。(19)

事　《唐韵》钼吏切,《集韵》《韵会》仕吏切,并音示。(6)

歁　《玉篇》尺脂切,《集韵》充之切,并音蚩。(199)

久　又《韵补》叶举里切,音几。(4)

慨　又叶去吏切,音器。(141)

壿　又《集韵》乙冀切,音意。(70)

3. 支之开口混例

幓　又《类篇》相支切,音思。(118)

狸　《广韵》里之切,《集韵》陵之切,并音离。(237)

徝　《玉篇》竹志切,音智。(129)

之　《唐韵》《正韵》止而切,《集韵》《韵会》真而切,并音枝。(4)

事　又叶诗纸切,音始。(6)

仇　又叶渠之切,音奇。(7)

疑　《唐韵》语其切,《集韵》鱼其切,《韵会》疑其切,并音宜。(257)

哈　又叶许记切,音戏。(52)

埃　又叶於支切,音醫。(65)

迆　《唐韵》移尔切,《集韵》《韵会》演示切,《正韵》养里切,并音以。(433)

4. 支脂之开口混例

比　《广韵》《韵会》毗至切,《集韵》毗义切,《正韵》毗意切,并音避。(203)

伺　又《广韵》息吏切,《集韵》《韵会》新兹切,《正韵》相咨切,并音斯。(10)

痔　《唐韵》直里切,《集韵》《韵会》丈里切,《正韵》丈几切,并池上声。(261)

寄　《唐韵》《集韵》《韵会》居义切,《正韵》吉器切,并音记。(93)

几　《唐韵》居履切,《集韵》《韵会》举履切,《正韵》居里切,并寄上声。(30)

5. 支微开口混例

无　《广韵》居豙切,《集韵》居气切,并音寄。(161)

禨　又翘移切,音祈。(288)

俙　《集韵》许既切,音戏。(19)

墍　又《广韵》《集韵》并许既切,音戏。(69)

学　又叶许既切,音戏。(88)

戏　《广韵》《集韵》《韵会》杏义切,《正韵》许义切,并希去声。(147)

飯　《五音集韵》许羁切,音希。(248)

6. 脂微开口混例

乞　又《集韵》丘既切,《正韵》去冀切,并音器。(5)

玑　又《集韵》《韵会》其既切,《正韵》吉器切,并音机。(245)

毅　《唐韵》《集韵》鱼既切,《韵会》疑既切,并音劓。(202)

筎　《集韵》牛肌切,音沂。(308)

7. 之微开口混例

疧　又《韵补》叶居氣切,音记。(258)

槩　又叶居氣切,音记。(190)

迩　《玉篇》鱼几切,音矣。(436)

阠　又《类篇》虚其切,音希。(116)

憙　又《集韵》虚其切,音唏。(142)

溢　又《韵补》叶于既切,音意。(217)

8. 支脂合口混例

樵　又《集韵》遵为切,醉平声。(193)

倠　又《集韵》遵绥切,觜平声。(475)

瑈　《玉篇》似睡切,音遂。(246)

桎　《集韵》《正韵》并主蘂切,追上声。(187)

隗　又《集韵》《类篇》并俱为切,音龟。(474)

宄　《集韵》《类篇》并古透切,音轨。(91)

庑　《集韵》苦轨切,音跪。(106)

劧　《集韵》居伪切,《韵会》基位切,《正韵》居位切,并音媿。(37)

9. 支微合口混例

尾　《广韵》《集韵》《正韵》无匪切,《韵会》武匪切,并音委。(100)

鬼　《唐韵》《集韵》《韵会》并居伟切,音诡。(507)

怪　又叶古伪切,音贵。(134)

魏　《广韵》鱼贵切,《集韵》《韵会》虞贵切,并音伪。(508)

伪　《广韵》韦透切,《集韵》羽委切,并威上声。(24)

逶　《玉篇》为委切,音伟。(441)

10. 脂微合口混例

快　又叶窥贵切,音愧。(132)

玮　又《韵补》叶于贵切,音位。(244)

祐　又叶广贵切,音位。(286)

立　又于贵切,音位。(302)

瀢　《玉篇》羊水切,音伟。(223)

第 1 至 7 各项例子显示止摄开口各韵类全都互混,彼此之间显然已无分别可言。根据今音可以推知混同后的韵母当依声母的不同而有所区别,韵值大概也已与今音基本相同。第 8 至 10 各项例子显示止摄合口各韵类也已并而不分,跟今音相同。重纽之别,《字典》时早已不复存在,为了节约篇幅,本文不再一一举例讨论。

11. 支祭开口混例

孼　又叶倪祭切,音义。(88)

12. 脂祭开口混例

载　又叶子利切,音祭。(427)

瀬　又《韵补》叶力制切,音利。(224)

13. 之祭开口混例

敊　又所例切,音试。(156)

适　又叶式吏切,音世。(439)

14. 微废开口混例

佛　又叶方味切,音废。(12)

法　又叶芳未切,音废。(209)

15. 支齐开口混例

弥　《广韵》武移切,《集韵》《韵会》民卑切,并音迷。(126)

米　《广韵》《正韵》莫礼切,《集韵》母礼切,并泓上声。(321)

来　又叶邻奚切,音离。(14)

籴　《广韵》《集韵》并力智切,音丽。(320)

16. 脂齐开口混例

纰　又《广韵》匹夷切,《集韵》篇夷切,并音批。(325)

美　《广韵》《集韵》《韵会》并无鄙切,音眯。(338)

地　《广韵》徒四切,《集韵》大计切,《韵会》徒二切,《正韵》徒利切,并音弟。(62)

剺　《唐韵》力脂切,《集韵》良脂切,并音黎。(36)

藜　《唐韵》力脂切,《集韵》《韵会》良脂切,并音犁。(182)

瀣　《玉篇》卢帝切,音利。(30)

17. 之齐开口混例

本　《说文》精里切,济上声。(42)

宰　又叶子里切,音挤。(92)

祠　又叶祥里切,音剂。(286)

你　《广韵》《集韵》《正韵》并乃里切,泥上声。(10)

瘗　《集韵》壹计切,《正韵》於计切,并医去声。(264)

瘗　《广韵》於计切,《集韵》壹计切,并医去声。(408)

18. 祭废开口混例

劓　《五音集韵》居刈切,音劂。(511)

疫　《集韵》鱼刈切,音艺。(258)

臬　又《韵补》叶牛例切,音刈。(361)

艾　又《正韵》倪制切,音刈。(367)

𡰪　《五音集韵》牛㸷切,《正韵》倪制切,并音义。(436)

19. 祭齐开口混例

蔽　《集韵》《韵会》并必袂切,音闭。(381)

潎　《唐韵》匹蔽切,《集韵》匹曳切,并音淠。(219)

嚌　又子计切,音祭。(58)

祭　《唐韵》《集韵》《韵会》并子例切,音霁。(287)

𦠿　《玉篇》七例切,音砌。(366)

𣪠　《玉篇》古例切,音计。(275)

欯　《广韵》呼计切,《集韵》许㡭切,并音憩。(198)

20. 脂祭合口混例

𦈛　《类篇》虽遂切,音岁。(332)

衰　又《韵补》所类切,音帨。(393)

21. 微祭合口混例

嶡　《集韵》姑卫切,音贵。(111)

22. 微齐合口混例

鴰　《广韵》古惠切,《集韵》《韵会》涓惠(原误"会")切,并音贵。(515)

韢　《玉篇》乌奎切,音威。(527)

23. 微废合口混例

爱　又叶乌胃切,音秽。(139)

以上第11至14项是止摄开口与蟹摄三等祭、废两韵开口相通的例子,第15至17项是止摄开口各韵与蟹摄四等齐韵开口相通的例子,第18、19两项是蟹摄三、四等开口相通的例子。这些混例说明止摄开口与蟹摄三四等开口全都并而为一。应当指出的是,止摄开口精组字与蟹摄三、四等开口精组字的韵母今音有区别,前者作-ɿ,后者作-i。《字典》这两者当然也不能混而不分。

第20至23项为止摄合口与蟹摄三、四等合口相通的例子,说明它们已经混而不分。混例较少可能跟合口字数较少有一定的关系。两摄合口细音当如今音一样,先合并,然后失去腭介音。

24. 脂泰合口混例

灖　《玉篇》力兑切,《集韵》郎外切,并音类。(223)

25. 支灰合口混例

錵　又《玉篇》竹瑞切,音轪。(456)

乖　又《韵补》叶公回切,音规。(4)

阕　《唐韵》去随切,《集韵》《韵会》缺规切,音恢。(468)

倭　《玉篇》《唐韵》并於为切,音煨。(18)

26. 脂灰合口混例

佩　又叶蒲眉切,音裴。(13)

挼　又《集韵》祖回切,醉平声。(150)

梭　《集韵》祖回切,醉平声。(188)

濢　又《集韵》《韵会》并取内切,音萃。(29)

勵　《唐韵》《集韵》并卢对切,音类。(39)

洡　又卢对切,音类。(210)

穛　《广韵》《集韵》并卢对切,音类。(297)

耒　《广韵》《集韵》《韵会》并卢对切,音类。(343)

錑　《广韵》《集韵》并卢对切,音类。(456)

嵬　《集韵》乌回切,《韵会》鱼回切,《正韵》五回切,并音巍。(109)

27. 微灰合口混例

怀　又叶呼回切,音挥。(145)

28. 祭灰合口混例

铜　《玉篇》呼内切,音彗。(454)

29. 废灰合口混例

毳　《广韵》丘吠切,《集韵》去秽切,并㱯去声。(279)

30. 齐泰合口混例

眱　《广韵》古惠切,音桧。(254)

31. 齐灰合口混例

暌　《玉篇》去圭切,音恢。(165)

32. 泰灰合口混例

背　又《广韵》《集韵》蒲昧切,《正韵》步昧切,并音旆。

（350）

鋷　《玉篇》祖海切，音最。（456）

33. 泰佳合口混例

外　《广韵》五会切，《韵会》鱼会切，并歪去声。（73）

诡　《集韵》王呙切，《类篇》五呙切，并外平声。（403）

34. 泰皆合口混例

䶡　《玉篇》五拜切，音外。（425）

乃　《唐韵》奴亥切，《集韵》《韵会》《正韵》囊亥切，并奈上声。（4）

来　《广韵》落哀切，《集韵》《韵会》《正韵》郎才切，并赖平声。（14）

瘑　《玉篇》口盖切，音慨。（265）

皑　《唐韵》五来切，《集韵》《正韵》鱼开切，《韵会》疑开切，并艾平声。（267）

硋　《集韵》《韵会》并牛代切，音艾。（281）

疫　《广韵》呼艾切，《集韵》虚艾切，并海去声。（260）

害　《唐韵》何盖切，《集韵》《正韵》下盖切，《韵会》合盖切，并孩去声。（92）

懑　《集韵》於盖切，音爱。（144）

曖　《广韵》於盖切，哀去声。（276）

35. 泰咍开口混例

寀　又《集韵》《类篇》并仓代切，音蔡。（93）

乃　《唐韵》奴亥切，《集韵》《韵会》《正韵》囊亥切，并奈上声。（4）

来 《广韵》落哀切,《集韵》《韵会》《正韵》郎才切,并赖平声。(14)

瘶 《玉篇》口盖切,音慨。(265)

皑 《唐韵》五来切,《集韵》《正韵》鱼开切,《韵会》疑开切,并艾平声。(267)

硋 《集韵》《韵会》并牛代切,音艾。(281)

疧 《广韵》呼艾切,《集韵》虚艾切,并海去声。(260)

害 《唐韵》何盖切,《集韵》《正韵》下盖切,《韵会》合盖切,并孩去声。(92)

憍 《集韵》於盖切,音爱。(144)

曖 《广韵》於盖切,哀去声。(166)

第24至第27项是止摄合口与蟹摄一等合口混例,第28至第31项是蟹摄三、四等合口与一等合口混例,第32项是蟹摄一等泰合口与灰混例。第33、34项是蟹摄一等泰合口与二等佳皆合口混例。这些例子说明止摄合口、蟹摄三、四等合口、蟹摄一等合口三者全都混而为一,只是也与今音一样,一等泰合口并于灰的限于一部分字,另一部分字则并入二等合口佳、皆等。

第35项为蟹摄一等哈与泰开口混例,说明它们也已合并。

36. 佳皆开口混例

摆 《唐韵》北买切,《集韵》《韵会》《正韵》补买切,并拜上声。(154)

排 《唐韵》《正韵》步皆切,《集韵》《韵会》蒲皆切,并音牌。(151)

㩟 《集韵》尼皆切,妳平声。(153)

债 《唐韵》《集韵》《韵会》《正韵》并侧卖切,斋去声。(20)

斋 《广韵》侧皆切,《集韵》《韵会》《正韵》庄皆切,并债平声。(531)

侪 《唐韵》士皆切,《集韵》《韵会》床皆切,并音柴。(23)

解 《唐韵》《正韵》佳买切,《集韵》《韵会》举嶰切,并皆上声。(398)

械 《唐韵》《集韵》《韵会》《正韵》并胡介切,音邂。(181)

骇 《唐韵》侯楷切,《集韵》《韵会》《正韵》下楷切,并音蟹。(498)

37. 佳夬开口混例

卖 《广韵》《集韵》《韵会》《正韵》并莫懈切,音迈。(416)

眲 又《集韵》女夬切,妳去声。(272)

38. 皆夬开口混例

败 又《广韵》补迈切,《集韵》北迈切,《韵会》《正韵》布怪切,并音拜。(156)

39. 佳皆合口混例

㝅 《玉篇》吉娃切,《五音集韵》古蛙切,并音乖。(90)

40. 皆夬合口混例

勏 《唐韵》苦淮切,《集韵》枯怀切,并快平声。(38)

刏 《玉篇》口怪切,音快。(33)

匄 《集韵》苦怪切,音快。(40)

快 《唐韵》《集韵》《韵会》《正韵》并苦夬切,音块(按即《广韵》"墤")。(132)

邮 《集韵》苦怪切,音快。(444)

36至38项是佳、皆、夬三韵开口相通的例子,39、40项是佳、皆、夬三韵合口相混的例子。这些混例说明蟹摄二等各韵开与开,合与合,都已混而为一。

41. 皆泰开口混例

妎 《广韵》胡盖切,《集韵》下介切,并音械。(78)

42. 皆咍开口混例

炌 《集韵》《类篇》并口介切,开去声。(226)

烗 《广韵》苦戒切,《集韵》口戒切,并劾去声。(228)

这两项是蟹摄二等喉牙通一等的例子。这在北京话不可能,当是南方方言的反映。"妎"可能是读偏旁音的结果。"炌、烗"都是火部字,当出于同一编者,故反映了同一方言特点。照理蟹摄二等喉牙音韵母应与江摄一样,已经有了前腭介音,但未见其例。这可能与直音要求声韵相同,缺乏灵活性有关。

43. 佳麻开口混例

叉 《唐韵》楚佳切,《集韵》《韵会》初佳切,并音叉。(453)

44. 佳麻合口混例

蛙 又《广韵》户娲切,《集韵》胡瓜切,并音华。(528)

此两项是佳麻开合口相通例。"叉"北京话读 tṣ'ai,音"义"又是方音反映。"蛙"音"华"符合佳麻相通之例。

《字典》注音止蟹两摄的音韵格局,虽有个别问题尚欠明确,但总的说,跟今天的普通话基本上一致。

遇摄

1. 鱼虞混例

思 又叶相居切,音须。(133)

消　又《韵补》叶新於切,音须。(213)

㻌　《唐韵》山枢切,《集韵》山刍切,并音疏。(118)

所　《唐韵》疏举切,《集韵》《韵会》爽阻切,并数上声。
　　(147)

偻　又《韵会》龙遇切,音虑。(21)

戎　又《韵补》叶而主切,音汝。(146)

舅　又叶跽许切,音矩。(363)

䢃　又《集韵》鱼矩切,音语。(521)

休　又叶匈于切,音虚。(10)

诱　又叶演女切,音雨。(403)

2. 鱼模混例

楚　《唐韵》《正韵》创举切,《集韵》创阻切,并粗上声。
　　(186)

　　又《唐韵》《韵会》并疮据切,粗去声。(186)

胥　又《正韵》山徂切,音蔬,同苏。(351)

第1项鱼虞混例,说明两韵已经完全合并。第2项鱼模混例,限于庄组字,说明鱼虞庄组字的韵母已洪音化,变为模韵。不过,"楚"与"蔬"的声母由 tʂ'、ʂ 变为 ts'、s,则是南方方言的影响。这大概是读不准北京话的结果。如无此方言影响,这样的混例也就不可能产生了。

从今音可以推知《字典》模韵的韵母当是 -u。它跟入声屋韵一等以及没韵的关系也旁证了这一点。请看下面的例子。

扑　《唐韵》《集韵》《韵会》并普木切,铺入声。(148)

不　《韵会》《正韵》并逋没切,补入声。(2)

模韵、屋一等和没韵的唇音韵母今音都读-u,《字典》三者互音,当与今音同一格局。

虞韵唇音也有与入声屋三等相通的例子:

福　《唐韵》《集韵》《韵会》并方六切,膚入声。(288)

"膚入声"原误作"膚平声",据王力先生校改。虞韵和屋三等唇音韵母今音都读-u,《字典》两者互音,当也是同读-u的反映。

《字典》鱼、虞合并,大概也同今音一样分化为-u、-y两个不同的韵母。只不过由于直音局限,不能完全反映出来罢了。

臻深摄

1. 真欣混例

紧　《广韵》《韵会》《正韵》并居忍切,音谨。(330)

乾　又《韵补》叶渠巾切,音勤。(5)

朸　又渠巾切,音勤。(170)

虔　又叶真韵,音勤。(387)

近　又《广韵》《集韵》《韵会》并巨靳切,音觐。(434)

筋　又鱼斤切,音银。(308)

衅　《广韵》许觐切,《集韵》许慎切,《韵会》《正韵》许刃切,并欣去声。(364)

逌　《玉篇》许忍切,欣上声。(436)

2. 谆文混例

匀　《唐韵》羊伦切,《集韵》《韵会》俞伦切,并音云。(39)

两项例子显示臻摄三等开口真欣,合口谆文都已分别合并。据今音文韵唇音当作-ən,谆韵舌齿音韵母当作-uən,但直音无由显示。

3. 真(欣)侵混例

玢　《集韵》披巾切,品平声。(280)

嶙　又《广韵》力忍切,《集韵》《类篇》《韵会》里忍切,《正韵》良忍切,并音凛。(111)

上　又叶矢忍切,音审。(2)

䛒　《玉篇》居隐切,音锦。(116)

嗼　《玉篇》丘引切,钦上声。(58)

癊　《广韵》《集韵》并於禁切,音印。(265)

4. 欣侵混例

庉　《玉篇》所近切,音渗。(122)

欪　《集韵》去斤切,音钦。(198)

真、欣两韵与侵韵互混,显示臻、深两摄的界限已不存在,当如今日普通话一样,韵母都作-n尾。

臻、深两摄也偶有一些与梗、曾两摄相通的例子:

千　又《韵补》叶雌人切,请平声。(42)

领　又叶离贞切,音邻。(485)

馨　又《集韵》虚映切,音釁。(495)

矜　又《集韵》居觐切,兢去声。(277)

釁　《唐韵》虚振切,《集韵》许慎切,《韵会》许刃切,并兴去声。(451)

南　又《韵补》叶尼心切,音宁。(43)

首3例是臻、梗两摄相通,"人、邻、釁"是臻摄字,"请、贞、馨、映"是梗摄字。第4、5例是臻、曾两摄相通,"矜、觐、釁、扼、慎、刃"是臻摄字,"兢、兴"是曾摄字。末例是深、梗两摄相通,"心"是深摄字,"宁"是梗摄字。这些都是-m,-n,-ŋ三个韵尾混一的现象,显然是南方方音影响的结果。

山咸摄

1. 删山开口混例

攀 《唐韵》普班切,《集韵》《韵会》《正韵》披班切,并盼平声。(154)

盼 《唐韵》《集韵》《韵会》匹苋切,《正韵》匹襉切,并攀上声。(271)

晚 《唐韵》武限切,《集韵》武简切,并音矕。(274)

羼 《广韵》《韵会》初雁切,《集韵》初苋切,并音铲。(340)

山 《广韵》所闲切,《集韵》《韵会》师闲切,《正韵》师姦切,并与删同。(104)

㛧 《集韵》师姦切,音山。(446)

眼 《唐韵》五限切,《集韵》《韵会》《正韵》语限切,并颜上声。(273)

颜 《唐韵》五姦切,《集韵》《韵会》《正韵》牛姦切,并眼平声。(486)

僩 《广韵》《集韵》《韵会》下赧切,《正韵》下简切,并闲上声。(22)

2. 删山合口混例

瘝 《集韵》姑顽切,《正韵》姑还切,并音关。(262)

关 《唐韵》古还切,《集韵》《韵会》《正韵》姑还切,并音瘝。(468)

3. 桓删合口混例

倌 又《集韵》古患切,音贯。(16)

杬　又五患切,音玩。(172)

1、2两项混例说明,二等删与山开合口均已合并。第3项混例显示一等合口桓韵与二等删韵合口也已合并。既然山与删合口已经不分,可知桓与山合口也已混一。未见一等开口寒韵与删山开口相通的例子,大概是偶缺。

删、山韵牙喉音有通三四等的例子:

齦　又《广韵》《集韵》并起限切,音近遣。(532)

嫣　《广韵》《集韵》并伊甸切,音晏。(85)

蔫　《广韵》於甸切,《集韵》、《正韵》伊甸切,并音晏。(167)

山韵的"齦"以仙韵的"遣"作音,先韵的"嫣、蔫"以删韵的"晏"作音,说明二等开口牙喉音的韵母已经有了前腭介音。也就是说二等开口韵母已经一分为二,牙喉音的归入三四等,其余的归入一等。

4. 仙先开口混例

颁　又古通先,卑连切,音边。(484)

漫　又叶眠(原误"眼",今据《韵补》正)见切,音面。(219)

剪　《唐韵》即浅切,《韵会》子浅切,《正韵》子践切,并笺上声。(34)

浅　《唐韵》《正韵》七衍切,《集韵》《韵会》此演切,并千上声。(215)

前　《唐韵》昨先切,《集韵》《韵会》《正韵》才先切,并音钱。(33)

迁　又西烟切,音仙。(440)

屯　又叶徒沿切,音田。(104)

彦　又叶倪坚切,谚平声。(127)

限　又叶胡寋切,音岘。(471)

阴　又叶於虔切,音烟。(472)

5. 仙元开口混例

偗　《集韵》去偃切,遣去声。(19)

健　《集韵》《韵会》《正韵》并渠建切,乾去声。(18)

寋　《集韵》《类篇》并巨偃切,音寋。(110)

巚　《广韵》鱼寋切,《集韵》《韵会》《正韵》语寋切,并言上声。(114)

甗　又《广韵》鱼变切,音献。(249)

6. 元先开口混例

论　又叶卢建切,音练。(405)

謇　《集韵》纪偃切,音茧。(126)

甗　又《集韵》牛堰切,音撚。(249)

偃　《唐韵》《韵会》於幰切,《集韵》隐幰切,并烟上声。(18)

7. 仙先合口混例

君　又叶姑员切,音涓。(50)

棺　又叶居员切,音涓。(184)

观　又叶居员切,音涓。(397)

圈　《集韵》驱圆切,犬平声。(60)

崄　《广韵》於缘切,《集韵》萦缘切,并音渊。(106)

湾　又《韵补》叶于权切,音渊。(225)

远　又叶于员切,音渊。(439)

8. 仙元合口混例

宽　又叶驱圆切,音圈。(95)

欔　《玉篇》渠元切,音拳。(297)

婉　又《正韵》迂绢切,音怨。(82)

缘　《广韵》以绢切,《集韵》《韵会》余绢切,并音愿。(331)

9. 先元合口混例

官　又叶古元切,音涓。(90)

宫　又叶古元切,音涓。(91)

犬　《唐韵》《集韵》《韵会》《正韵》并苦睠切,圈上声。(235)

4、5、6三项是仙、元、先开口混例,说明三韵开口已经并而为一;7、8、9三项是仙、元、先合口混例,说明三韵合口也已经并而为一。元韵唇音字的韵母从今音可知其当变入一二等,只是直音资料没有反映出来而已。

10. 覃谈混例

糁　又《类篇》苏含切,音三。(323)

倓　又《集韵》《韵会》并吐感切,音毯。(17)

僋　《唐韵》《集韵》《韵会》《正韵》并他感切,音菼。(57)

惏　又《集韵》卢感切,音览。(137)

葴　《玉篇》古南切,《集韵》姑南切,并音甘。(108)

感　《唐韵》《集韵》《韵会》并古禫切,甘上声。(139)

瓯　又《集韵》姑南切,音甘。(248)

甘　《唐韵》古三切,《集韵》《韵会》《正韵》沽三切,并感平声。(250)

瓵　《集韵》枯甘切,音堪。(250)

揞　又《唐韵》乌敢切,《集韵》《韵会》乌感切,并庵上声。

(152)

11. 咸衔混例

瞻　又叶侧衔切,斩平声。(277)

欃　又《集韵》钮衔切,《韵会》《正韵》初衔切,并插平声。(197)

瞼　《唐韵》古衔切,《集韵》居衔切,并减平声。(277)

緘　《广韵》古咸切,《集韵》《韵会》居咸切,并音监。(330)

岩　《唐韵》五衔切,《集韵》鱼衔切,《韵会》疑衔切,《正韵》鱼咸切,并音嵒。(114)

歉　《玉篇》火陷切,呷去声。(130)

衔　《广韵》户监切,《集韵》《韵会》乎监切,并音咸。(455)

12. 覃咸混例

葳　又《集韵》胡谗切,音函。(378)

13. 谈衔混例

毵　又《类篇》苏篸切,衫去声。(129)

第10项例显示咸摄一等覃、谈合并,第11项例显示二等咸、衔合并。第12、13项例显示覃、咸合并。谈、衔合并。在覃、谈合并,咸、衔合并的情况下,也就是显示覃、谈、咸、衔四韵都已合并。但是二等牙喉音的韵母则分化了出来,变入三、四等。请看下面的例子:

椷　《集韵》《类篇》并苦减切,音歉。(183)

槏　《唐韵》苦减切,《集韵》《类篇》口减切,并音歉。(190)

砛　《唐韵》五衔切,《集韵》鱼衔切,并音严。(284)

"椷、槏"均为咸韵字,"砛"为衔韵字,而"歉"为添韵字,"严"为严韵字。咸、衔与严、添相通,说明咸韵见系字已经产生了腭介音,与三、四等合并。这与山摄二等开口牙喉音并入三、四等相一致。

14. 盐添混例

僭　《集韵》《韵会》并子念切,尖去声。(22)

譂　又《集韵》子冉切,音僭。(493)

䬹　《集韵》先念切,纤去声。(130)

𪒠　又《集韵》纪炎切,音兼。(99)

检　《唐韵》《集韵》《韵会》《正韵》并居奄切,兼上声。(194)

慊　《广韵》《集韵》并丘廉切,音谦。(138)

𢤲　又《集韵》丘廉切,音谦。(172)

椌　《集韵》丘廉切,音谦。(195)

15. 盐严混例

谗　又叶银炎切,音严。(410)

16. 凡添混例

欠　《唐韵》《集韵》《韵会》《正韵》并去剑切,谦去声。(197)

以上3项例证,说明咸摄三、四等盐、严、凡、添四韵已经混并,跟山摄三、四等仙、元、先三韵的混并现象相平行。凡韵的唇音韵母变入一、二等,当也与元韵一样:

凵　《唐韵》丘范切,《集韵》口范切,并音坎。(31)

"凵"不能音"坎"。这大概是据时音把切下字"范、范"读为洪音而加以拼切的结果。因而此例可以作为凡韵唇音已变入一等的证据。

17. 寒覃混例

㟅　《唐韵》《集韵》并七绀切,音粲。(256)

涵　又胡感切,音汉。(129)

岮　《集韵》於含切,音安。(106)

18. 寒谈混例

酣　《唐韵》、《集韵》、《韵会》、《正韵》并胡甘切,音邯。(448)

19. 寒衔混例

䏎　《集韵》力衔切,音阑。(98)

20. 仙盐混例

襳　又叶(按原无此字当脱)苏煎切,音遥。(380)

连　《集韵》《韵会》《正韵》并力展切,音敛。(437)

枕　又叶知险切,音展。(174)

嵰　《广韵》《集韵》并丘检切,音遣。(109)

21. 元严混例

叠　又许严切,音轩。(164)

22. 先盐混例

叠　《玉篇》许验切,音现。(164)

23. 先添混例

悿　《唐韵》《集韵》《韵会》《正韵》并他典切,音忝。(137)

17 至 23 项是山摄寒、仙、元、先各韵分别与咸摄覃、谈、衔、盐、严、添各韵相通的例子。虽有缺项,比如无删、山与衔、咸相通的例子,但据山、咸两摄平行发展的通则,可以推知《字典》注音的山、咸两摄已经没有分别。-m 尾并入了-n 尾,闭口音消失了。

效摄

1. 豪肴混例

虣　又《集韵》滂保切,抛上声。(267)

匏　《集韵》蒲交切,音袍。(99)

麃　又《广韵》薄交切,《集韵》《韵会》蒲交切,并音袍。(247)

猱　《广韵》《集韵》奴刀切,音铙。(106)

2. 宵萧混例

小　《唐韵》《集韵》《韵会》私兆切,《正韵》先了切,并萧上声。(97)

糕　《集韵》先吊切,音笑。(323)

萷　《集韵》思邀切,音萧。(377)

鮹　又《集韵》先了切,音小。(511)

疗　《广韵》《集韵》力照切,《正韵》力吊切,并音料。(264)

窔　又《集韵》《韵会》《正韵》并一叫切,夭去声。(91)

幺　《唐韵》《集韵》於尧切,《韵会》《正韵》伊尧切,并音邀。(120)

遶　《玉篇》伊尧切,音要。(438)

嵪　《集韵》以沼切,音杳。(108)

3. 肴宵混例

浇　又《集韵》《类篇》并力交切,音聊。(220)

髜　又丘消切,音敲。(361)

哮　《广韵》许交切,《集韵》虚交切,并音嚣。(91)

诮　《集韵》《正韵》并於教切,妖去声。(402)

4.肴萧混例

礉 《集韵》口教切,音竅。(282)

以上4项例子表明效摄的情况也与山、咸等摄的类似,即三、四等宵、萧两韵合并,二等肴韵一分为二,唇、舌、齿音韵母变入一等,牙喉音韵母细化,变同三、四等。

二等肴韵庄组声母有与三等宵韵知组声母相通一例:

仯 《广韵》初教切,超去声。(9)

这是三等舌齿音韵母变为洪音的证据,跟今音相同。但肴韵来母也有通细音的例子:

𦒎 《集韵》力交切,音寥。(416)

颡 又《广韵》力嘲切,《集韵》力交切,并音寥。(487)

二等来母当读洪音,这两例读入萧韵,实为例外,大概是读偏旁音的结果。

果摄

1.歌戈一等混例

脞 又《集韵》粗果切,蹉上声。(273)

桫 《唐韵》素何切,《集韵》《韵会》桑何切,并音梭。(180)

佗 《广韵》托何切,《集韵》《韵会》《正韵》汤何切,并妥上声。(12)

惰 又《集韵》徒禾切,音驼。(138)

欏 《集韵》卢卧切,罗去声。(197)

砢 《唐韵》来可切,《集韵》《韵会》朗可切,并音裸。(280)

磜 《玉篇》勒可切,《集韵》朗可切,并音裸。(284)

化 又叶呼戈切,音诃。(40)

以上混例表明果摄开口歌韵舌齿音字都已变入合口,而合口戈韵的牙喉音字有些已经变入开口,如末例的"戈"字。果摄一等的开合变化,已一如今音。

2. 戈三等物平声混例

瘸 《唐韵》《韵会》《正韵》巨靴切,《集韵》衢靴切,并掘平声。(264)

此例"瘸"与"掘"平入相承,可知其韵母当已如今音,读作-ye。

整个果摄跟今音显然已经没有什么差别。

假摄

1. 麻二等开口洽平声混例

猰 《唐韵》乞加切,洽平声。(191)

参下文可知,《字典》咸摄二等入声喉牙音韵母已经细音化,变入了三、四等,那么这里"猰"与"洽平声"同音,正是假摄开口二等牙喉音韵母读-ia 的证据。

2. 黠麻入声混例

俗 《广韵》《集韵》《韵会》并莫八切,麻入声。(20)

此项例子,可以作为麻二等开口非喉牙音韵母读-a 的参证。

梗曾摄

1. 庚二等耕开口混例

皏 《广韵》《集韵》并普幸切,烹上声。(267)

虻 《类篇》眉耕切,音盲。(387)

朾 《集韵》张梗切,争上声。(268)

樘 又《集韵》中庚切,音丁,读如"伐木丁丁"之丁。(191)

橙 《唐韵》宅耕切,《集韵》《韵会》《正韵》除耕切,并音枨。(192)

挣 《集韵》初耕切,音铛。(157)

枪　又《集韵》《韵会》楚庚切,《正韵》抽庚切,并音崢。(189)

䒱　《集韵》《韵会》并锄耕切,音撑。(107)

耕　《唐韵》古茎,《韵会》古庚切,《正韵》古衡切,并音更。(344)

牼　又《集韵》苦杏切,铿上声。(153)

2. 庚二等耕合口混例

嶸　《唐韵》户萌切,《集韵》《韵会》乎萌切,《正韵》胡盲切,并音横。(12)

3. 登庚二等开口混例

瓾　又《类篇》母亘切,音孟。(367)

柠　《唐韵》《集韵》《韵会》并拏梗切,能上声。(195)

更　又《广韵》《集韵》古孟切,音亘。(155)

肎　《唐韵》苦等切,坑上声。(348)

4. 登耕开口混例

崩　《玉篇》布耕切,音崩。(109)

儚　《韵会》弥登切,音萌。(23)

瓾　《广韵》武登切,《集韵》弥登加,并音萌。(367)

能　《广韵》《韵会》《正韵》并奴登切,音伫。(352)

第1、2两项混例表明梗摄二等庚与耕不论开合都已合并。第3、4两项混例表明曾摄一等登韵开口与梗摄二等庚、耕开口也已经合并。曾摄一等与梗摄二等合口未见混例,但两者入声有相通一例:

国　《唐韵》古或切,《集韵》骨或切,并觥入声。(60)

"国"是登入合口,与庚二等合口"觥"的入声同音,也可以作为登合口通庚二等合口的参证。

耕韵开口牙喉音有与清韵开口相通一例：

罂 《广韵》乌茎切，《集韵》於茎切，《韵会》幺茎切，并音缨。（336）

这是梗摄二等开口一部分牙喉音字的韵母已经细音化的证据。

5. 庚三等清开口混例

辟 又《集韵》必郢切，音丙。（432）

薨 又《集韵》忙成切，音明。（249）

心 又叶思敬切，音性。（131）

令 又《集韵》卢景切，音领。（9）

磬 《玉篇》力京切，《集韵》离呈切，并音伶。（203）

泂 又《集韵》楚庆切，请去声。（216）

璥 《唐韵》居领切，《集韵》举影切，并音警。（245）

卿 《唐韵》去京切，《集韵》《韵会》《正韵》丘京切，并音轻。（44）

轻 《广韵》去盈切，《集韵》《韵会》牵盈切，《正韵》丘京切，并音卿。（428）

轻 又去声，《广韵》墟（原误"虚"，今正）正切，《集韵》《韵会》牵正切，《正韵》丘正切，并音庆。（428）

6. 庚三等青开口混例

峸 《集韵》母迥切，明上声。（108）

暝 《广韵》莫经切，《集韵》忙经切，并音明。（166）

到 《唐韵》古挺切，《集韵》古顶切，并音景。（33）

磬 又叶苦丁切，音卿。（283）

7. 清青开口混例

洴　《类篇》滂丁切,聘平声。(213)

瀞　《唐韵》七定切,《集韵》千定切,并请去声。(223)

令　《集韵》《正韵》并力正切,零去声。(9)

领　《集韵》朗鼎切,音领切。(319)

8. 庚三等清合口混例

倾　《唐韵》去营切,《集韵》《韵会》《正韵》窥营切,并音卿。(20)

顷　《玉篇》苦永切,音顷。(102)

营　又《韵会》《正韵》并于营切,音荣。(449)

9. 庚三等青合口混例

吞　又《集韵》甽迥切,音憬。(162)

憬　《玉篇》居永切,肩上声。(119)

聚　《玉篇》居永切,肩去声。(220)

10. 庚三等蒸开口混例

凭　《唐韵》扶冰切,《集韵》《韵会》皮冰切,并音平。(30)

丞　《广韵》只影切,蒸上声。(205)

膺　又《集韵》於譅切,英去声。(359)

11. 清蒸开口混例

淓　《玉篇》匹孕切,音聘。(29)

中　又叶诸仍切,音征。(3)

拯　《韵会》《正韵》并之庱切,读与整同。(150)

嵊　《广韵》食证切,《集韵》石证切,《韵会》实证切,并音盛。(108)

第 5 至 7 项例说明庚三等、清、青三韵开口已经混同。第 8、9 项例说明庚三等、清、青三韵的合口也已混并。第 8 项首例中的"倾"字以开口的"卿"字注音,说明它已变成了开口。这跟《中原音韵》及今音都一致。

上文我们已经看到曾摄一等与梗摄二等的混并,这里第 10、11 项例则是曾摄三等与梗摄三、四等混同的证据。第 10 项第二例"只影切"是《字典》编者所造,《广韵》无。显然,曾梗两摄的界限在《字典》的注音里已经不存在了。

三等蒸韵舌齿音有与一等登相通的例子:

隆　又叶间承切,音棱。(473)

这表明蒸韵舌齿音韵母已经失去了腭介音,变入了一等。蒸韵如此,已与之合并的清、青等韵当然也不例外。

流摄

1. 侯尤混例

某　又《唐韵》《集韵》《韵会》《正韵》并莫後切,谋上声。(176)

畒　《唐韵》莫厚切,《集韵》《韵会》莫後切,并谋上声。(254)

枸　又《广韵》义(原误"又",今正)苟切,簝上声。(183)

廀　又所九切,音叟。(489)

2. 尤幽混例

椆　又《集韵》《类篇》并已幼切,音救。(184)

樛　《唐韵》居虬切,《集韵》《韵会》《正韵》居尤切,并音鸠。(191)

幼　《唐韵》《集韵》《韵会》《正韵》并伊谬切,忧去声。(120)
尤跟侯相混的一是明母字,二是庄组字。这跟今音相同。尤韵知章组字想也已失去腭介音,未见与侯混例,当与直音局限有关。

尤、幽混一也跟今音相合。

二　入声

通摄

1. 屋一等沃混例

氉　又《集韵》租毒切,音镞。(324)
得　又叶都木切,音笃。(128)
德　又叶都木切,音笃。(129)
梀　又叶都木切,音笃。(185)
琢　又叶都木切,音笃。(243)
迪　又叶徒沃切,音独。(434)
确　又叶胡沃切,音斛。(281)
屋　《广韵》《集韵》《韵会》《正韵》并乌谷切,音沃。(101)
臀　《玉篇》乌酷切,音渥。(359)

2. 屋三等烛混例

禄　《唐韵》力玉切,《集韵》《韵会》龙玉切,并音六。(456)
畜　《唐韵》丑六切,《集韵》敕六切,《正韵》昌六切,并音触。(254)
濯　又《韵补》叶厨玉切,音逐。(222)
俶　又叶尺六切,音触。(16)

勖　《唐韵》许玉切，《集韵》《韵会》吁玉切，《正韵》许六切，并音蓄。(38)

3. 屋一等屋三等混例

䱐　《玉篇》莫六切，音木。(509)

俶　《广韵》息逐切，《集韵》息六切，并音速。(13)

樚　《集韵》《韵会》并卢谷切，音六。(191)

4. 屋一等烛混例

录　《唐韵》《集韵》并卢谷切，音录。(126)

第1、2项例显示通摄一等入声重韵屋、沃混一，三等入声重韵屋、烛混一。第3、4项例显示屋三、烛明母及舌齿音已经失去腭介音，变同一等。这都跟舒声的情况一致。

至于通摄一、三等入声唇音与阴声遇摄模、虞两韵唇音分别相通，可以作为这两摄洪音韵母主元音读 –u 的参证，上文已经指出过了，这里不再细述。

江宕摄

1. 铎觉开口混例

博　《唐韵》补各切，《集韵》《韵会》《正韵》伯各切，并邦入声。(43)

2. 觉药开口混例

笰　又《广韵》於角切，《集韵》乙角切，《正韵》乙却切，并音约。(311)

1项例显示一二等混并，2项例显示二等觉韵牙喉音有的字已经细音化变入了三等药韵。例子不多，但跟舒声的格局相一致。细音韵母当作-ye，如入声虚设，或兼有-iao。

铎韵另有与盍韵相通一例：

䣈　又谷盍切，音阁。(446)

这显然是两韵见系字韵母都读-ɤ的反映。

今音来自二、三等的-uo韵未见混例，当是偶缺。

梗曾臻深摄

1. 陌二等麦开口混例

檗　《唐韵》《集韵》《韵会》《正韵》并博陌切，音伯。(194)

䂼　又《广韵》《集韵》《韵会》并博厄切，音百。(432)

㨞　又《集韵》治革切，音宅。(323)

迮　《广韵》侧伯切，《集韵》《韵会》《正韵》侧格切，并音责。(298)

迮　《广韵》侧柏切，《集韵》《韵会》《正韵》侧格切，并音啧。(435)

䝻　《玉篇》助革切，音舴。(200)

槭　又《韵会》色责切，音索。(190)

2. 陌二等麦合口混例

画　《唐韵》《集韵》《韵会》《正韵》并胡麦切，横入声。(255)

3. 德麦开口混例

北　《唐韵》博墨切，《集韵》《韵会》必墨切，《正韵》必勒切，并绷入声。(41)

告　又叶讫得切，音翿。(51)

4. 德麦合口混例

簂　又《集韵》古获切，音国。(310)

䭫　《类篇》古获切，音国。(411)

蝈 《集韵》古获切,音国。(425)

5. 德陌二等合口混例

国 《唐韵》古或切,《集韵》骨或切,并觥入声。(60)

第1、2项例表明陌二等与麦韵开合口均混并。第3、4项例表明一等德韵与二等麦韵开合口均已分别混并。第5项例表明德韵与陌二等合口混并。总之,德、陌二等、麦三韵不仅开口合并,合口也都混并。可以假定,唇音韵母-o,舌齿音韵母-ɤ,合口韵母-uo。如入声为虚设,二等开口今音的-ai 韵也许已经出现。

6. 德职开口混例

则 《唐韵》《正韵》子德切,《集韵》《韵会》即德切,并音侧。(33)

7. 质迄开口混例

窟 又叶区乙切,音迄。(299)

8. 质昔开口混例

柏 又叶壁益切,音必。(176)

碧 《广韵》彼役切,《集韵》兵役切,《韵会》兵亦切,并音笔。(282)

迫 又叶壁亦切,音必。(434)

9. 质职开口混例

宓 《广韵》亡逼切,《集韵》密逼切,音近密。(274)

作 又叶子悉切,音即。(12)

㞢 又《集韵》子悉切,音即。(98)

尼 又《集韵》《类篇》尼质切,《韵会》《正韵》女乙切,并音匿。(100)

暱 《唐韵》《集韵》《韵会》并尼质切,并音匿。(100)

䵝 《唐韵》《集韵》并尼质切,音匿。(391)

寔 《集韵》《韵会》丞职切,音室。(94)

疺 又叶讫力切,音吉。(258)

郁 又叶越逼切,音逸。(443)

10. 陌三等锡开口混例

鶃 《广韵》五历切,《集韵》倪历切,并音逆。(517)

鷊 《广韵》五历切《集韵》《韵会》倪历切,并音逆。(518)

11. 陌三等昔锡开口混例

甓 《唐韵》扶历切,《集韵》蒲历切,《正韵》毗亦切,并平入声。(249)

12. 陌三等职开口混例

𢷎 《玉篇》巨逆切,音极。(99)

嶷 又《玉篇》鱼力切,《集韵》《类篇》鄂力切,并音逆。(112)

逆 《唐韵》《正韵》宜戟切,《集韵》《韵会》仡戟切,并凝入声。(435)

屰 《唐韵》《广韵》宜戟切,《集韵》《类篇》《韵会》《正韵》仡戟切,并凝入声。(104)

13. 昔职开口混例

偞 《集韵》节力切,音积。(20)

爵 又叶资昔切,音即。(232)

㞚 《玉篇》耻力切,音尺。(253)

14. 锡职开口混例

舶　又《韵补》叶簿觅切,音逼。(366)

䨱　《广韵》苏逼切,《集韵》拍逼切,《正韵》必历切,并音壁。(256)

来　又叶郎狄切,音力。(14)

楝　又霜狄切,音息。(178)

15. 质缉开口混例

匹　《唐韵》譬吉切,《集韵》《韵会》《正韵》僻吉切,并品入声。(41)

蛰　又《韵会》尺十切,《正韵》尺入切,并音叱。(390)

忽　又叶火一切,音翕。(132)

16. 锡缉开口混例

洽　又《韵补》叶胡急切,音觋。(211)

17. 职缉开口混例

稘　《广韵》子入切,《集韵》即入切,并音堲。(294)

立　《广韵》《集韵》《韵会》《正韵》并力入切,音力。(302)

笠　《广韵》《集韵》《韵会》《正韵》并力入切,音力。(306)

鹢　又《集韵》力入切,音力。(518)

伋　《集韵》《韵会》讫力切,《正韵》居立切,并音急。(9)

㬇　《韵会》弋入切,音翊。(88)

18. 陌三等职缉开口混例

极　《唐韵》渠力切,《集韵》《韵会》竭忆切,《正韵》竭戟切,并禁入声。(188)

第6项例职韵庄组字与一等德韵精组字混同,是职韵三等庄组字韵母读-ɤ的证明。第7至18项各例是臻、深、梗、曾四摄入声三、四等开口质、迄、昔、职、陌三等、锡、缉各韵混一的证据。它们的韵母读音大概已与今音略同,即大致是知章组作-ʅ,庄组作-ɤ、-ʅ、-i,其余各声母作-i,四等锡韵作-ɤ。

19. 没麦开口混例

纥 《广韵》下没切,音覈。(326)

20. 没物合口混例

㾊 《玉篇》古勿切,音骨。(198)

21. 术昔合口混例

䁩 《玉篇》呼役切,音颭。(357)

22. 物昔合口混例

轧 又叶乙役切,音鬱。(425)

23. 术缉混例

䇷 又《集韵》叱入切,音出。(43)

第19项例说明一等没韵的开口韵母读-ɤ。第20项例说明物韵唇音变入了一等没韵,两者韵母都读-u。第21、22项例说明昔韵合口与物、术两韵牙喉音的韵母都已混同,均读-y。不过"役"自元代就有-jui(《蒙古字韵》)和-i(《中原音韵》)两读,后来演变为-y和-i。若《字典》注音读-y,今音的-i 就是后起的,否则-y 就是《字典》编者的方音。第23项例的"叱入切"依《广韵》切不出"出"字的音。所以误拼为"出",显然是《字典》编者从时音把"入"的韵母读作-u 的结果。这说明"入"的韵母已与今音无异。

山咸摄

1. 镕黠开口混例

察 《唐韵》初八切,《集韵》《韵会》《正韵》初戛切,并音刹。

（94）

黥　《玉篇》初八切，音刹。（527）
硈　《玉篇》下瞎切，音黠。（279）
歇　又《集韵》乙瞎切，音轧。（199）

2. 鎋黠合口混例

挈　《玉篇》公八切，音刮。（34）

3. 末鎋合口混例

讹　《集韵》五刮切，玩入声。（401）
眅　《集韵》荒刮切，欢入声。（272）

4. 黠月开口混例

爡　《集韵》丑伐切，音察。（232）

第 1、2 项例显示山摄二等鎋、黠两韵不论开合均已混同。第 3 项例显示鎋韵合口变入一等末韵。在鎋、黠合口已经混并的情况下，当然也就显示黠韵合口也已变入末韵。第 4 项例以"伐"切"察"显示三等月韵唇音韵母变洪，与二等黠韵开口混同。

未见二等开口牙喉音混同三四等的例子，当是偶缺。

5. 薛屑开口混例

氒　又《韵补》叶名舌切，音蔑。（528）
佌　《集韵》私列切，音屑。（10）
息　又叶私列切，音屑。（136）
穗　《广韵》私列切，《集韵》先结切，并音屑。（323）
薛　《唐韵》《集韵》《韵会》《正韵》并私列切，音屑。（432）
㮚　又《集韵》《韵会》并力结切，音裂。（183）
孑　《广韵》居列切，《集韵》《韵会》吉列切，《正韵》吉屑切，

《康熙字典》注音中的时音反映　413

　　并音结。(86)

纥　又《集韵》蹇列切,音结。(324)

适　《玉篇》居列切,音结。(435)

峴　《广韵》五结切,《集韵》《韵会》倪结切,并音孽。(109)

6. 薛月开口混例

稝　《广韵》居列切,《集韵》居谒切,并音讦。(293)

7. 月屑开口混例

瞖　又《集韵》《韵会》一结切,《正韵》於歇切,并音谒。(341)

8. 薛屑合口混例

羻　《集韵》倾雪切,音阕。(339)

9. 薛月合口混例

甜　又《韵补》叶纪劣切,音厥。(346)

10. 月物合口混例

趉　《广韵》、《集韵》并九勿切,音厥。(418)

第 5 至第 7 项例表明薛与屑开口,薛与月开口,月与屑开口均已两两合并,也就是表明薛、屑、月三韵开口全都合并,只是据上文可知月韵不包括唇音在内。第 8、9 两项例子表明薛与屑合口,薛与月合口也已两两合并,也就是表明薛、屑、月三韵合口全都合并。薛、屑、月三韵开合口全并,与舒声的情况一致。

　　第 10 项混例表明月、物两韵合口牙喉音的韵母读音无别,当如今音作-ye。

　　11. 合盍混例

倱　《集韵》悉盍切,音靸。(22)

靸 《唐韵》苏合切,《集韵》悉合切,并三入声。(130)

惂 《集韵》德盍切,音荅。(139)

砨 又《广韵》都盍切,音褡。(279)

錔 《唐韵》他合切,《韵会》托合切,并音榻。(456)

塥 《广韵》杜盍切,《集韵》敌盍切,并音沓。(71)

钾 又《广韵》古盍切,《集韵》谷盍切,并音闸。(453)

頜 《广韵》古盍切,《集韵》谷盍切,并音闸。(487)

阖 《唐韵》胡腊切,《集韵》辖腊切,《正韵》胡阁切,并音合。(467)

瘂 《唐韵》乌盍切,音罨。(263)

12. 洽狎混例

渹 《玉篇》矢甲切,《集韵》色洽切,并音歃。(221)

甲 《唐韵》《集韵》《韵会》古狎切,《正韵》古洽切,并音夹。(252)

疨 《集韵》乙洽切,音狎。(260)

13. 狎叶混例

魇 《广韵》於叶(原误"协",今正)切,《集韵》益涉切,并音厌。(508)

14. 叶业混例

旓 又於业切,音魇。(160)

15. 叶怗混例

帹 又《类篇》即协切,音接。(110)

瓺 《集韵》《韵会》并力协切,音猎。(247)

俠 《集韵》力协切,音猎。(303)

㰉　《集韵》《类篇》并力协切,音猎。(409)

第 11 至 15 项为咸摄各韵混例。第 11 项例显示一等合盍两韵混并。第 12 项例显示二等咸、衔两韵混并。第 13 项例显示二等牙喉音韵母细化,变入三等。第 14、15 项例显示三等叶、业两韵与四等怗韵混并。这些都与舒声一致。

16. 曷合混例

蹋　《集韵》徒合切,音达。(423)

17. 曷盍混例

䪼　《集韵》口盍切,音渴。(429)

䪻　又丘葛切,音磕。(431)

頟　《集韵》五盍切,音遏。(487)

18. 薛叶混例

甀　《集韵》质涉切,音折。(250)

19. 薛怗混例

㤢　《集韵》力劦切,音列。(144)

20. 月业混例

刦　《集韵》《韵会》并讫业切,音讦。(32)

21. 月乏混例

乏　《唐韵》房法切,《集韵》《韵会》扶法切,并音伐。(4)

法　《唐韵》方乏切,《集韵》《韵会》弗乏切,并翻入声。(209)

22. 月怗混切

鸭　又叶乙颊切,音谒。(514)

23. 屑叶混例

朅 《说文》疾叶切，音截。（257）

24. 屑怗混例

遾 又叶他结切，音贴。（440）

第 16 至 24 项例为山、咸两摄混例。第 16、17 项例显示山、咸两摄一等曷、合、盍三韵混同。第 18 至 24 各项混例显示山、咸两摄三、四等各韵全都混而为一。二等各韵未见混例，当是偶缺。山、咸两摄先作平行发展，后来咸摄韵尾由 -m 变 -n，遂即并而为一。

此外，《字典》注音有一些声母特别字，韵母当然也不例外。除了已见于《中原音韵》的，如"僽、兖、外、季、悖、携、尹、奸、胖、母、倾"等不再列举外，还有几个例子：

尊 《唐韵》《韵会》祖昆切，《集韵》《正韵》租昆切，并音遵。（97）

惫 《唐韵》蒲拜切，《集韵》《韵会》步拜切，《正韵》薄迈切，并音备。（142）

浴 又《韵补》叶欲屑切，音悦。（212）

遗 《唐韵》以追切，《集韵》《韵会》夷隹切，并音夷。（441）

例一"遵"《广韵》"将伦切"，属三等谆韵，此读为一等魂韵。例二"惫"《唐韵》与《广韵》同为"蒲拜切"，属二等怪韵，此读为三等至韵。例三"欲屑切"切下字"屑"为四等屑韵开口，此切为"悦"，属三等薛韵合口。例四"遗"《唐韵》与《广韵》同为"以追切"，属脂韵合口，此读为"夷"，为脂韵开口。这四个字的特别读法都与今日北京话相合。很多特别字的同读说明两个音系的密切关系或同一性。

以上我们把声母、声调和韵母都讨论完了。由于《字典》编者的保守思想,难免尽量在《广韵》《集韵》等传统韵书与被注字相同的小韵中找直音字,再加直音不像反切那样灵活,要求与被注字声母、韵母都相同,因而反映当时的语音情况也不可能十分全备,有时会出现缺项。不过凡是直音反映出来的情况,除了明显的方音成分和有入声外,都跟今天的北京话相符合,因而大多数缺项都可以认为是偶缺。总的来看,《字典》的注音系统跟今日北京话的区别主要只有三点。一是尖团音的区别可能尚未完全消失;二是入声尚独立;三是入声如果真的独立,入声字的-ai,-iao 等韵当还未出现。这三点区别中,有无入声是最大的区别。《字典》是在政府主持下编的,不可能不考虑文人举子吟诗作赋的需要。这也许就是入声保持独立的原因。试想 1921 年教育部公布的《校改国音字典》还保有入声,何况二百多年前的《字典》呢? 如果入声是人为地保存下来的,实际语音里并不存在,那么《字典》时,也就是 18 世纪初的北京音系跟今天的北京音系就只有尖团音那一条不太能肯定的区别了。因而如果我们说今天的北京音系在《字典》时已经基本形成,也许与事实相去不会太远。

附 注

① 吴语及其他方言资料据:赵元任《现代吴语研究》,科学出版社,1956 年;江苏省和上海市方言调查指导组编《江苏省和上海市方言概况》,江苏人民出版社,1960 年;北京大学中国语言文学系语言学教研室编《汉语方言字汇》,文字改革出版社,第二版,1989 年。

② 三十人里籍据《清史稿》《明清进士题名碑录》《国朝历科题名碑录初集》等书。

③ 见弘觉忞禅师《北游录》卷三。

(声母部分原载《薪火编》20~40页,山西高教联合出版社1996年;声调、韵母部分原载《语言》第二卷,首都师范大学出版社2001年)

我和音韵学研究

我在浙江大学中文系读书时，就对汉语音韵学发生了兴趣。当时有两个想法，一是音韵学素有绝学之称，有一探其秘的念头；二是语音演变规律十分严整，研究起来比较有意思。因而1948年毕业后，升读本校研究生的时候，就选择了音韵专业，导师是任铭善先生。在学两年时间，读了不少有关音韵学的书，收集了一些资料，打下了一定的基础。毕业后，到中国科学院哲学社会科学部（后改为中国社会科学院）语言研究所工作，先后有机会直接受教于罗常培先生、丁声树先生、陆志韦先生。自此对音韵学的见闻日广，认识日深，兴趣也日益加强。从60年代起，语言研究所的工作从现代汉语逐渐向古代汉语扩展，建立了汉语史组，组长是陆志韦先生。于是我的研究工作也随着从词汇规范化、方言调查等转向了汉语音韵学。从那以后，我跟音韵学就结下了不解之缘。转瞬之间差不多四十年过去了。回顾自己的工作，并不满意，甘苦和体会也许有一点，但未必深刻。下面试就选题、收集资料、分析资料、做结论四方面简略地谈一谈，不当之处，请读者指正。

一 选题

做研究工作首先碰到的就是选题问题。我认为在一般情况下，应该选择所攻学科的根题，也就是关键性的有生长能力的课题。从汉语音韵学来说，《切韵》音系应该就是这样的根题。《切韵》音系是现存的一千多年前一个完整的汉语音系材料，一般都根据它上推上古音，下连近现代音。故此对《切韵》音系认识得正确与否，就成了能否正确认识上古音和近现代音的关键。可以说对《切韵》音系的认识提高一步，上推下连工作的质量也就随之提高一步。由此可见，对《切韵》音系的研究，具有带动全局的作用，拿它作为首选之题，当是最佳选择。我在正式步入音韵学研究行列时，选择的就是《切韵》音系这个课题。当然《切韵》音系是一个大课题，它所包含的问题很多，对初做研究工作的人来说，可能困难些。但可以把问题排排队，一个一个地研究。或只研究其中的某些问题也可以。如果你不想研究整个汉语语音史，而只想研究上古音或近代音，那当然就得选择上古音或近代音的课题。不过前人对《切韵》音系的研究成果你还是必须全面地加以掌握，否则对你的研究工作将是十分不利的。

后续工作的选题最好是选择与已经完成的首选之题有重要关联的课题，以便两者能够起到互相比较、互相启发的作用。我在《切韵》的研究工作结束后，很自然地就想到与它差不多同时的陆德明《经典释文》音切的音系。根据我的看法，《切韵》音系的基础方言基本上是当时的洛阳话，所以它是北方的标准音系，而陆氏

《释文》音切的音系的基础方言则应当是当时的金陵话，所以它应是南方的标准音系。如果通过对《释文》音系的研究，发现它和《切韵》音系并没有什么不同，那就否定了我关于当时存在南北两个标准音系的设想；如果研究发现它和《切韵》音系确实有不少差异，那就证实了我的设想。可见对《释文》音系的研究，不仅关涉到《切韵》音系的性质，而且也关涉到对中古音南北大格局的全面了解。因此我就确定选择《释文》音系作为我的第二个研究目标。研究结果基本上证实了我的设想。详情请阅拙著《经典释文音系》。

汉字不是拼音文字，数千年来留下的文献十分丰富，但能提供历史语音信息的资料却不算很多。很多资料差不多都有人研究过了。这种资料能不能再作为选题的目标呢？很多年轻人曾向我提出过这样的问题，这就要看具体情况而定了。可以这样说，凡是在方法或内容上你能提出与前人不同见解的，就仍然可以作为选题的目标。事实上很多复杂的资料，不要说研究过一次，即使研究过十次八次，甚至几十次，也未必能够把里面所含有的全部语音信息彻底地揭示出来。比如先秦韵字及谐声资料就是如此。

二　收集资料

收集资料最重要的就是要注意资料的准确性，也就是所收集的必须确属自己课题范围以内的资料。要做到这一点对有些资料来说并不容易。就韵文韵脚字的识别来说，有的比较容易，如近体诗、词等；有的就比较困难，如没有固定格律的先秦韵文；至于散文中夹杂着的韵语就更困难了。韵字识别的准确与否,跟对韵例认识的正确与否密切相关。比如,罗常培、周祖谟两先生的《汉魏晋南北朝韵部演变研究》(以下简称《研究》)一书对《易林》韵字的识别,就有欠妥之处。它往往把一些本来入韵的字视为非韵而予以排除。比如,《易林》韵例里有下列两式:

1. a a ø a
2. ø a ø a

1式跟2式的区别就在于首句是否入韵。《研究》碰到这种四句格,凡是首句末一字和二、四句末一字上古不同韵部时,就定为2式。下面举几个具体例子:

书台 ø 灾豫之蒙　　绪基 ø 时困之小畜

车给 ø 期巽之无妄　　斧殆 ø 已小过之师

这里"书、绪、车、斧"四个字跟其余的字上古不同部,前者属鱼部,后者属之部,于是《研究》就认为"书"等字不入韵,把四例一律定为2式。这种办法是尽量求分的办法。如果这类例子很少,用这种办法来确定韵脚,不但是可以的,有时甚至是必要的。如果例子很多,用这种办法就不一定行得通了。就《易林》来说,之、鱼两部字在本书各种韵式里共同出现的例子非常多,比《研究》所承认的192次之、鱼合韵要多出差不多一倍。这样多的接触机会,如果都认为是偶然的而加以排斥,肯定与事实是不相符的。根据我对《易林》韵字的确定,之、幽、宵、鱼、侯五部之中之、鱼,幽、鱼,宵、侯,鱼、侯两两通押数的比例都跟独用数的比例相当接近,之、幽,之、侯,幽、宵,幽、侯两两通押数的比例甚至都超过了独用数的比例。可知这五部实是密不可分的。而《研究》却把它们分为之、幽、宵、鱼侯四部，显然缺乏根据(《研究》对各部韵字相通只看大致情况，未做具体统计，也是造成误分的原因之一）。由此可见在收集韵字材料时，必须小心谨慎，绝不能掉以轻心。

反切资料也有识别的问题。比如《广韵》反切有正音和又音之分，两者性质并不相同，前者反映《广韵》自身音系，后者有些则是采录的古音或方音，与正音在体系上往往有矛盾。因而研究《广韵》自身音系，就应当依据正音，否则就容易把体系搞乱。陈澧在研究《广韵》音系时，认为正音不能系联的反切，可以用又音加以系联，就犯了不区别反切系统的错误。又比如陆德明《经典释文》的音切十分丰富，一字之下往往列有好几个反切。但在陆氏心目中，它们并不都是同性质的。陆氏在卷首《条例》里说："若典籍常用，会理合时，便即遵承，标之于首。"可见在他所列的各音中，凡是标之于首的都是他认为比较标准的读音。首音之后的音有一部分是陆氏所说的"音堪互用，义可并行"的，也可以算作规范音的范围。剩下来的"众家别读"是录存前人的音切资料，而"或音一音"则只是"示传闻见"而已。这些当然都跟标准音没有什么关系。因此如果你要研究陆德明本人的音系，就只能以他认定的标准音切作为对象，如果你要研究众家别读中的某一家，就得以某一家的音切为对象，而绝不能跟书中其他音切混为一谈。总之，在研究《释文》中的音切时各类音切必须分开来研究，不能把它们作同一音系的资料来对待。王力先生的《经典释文反切考》把《释文》的全部音切看作一个统一的系统，显然欠妥。

通假字也存在辨认问题。通假字大致有两类：一类是学者们考辨出来的。比如《诗经·鄘风·干旄》："素丝祝之。"郑笺云：

"祝当作属。""祝"为"属"的通假字,这是郑玄辨认出来的。另一类是异文。比如《礼记·礼器》:"故礼有摈诏。"郑注云:"诏或为绍","绍"为"诏"的异文。异文见于不同的本子,是客观存在。从这一点说,它比考辨出来的通假字更为可靠。但不论哪一类通假字在收集时,都需要仔细辨认。比如,敦煌曲子词《喜秋天》:"谁家台榭菊,嘹亮宫商足。"杨铁夫校"菊"为"曲"。"菊、曲"音近,似乎可以作为一对通假字。可是蒋礼鸿校"菊"为"旁",从字形和词义方面也都能讲得通。这样"菊"借作"曲"就不可靠了。异文只有在彼此同音或音近的情况下,才有可能成为通假字。因而声音较远的都不在收集之列。即使音同或音近的,有些也不能算作通假关系。比如,《左传》成公十四年:"省祸福也。"《汉书·五行志》引"祸"作"旤"。"旤"是"祸"的异体字,虽同音,也不能算作通假字。又比如,《史记·万石张叔列传》:"自初官至丞相。"《汉书·卫绾传》"官"作"宦"。"官"与"宦"虽音近,但词义两通,又可能是形误,因而也不能算是可靠的通假字。

从以上诸例可知收集资料并不都是轻而易举的机械操作,其中往往还包含比较繁难的挑选和识别工作。

收集资料从量方面来说,当然越多越全备越好。有的资料集中于一部书中,全部加以收集比较容易。比如《说文》读若,《五经文字》的音切之类。有的资料繁多,又散见于各种文献之中,要想全部收齐,就比较困难,比如通假字就是如此。面对这类比较繁难的资料,一般多把论题缩小到个别问题上,以便使收集资料变得容易一些。不过由于通假字在语音关系上比较宽泛,即使把论题缩小到观察某两音之间,比如说匣母与云母(喻三)之间的关系上,收集资料时也绝不能只收集匣、云两母之间的通假资料,还必须收集两母与其他各声母之间的通假资料,以便作全面观察和研究,否则结论就不一定可靠了。曾运乾的《喻母古读考》关于匣母,他只收集了它与云母的通假资料而不及其他,结果得出了上古"喻三归匣"的结论。其实匣母不仅跟云母相通的很多,而且跟见、溪、晓等母相通的也很多。根据我对与匣、云两母有关的2738条通假字的统计,其部分结果如下:

	云	见	溪	晓
匣	73	220	60	51

可以看出,匣与云虽然相通73次,但它与溪、晓等的相通,也很近似,而与见母的相通甚至远远超过了匣、云相通。如果认为上古匣、云合一,那么匣与见,匣与溪,匣与晓的关系又该如何解释呢?由此可见,曾氏的结论是不够准确的。这种不准确,就是只收集、观察与论题直接有关的通假资料,而忽略了其他相关的通假资料所造成的后果。

三 分析资料

资料收集齐备之后,接下来便是对资料进行分析。分析资料是研究工作的核心部分。分析的正确与否,直接关系到研究工作的成败。一些基本概念,也许值得牢记。

资料的语音信息量 资料不同,所含的信息量有时也很不相同。比如就反切而言,所含语音信息量就比较高。一般说,凡反切上字相同的反切,所切的声母就相同,凡反切下字相同的反切,所切的韵母就相同。就谐声来说,所含语音信息量就比较低,同一个声符所谐的字,声母不一定相同,韵母也不一定相同。比如帮母的"方"谐并母的"房",声母不相同,又谐唐韵滂母的"雱",声母韵母都不同。去声的"亚"可以谐平声的"铔",又可以谐上声的"桠",又可以谐入声的"垔"。显然,送气跟不送气,清跟浊以及四声等的区别,似乎都不十分介意。下面不妨看一看唇音四母的全部通谐情况。

	帮	滂	并	明
帮	213	137	317	6
滂		52	82	3
并			124	1
明				339

这是根据陆志韦先生《古音说略》中的《说文》谐声统计表所作的统计。各母自谐共 728 次,占总数 1274 的 57.14%,各母互谐共 546 次,占总数的 42.86%。自谐比互谐只多 14.28%。这里自谐只是就声母相同而言,如果要求韵母、声调都相同,自谐的比例肯定还会大大降低。通假的情况跟谐声也类似。从上文所列匣母与见、溪、晓诸母的通假统计表,可以窥见一斑。谐声与通假的这一状况虽然也许跟它们在时代和地域上跨度大有一些关系,但这并不是主要原因。一来甲骨文里就已经存在这类谐声现象,如精母的"子"谐从母的"字",见母的"斤"谐群母的"祈"之类。二来我曾经调查过说北京话的中学生所写错别字的情况。在 282 个别字中也有 42 个音近而误的例子,占 18.6%。可见即使时地跨度小,甚至是并时同地,也并不能完全改变音近通假的现象,只不过音近

的比例被缩小了不少而已。了解谐声和通假所含语音信息量不高这一特点十分重要。否则见到送气不送气,清与浊通谐或通假,就认为上古声母没有送气和不送气,清和浊的区别,见到声调不同的字互相通谐或通假,就认为上古无四声的区别,那就不免有点荒唐了。

音变的总规则　这里说的规则不是指一条条具体音变中的具体规则,而是指管着一切语音分化的一条总规则。这就是:语音在相同的条件下,不能有不同的变化。这是一条比较语言学的规则。我们在分析资料、观察音变时应该牢牢地记住这一规则。古人不明白这一点,因而经常犯错误。比如吴棫《韵补》认为"江"古代读"沽红反"。"沽红反"是《集韵》"公"字的音。他的意思是说"江"上古读与"公"同。又如陈第《毛诗古音考》认为"瓜"古读"孤",也就是"瓜"与"孤"古代同音,其误与吴氏同。清代音韵学家谈到字音演变时,往往也都犯这类错误。甚至到了黄侃也仍然不免。比如黄侃在《声韵通例》一文里说:"驾,古讶切,本音在歌部,古俄切。"又说:"䯀,居宜切,本音在歌部,古俄切,与驾同音。"这是认为古代"驾"、"䯀"与"歌"都同音,仍跟吴、江两人如出一辙。实际上如果这些字古代真的同音,就不可能有后代的不同的演变了。

既然语音在相同条件下,不能有不同的变化,那么在我们假定后代两个不同的音古代合一时,就必须说明它们后来的分化条件。如果不作说明,或说的不合理,便不能算是完整的或合理的假设。比如黄侃在《音略》里假定心、邪、疏(即生)三个声母上古不分,他的说明如下:

心　本声。

苏　素孤切。古今同。

胥　相居切。声同韵变,古亦读如苏。

邪　此心之变声。

徐　似余切。声韵俱变,古亦读如苏。

疏　此亦心之变声。

疋　所菹切。声韵俱变,古亦读如苏。

这里只是指出邪、疏两母是心母的变声,多数例子是声韵俱变,都没有指出音变的条件。"胥"字指出"声同韵变"也许是唯一例外。黄侃的这一假设应该说是一个不完整的假设。又比如李方桂先生在他的《上古音研究》里,假设匣母、喻三和群母上古为同一声母,并且假定它们的变化条件如下:

上古 *g+j-(三等) > 中古群母 g+j-

上古 *g+(一、二、四等韵母) -> 中古匣母 ɣ-

上古 *gw+j- > 中古喻三 jw-

上古 *gw+j+i- > 中古群母 g+j+w-

上古 *gw+(一、二、四等韵母) -> 中古匣母 ɣt+w-

这些条件倒是各不相同,但当把它们纳入李先生所假定的韵母体系时往往造成一些不规则现象。比如阳部庚三开口字拟作-jiang,阳韵开口字写作-jang,合口字写作-wjang,作为阳韵合口的"狂"字,其韵母照理也应当写作-wjang,但因为"狂"是群母字,不得不写作 gwjiang,结果变成了与上古庚三合口同韵母。既然这样,它中古就该变入庚三,可是庚三没有群母字,就只得变入阳韵,以致造成了韵母演变的不规则。又如"永"字是庚三合口喻三字,跟韵母拼合时,写作gwjiang,声母却变成了群母。依理中古当变为gjweng,但实际上中古这是个喻三字,所以变成了jwang,于是造成了声母演变的不规则。又如耕部庚韵三等合口的"荣"字是喻三字,跟韵母拼合时,写作gwjing,结果却跟清韵合口的"琼"字同式,依例中古当变为gjwäng,但实际上中古却变成了jweng。不仅造成了声母不规则,也造成了韵母不规则。以上这些不规则现象说明李先生的假设还不是一个十分合理的假设。假设的这种不完整或不合理,会对假设的可信性产生严重的影响。可见语音在完全相同的条件下,不可能有不同的变化这一原则对分析、解释音变是多么的重要了。

语音结构的规律性　语音是一个系统,它的结构都是有规律的。因而分析音韵时,必须注意语音的这一特点。比如以往研究《切韵》的人都认为照组二三等共有九个声母,即:

二等　庄　初　崇　生
三等　章　昌　船　书　禅

禅二等的位置空着。从结构上说,这是不均衡的。后来李荣主张从崇母分出俟母,我也从多方面作了补充论证。理由虽不止一端,但注意到结构上的均衡则是相同的。现在同意这一结论的人日渐增多,想来都会考虑结构因素。王力先生晚年也接受了俟母。他在《汉语语音史》中写道:"从语音系统性来看,庄初崇生俟五母和精清从心邪五母,照穿神审禅五母相配,形成整齐的局面,是合理的。"他的这番话很有代表性。

又如匣、云、群三母上古的关系有很多说法,其中高本汉说、曾运乾和董同龢说、周法高说在声韵配合上都有缺点。请看下表:

	声母	读音	所配等
高说	匣群	g'	四等全
	云	g	三等
曾董说	匣云	ɣ	四等全
	群	g	三等
周说	匣群	g	四等全
	云	ɣ	三等

各说都将三母并成两母,而跟等列的配合一是四等都配,一是只配三等,配合不均衡,一目了然。我曾根据谐声和通假等证据,提出三母的上古假设如下:

$$匣_1 群 \quad g \quad 配四个等$$
$$匣_2 云 \quad ɣ \quad 配四个等$$

把匣母一分为二,匣$_1$并入群母,匣$_2$并入云母。这样声韵配合不均衡的问题就解决了。

又如董同龢在上古唇鼻音 m 之外又拟了一个清的唇鼻音 hm,而舌尖和舌根鼻音的位置都没有构拟清鼻音,于是出现了不均衡状态。李方桂看出了这问题,在他的上古声母系统里,把鼻音都拟了一个清鼻音,配列如下:

| 清 | hm | hn | hng | hngw |
| 浊 | m | n | ng | ngw |

这系统显得十分整齐,说服力就强多了。

又上古脂微分部也跟韵系结构有关。自顾炎武以入声配阴声,江永提出异平同入的问题,经过戴震、孔广森的推衍,到黄侃的二十八部,古韵阴入阳相配的结构就逐渐明朗起来。但物文与质真四部只有一个脂部可配,显示了结构上的缺陷。王力先生把脂部分为脂微两部,以脂配质真,以微配物文,结构就均衡起来。其实从《诗》韵看,脂微合韵的比例较大,约占25%左右,只显示了分部的倾向。大家所以赞同分部,主要就是从结构均衡上考虑的。

从以上诸例可见,结构的规律性不论在启发分析思路方面,还是在判断是非方面都有重要作用。

音位学的基本概念　音位学的一些基本概念,如最小对立、分布互补、音位变体等概念,在音韵分析时是经常用到的。比如在《中原音韵》歌戈韵"入声作平声"栏里,唇音开合存在着对立的小韵,这就是"薄"和"跛"两小韵。据此人们都认为《中原》的唇音有开合之分。于是就根据自己的判断,在某韵里归开,在某韵里归合。随着判断的不同,归开归合也各异,显得很混乱。实际上在中古时期的各个反切系统里,唇音都不分开合,《中原》的对立也只有歌戈韵一处,因而是一个十分值得怀疑的问题。经查卓从之《中州乐府音韵类编》里未收"薄"小韵,才知道《中原》这个小韵是误收的。由此可见《中原》的唇音根本就不存在开合对立的问题。据此,如果把有开合对立的韵中的唇音字一律置于开口,结果就会发现,《中原》与现今普通话在唇音开合上完全一致。对《中原》唇音的这样处理,不仅使其音韵系统变得简单化、合理化,而且在说明从《中原》到现代普通话的唇音演变方面,也可免去很多不必要的、无中生有的啰唆了。这就是从音位角度提出问题并解决问题的一个例子。

又比如《广韵》有些声母如帮组、见组等的反切上字三等跟一二四等有分组趋势。高本汉认为分组是显示三等有一套 j 化声母,即 pj-,kj-等。由于他认为喻四是四等,是不 j 化的,并与 j 化的喻三对立,他的 j 化声母就不是不 j 化声母的条件变音,而是两套真正不同的声母了。其实反切上字所分的两组其分布是互补的,且不说分得很不彻底,即使彻底,也不能把它们作为对立的音位来看待。高本汉的 j 化说可以说是在音位上处理不当的一个例子。

音位是在分析归纳音位变体的基础上确定下来的,因而音位一般都有音位变体。由于材料的局限,历史上的音位变体很不容易考定。比如,《切韵》的浊塞音,浊塞擦音声母有人认为是送气的,有人认为是不送气的,有人认为送气和不送气是音位的自由变体。我是主张不送气的。到目前为止,我仍然认为不送气说比较可信。现代有全浊声母的方言主要是湘语和吴语。湘语的浊音不送气,吴语的浊音送气只见于阳调,说明它们是在阳调的影响下后来产生的。其他如湖北蒲圻、通城的全浊音已与次清声母合流,它们的送气成分也可以认为是后起的。以舌头音为例,当是 t'(透) ⌒ d',然后 d(定) ⌒ d',后一变化是向透母类化的结果。说送气和不送气是自由变读,目前似乎还没有发现有此现象的方言。如果变读是指不同方言之间的异读,那就是另一概念了。虽然如此,这个问题仍然有继续讨论下去的必要,因为如果真的是音位变读,对历史音变的解释就会有所不同。总之音位变体的研究也是音位研究的重要组成部分,是不能忽视的。

音变的阶段性特征　分析资料,观察音变时,还有一个问题须要注意,这就是音变的阶段性特征。汉语方言复杂,发展很不平衡。不过在先秦就已有共通语性质的雅言存在,往后汉语的发展当然就有了一条主线。汉民族是在黄河流域发展起来的,先秦的雅言不用说是在北方话的基础上形成的。因而汉语的发展主线也就是以北方话为核心的发展路线。这样的发展路线当然具有它的内部一致性。它的每一发展阶段必然都具有它自己的特征。在观察音变时要记住这些特征。比如，浊声母消失是《切韵》以后的事，有人却说汉代或更古这种音变就已经存在；又比如，见系声母颚化是近代的音变现象，有人却说在上古就已经发生了。显然，这些说法都犯了时代错误，都是忽视了音变阶段性特征的结果。

四 做结论

分析资料之后，接着就是做结论。做结论最重要的就是要实事求是。这里想强调两点：

第一，要尊重前贤和时贤，但不要迷信。我们研究工作所取得的成绩，不论大小都是在前辈学者辛勤劳动所得成果的基础上实现的，因而对前辈学者要有足够的尊重和爱戴。这是一个科研工作者的基本道德。但尊重前辈，并不等于迷信他们。事实上再大的权威，其研究工作都不可能是完全没有缺点的。改正这些缺点正是后人无可旁贷的责任。因此资料分析要求我们做什么样的结论，就做什么样的结论。即使这些结论与并世权威有所不同，甚至相反，那也无须回避。其实真正的学者都以追求真理为己任，对别人的不同意见都是能客观对待的。记得早年我写了一篇评高名凯、刘正埮先生《现代汉语外来词研究》的短文，里面指出了高书的一些不妥之处。不久我意外地接到了王力先生给我的一封信，并把他的《汉语史稿》第三册即词汇部分送给我一本，要我给他的书提意见,并说我批评高先生的错误,大多也都是他的错误。王先生这种从善如流、虚怀若谷的精神显示了真正科学家的态度。还有陆志韦先生也是如此。60年代初我跟他同办公室,当我开始撰写《切韵研究》的时候,常常把我的一些观点说给他听。其中有些难免要批评到他的一些学说,他不同意的固然当场辩驳,可是他同意的,不但虚心接受,而且说"你在书中对此可以加强批判"。这种超越个人得失,一心追求真理的科学精神,使我十分感动。王、陆两先生可以说是正确对待不同意见,尤其是晚辈意见的典范。他们的这种态度应该能解除我们的顾虑,鼓起我们坚持实事求是原则的勇气。

第二,不要先入为主。在接触资料之初,往往会产生某种或某些设想或假定。在整理分析资料之后,这些设想有的可能跟资料一致,有的则可能不一致。不一致时就应该修改或放弃原来的设想,绝不能坚持原来的设想不放而强为之词。这是做结论时的一个基本态度,离开这个态度,那就不可能获得正确的结论了。

以上就是我研究音韵学的一点肤浅体会,大多是一些基本知识和基本概念。一得之愚不多。只希望对初学的人能有点参考作用。

(原载《学林春秋》二编上册,73~88页,
朝华出版社1999年)

陆志韦

陆志韦原名陆保琦,浙江省湖州府吴兴县南浔镇人。1908年入苏州东吴大学附属中学学习,1910年进入东吴大学。因父母早逝,生活贫困,在学期间,靠奖学金、友人资助及兼任小学教师维持。1913年大学毕业,留任本校附属中学中文、英文和地理教师。1916年作为东吴大学优秀学生被保送到美国留学,进范德比尔特大学及彼阿伯第师范学院学习宗教心理学,翌年转入芝加哥大学研究院生理学部心理学系,学习生理心理学,1920年毕业,获得哲学博士学位,同年回国,任南京高等师范学校教授,1922年任东南大学心理学系教授,系主任。1927年应燕京大学之聘,任心理学系教授兼系主任。1933年获得一项奖学金再次赴美国芝加哥大学研究生理心理学。次年完成进修回国。历任燕京大学代理校长,校务委员会主席、校长。抗日战争期间,因支持学生的抗日活动,曾于1941年被捕入狱。抗日胜利后,领导了燕京大学的复校工作。中华人民共和国成立后,他继续主持燕京大学的工作。1952年高等院校院系调整后转到中国科学院(现中国社会科学院)语言研究所从事语言学的研究,任一级研究员,哲学社会科学部委员。他还先后担任过中国人民政治协商会议第一届全国委员会委员,中国科学院心理研究所筹备委员会主任,汉语拼音方案委员会委员,《中国语文》杂志社编委,语言研究所汉语史研究组组长等职。

陆志韦是我国著名的心理学家、语言学家、教育家和诗人,也是国际知名学者。他学识渊博,思力锐敏,在语言学和心理学两方面都有深入的研究,取得了卓越的成就。而在语言学方面,他研究的领域更为宽广,成就更为突出。从汉语音韵学,到现代汉语语法、词汇、文字改革等方面都有精深的研究,发表了大量论著,产生了深远的影响。

陆志韦的科研生涯可分为前后两期,前期研究的是心理学,后期研究的是语言学。

在南京高等师范和东南大学任教期间,陆志韦孜孜不倦地潜心致力于实验心理学、教育心理学、社会心理学以及比内(Binet Alfred)测验等研究,出版了《订正比内－西蒙测验说明书》、《社会心理学新论》等著作,提出了很多新见解,受到中外心理学界的重视。他翻译的《教育心理学概论》(原作者 E. L. 桑代克),第一次向我国读者介绍了巴甫洛夫学说和西方心理学各个流派的理论和方法。陆志韦从而被公认为我国现代心理学的开创者和奠基人之一。

现代心理学是现代科学中的一门新兴的学科。在 20 世纪 20 年代末期,它脱离哲学的母体才只有几十年的光景,人们对它的科学性还不免持怀疑态度。就是在这种情况下,陆志韦等人开始把西方的现代心理学引入了我国。

在任燕大心理系主任期间,陆志韦通过精心筹划,把心理系建成了一个具有先进设备的科系。他开设的系统心理学课程,被认为是一个创举。为了利用国外优越的实验条件,1933年他再次赴芝加哥大学研究生理心理学,主要是神经生理学技术,一年完成进修后回国。由于他多年来悉心探索,不断有新成果,在心理学界赢得了很高的声誉,与潘菽一起被誉为"南潘北陆"[①]。

1934年陆志韦由美国回国后,由于时局动荡,学校经费短缺,无法继续进行心理学的实验研究工作。本来心理学与语言学就有一定的联系,他早已由生理心理学而知语言学之大要。这时就只好转而研究语言学与心理学有关的问题了。因为研究语言学可以有许多不受实验条件限制的课题。正如他常说的"两只耳朵一支笔,随时随地可以做,不必跟着仪器走"。于是关于儿童语言的研究,拼音文字的实验,北京话单音词汇的收集和研究,就在这个时候开始了。从1938年起他开始阅读有关音韵学书籍,虽在日寇监狱里,也从未停止过。继此以往,他跟语言学就结下了不解之缘,远在到语言研究所之前,他就已经倾全力于此了。近三十年的时间,他采用现代语言学的理论和方法,撰写了一系列论著,在把中国传统语言学引向科学化和现代化道路方面,发挥了极为重要的作用。

在语言学领域里,音韵学是陆志韦用力最多、贡献最大的方面。他强调研究汉语音韵要注意两点。一是"不可忘了汉语是汉语,是汉台语系的一支。'能近取譬',最为重要。最好是用汉语来解释汉语,用语言生理学来参证。单是东拉西扯的引用些外国语的例子,断不能教人明了汉语的历史"。[②]二是要"能了解语音的变化自有它生理的,物理的基础"。说话时,"喉头发音,整个口腔是一架活动的共鸣器。口腔一移动,会教所有的辅音跟元音受到普遍的影响。凡是论到上古音跟中古音的沿革,假若所设想的条件根本跟口腔的自然活动不相符合,那样的学理就没有讨论的价值"。③这两条原则无疑是十分正确的。

他所研究的语音史的跨度很大。从西周到现代北京话三千多年的音变大势差不多都进行了研究。也像一般的研究程序一样,他先对中古音系,即《切韵》或《广韵》音系进行深入的研究,以便为上古音和近代音的研究打下必不可少的基础。1939年至1940年间,他连续发表了《证〈广韵〉五十一声类》《三四等和所谓"喻化"》《唐五代韵书跋》、The Voiced Initials of the Chinese Language(《汉语的浊声母》)、《试拟〈切韵〉声母之音值并论唐代长安语之声母》等有关中古音的一系列论著。

《证〈广韵〉五十一声类》一文是针对清人陈澧《切韵考》系联法而作。陈澧根据反切上字的同用、互用和递用,把《广韵》的声类归纳为51类,然后又根据"又切"(即又音),再把51类系联为40类。陆志韦此文先从检查《广韵》又切入手,发现如充分利用又切系联,51类可合并为24类。陈澧作40类,显然是胸有成竹的主观产物,并未贯彻自订的系联条例。但24类更为荒谬,既有悖于史实,又无当乎今世方言。从而他认识到《广韵》的又切所保存之声韵未必与正切同一系统,且每一又切各自有其来历,亦不必自成系统。又切的系联,万不足以为分类的标准。于是他创为统计法,把陈澧用正切系联所得的51类作为基础,根据各声类在同一韵类相逢数与几率数比值之大小,辨协和与冲突之势,以定声类和声组的分合。结果考得《广韵》声类分为甲乙两大群,共51类。

甲群相当于等韵的三等类,乙群相当于等韵的一二四等类。不用说这 51 类已经经过了调整,已非陈氏 51 类的旧观了。这结论与早年曾运乾《〈切韵〉五声五十一类考》所得结论基本相合,可以说殊途同归。所以陆志韦此文的价值不仅在于它的结论本身,更重要的是在于研究方法的创新。正如他自己所说:"本篇所述,其旨趣在补充系联法之不足,而予《广韵》声类以数理的证明。其结论之新颖与否,无足轻重,若于治学方法万一有得,亦不空此一举矣。"④他把现代数理统计法应用于汉语音韵学的研究,实为首创,对音韵学研究的科学化和精密化,起到了很大的推动作用。

《三四等与所谓"喻化"》是中国学者对瑞典著名汉学家高本汉(B. Karlgren)关于《切韵》声母"喻化"(即 j 化)说提出批评的第一篇论文。《广韵》一些声母的反切上字一二四等与三等有分组趋势,即一二四等为一组,三等为另一组。高本汉根据反切的这一现象以及他所认为的一等字现代官话都为硬音,三等字现代官话都变为腭化的塞音、塞擦音和擦音两条理由,认为中古声母应当分为 j 化的和非 j 化的两类,三等是 j 化的,一二四等是非 j 化的。三等的介音是 ɪ,四等的介音是 i,在 i 前的声母不 j 化,在 ɪ 前的声母都 j 化,只有 ts 等和 tʃ 等例外。陆志韦此文认为高氏的 j 化说是不能成立的。指出他三方面的错误。一是所举今音的证据根本站不住。现代官话不仅三等字变为腭化音,四等字也变为腭化音,因而断不能用来证明中古三等韵声母的腭化,事实上现代方言遍中国也找不到 j 化的痕迹。二是齿头音精、清、从、心四母切上字也有分组趋势,而高氏未能细察《广韵》反切,又把三四等合韵中的四等也当作三等,从而认为精组四母没有 j 化声母,把《广韵》的

51类误认为47类。结果既说凡ɪ之前均j化,但又有tsɪ-,sɪ等写法,陷入自相矛盾之中。三是喻三本为匣母三等,它跟匣母的关系即为甲类和乙类的关系。而高氏却以喻三和喻四相配,把喻三写成j化的,作jǐx,喻四写成不j化的,作ǐx,也是明显的错误。这样一来,高本汉的j化说就基本上被陆志韦给否定了。然后他参考高丽译音、日本汉音和暹罗音提出了自己的假设,认为三等有i介音,祭、仙等韵当作iä,四等没有i介音,齐、先等韵当作ɛ。后来陆志韦在《试拟〈切韵〉声母的音值》一文中指出:"反切常例,上下字弘细必同。切下字以i起者其切上字必具i或其他窄元音。"⑤一语道破了反切上字分组的原因,这也是他假定三等有介音i,四等没有介音的最好注脚。四等没有介音的学说现在已为大多数学者所接受。

此外陆志韦此文还批评了高本汉不承认三四等合韵中重出的喉牙唇音(即重纽)在语音上有区别的论点。认为有重纽的韵很多,其出现在声母上很有规律,而且早在《守温韵学残卷》里就已经有此现象,绝非出于偶然。因而断言:"法言之世,三四等合韵中之重出小韵,在若种方言中不同音读。"至于重纽究竟是怎样的区别?此文只肯定是韵母的不同,是介音还是元音,未作肯定。关于重纽有区别,区别在于韵母的观点,现今已被大多数学者所公认。

The Voiced Initials of the Chinese Language(《汉语的浊声母》)一书不同意高本汉中古浊塞音和浊塞擦音是送气音的说法,认为它们是不送气的。这一观点在陆志韦的《试拟〈切韵〉声母的音值》《〈说文〉〈广韵〉中间声类转变的大势》以及《古音说略》等论

著里都有所论证。他的主要论据有三方面。一是梵汉译音。隋唐以前的译经,不论南朝北朝,全都用《切韵》的浊音来译梵文的不送气浊音,而在译梵文的送气浊音时,则往往表现出有困难,要用种种办法来对付。二是《广韵》的一字重读。从重读两音的声母关系看,不送气清音跟浊音重读的多于跟送气清音重读的;反之,浊音和清音的重读,也是以不送气的清音为多。三是形声字。形声字每一个"声"里面,得声字跟声首的声母不同的居多,其中清跟浊,送气跟不送气的关系,情形正跟《广韵》的一字重读一样。根据以上这些论据,他认为:"肯定古汉语的浊音全作不送气的,不至于有大错。至少《切韵》的浊音必得用 b,d,g 来代表,断不能用 b',d',g'。"他的这一学说,经过后来学者的进一步论证,差不多已为音韵学界所公认。

《唐五代韵书跋》一文对当时已发现的唐五代《切韵》增订本的残卷,如王国维手写的《切韵》残卷 3 种,敦煌本和项元汴跋本王仁昫《刊谬补缺切韵》,蒋斧藏《唐韵》等都作了详细的考辨,对它们的体制、字数、传承关系、发展源流等都提出了自己的见解。

在以上诸论著的基础上,陆志韦又发表了《试拟〈切韵〉声母之音值并论唐代长安语之声母》一文,参考梵汉对音,域外译音,现代方言等,对《切韵》声母系统作了全面的构拟,后来在《古音说略》里又作了补充论证。除了上文已提及的浊音不送气和取消 j 化之外,还有两点创见。第一主张照二组字作 tʃ 等,不作 tṣ 等。理由主要是:汉译梵文审二、审三译 ś 或 ṣ 不太区别,说明汉语无 ṣ 等;三十六字母把照二和照三合为一个照组,说明两者差别不大,不能一是 tṣ 等,一是 tɕ 等;照二组既在二等韵出现,也在三等韵出现，三等有 i 介音，拼 tṣ 等不协调。第二认为床三跟禅母的位置应当互换，即床三是擦音，而禅是塞擦音。主要理由是：床三和喻三在《广韵》同一韵母下不相逢，两者不能冲突，必定是相像得太过之故，喻三既是擦音 ɣ，床三也就应当是擦音 ʐ，而不能是塞擦音 dʐ；谐声通转和《广韵》一字重读床三通心、邪，而禅几乎不通心、邪，可见床三当作擦音；床三字往往译梵文的 ś，如阿述达（Aśokatta），实叉难陀（Śikṣananda），也是床三作擦音之证。此外本文还根据梵汉译音假定唐代长安方言唇音已经半轻唇化，作 pf 等，鼻音均为同部位浊塞音的前置成分，即 mb, nd, nɖ, ndʐ, ŋg 等。这些新见解，很富于启发性，得到了很多学者的支持。

在 1943 年初稿、1947 年四稿付印的《古音说略》里，陆志韦对《切韵》声母系统的构拟未作改变，只是补充了一些论证。这上文已经介绍过了。现在介绍一下他在《切韵》韵母系统研究上的一些主要新见。

一、纯四等没有 i 介音。三等韵参考王静如的意见，假定有 ɪ，i 两个介音，重纽是介音的区别，三等作 ɪ，四等作 i。其他声母根据切下字系联，照三组、日母、喻四、精组作 i，喻三、来母、知组、照二组作 ɪ。其他三四等合韵也按照同样的声母类别作 ɪ 或 i。纯三等韵与重纽三等同型，也作 ɪ。也就是说 ɪ 和 i 的区别贯穿全部三等韵。

二、把高本汉的两个合口介音 u, w 合并成一个，作 w。

三、根据现代吴语、谐声通转现象，否定了高本汉把一等重韵的区别和二等重韵的区别都作为长短音区别的说法，而把它们都改定为元音音色的不同。如覃作 ɒm，谈作 ɑm；删作 ɐn，山作 an

等等。

四、不认为咍灰两韵的区别是开合口的区别，而认为它们是主要元音的不同，咍作 ɒi，而灰作 wə。

五、根据庚三等唇音不轻化的事实，否定了高本汉庚三等是纯三等韵的说法。认为在某种方言里庚三等原是清韵的重纽三等。陆法言根据另一种方言，把它们分开了。于是把庚三等的主元音由高本汉的 ɐ，改定作 æ。

六、高本汉认为唇音轻化的条件，一是合口，二是后面有 ĭ 介音。陆志韦认为合口不是唇音变轻的条件，唇音变轻的条件，一是在介音 I 之前，二是在中后元音之前。

以上这些新见解，加上前文所述的声母方面的创获，使得陆志韦所建立起来的《切韵》的声韵系统，比起高本汉的来，具有一个崭新的面貌。对提高《切韵》音系的研究水平，作出了重要贡献。

1963 年陆志韦发表了《反切是怎样构造的》一文，长达 5 万多字。这是他研究中古音，也是他研究语言学的最后一篇论文。此文对宋濂跋本王仁昫《刊谬补缺切韵》一书和徐邈、吕忱、郭璞、王肃、孙炎、韦昭等人的反切上下字配搭关系进行了全面的统计和深入的分析。他认为造反切时为了使拼切准确，反切上下字之间往往有意无意地存在一种彼此要求互相协调的现象。这样就使得在上下字的选择上往往表现出一些超出反切基本规则要求之外的倾向。统计分析这些倾向，将会获得反切本身无从提供的某些语音信息，以便为中古音韵系统的构拟提供一些参证。文章主要有以下各项发现：

一、切上字用二、四等的少，用一、三等的多，可能因为二、四等的元音比较紧张,拼切时不易抛弃之故。

二、一、二、四等和三等切上字分组趋势和《广韵》基本一样。不过早期反切在协调程度上比后期略差一些。

三、切上字韵尾-ŋ,-k 最多,-n,-t 大减,-m,-p 极少。可见韵尾抛弃较难。-k 当时也许已弱化为-k。

四、切上字合口字用的特别少,显然因为韵母有曲折,不易抛弃之故。独韵模、虞、鱼三韵字用的特别多,可以推知模韵不是合口韵的 uo 而是单元音 o(u)。效摄字用得也少,可见也是曲折韵母。

五、之韵字用作切上字的特别多,大概它的韵母早已单化为 i。

六、去声字很少用作切上字。规避去声字,说明它大概是个曲折调,与"去声分明哀远道"可以相印证。曲折调作上字对拼切不利。

七、一、二、四等、纯三等、重纽韵切上字有明显规避浊浊的倾向,B 类三等韵(东三等、钟等)有明显规避清清的倾向。这现象比较难解释。不过清浊声母有选择,可能表明在反切作者的语感上,同韵母的字,清浊声的调值不完全相同。

八、切下字很少用送气的塞音和塞擦音,显然因为送气声母不易抛弃,对拼切不利。浊的塞音和塞擦音比送气清音多用,可证浊声母是不送气的。

九、从魏晋到《切韵》三四百年间,反切上下字所反映的各种倾向有惊人的一致性。

以上发现的这些现象都是事实,但解释只是一种推测,未必都正确。作者也一再作这样的声明。不过这种对反切上下字关系全面的统计研究,充分利用反切的弦外之音,能挖掘出"正统的音韵学研究方法所不能挖掘出来的东西",为音韵学的研究开辟了一条新渠道,在国内外都产生了很好的影响。

《古音说略》可说是陆志韦研究音韵学的集成之作。书内对中古音和上古音都作了全面的论述和构拟。关于中古音学说的要点上文已经介绍过了。现在简略地谈谈他的上古音学说。

陆志韦很不满意高本汉所构拟的上古韵母系统。他认为构拟古音要注意两点。一是要考虑音位之间的分辨率。过分近似的符号分辨率低,实际语音未必能有。比如高本汉把收-ŋ、-k 尾各部拟了 u、ŭ、ô、ọ、o、ǒ、å 7 个近似的后元音,可是汉语历史上是否有一种方言会把这 7 个元音作为不同的音素,很值得怀疑。二是所假定的音变公式应该是互相关联的,不允许互相矛盾。比如公式 ŭk > åk,ok > uok 单独看未始不可,但合起来看,当 ŭk > åk 的时候,ok 能 > uok 吗?据此他所拟的后元音只有 u、ɯ、o、c、ʌ 5 个,清晰度较高,整个元音的数目也比高氏少。

高本汉把大部分阴声韵都构拟了辅音韵尾,但却从歌、侯、鱼三部中各分出一部分他认为与入声没有关系的字,把它们构拟为开音缀。陆志韦根据朱骏声《说文通训定声》一书中的谐声、通假及先秦押韵材料,对之、宵、幽、侯、鱼、脂、祭 7 个阴声韵部直接、间接与入声韵的关系作了全面的检查,结果发现除了有些独字和几个范围极小的声首不能直接证明收 - b,- d,- g 以外,没有不与入声发生关系的阴声字。至于一般认为不通入声的歌部,在谐声和押韵里也有很多跟 - d,- g,- n 相通的例子,说明它也是一个有辅音韵尾的韵部。他认为高本汉所谓的开尾字,是从主观出发,采取硬把形声字说成是会意字,或割裂《说文》,把一声分为二声、三声,或把各声之下硬删去好些入声字等等办法,强行分出来的。例如他把《切韵》的模韵分成二系,一用"故"字代表开音缀 o, wo,一用"路"字代表闭音缀 âg, wâg,认为"故"类不通入声。然而"故"从"古"声,"古"声之下有入声"涸"字,大徐读若"狐貂之貂",小徐读若"狐貉之貉"。实际上"故"和"古"的关系,等于"貉"和"各"的关系,"涸"明明是"固"声,"固"又从"古"声。但高氏硬说"涸"是从水从固,是水干之意(solid water),来切断"古"跟入声的关系。高氏的主观,由此可见一斑。陆志韦强调断不能从《诗》韵、谐声划出一部分来,把它们跟入声割裂,绝对证明他们是上古的开音缀。他认为上古没有开音缀的结论"尽管是不近情的,然而这样的材料只可以教人得到这样的结论"⑥。阴声韵没有开音缀,是陆志韦上古音学说的最大特点。著名学者李方桂在他的《上古音研究》一书里接受了陆志韦的这一学说。

对谐声和《诗》韵陆志韦也有自己的看法。他认为谐声并不要求主元音相同,古韵文的押韵更不须各个字的主元音相同。从古至今中国人做诗从来不像西欧人那样拘执。基于这一认识,他不主张一个韵部必须只有一个主要元音,认为相近的元音可以通谐或通押。这样就使他在分部和拟音上出现两点与众不同的地方。一是表面上虽然也接受清人的二十一部(至,脂不分),但各部的内含有些却与清人很不相同。比如他把幽部的主元音拟成ɯ,宵部的主元音拟成ʌ, e, ɔ,他认为这两部的元音比较相近,通谐或通押是允许的。因此他把与幽部相通的豪、肴、萧诸韵的字都仍然归入宵部而不归入幽部。这样幽部里少了效摄字,宵部里多了通幽部的效摄字,致使两部的归字与清代人有很大差别。二是韵部之间的界线有时变得模糊不清起来。比如他把宵部的肴韵主元音拟作ɔ,介乎宵部的ʌ与侯部的o之间,因此他把肴韵既归宵部,又归侯部。这样,宵部和侯部的界线就不清了。他常说拟音之后,分部就不那么重要了,指的就是这种情况。

关于上古声调系统,陆志韦创立了五声说。在《切韵》祭、泰、夬、废,四个独立去声韵的启发下,根据《诗》韵和谐声去入通转的事实,参考方言和暹罗语,假定上古去声有两个,一长一短。上古的短去声通入声,是因为音量的相像。后来混入长去声,是因为调子的相像。这个短去声可以叫第五声。祭、泰、夬、废在上古就是短去声,到中古变成了长去声。其他阴声字也都可能有长、短去声的分别。陆志韦认为李登《声类》以五音命字,吕静《韵集》宫商角徵羽各为一篇,可能是古有五声的迹象。陆志韦的这个五声说极具启发性。

陆志韦还把各种收声之间的通转关系进行了一次全面的梳理和分析,提出了很多自己的看法。比如根据侵、蒸、中三部的通转,他认为周朝以前这三部全收-m,到了周朝,大多数方言蒸部已变为收-ŋ,但西北方言蒸部仍然收-m,因为二《雅》和《秦风》蒸部仍然有与侵部通押的例子。又比如真、耕两部东周以后通押的比较多,可以认为是古人押韵疏忽的结果,因为两部的元音相同或相近。如此等等。这类解释虽然未必都能得到赞同,但也不失为一家之言。

《说略》的第13章为《〈说文〉〈广韵〉中间声类转变的大势》,是根据已发表的同名文章修改而成。本章纵论了从谐声到《切韵》汉语声母发展演变的大势。根据的材料主要是《广韵》的一字两读和谐声。一字两读反映的情况和谐声基本一致。陆志韦认为谐声情况复杂,用举例或大致观察的办法,往往顾此失彼,挂一漏万,不能准确,只有用统计法进行研究才能避免这类失误,才能抓住谐声材料所反映的主要和本质的现象。于是他以《广韵》51声类作基础,用统计法一一计算它们相逢次数跟几遇数的比值,以比值的大于1或小于1作为判断相逢是必然或是偶然的大致标准。这样,就使他的立说有了比较可靠的基础。应用数理统计法研究谐声资料,也是陆志韦的首创。他所设计的统计公式也屡屡为人们所承用。

根据对谐声资料的统计,和对《广韵》一字重读的观察,陆志韦认为利用这样的材料,不可能重构周朝任何方言的声母系统。《切韵》的51类跟形声字之间,不能列出一对一的音素转变条例。详尽的结论,只有等同系属语言的比较研究才有可能办到。因此上古声母他只确定了22个,即p、p'、b、m、ɸ(帮组);ts、ts'、dz、s、z(精庄组);t、t'、d、n、l(端、知、章组);k、k'、g、ŋ、x、ɣ、-(见系)。特点是浊音不送气,章组作舌头塞音,喻三和匣母合一,与晓母通谐的明母字分出作ɸ。复辅音他认为不知其详,但他肯定有"辅音+L"型复辅音,即KL,PL,TL等(KL代表kl,k'r等)。陆志韦在没有把握的情况下对古声母不勉强定音,正是他治学实事求是精神的表现。

《诗韵谱》(1948)和《说文谐声谱》是《古音说略》的后继之作。本来打算以此两书作为《说略》的附录。可惜《说文谐声谱》当时未及付印,"文革"动乱期间,书稿遗失,殊为可惜。《诗韵谱》

为《诗经》定韵,并把每个韵脚用陆志韦自己构拟的上古音一一予以注明,以便阅读。这种做法,在国内亦属首创。他认为清人分析《诗》韵的疏漏在于拘执三种成见。一是拘执汉魏以后近体诗的格律。二是拘执平上跟去入的界线。三是拘执古韵的分部。他还认为要知道韵脚在哪里,必须先从谐声推求出字的元音跟收声,然后才可以读《诗经》,才可以用《诗经》韵脚跟谐声的分部互相校对,以定其当否。他自己就是按照这样的程序做的。再加以对前人弊端的洞察,此书订正了前人很多失误,把对《诗》韵的研究提高了一步。此外陆志韦还有《楚辞韵释》(1947)一文,认为楚辞韵与《诗》韵的不同之处,主要在于虚字"之"字押韵较多,大概是轻重音的区别不像《诗》音的清楚;支、歌、脂三部通押较多,支部可能收-d;东部与侵,中部通押,东部当收-m。这些意见都很有参考价值。

《〈说文〉读若音订》(1946)是陆志韦研究汉代语音的一篇论文,是对《说文》读若进行逐字订音的首创之作。全文长达九万多字。文中对每一个被读若字和读若字都注上作者自己所拟定的上古音、汉音,有的还注上《切韵》音。让读者不仅能知道各字的汉代读音,而且能知道它们的沿革。文章揭示了许慎时代汉音的许多特点。声母方面:KL等与K等、L等均随意为读若,说明复辅音已经消失;ti-等(照三)绝不读若tǐ-等(知等),说明ti-等已腭化为tçi-等,喻四也变为j-。韵母方面:鱼、侯两部分立,中、东两部似混;读若比较严格,元音的实在音色反不易确定,不过扬雄、班固等押韵,前元音窄化,而鱼、阳部主元音后移,可能是当时普遍现象,许慎也许包括在内;支、歌、脂(第五声例外)、鱼(限麻韵平上声)

各部均已失去辅音韵尾。声调方面：仍保持五声。这些揭示都是很宝贵的。因为不仅在当时，就是到现在此文仍然是对东汉的声、韵、调系统作全面研究的惟一论文，为填补这段语音史研究的空白作出了贡献。

1946年陆志韦开始了对近代语音史的研究，首先发表了《释〈中原音韵〉》一文。《中原音韵》的时代处于《切韵》和现代音之间，又是一部反映当时官话语音的全新韵书。一般都把它的音系看作是近代语音的代表音系。这就是陆志韦把它作为研究近代音的首选目标的原因。文章构拟了《中原音韵》的声韵系统，提出了一系列新见解。比如认为《中原音韵》还有入声，并且入声还有阴、阳之别；微母字并不是v，而是带有唇齿成分的半元音，可以写作w；照二、知二与照三、知三还有分别；见系声母细音字还没有腭化；鱼模韵中三等字的主元音当作u，而不能作y，《中原音韵》音系并不是现代北京话的祖语；等等。这些新见解，或是不易之论，或是极富启发性。对提高人们对《中原音韵》音系的认识起到了重要作用。

从他自己所构建的《中原音韵》音系出发，向上追溯到可能代表中原官话源头的邵雍的"天声地音"音系，撰写了《记邵雍〈皇极经世〉的"天声地音"》（1946）一文，考定了此书音系的大要。然后又从《中原音韵》向下，把它以后问世的记载官话的一些重要韵书和韵图，进行了研究，连续发表了《记兰茂〈韵略易通〉》（1947）、《记徐孝〈重订司马温公等韵图经〉》《记毕拱宸〈韵略汇通〉》《金尼阁〈西儒耳目资〉所记的音》（以上1947）、《记〈五方元音〉》《论〈三教经书文字根本〉》（以上1948）等论文。最后以入声做专题，考察了它的历史演变,发表了《国语入声演变小记》(1948)。以上共9篇论文,总名原为《古官话音史》,最近由语言研究所近代汉语研究室编校出版,更名为《陆志韦近代汉语音韵论集》。他对上述这些韵书和韵图作了深入的分析和必要的比较,不仅考定或拟定了它们的语音系统,而且还时时指出各音素之间的发展线索和过程,使人们对从北宋到清初六百多年官话语音的形成和发展有了一个比较清楚和具体的认识。他在这方面所开拓的深度和广度都是前所未有的,贡献十分突出。

陆志韦是第一个在高本汉的研究基础上,用新的观点建立起自己新的中古和上古音系的中国学者。也是把西方语言学理论和研究方法引进中国,推动中国传统音韵学研究走上现代化道路的少数几个语言学家之一。

音韵学之外,现代汉语词汇和语法则是陆志韦语言学研究的另一个重点。他原来是想通过研究语言与思想的联系来研究思想心理学的。所以从30年代起,他就开始收集和研究北京话的单音词汇。他认为汉语的基本资料是单音词。"要了解汉人的思想作用,说话的条理,或是从语言学的观点来了解现代汉语,就得把那些单音词彻头彻尾的,彻里彻外的,翻来覆去的,颠来倒去的搞它一次。"⑦只有先知道了单音词在说话里所占的位置,才能进一步研究多音词会怎样改变那个位置,才能整理出汉语的普通语法。于是他花了多年时间写成了《北京话单音词词汇》一书。此书虽延至1951年才问世,但他1938年发表的《国语单音词词汇导言》一文就是现在书中《说明书》的初版,可知书的写成当不晚于此年。《说明书》长达三万多字,共分两章。第一章说明从句子中分离词的方法。他强调给词下定义的困难,认为与其愣下定义,不如先说明在每个具体环境下,怎样能规定某个语言格式是一个词而不是词的一部分或是几个词。把这些法子汇合起来,自然会得到词的定义。词是那些法子所规定出来的东西。于是他创造了"同形替代法",用它来分离和确定句子中的词。所谓"同形"是指"互相替代的成分不单要属于同一个词类,并且意义要相仿佛。从形式跟意义两方面说,它们在整个格式里占有同等的地位。那样的整个格式能叫做同形的"。[8]碰到不是单音的,"得再用这'同形替代'的原则来把它分析,分析到不能再分析了,所得到的语音符号叫做'词'。'词'是用同形替代的法子的最后产品"。[9]他认为这个方法用起来比叶斯柏森"能不能拆开"的原则更注意到语言的形式,更是机械的。结构派的重要人物哈里斯(Z. S. Harris)在他的《结构语言学方法论》(*Methods in Structural Linguistics*, 1947)一书中提到了陆志韦的替代法,并说,就是他的方法之一。可是陆志韦说他的同形替代法并非全是结构派的方法,而是他在科举考试的时候学的对对子的法子。确实,"同形"的两个条件,词类相同,意义相关,可不正是对对子的基本要求吗?

第二章给词划分类别。他认为分类的标准最重要的是一个词在句子里的最普通的地位,其次是它的意义。所谓"最普通的地位",就是最常见的地位。在这种地位上已经证明是某类,以后在别种地位上也叫做某类,除非地位的变化叫词在意义上发生了清楚的改变。根据这样的原则,书中把词划分为7大类,即名词、变化词(动词)、形容词、指代词、副词、作用词(虚词)和杂词。数词、量词都附在指代词里,是最大的特色。不论是划分词类的原则,还是所划分的词类,在当时都不失为一种创新。

本书所收北京话的单音词和词素很丰富,正如作者自己所说的"没有研究过的单音词为数不多了"。每个词或词素下所列例句,都是地道的北京话,共6千多条。因此本书不仅是研究汉语语法、词汇的重要参考书,而且在拼音联写、学习北京话等方面也都有重要参考价值。

不过陆志韦后来对此书所用的分离单音词的方法感到不太满意。1955年发表了《对单音词的一种错误见解》一文,对自己的"同形替代法"进行了批评。他认为有两点不妥。一是没有真心诚意地从社会交际手段的角度来观察汉语的单音词,而是关起门来,只图在理论上自圆其说,建立一个构词法的系统;二是没有诚诚恳恳地向旧时代的中国语言学家学习。中国人向来有"实字"和"虚字"的分别。"虚实"在构词法上占截然不同的地位,不论在文言,在口语,都是一样。他认为处理虚字,必得用类比法,排比法,也就是"同形替代法",而实字不能这样处理。凡是用此法来说明的实词大部分是词素。陆志韦这种知错必改的作风,显示了一个科学家的本色。

《汉语的构词法》是陆志韦研究语法的又一重要成果。为了解决拼音文字的联写问题,他领导了一个研究小组,从1953年冬季起,开始了汉语构词法的研究,至1957年研究报告写成出版。全书共分20章,其中18章都是他自己起草的。只有"动补格"和"动宾格"是管燮初和任建纯分别起草的。书中用来分析的语言小片段主要是从词典里收集的语文性词条,共四万多条。第一章着重讨论了分析方法问题。强调词为什么是词,不能单凭意义的单纯性、抽象性等等来决定,而主要是凭它的形式、凭它的内部结构。在比较了各种分析方法之后,认为"扩展法"比较有效。所谓扩展法,就是在结构类型相同而长短不同的句子里找出"自由运用"的最小单位,也就是不能再扩展的语言小片段。这个片段就叫做词,不论它还包含多少个语素。广义地说,扩展法不过是同形替代法的一种,互相替代的成分是某和O,O也是一种"形",某插进去要保证不变形式。这方法虽然有它的局限性,比如不能作为测验动宾结构是不是词的惟一方法,但它尽可能地利用了形式这个尺度,摆脱了词意和概念的束缚,还是一个比较有效的方法。第二章讨论虚字。认为虚字是造句的骨干,构词学上的关键,"可以凭它来开辟和简化分析手续"。第三章以下,基本上是按照结构类型的不同分别进行讨论的。第三、四、五、七、八、九、十一、十二、十三9章依次讨论偏正格的名词、动词、形容词、副词、连词等。第六章讨论数词和数、量、名结构。第十章讨论副词(单音)。第十四至十九章依次讨论后补格、动宾格、主谓格、并列格、重叠格以及重叠又并列的格式。第二十章讨论后置和前置成分。各章讨论时大都应用扩展法分析各种结构类型,以确定词和非词的界线,并随时提出联写与否,如何联写,以及词典里该不该收录的建议。本书是第一部专门研究汉语构词法的著作,利用材料涵盖面之广,分析的深入和细致都是前所未有的。对语法研究、文字改革和词典编辑等都有重要参考价值。

在《构词法》出版前一年,陆志韦还发表了《汉语的并立四字格》一文,用扩展法对并立四字格进行了细致的分析,确定了并立四字格哪些是词,哪些是词组的界线。并讨论了这些四字词在句子里所能处的地位,来进一步确定它们作为词的资格。文章并对并立四字格的来源作了探索。可以跟《构词法》第十七章"并列格"互相参证。

构词法的研究在汉语语法研究方面迄今还是一个比较薄弱的环节。陆志韦的开创性工作为汉语构词法的研究奠定了一个重要基础。

陆志韦不仅是个科学家,而且还是一个才华横溢的抒情诗人。"五四"新文化运动时期,他积极投身于其中,成为文体改革的热情推动者,是新诗的开路人之一。出版了《渡河》《渡河后集》《申酉小唱存》等新诗集,为新诗坛增色不少。此外他对旧诗也很有研究。曾发表过《试论杜甫律诗的格律》一文,提出了很多新见解。30年代还在芝加哥大学、燕京大学为美国和英国朋友讲授过中国旧诗。讲稿是用英语写的,先内部印行,后来由吕叔湘校勘出版,书名为《中国诗五讲》(*Five Lectures on Chinese Poetry*)。这样,他又为向国外介绍中国诗歌出了一份力。

作为著名学者的陆志韦,孜孜不倦地以追求真理为己任,从不以个人得失存乎其间。他的学说即使被人称道,如一旦自己发现有不妥时,马上就发表文章进行自我批评。上文提到的对待他所创造的"同形替代法"就是如此。他的学术地位很高,堪称一代大师,但当学生或晚辈对他的某些学说不认同,而提出批评时,只要是对的,他不但欣然接受,而且还鼓励对他的学说加大批评力度。这在学生和晚辈中间一时传为佳话,深深地感染了他们。在他们眼里,陆志韦的学术形象更加崇高了。

陆志韦在培养年轻人方面,也表现得很突出。在主持燕京大学校务工作的时候,对贫困学生经常热情帮助,给予他们种种方便,使他们能够顺利完成学业。在语言研究所的时候,他领导过不止一个研究小组,对组里年轻人的科研和学习,他都倾注了很多心血。除了有时给他们讲课之外,最繁重的是给他们审改稿子。他要求特别严,有的稿子要反复审改七八次。要是没有极大的热情和责任感,这是绝对办不到的。

陆志韦不论在学术成就,学术风范,还是为人师表方面,都是人们学习的榜样。

附　注

① 关于陆志韦心理学研究情况参考了《陆志韦传》编写小组编《陆志韦传》,见《文史资料选编》第40辑,北京出版社1991年版,第1~68页。
② 《陆志韦语言学著作集(一)·古音说略》中华书局1985年版,第64~65页。
③ 同上,第64页。
④ 《燕京学报》,1939年第25期,第26页。
⑤ 同上,1940年第28期,第43页。
⑥ 《古音说略》,第95页。
⑦ 《北京话单音词词汇·序》,科学出版社1956年版,第8页。
⑧ 同上。
⑨ 同上,第6页。

陆志韦主要著作目录

著作:
《社会心理学新论》　商务印书馆1924年出版。

《订正比内-西蒙测验说明书》 商务印书馆1924年出版。
《第二次订正比内-西蒙测验说明书》（陆志韦、吴天敏修订） 商务印书馆1936年出版。
The Voiced Initials of the Chinese Language:*When Were they Aspirated* 哈佛燕京社1940年英文单行本。
《古音说略》 《燕京学报》专号之20,1947年;1985年中华书局重新排印,编入《陆志韦语言学著作集》(一)。
《诗韵谱》 《燕京学报》专号之21,1948年。
《北京话单音词词汇》 人民出版社1951年出版;修订本,科学出版社1956年出版。
《汉语的构词法》(陆志韦等著) 科学出版社1957年出版,1964年再版。
《陆志韦近代汉语音韵论集》 商务印书馆1988年出版。

论文：

《证〈广韵〉五十一声类》 载《燕京学报》第25期,1939年。
《三四等与所谓"喻化"》 载《燕京学报》第26期,1939年。
《〈说文〉读若音订》 载《燕京学报》第30期,1946年。
《对单音词的一种错误见解》 载《中国语文》第4期,1955年。
《汉语的四字格》 载《语言研究》第1期,1956年。
《构词学的对象和手续》 载《中国语文》第12期,1956年。
《反切是怎样构造的》 载《中国语文》第5期,1963年。

（原载《中国社会科学院学术大师治学录》181～203页，

中国社会科学出版社1999年）

附：陆志韦生平年表*

1894年 2月6日陆志韦先生出生于浙江省湖州府乌程县（今吴兴县）南浔镇。原名陆保琦，后改今名。父亲为拔贡，但此时家道衰落，衣食维艰，靠在镇上刘姓当铺任管账先生维持生计，生活清苦。

1901年 8岁。母亲去世。

1902年 9岁。入刘家私塾读书，聪颖过人，过目成诵，记忆力极强。

1905年 13岁。进江苏省吴江县震泽镇小学读书。开始学习英文、算术等新学科。一年即完成了全部小学学业，并取得优异成绩。

1907年 14～16岁。由当铺主人刘家资助，进苏州东吴大学附属中学学习。后藏书家嘉业堂主刘承干也在经济上给予补贴，再加陆先生自己所获学校奖学金，使学业得以维持下去。

1910年 17岁。进入东吴大学学习。

1911年 18岁。由于父亲寄人篱下，陆先生时有前途飘忽之感，为了有所寄托，于春季加入了基督教。虽对学校强制作礼拜、上圣经班有反感，对耶稣被称为救世主能使灵魂永生的说法也并不完全相信，但对《新约》所说天堂就在人间，人生不是让人服侍而是服侍人的等教义却很赞同，认为应当有这样的人生观。

此年夏，陆先生赴北平考取了清华学校留美预备班。入学后，感到在学习上、社交上都不能适应，于辛亥革命前两周又只身回到东吴大学。

1912年 19岁。由于刘家对其加入基督教会不满，不便再去求助，遂决定兼任苏州惠寒义务小学教员，以薪酬及奖学金维持学业。

1913～1915年 20～22岁。1913年夏，东吴大学毕业，取得文学学士学

---

* 本文重点参考资料为《陆志韦传》编写小组编《陆志韦传》，见《文史资料选编》第40辑1～69页，北京出版社1991年版。

位。留校任附属中学中文、英文和地理教师,直至 1915 年。任教期间,读了不少学术著作,如皮尔逊(Pierson)的语法、杰姆斯(Janmes)的实用主义哲学,以及有关康德哲学的著作等英文书籍。这对他影响较大,使他懂得了一些科学知识,提高了英文水平,认识到无论是科学方法,还是人生态度,都不是随意摆布的。

1915 年获得了一笔教会保送优秀学生赴美留学的助学金。

1916 年 23 岁。赴美国留学。先入范德比尔特(Vanderbrilt)大学及彼阿伯第(Peabady)师范学院学习宗教心理学。

1917 年 24 岁。那时美国的宗教心理学只涉及宗教史、民俗学的一些传说和现代的迷信现象,这使陆先生很失望。经过努力,他又获得一笔助学金和半工半读的机会,于这一年转入芝加哥大学研究院生物学部心理学系,学习生理心理学。在校期间,学习勤奋,成绩优异,被接纳为美国各大学自然科学研究生 EX 学会会员。

1920 年 27 岁。以博士论文《遗忘的条件》(*The Conditions of Retentions*)取得芝加哥大学哲学博士学位。在校 5 年期间,他还兼学了生理学和神经系学的课程。

通过数年的观察和感觉,他对美国的科技水平很敬佩,但认为他们所提倡的民主和自由只不过是有钱有势人的专利品而已。

毕业后,离美回国,在南京高等师范学校任教授。

1921 年 28 岁。10 月与刘文瑞女士结婚。

1922 年 29 岁。任东南大学心理学教授,兼系主任。

1923 年 30 岁。集结了 90 首白话诗的新诗集《渡河》出版。陆先生不仅是一位科学家,而且还是一位诗人。被认为是"五四"新文化运动文体改革的推动者,新诗的开路先锋之一。

1924 年 31 岁。任教期间,孜孜不倦地潜心研究心理学。本年出版了《订正比内-西蒙智力测验说明书》和《社会心理学新论》两书。

1926 年 33 岁。所译美国学者桑代克的《教育心理学概论》及亨德的《普通心理学》相继出版。

秋天,军阀孙传芳派人到东南大学逮捕两名进步学生,陆先生将他们藏在家中,并亲自去下关买火车票送他们逃往上海。

1927 年 34 岁。4 月 5 日应燕京大学之聘,携家北上,任燕京大学文学院心理学教授,兼心理学系主任。短短几年间,就把心理学系建成了具有一定规模和装备水平的系科。

1928 年 35 岁。被推举为燕京大学教师会主席。曾多次为谋求中国教职员工的利益而仗义执言,与校方力争。

1932 年 39 岁。《中国儿童的无限制联想》一书出版。

1933 年 40 岁。获得中美文化教育基金会奖学金,再度赴芝加哥大学,从事生理心理学(主要内容是神经学技术)研究。

新诗集《申酉小唱存》与《渡河后集》合订本出版。

1934 年 41 岁。完成在美国的进修回国,被任命为燕京大学代理校长。

由于时局动荡,学校经费短缺,没有条件进行心理学的实验研究,加以陆先生早就"由生理心理以知语言学之大要"《古音说略·序》,于是转而研究语言学方面有关心理学的问题,从此逐渐走向专门研究语言学的道路。

1936 年 43 岁。修订本《订正比内-西蒙测验说明书》(与吴天敏合作)出版。发表论文《汉语和欧洲语用动词的比较》。年底,鲁迅先生逝世。陆先生冲破当局禁令。在燕园举行了北平追悼鲁迅先生的第一次大会。

1937 年 44 岁。夏天蒋介石召集各大学校长赴庐山"集训",陆先生托故未往。七七事变日寇占领北平后,他中止了代理校长职务,由司徒雷登兼任,以应付日本侵略者的干扰。但仍然要参理校务。

发表论文《中国字和中国教育》《论节奏》。

1938 年 45 岁。发表了《国语单音词词汇导言》(即后来《北京话单音词词汇》中的《说明书》)。

这一年日本军车在白石桥轧死燕大学生冯树功,燕大向日军当局提出了书面抗议,陆先生在校内主持召开了追悼会,发表了抨击日寇的悼词。

1939 年 46 岁。发表论文《证〈广韵〉五十一声类》《三四等与所谓"喻化"》《唐五代韵书跋》。

1940 年 47 岁。出版专著 The Voiced Initials of the Chinese Language: When Were They Aspirated? 发表论文《〈说文〉〈广韵〉中间声类转变的大势》《试拟〈切韵〉声母之音值并论唐代长安语之声母》。

1941 年 48 岁。12 月 7 日夜日本军国主义者发动了太平洋战争。次日日军占领了燕大,当即宣布解散燕大,并对在校师生实行所谓"甄别"。陆先生与其他十余名教职员被捕入狱。在狱中敌人频频威逼利诱,陆先生大义凛然,不为所动。

1943 年 49 岁。在敌人的摧残下,5 月病倒于狱中。中旬日寇允准取保监外就医。但不久又要他去受审,想逼他出山。陆先生断然予以拒绝。敌人恼羞成怒,竟以"违反军令"罪,判处他一年半徒刑,缓刑 2 年。回到槐树街家中,受到敌伪特务的严密监视,实际上被软禁起来。敌伪军警还多次闯入他的家中收查和骚扰,不少珍贵稿件散失。困危如此,陆先生却能"排除烦虑,专治音学"(《古音说略·序》)。《古音说略》即于此时开始撰写。

1943 年 50 岁。十月,《古音说略》初稿完成。

下半年日寇监视渐松,来陆先生家探望的人渐多,其中有些是中共有关的地下党工作者。陆先生曾不同程度地支持过他们的工作。比如为他们在家中储存药品,以便伺机运往解放区。

1945 年 52 岁。8 月 15 日日本政府宣布投降。21 日燕京大学复校工作委员会成立,由陆先生主持复校的一切筹备工作。10 月 10 日开学复课。复校后陆先生任燕京大学校务委员会主席、代理校长。

1946 年 53 岁。夏初主持了迎接成都燕京大学复员回平师生和两校间的协调工作。

发表论文《〈说文〉读若音订》《与唐兰教授论〈切韵〉中齐先等十八韵书》《释〈中原音韵〉》《记邵雍〈皇极经世〉的"天声地音"》。

1947 年 54 岁。燕京大学虽是美国人出钱办的,但陆先生一贯主张要按中国需要办学,并常说"盗泉之水,可以灌田"。为此与美国托事部经常发生争执。后来托事部以不断削减经费的手段,想迫使他就范,陆先生一怒之下,于暑期借故休假一年,不理校政。

发表论文《记兰茂〈韵略易通〉》《记徐孝〈重订司马温公等韵图经〉》《记毕拱宸〈韵略汇通〉》《金尼阁〈西儒耳目资〉所记的音》《楚辞韵释》。

1948 年 55 岁。夏,在各方人士苦苦相劝下,陆先生复任燕京大学校务委员会主席。8 月 19 日国民党军警包围了燕大,要逮捕 31 名学生。陆先生让这些学生紧急撤离,使军警完全扑空。

秋天,东北即将全部解放,胡适向陆先生发出"向南迁移"的邀请,陆先生予以拒绝。12 月 15 日解放军进驻京郊燕园地区,燕大解放。

发表论文《记〈五方元音〉》《记〈三教经书文字根本〉》(附《谐声韵学》)《国语入声演变小注》《借字浅说》《目前所需要的文字改革》。

1949 年　56 岁。1 月 16 日纽约托事部任命陆先生为解放后的燕大校长,陆先生谢绝,并表示他想做真正的校长,而不是做纽约托事部的幌子。

1 月 31 日北平和平解放。3 月毛泽东主席和其他党政领导人来到北京。陆先生是到西郊机场参加迎接的少数民主人士和高级知识分子之一。

春天,请示毛主席和中央,建议政府接管燕大,不再用美金办学。由于新中国财政困难,只能给燕大补贴日常急需的现金和口粮,维持学校主要还需美金解决。美国基督教会不肯放弃燕大,自然同意给予经费。但是提出了条件,即学校"仍属在华基督教团体指导的私立学校,而不应改为国立学校",并反对在学校里开设政治课。陆先生当然没有按美方的条件办,燕大既接受了政府补贴,也开设了政治课。托事部也无可奈何。

在迎接中华人民共和国诞生之际,中国共产党邀请他以无党派民主人士身份参加中国人民政治协商会议,任中国人民政治协商会议第一届全国委员会委员。

发表论文《谈中国语文改革》、《关于拼音文字的方案的意见》。

1950 年　57 岁。发表论文《〈经典释文〉异文之分析》(与林涛合作)、《目前能做些什么?》。

6 月,中国科学院成立心理研究所筹备处,陆先生任筹备委员会主任。6 月 7 日报文教委员会备案。

1951 年　58 岁。2 月 12 日教育部接管了燕京大学。自此燕大由基督教办的私立大学改为中国人民的国立大学,与美国托事部完全断绝了关系。陆先生的夙愿得以实现。2 月 20 日中央任命陆先生为国立燕京大学校长。

3 月,政务院批准成立心理研究所,曹日昌任所长。陆先生卸去筹备委员会主任之职。

5 月 16 日参加了全国政协组织的土地改革工作团。政协邀请他担任中国西南地区土改分团副团长。

秋,他提出清华、北大、燕京三校合并的建议,希望自己能做研究工作,不再担任校长。

出版专著《北京话单音词词汇》,发表论文《〈经典释文异文之分析〉补正》。

1952 年　59 岁。春,参加了教师思想改造学习运动,受到了不公正的批判。被毫无根据地指责为"一贯忠实执行美帝国主义文化侵略","为美帝大特务司徒雷登一手栽培的他的继承人"等等。

夏,全国各大学院系调整,燕京大学被撤销,大部分院系并入了北京大学。10 月陆先生被调到中国科学院语言研究所从事语言学的研究工作,任一级研究员。

冬,语言所举办俄文速成班,陆先生主动出任辅导教师,有时患病,也不休息。其培养青年的满腔热忱,令人敬佩。

1953 年　60 岁。接受科学院交下的译名规范任务,制定英、俄、德、法四种语言人、地名汉字译音表,作为统一标准方案《与邵荣芬合作》。

发表论文《外国语人地名统一问题》。

1954 年　61 岁。1 月语言所组建《汉语构词法》研究组,陆先生任组长。4 月任《中国语文》杂志编辑委员会委员。12 月 16 日任中国文字改革委员会委员。

发表论文《在方言复杂的情况下,拼音文字能行得通吗?》《拼音文字联写问题》(与蒋希文合作)。

1955 年　62 岁。2 月任拼音方案委员会委员。

10 月 25 日至 31 日中国科学院在京召开了现代汉语规范问题学术会议。陆先生在会上作了《关于北京语音系统的一些问题》的重点发言。

《北京话单音词词汇》修订本出版。发表论文《关于赫迈莱夫斯基先生的〈汉译的句法和形态问题〉》《对单音词的一种错误见解》。

1956 年　63 岁。1 月语言研究所成立了普通话审音委员会,负责对北京语音的内部分歧现象进行规范。陆先生被聘为委员会委员。

发表论文《汉语的并立四字格》《构词学的对象和手续》(即《汉语构词法》的序)。

1957 年　64 岁。被聘为中国科学院哲学社会科学部委员。(编者按:《中国语言学家》编写组编《中国现代语言学家·陆志韦传》[河北人民出版社,1981 年版]记载陆先生 1955 年开始任学部委员。以后的传记也沿用此说。本文根据陆先生的自述资料改为此年。自述是1958年写的,事隔一年,他当不会记错。)

陆先生一贯勤俭自持,生活非常朴素。任学部委员后,国家每月发给他100元津贴,他觉得太优厚了,多年未领。后来财务部门对这笔钱无法处理,逼他领出。他仍然把它单独存入银行,一直没有动用。

《汉语的构词法》脱稿(与管燮初等合作),11月出版。发表论文《什么叫押韵》。

1958年 65岁。发表论文《关于简体字和拼音方案》。

1959年 66岁。一度负责《现代汉语词典》哲学社会科学条目的审定工作。

1960年 67岁。任语言研究所古汉语研究组组长。领导制订了语音史、语法史以及词汇史的研究计划。

发表论文《补〈试论副动词〉——并略谈〈汉语语法教材〉论"介词"的部分》。

1961年 68岁。发表论文《试谈汉语语法学上的形式与意义相结合》。

1962年 69岁。发表论文《试论杜甫律诗的格律》。

1963年 70岁。发表论文《从"谓语结构"的主语谈起》《古反切是怎样构造的》。

1964年 71岁。发表论文《对于自造简化字的几点意见》。《汉语的构词法》修订本出版。

1966年 73岁。"文化大革命"开始。6月受到纠斗和批判。除了以前的所谓"罪名",又被戴上了"反动学术权威"的帽子,并被隔离起来。

1970年 77岁。春,精神已经恍惚,但还是与语言所同志们一起被下放到河南信阳专区息县"五七"干校。

4月;夫人刘文瑞在家中逝世。

不久,陆先生病情加重,生活完全不能自理。10月,由军宣队批准,回北京家中养病。11月21日病逝。

编者按:1979年语言研究所经过详细调查,为陆志韦先生彻底平了反,撤销了加在他身上的所有不实之辞,并于同年12月11日在北京举行了有600多人参加的追悼会。追悼会由中国社会科学院院长胡乔木主持,邓小平、方毅等领导同志送了花圈。12月13日《人民日报》对此作了较长篇幅的报道。

(原载《陆志韦集》458~466页,
中国社会科学出版社2003年)

说《法伟堂经典释文校记遗稿》

一

晚清法伟堂(1843—1907年)[①]对《经典释文》很有研究,有《经典释文》校本遗稿一件。早年唐兰先生处曾藏有其移录本,但知之者甚少。《清史稿·儒林传·郑杲传附法伟堂传》云[②]:

> 法伟堂,字小山,胶州人。光绪十五年进士,官青州府教授。精研音韵学,考订陆德明《经典释文》,多前人所未发。

这里只提到法氏精研音韵,考订《经典释文》的事,而未及其他。《增修胶志》在法氏治学方面说得稍微详细一点[③]:

> 伟堂博极群书,不立宗旨,其学大抵由汉长入手,而于诸子百家,无所不览。专精于古今音韵,于顾氏亭林、江氏慎修、段氏茂堂诸家外,别有心得。所校勘者有《说文解字》《经典释文》《一切经音义》《列子》等书。

除了也强调法氏精研音韵,校勘过《释文》之外,还指出法氏的治学范围、治学途径和治学态度,以及在《释文》之外,还校勘过《说文》《一切经音义》和《列子》等书。让我们对法氏的治学情况有了更多的了解。所可惜的是,虽然两书都提到了法氏校勘过《释文》

的事,但都没有指明他用的是什么著作形式,比如说,是自成卷册,还是写于书眉之上? 直到1936年罗常培先生发表了《法伟堂校本经典释文跋》一文[4],大家才知道法氏有《经典释文》校本流传。既然罗先生称之为校本,可知校文是写在《释文》书本上的,而不是单行的校勘记。罗先生说,他的所据是从唐先生所藏重移而来。罗先生去世之后,他的移录本不知流落何处。上世纪80年代初,我打算对《经典释文》音切进行研究,很想参考法氏校记。那时唐先生也已辞世,因托友人从唐先生哲嗣复年先生处借得法氏校本,始得一睹法氏校本的真面目。原来校语都是写在《释文》书眉上的。这大概就是法氏校记的原式吧。

不过唐本也是个移录本,并不是法氏原稿。这从校记中时有错字、脱字以及条目屡屡倒次等现象可以看出。下面先看错字、脱字的例子。为了节省篇幅,例子中无关论题的内容予以删除,后面括弧内的数字依次是中华书局1983年影印通志堂本《释文》的卷、页、行数。

1. 朋,如字,京作崩。(2,9下,10)法云:崩未详。卢云:字书无朋。

2. 憨。(5,7上,9)法云:憨卢改憨。

3. 柅,徐乃履反,又女纪反。(2,17上,7~8)法云:纪盖几之讹,徐必不以柅、纪同部。依《广韵》例,则钮是也。

4. 丰,芳忠反,《字林》匹忠反。(2,21上,10)法云:芳忠与忠同,易之者,改类隔为音和也。

前两例为错字之例。例1"崩"当为"朋"之误。例2"憨"当为"憨"之误。后两例为脱字之例。例3"则"下脱"娘"字。例4

"与"下脱"匹"字。

其次再看条目倒次之例。如《易·屯》"阐"条当在"厄"条之前,而唐本却误倒在"厄"条之后。(2,3上,8)《诗·载驱》"薄薄"条当在"第、簟"两条之前,而唐本却误倒在"第、簟"两条之后。(5,28下,7~8)

以上两类误例很多,不必枚举。如果说法氏本人也可有偶疏之处,但错、倒之例,如此层出,则必不可能。因而可以断言唐本定是个移录本,错伪之处,乃抄手所为。至于唐本所据是法氏原稿,还是移录本,则一时难以确定。

法氏这部校记有可能是个未定稿,有少数校文透露了这一迹象,请看例子:

  1.跬,缺氏反。(6,22上,11)法云:毛居正云:"缺氏反误,当作抉藁反"。伟案毛意因跬合口,氏开口也。当通校再核。

  2.委,于鬼反。(21,8上,3)法云:于鬼二字殆并误,再考。当依《释草音义》於诡反。《庄二十八年》音於鬼反,於字尚不误。

  3.懦,乃乱反,又奴卧反。(12,20上,3)法云:乃乱、奴卧二音,字当作愞。案此详段氏《说文注》心部,当据录入。

  4.说,刘诗悦反。(12,20上,3)法云:悦疑锐误。非误也,详《士昏礼》。

  5 毅,徐所列反。(26,14下,10)法云:列当作例,卢本亦误。又案作列是也,如椒字亦读所八、所列二切。

例1"通校再核",是说通校全书之后,再作核定。例2"再考"后面的话是再考之后的结论,"再考"二字当删,但未删,是文字未加整合的表现。例3"字当作㥄"是据段说,但未指明,之后空一格加案语,说明当直引段说,但并未即做,是有待来日补做之意。4、5两例认为先前作的结论错了,但不加删除,而续作新的结论,对先前的结论加以更正。以上这些例子似乎都表明法氏校记并非最后的定稿,至少有少数地方还有待于重校或文字上的修整。《增修胶志》所谓法氏"一生撰述皆未就"的说法[5]与《释文》校记的上述情况正好可以相印证。

校记原写于《释文》书眉之上,所以每条校语之前都没有引述《释文》被校文字。今既另纸录出,为了便于阅读,于每条校文之前,均加录《释文》被校文字,并注明通志堂本《释文》卷、页、行数,以便检核。唐本时有误字,为谨慎计,暂时不加改动,但在误字后括注校语。书名姑定为《法伟堂经典释文校记遗稿》。本文所据就是这个编校本。

二

法氏校勘《释文》的贡献最突出地表现在对字音的校订方面。罗常培先生的《法伟堂校本经典释文跋》一文已经指出了这一点,并用全文对之作了较详细的论述。本文作为罗文的后续、补充和修正,重点当然也是在阐明法氏在校音方面的成就,只是在末了才稍稍涉及其他方面。

《清史稿》说法氏"精研音韵之学",《增修胶志》也说他"专精古今音韵"。从法氏对《释文》的校勘来看,这绝非虚言。法氏校勘《释文》所以能在校音上超越前人,关键就在于他通晓音韵,可以说是一个很出色的音韵学家。他校音的贡献很多,概括起来主要有下列几项。

(一)校正字音

法氏深通《广韵》音系,他的校订字音基本上以《广韵》为依据。试略举数例。

  1. 抚,方武反。(3,7 上,1)法云:方乃芳之误。

  2. 卷白,初亮反,下其九反。(30,10 上,9~10)法云:初疑籾之讹。

  3. 巽,孙问反。(2,22 下,1)法云:问乃冈之讹。

  4. 攫,华化反,徐户覆反。(4,14 下,4)法云:《周礼·兽人释文》攫,华霸反。然则此覆乃霸之讹。《集韵》收徐读于屋部,则讹已久矣。

  5. 释,音雉。(7,32 上,1)法云:《广韵》释去声,雉上声,当作稚。以稚音释(引者按释误,当作释),前已屡见。

  6. 纣,直又反。(2,29 下,10)法云:又盖久之误。《广韵》纣不读去声。

例 1、2 是校正声母,例 3、4 是校正韵母,例 5、6 是校正声调。虽然明白征引《广韵》的只有例 5、例 6 两个例子,实际上其他各例也都是依据《广韵》定音的。除了《广韵》的依据之外,还有字形相近也是旁证。至于例 2 有北京图书馆所藏宋本[⑥]为证,例 4、5 有《释文》本身的证据,其正确性就更毋庸置疑了。例 4 的"覆",段玉裁校作"嫛",虽也形近,但《释文》《广韵》甚至《集韵》均无其音,而且"户"与"嫛"都是匣母字,上下字同声亦属罕见,其可信度就远不及法说了。

(二)辨明音类

法氏不仅注意校正《释文》的单音字,而且还留意陆氏音系的音类特点。在与《广韵》音系比较的基础上,他揭示了陆氏音系与《广韵》音系的一些异同情况。

先说法氏对陆氏声母与《广韵》声母的一些相同特点的认定。我们不妨从唇音声母说起。《广韵》轻重唇音声母不分,这是大家都知道的。法氏深谙《广韵》音系,在对比之下,他认为陆氏音系的轻重唇音也没有分化。请看下面的例证。

1. 被,皮寄反,徐扶义反。(3,3上,1)法云:皮寄与扶义同,易徐者,改类隔为音和也。

2. 薄,蒲各反,徐又扶各反。(4,6下,4)法云:扶各即蒲各,又字衍文也。此亦改类隔为音和也。

3. 摈,必刃反,刘方刃反。(10,1下,5)法云:方刃与必刃同。

4. 貔,音毗,一音房私反。(8,14上,2)法云:房私即音毗,不得为异读。

从这些例子可以看出,法氏所强调的重点是在类隔切与音和切的等同上,第4例则最为明显。这也就是说,法氏认为类隔和音和只是用字上的不同,所切之音并没有什么两样。可见法氏认为陆氏音系中轻重唇音仍然合为一体,并没有发生分化。法氏的这一看法跟我的研究结论正好相合[7]。不过罗先生对此持不同的观点。他举了上列的例1,认为法氏指出了陆氏把类隔切改成音和切,是法氏看出了轻重唇音徐氏时仍然合一,到陆氏时发生了分化的证明。不用说这是一个误解。一是忽略了法氏这类校例中的第一句话的含义,二是没有注意到上列第4例那样的例子。当然,在法氏说到陆氏改类隔为音和时,不免含有音和切在用字上优于类隔切之意。这就有点自相矛盾了。既然陆氏轻重唇不分,何来音和在用字上优于类隔的问题。法氏所以那样说,显然是把后来的音变因素掺入所致,是他对类隔跟音和的实质没有理解透彻的缘故。

唇音还有一个问题,就是它与开合口的关系问题。唇音不分开合差不多是中古反切的普遍现象,陆氏反切当然也不例外。但早期音韵学者认识到这一点的并不多。陈澧,甚至高本汉往往因为不了解唇音的这一特点而弄乱了开合的界限。法氏却注意到了这一问题,这是十分值得称赞的。请看例子:

1. 铉,玄典反,徐又古玄反,又古冥反,一音古萤反。马云:"铉,杠鼎而举之也。"(2,19下,10~11)法云:古萤与古冥同。《广韵》作古萤,盖嫌古冥为不切,故以萤易之,实则唇音不分开合也。

2. 苬,履二反,又律祕反。(2,14上,10)法云:履二反开口也,律祕反合口也,即他处所谓音利又音类也。

例1认为唇音"冥"字切出的是合口字,例2认为唇音"祕"字切出的也是合口字,从而作出了正确的判断,认为"古冥"等于"古萤反","律祕反"等于"音类"。虽然批评《广韵》有点儿多余。

说《法伟堂经典释文校记遗稿》 473

跟唇音问题类似的还有舌音,即端类和知类的关系问题。在这个问题上,法氏的看法也是正确的。他看出陆氏反切端、知两组声母也存在着音和切和类隔切,并肯定了两者的同一性。请看例子:

1. 窒,珍栗反,徐得悉反。(2,16上,6)法云:珍栗与得悉同,易徐者,改类隔为音和也。

2. 绨,丁里反。刘本作希,张里反。(10,21上,10)法云:丁、张同纽。

3. 褶,音牒,一特猎反。(10,26下,11~27上,1)法云:一盖又之讹,否则下脱音字。特猎类隔也,即《广韵》直葉。

4. 挚,张执反,又丁立反。(15,26上,6)法云:丁立即张执之类隔,并非异读,疑有误字。

5. 脱,勅括反。(18,2下,8)法云:勅括卢改吐括。伟案,此类隔也,本书甚多,何独改此?

与前文唇音一样,虽然各例所用的词句不同,但所强调的都是类隔切与音和切没有区别。这也就是说,在法氏的心目中,陆氏端、知两组声母并没有分化。这也跟我们对陆氏音切研究的结论完全一致[8]。

法氏的认识也有一点不太准确的地方,这就是他判定陆氏日母也与泥娘混一。请看例子:

1. 女于,上而据反。(3,4上,3)法云:《广韵》尼据切,此作而,殆类隔也。

2. 呐,如悦反,徐奴劣反。(11,22下,8)法云:奴劣与如悦同。据此可知日、泥本同纽。

例1以日、娘为类隔，例2以日母与泥母同音。这是法氏提出的陆氏泥、娘不分的证据。上文已经指出陆氏端、知不分，所以他的泥、娘合一，当无问题。但日与泥混同的未见其例。例2的"如悦反"与"奴劣反"虽然一日，一泥，但它们一是陆氏反切，一是徐氏反切，不能把它们作为陆氏一字两切的证明。日、娘相混的例子除上列例1外，尚有几例：

    1. 襦，女俱反。(9,5下,3)

    2. 挠，音扰，(12,25上,6)而小反。(13,2下,3;27,2下,1;10上,4;12下,2)

    3. 纴(或作絍)，女今反;(5,6下,7:7,22上,11:8,10下,3;12,19上,3;17,8上,5)女今反。(11,29下,5)

前文例1"而据反"的"而"字是泥母"恧"字之误，有众多版本为证，见黄焯《经典释文汇校》①，法氏失校。此处例1"女俱反"的女字，据法校是"汝"字之讹。法云："女盖汝之误，俱部无女纽也。十虞'襦，汝朱切，一曰细密网'。是其所据本尚未误。《群经音辨》亦无异读。"按"一曰细密网"是《集韵》"繻"字的注解，法氏误引。不过其说似可信。只是襦字陆氏有作"如朱反"(10,11上,9)的，则"女"字也有可能是"如"字之误。不论是"汝"还是"如"，都是日母字，都不是日、娘混同的证据。例2，"音扰"的"扰"，法氏认为是错字。不过"挠"仍有四次作"而小反"，可见它确有日母音，"扰"未必就是错字了。这样日、娘混切只集中在"挠、纴"二字上。"挠"另有乃卯反(17,12下,7)，"乃教反"(9,23下,3~4)，"乃孝反"(28,10下,1)等泥母(就陆氏说，也就是娘母)音，它的日母大概是又读，只有纴(或絍)只读日母，不读娘母。这显然都是个别字的音变，与声母混并无关。可见法氏认为陆氏日与泥、娘无别的看法是不可信的。

《广韵》匣和喻三(于)，一般都归为一个声母。法氏看出陆氏音系也是这样。例如：

1. 鸮，户骄反。(6,2上,7)法云：户骄卢改于骄，不必，因匣、于同纽也。

2. 熊，乎弓反。(11,33上,8)法云：乎卢依《斯干》音改于，是也。然本书乎、于亦互用。

中古匣于合一，今人确知甚晚。法氏能揭其秘实属难得之至。此外，法氏还指出喻四也与匣、于有牵连。例如：

1. 唯，于癸反。应辞也，注同。徐于比反，沈以水反。(11,3上,8)法云：唯字《广韵》同沈音。此匣、喻之变。

2. 鹬，户橘反，阮孝绪于密反，顾野王馀橘反。(7,30上,2)法云：户橘、于密分两类也。旧读匣纽，顾读喻纽，此匣喻之混。据此知馀纽即匣纽之讹。荣，永兵切，即此之于密也。营，馀倾切，即此之户橘、馀橘也。

例1确是陆氏混匣入喻之例，例2是顾氏相混，与陆氏无关。陆氏只有少数匣喻混例不足证匣喻之合⑩。法说不够准确。

其次，再说法氏对陆氏音系与《广韵》音系在韵母方面的一些共同特点的辨认。在这方面最值得称许的要算是对重纽的揭示了。这一点罗文已经论及。这里想补充两点。第一，陆氏所揭示的重纽不仅是《广韵》里所收有的，而且也包括《广韵》里未收，但见于《集韵》的。比如：

1. 繘，音橘，徐又居密反。(2,18下,8)法云：音橘与居密反喉音分二类,徐氏已然。今《广韵》质、术二部均居密一切。

2. 佶,其乙反,又其吉反。(6,14下,9)法云:佶音质部分二部。

例1"繘"《广韵》只有四等"居聿切",三等无字。而《集韵》三等则收有"厥律切",与四等"橘,决律切"形成一对重纽,正与法氏之说法相合。例2"佶"的"其乙反"等于《广韵》的"巨乙切",是三等。《广韵》四等无音,而《集韵》则有"佶,其吉切",是四等,与三等"极乙切"形成一对重纽,也与法氏之说相合。这说明法氏在揭示重纽方面所达到的广度。

第二,陈澧用系联法区分出不少《广韵》的重纽,但他对重纽的整体特征却并无明确的认识。法氏不仅揭示了重纽的对立,而且认识到重纽的某些整体的规律性特征,也就是它与某些声母的特定关系。在上列的例1里,他指出了重纽与喉音声母的关系。他所谓的喉音显然是包括牙音在内,所以实际上也就是指出了重纽与牙喉音声母的联系。请再看下面的例子:

1. 芘,必利反,又悲备反。(2,9下,9)法云:必利、悲备至部重唇分两类,与《广韵》合。后仿此。

2. 庀,必寐反,又音秘。(7,15下,10)法云:庀二音至部唇音分两类也。

这里又指出了重纽与唇音的关系,肯定它是在唇音范围内出现的小韵对立。例1并指出是在重唇韵里出现的小韵对立。从而又把后来变轻唇的一些韵也排除了出去。由此可见,法氏对重纽的整体特征,也就是重纽出现的声母和韵母条件已有了一个初步认识,较之陈澧迈出了很大一步。

罗先生认为法氏把重纽"误为依声而分"。这实在也是一个误解。从上文所举的"佶、芘、庀"三个例子来看，法氏都依次指明是质部和至部各分两类。法氏这里的所谓部，就是韵。所谓质部、至部各分两类就是指质韵、至韵各分两类的意思。至于"芘、庀"二例所提到的唇音或重唇音分两类，我们上文已经说明，那是指质、至两韵中的唇音字各分为两类说的，其中绝不包含单纯的依声分类的意思。有了这个了解之后，再遇到那些只提声母，省提韵母，或未明言韵母，如上列"繘"字那类的例子，就不会产生误解了。

也有个别不是重纽而法氏误认为重纽的，例如：

> 暋，眉谨反，徐亡巾反，一音闵。(4, 10 上, 4～5) 法云：《广韵》暋，闵收轸，谨收隐。隐部无唇音，若陆收谨于轸，则不得云一音闵矣。殆轸部唇音分二类欤？以徐亡巾反证之，知轸部唇音分二类，故陆收谨于轸也。

陆德明真殷(包括上、去、入)混一。这里法氏认为隐韵的谨陆氏收轸是不错的。但认为谨字入轸后，眉谨反与一音闵就构成了一对重纽，就缺乏根据了。暋与闵《广韵》同音，都是重纽三等字。"谨"作为纯三等韵字，并入轸韵之后，其所切之字也都不是四等[11]。因而暋与闵不可能形成三四等对立的一对重纽。法氏仅以同音不能重出为理由，断定两音为重纽，实际上是站不住的[12]。只是这类误认的例子不多，并不足以影响他在重纽问题上的贡献。

除了重纽之外，法氏对陆氏其他一些韵类的分立，也作了很多辨析，特别是对那些早期分立，后来混并的韵类，如重韵、三四等韵之类的辨析尤多。例如：

1. 阖,胡腊反,又音合。(12,28 上,2)法云:阖二音盍,合分部。

2. 眦,仕佳、巢谐二反。(24,13 上,4)法云:仕佳、巢谐,此佳、谐分部。

3. 栈,士板反,刘才产反。(8,18 上,2)法云:栈二音潸、产分部。

4. 卷,九转反,刘居远反。(10,12 上,8)法云:卷二音狝、阮分部。

5. 捄,音虯,又其牛反。(6,26 上,4)法云:捄音幽、尤分部。

6. 燎,力召反,又力吊反。(8,11 上,4)法云:燎二音笑、啸分部。

7. 菁,音精,又子形反。(5,16 上,11)法云:菁音清、青分部。

8. 稍,所教反,旧疏诏反。(9,20 下,2)法云:稍二音效、笑分部。

9. 盇,音咨,刘祖稽反。(8,11 上,8)法云:盇二音脂、齐分部。

例 1 是一等重韵分立。例 2、3 是二等重韵分立。例 4、5 是三等重韵分立。例 6、7 是三、四等韵分立。例 8 是二、三等韵分立。例 9 是跨摄三、四等韵分立。后二例只偶见,不如其他各例频出。根据我们对陆氏韵系分并情况的研究,以上各例法氏的辨析都是正确的。不过法氏辨析所依据的只是他所认定的《释文》注音的一个条例,这就是一字之下的反切不会同音重出。前文已经说过这一

条例与事实并不十分相符,因而他的辨析有时就难免有不正确之处。例如:

1. 鎗,初衡反,刘初耕反。(8,30上,8)法云:鎗二音庚、耕分部。

2. 儳,徐仕鉴反,又苍鉴反,又苍陷反。(11,4上,2)法云:苍鉴、苍陷,鑑、陷分部。

不论是庚、耕,还是鑑、陷,陆氏都已混并,法说显然非是。当然《释文》中同音重出现象,究属少数,所以法氏辨析正确之处,仍占主要地位。

以上说的是法氏在辨明陆氏音系和《广韵》音系共同特点的贡献,下面再说他在辨明陆氏音系和《广韵》音系不同特点方面的贡献。

法氏很注意陆氏在音系上与《广韵》的一些相异之处。在声母方面他发现陆氏从、邪混一,禅、船不分。在韵母方面他发现陆氏之、脂合并,臻、真不分。这些罗先生都已作了论述,这里无须再赘。我们想补充几点:

第一,法氏所揭示的只是陆氏混并例证比较多,比较容易肯定其混并的那些音类,对混例相对较少,觉得没有把握的,他只就具体混例指出其与《广韵》的差别,而不概括为两个韵类的混并。如脂、之之与支,真之与殷,耕之与庚二等,清之与庚三等,咸之与衔等,陆氏也都已经混并,而法氏均未予以指出。例如:

1. 脂,音支。(6,24下,8)法云:脂、支不同部。

2. 祁,巨移反。(6,30上,11)法云:祁、移不同部。

3. 慭,於巾反,樊光於谨反。(7,16上,5~6)法云:慭、巾

《广韵》不同韵。此读平声於巾,上声於谨,知陆以巾、谨、靳为同类矣。

4. 芹,其巾反。(7,30下,10)法云:芹、巾不同部。

5. 甯,色耿反。(12,22上,6)法云:《广韵》甯、耿不同部。

6. 核,幸格反。(26,14下,7)法云:《广韵》核收麦,格收陌。

7. 省,色领反。(5,29下,8)法云:《广韵》省、领不同部。

8. 炳,兵领反。(2,19上,11)法云:《广韵》炳收梗,领收静。

9. 监,工陷反。(4,6下,3)法云:《广韵》监、陷不同部。

10. 夹,音甲。(9,5下,1)法云:《广韵》夹、甲不同音。

例1、2是支与脂相混,例3、4是真与殷相混,例5、6是耕与庚二等相混,例7、8是清与庚三等相混,例9、10是咸与衔相混。在法氏没有掌握上列各相关之韵互混的全面资料的情况下,只指出具体例子的相混,而不归结为韵类的不同,虽欠确切,但也显示法氏态度的谨慎。

法氏只偶有把反映陆氏音变的混切误认为错切的现象。例如:

1. 牧音木。(11,23下,5)法云:木当作目。

2. 缪音木。(12,27上,3)法云:木当作穆或目,见《春官·女巫》及《檀弓》。

"牧"和"穆"都是东三等入声字,"木"是东一等入声字,两者互音,法氏都误认为是错音。其实陆氏东三等明母字已经并入了一等,因而一、三等之间屡有互切,法氏把它们都看成是错切,当然是不妥当的[13]。不过东三明母字变入一等是一个比较细微的变化,法氏没有看出来,也是情有可原的。

第二,法氏有关音义方面的知识面比较广,有时还旁及《释文》以外的一些音义体系,用来论证陆氏音注与《广韵》音类分合的长短。例如:

蓁,侧巾反。(5,4上,11)法云:《广韵》蓁、巾不同部,此与质并入栉同。《广韵》分臻、栉,音义家多不从。

这里不仅指出陆氏臻、真(质、栉)不分,与《广韵》有别,而且还指出音义家在这一点上大多都与《广韵》不同,也就是指明臻、真不分是一个比较普遍的现象。法氏的这一说法与音义界的事实基本相合,请参看拙著《切韵研究》[14]。

第三,法氏不仅揭示陆氏的音韵特点,有时还察及陆氏以前的吕忱、徐邈、沈重等人的一些音韵特点。例如:

1. 剡,以冉反,《字林》才冉反。(10,19上,2)法云:剡《字林》音才冉,是吕氏亦从邪不分也。

2. 讼,如字,徐取韵音才容反。(5,7下,5—6)法云:讼徐读从纽,与《易·讼卦》同,从、邪不分也。

3. 榛,侧巾反,木名。《字林》云:"仕巾反,木丛生(引者按,'生'原脱,据王筠校补)也。"古本又作亲(引者按,亲误,当据卢校改蓁),音庄巾反,云似梓,实如小栗也。(11,11上,9)法云:榛、巾不同部,《字林》盖亦并臻于真也。

4. 殷,於巾反,沈於文反。(5,14上,4)法云:巾疑斤之讹。《广韵》殷、文各部,故易沈,沈盖不分二部也。

前两例指出吕忱、徐邈声母从、邪的混并,后两例指出吕忱韵母臻与真,沈重韵母殷与文的混并。这说明法氏对《释文》中陆氏以外各家音注的声韵类别也给予了同样的关注。可惜的是这类混并的例证较少,有的甚至只有孤例,法氏的结论不一定都很准确。

第四,前文我们已经指出,法氏校勘音切是以《广韵》为依据的,校勘音类当然也不例外。因此当他在指出陆氏或其前各家反切音系与《广韵》的差别时,往往对差异持批评态度。例如:

1. 瘁,似醉反。(5,22下,2)法云:似误。此从、邪之混。

2. 鲔,才吕反。(5,28下,5—6)法云:鲔《采绿篇》音叙,是也。吕氏于从、邪二纽多混。

3. 讼,才用反。(2,4上,4)法云:讼音才用,误,《广韵》似用切。

例1、3直言陆氏之误,例2以肯定读邪母为是,反证从母为非。这说明法氏以《广韵》音系为标准音系的观点。

(三)以等韵正切

法氏对等韵也很熟习,对韵等在反切上下字配搭方面的影响也很清楚。尤其是在洪与细,也就是一、二、四等对三等的配搭方面,更加注意。他往往对《释文》中配搭不太理想的反切提出批评。例如:

1. 车,王肃刚除反,蜀才作舆。(2,6下,1)法云:刚除反以三等字而用一等字双声,亦音例之疏。

2. 写,戚如字,刘伤故反。(8,20下,10)法云:伤故不成音。此亦音律当(引者按当字误,应作尚)疏时之切也。

例1"刚除反"上字一等,下字三等,例2"伤故反"上字三等,下字一等,都不符合中古反切三等多切三等,一二四等多切一二四等的一般倾向,法氏的批评无疑是正确的。有时他也根据反切的这一倾向,对《释文》反切进行校勘。例如:

1. 赫,虚格反。(5,13下,5)法云:虚疑虎。

2. 浑,音魂,又胡囷、胡昆二反。(3,10上,3—4)法云:囷乃困之误,胡囷不能成切。

例1切上字"虚"三等,切下字"格"二等,两字洪细不同类,法氏以为不合常例,怀疑"虚"是"虎"字之误。"虎"是一等,与"格"同属洪音。由于"虚"与"虎"字形也相似,所以法氏的怀疑是有道理的。再加《释文》他处"赫"有作"虎格反"(7,6上,1)的例子,"虎"错成"虚"就更有可能了。不过"赫"他处还有作"许百反"(6,19上,5;14,8上,7;18上,8)和"许白反"(7,17上,1)的,显然不能说4个"许"字都错了。由于反切的习惯性或倾向性并不等于严格的规律,不能单纯地根据它来下结论。法氏用疑字,还是很恰当的。例2"胡"是一等,"囷"是三等,也是洪细不同类。法氏这里下了断语,认定"囷"字错了,当作"困"。除了洪细不相协调,以及"囷"字与"困"字形相似之外,还有一个重要理由,那就是"浑"字根本没有三等的读音。他所谓的"不成切",大概含有这个意思。再有《释文》他处"浑"的去声非主位音确实都是以"困"为切下字的,如"户门反,一音"胡困反"(16,2下,8);"户昏反,又户困反"。(19,1下,1;22,19上,9)这都证明法说的正确性。利用反切洪细协调的倾向性来对《释文》反切进行校勘,不能不说这是法氏的精细处。

不过有时法氏把反切上下字洪细协调的倾向扩大了,认为反切上下字的等次都应该相同,并认为陆氏也有此认识。例如:

1. 莽,莫荡反。王肃冥党反。(2,6上,7)法云:冥党与莫荡同者出,莽一等字,不当以四等之冥为双声也。此音例后密于前处。

2. 虢,寡白反,徐公伯反。(4,9上,1)法云:叠出者,嫌公与虢不同等也。

这里法氏认为陆德明所以采用"莫荡"和"寡白"两切为主音,不采用"冥党"和"公伯"两切为主音,是因为考虑到前两者切上下字同等,而后两者切上下字不同等的缘故。法氏把上下字同等视为最理想的反切,否则就都是粗疏不够精密的反切,作为个人的学说,那倒是没有什么不可以的。只是他认为陆德明也持这种观点,那就缺乏根据了。我们不妨根据拙著《经典释文音系》56—61页中的反切上字表的数据,统计一下陆氏反切上下字在等次方面的配搭关系,看看实际情况究竟如何。下面是统计表,表中横列的第一行数字指切下字的等,竖列的第一行数字指切上字的等。

	一	二	三	四
1	<u>7215</u>	1767	613	1796
2	21	<u>729</u>	9	7
3	1567	1477	<u>22158</u>	817
4	427	22	612	<u>1208</u>

下加横线的是本等字互切的次数。他们各占本等切上字的百分数依次是64%、95%、85%、53%。可见虽然以本等字切的比例为

大，但都有不少非本等字互切的例子，多的竟达到47%，连倾向性都不明显了。面对这样的事实，说陆德明会有意识地挑选或制造各等自切的反切，就很难令人置信了。

（四）以规避规则正切

反切上下字除上述的求协和倾向以外，还有一些习惯上的规避因素。比如切上字与切下字不宜同组，不宜同韵，切上字与被切字不宜同音；切上下字均不宜用多音字等。法氏有时也利用这些因素校正《释文》反切。例如：

1. 霏，芳菲反。（6，11下，7）法云：菲乃非之误，芳、菲同纽不成切也。

2. 簿，步故反。（8，10上，4）法云：故乃古之讹。《序官》音步古反，云后簿书皆同。此亦簿书也，不当独异。故字去声，若簿读去声，则与步同音，不得以步故作反语也。

例1切上下字同纽，且菲与非又形近，例2切上下字同音，又有《释文》的本证，法氏对它们的校正应该说是可信的。须要注意的是，这类回避规则虽较上述求协和倾向要严格得多，但由于违背它们的反切，并不违反反切上字取声，下字取韵和调的基本规则，造反切的人偶有逾越，造出这样的反切还是有可能的。因而如无其他证据，单凭这类违规现象，就确定其为误切，说服力就不够强了。法氏在这方面有时也有考虑不周之处。例如：

1. 肮，火吴反，依注音况甫反，刘呼孤反。（10，37下，11）法云：呼、孤同部，不可为切纽，二字必有一讹。

2. 巾,如字,刘居近反。(10,4上,9)法云:近有上去二读,且与巾不同部,疑覲之误,见《考工记·春官·序官》及《大射仪》。

两例的违规在于例1切上下字同韵,例2切下字为多音字。由于陆氏殷、真两系混一,例2所谓"近、巾"不同部的理由不能成立。这样,法氏认定两例都有错字,依据就只有违规这一项理由了,结论的可靠性自然要让人怀疑。就以例2来说吧,《王三》隐韵䘏小韵作"兴近反",切下字就用了"近"字。《释文·公羊·僖二十二年》"陈,直近反"(21,17上,8)⑮、《穀梁·襄公二十四年》"馑,音近"也都用"近"字作音。从道理讲,反切用多音字,读者容易拼错,是不理想,但造反切的人偶未顾及,显然也不能完全予以排除。

(五)以古音论切

法氏还颇知古音,有时从古今音变的角度评论或校正反切。例如:

1. 剡,以冉反。《字林》云:"锐也,因冉反。"(2,28下,3)法云:此与《玉藻音义》因冉反并囚冉之讹。《聘礼》引徐邈才冉反,古从、邪二纽互通,故《字林》囚冉也。喻、邪最近,影则远矣。况他处亦无用因字为纽者。

2. 牝,频忍反,徐邈扶忍反,又扶死反。(2,2上,8)法云:扶忍与频忍同,一类隔,一音和也。此改类隔为音和之例,后仿此。扶死反与古韵合。

3. 勖,凶玉反,徐又况目反。(5,10下,7—8)法云:勖,徐音合古韵。

例1以从、邪二母古多相通,喻、邪最近证"囟冉"之是,"囟冉"之非。法氏的这个看法,大致是正确的。例2、3是从韵部的角度,指明古今的异同。从谐声看,法氏的看法也是有道理的。即"牝"古韵当在脂部,"勖"古韵当在沃部。不过法氏的有些判断,由于没有说明理由,说服力似乎不强。例如:

    1. 骍,息营反,《字林》许营反。(6,29上,7)法云:骍《字林》音是也。读心纽乃心(引者按心误,当作音)之变。

    2. 车,音居。《释名》云:"古者声如居,所以居人也。今日车,声近舍,车,舍也。"韦昭《辩〈释名〉》云:"古皆尺遮反,从汉始有音居。"(2,4上,2)法云:案韦说非也。车古只读如居,其尺遮反者乃奥之音变,非车之古音也。

例1骍字的古音归部历来有两种意见,一说归耕部,一说归真部。依前者骍是会意字,依后者,骍是形声字。若归耕部,因《广韵》宕、曾、梗三摄舌齿音没有合口字,说不规则的"息营反"是后起的,还有一定的道理。若归真部,心母应该说就是骍字原来的声母,说它比晓母读后起就难以服人了。例2车字的两读都属于古鱼部,孰古孰今,一时难作决断,法氏之说,只能作为一家之言而已。

三

除了校音,在校正字形、字义、衍文、脱文等方面,法氏也作出了不少成绩。现各举一两个例子:

1. 㶇,本又作觟。(6,18下,6)法云:卢云:"宋本觟作㶇。"阮云:"小字本亦作㶇《集韵》二十六缉载㶇、㶇二形可证。"伟案,《集韵》出㶇、㶇二文云:"《说文》和也,或省。"下出觟、觟二文云:"角多貌,或从戢。"此觟字正本此诗《释文》。阮氏见彼而未见此,何也?

2. 短罷,皮买反,字或作矲,音同。桂林之间谓人短为矲矮,矮音古买反。(8,30上,9)法云:阮云:"叶本、余本、十行本皆作矲雉,雉音苦买反。当据以订正。《集韵》十三骇雉字注云,桂林云云,所据《释文》未误也。"伟案,陆此语本于《方言》。《方言》云:"桂林之中谓短矲。"郭注"矲(引者按矲前脱言字,当补)揩也"。《广韵》亦云:"矲揩,短也。"字从皆声,读苦买反。毫无疑义,自《释文》讹揩为雉,《集韵》遂因之,阮氏反谓未误。抑何失考?且《集韵》雉下明有揩字,阮亦不引,何也?至段氏遂谓此雉从佳声,与从矢隹声之字不同。扪烛揣籥,更无足辨。

3. 腆,马云:"至也。"(4,4下,10)法云:案《疏》引王肃腆训主,是也。此至字疑即主之讹。

4. 诘,马云:"实也。"(4,10上,9)法云:案,诘无实训,实疑责之误。阮刻《注疏》本作宾更误。

5. 威,《说文》云:"从火戌声,火死于戌,阳气至戌而尽。"(6,20下,5—6)法云:据"火死于戌"云云,则戌下声字衍也。

6. 涅,乃结反,《说文》云,谓黑土在木(引者按木误,当作水)中者也。(24,19上,10)法云:谓字疑衍。

7. 秣,《说文》云:"食马谷也。"(5,5上,6)法云:《说文》

作傃不作秝。此当依《左僖三十三年音义》下补"作傃"二字。

8. 狙，七餘反。司马云："狙一名獼猴。"(26,9下,4)法云：司马注不单解猴字，则以猴狙为一物，与崔向同。"司马云"下盖脱猴序。

例1、2校正字误，例3、4校正字义，例5、6校正衍文，例7、8校正脱字。这些校正基本上都正确。纵或不然，也不失为一家之言。不过与校音切之例相比，校文字之例数目要少得多。这是法氏发挥其音韵特长的自然结果，倒是不足为奇的。

据上所述，可知不论是校正字音，还是校正文字，法氏都作出了重要贡献，而校音方面的贡献则更为突出。这主要表现在两个方面，一是补前人的漏校，二是正前人的误校。至于他对陆氏音系辨析上的卓见对我们今天研究陆氏音系还具有很好的启发作用，这就更为难得了。可以说，法氏的校记不仅可以补清人的不足，也可以匡今人的不逮。

由于法氏的这部校记一直没有被刊出，虽然半个世纪以前罗常培先生就撰文作了推介，但至今世人知之者仍然甚少。今为此文，进一步着重表其佳处，希望能引起学术界的重视。

附 注

① 生卒年据"中国家谱网"。
② 13305页，中华出局，1977年。
③ 卷二十四《人物志》第四，《清代人物·文苑》1931年。
④ 《图书季刊》，第四期，1936年。下引罗说同此。
⑤ 法氏有《山左访碑录》一书行世，是其友罗正均于法氏逝世后二年，

即宣统元年(1909)付石印行的(见罗氏《山左访碑录跋》)。《胶志》谓其撰述"皆未就",似欠准确。

⑥ 上海古籍出版社影印,1984年。

⑦ 详邵荣芬《经典释文音系》(以下简称《音系》)67~83页,学海出版社,1995年。

⑧ 详《音系》91~101页。

⑨ 中华书局,1980年。下引黄说同此。

⑩ 详《音系》114~117页。

⑪ 详《音系》128,174~180页。

⑫ 详《音系》19~50页。

⑬ 详《音系》136~143页。

⑭ 82~83页,中国社会科学出版社,1982年。

⑮ 黄焯《经典释文汇校》认为燅、震不同部,近当依余仁仲本作觌。(190页)今案陆氏燅已并入震,又北图藏宋本也作近,不作觌,黄说未必是。

(原载《音史新论——庆祝邵荣芬先生八十寿辰学术论文集》,董琨、冯蒸主编,学苑出版社2005年)

统一民族语的形成过程
——兼谈方言拼音文字

斯大林同志在他的著作《马克思主义与语言学问题》中,对于方言、民族语的发展、融合等问题作了科学而明确的阐述。两年来,有些关心祖国语文的同志也曾经写过文章,企图以马克思主义的语言学原理来解决汉语方言和民族语的问题,并在这个问题的解决基础上去确定汉字改革的某些基本的原则。这种企图是完全正确而且必要的,可惜参加讨论的人不够多,对于问题的看法至今也还很难取得一致。我愿意说出个人学习这个问题的意见。

有人把斯大林所论社会主义在世界范围内胜利以前民族语互相战胜的公式引用到汉语方言的发展上而得出结论说:"可见民族共通语的标准,是方言集中融合后的胜利者,不是什么新的第三种语言。"[①]有人又把斯大林所论社会主义在世界范围内胜利以后民族语互相融合的公式引用到汉语方言发展上而得出结论说:"今天中国各方言所组成的家庭,是和平合作的。它们之间,谈不到一种方言被压制与失败,及另一方言的胜利。事实上,他们相互融合已有极悠久的历史,今后仍要继续融合下去,直至融合成为一种单一的民族语为止。"[②]这种以民族语发展公式套在方言发展历程上的推论,我们认为是可以商榷的。

我们知道,民族语的区分是随着民族走的,而民族是"资本主义上升时代形成的历史范畴",是由"市场斗争"转入"政治范围斗争"所形成的人们稳定的共同体。因此,"只有资产阶级覆亡,民族运动才会最终覆亡。只有在社会主义里,才能奠定完全的和平"。③而依从着民族的民族语言在有民族斗争的范围内便也不得不加入斗争而互相排斥;在消灭民族斗争的范围内它也必定会退出斗争而互相融合。各民族在不同的历史阶段有着不同的相互关系,民族语言间的相互关系也就跟它完全相称。

方言的情形就完全不同了。它是民族语内部的区分,是在共同语言的基础上因地域的局限而发生的语音、词汇或语法上的细微差异。不但在民族语内的方言是这样,就是在部族、部落甚至于氏族之内的方言也是这样。斯大林说:"部落和部族是各有自己的经济基础,各有自己早已形成的语言的。""当然,除了语言之外还有方言、土语,但是部落和部族统一的和共同的语言是占着统治地位,并使这些方言、土语服从自己。"④因此,方言也就绝不可能造成像民族那样互相歧异的集团。它的细微差别,始终是被语言本身或是种族、经济、政治上的统一性所贯通着的。既然如此,方言间的发展历史当然也就谈不到有什么斗争、融合等不同的阶段。它与民族语的发展历史是有根本上的不同的。

方言发展为民族共通语既不采取敌对斗争的形式,也不采取互相融合的形式,而是采取和平扩展的第三种形式。

马克思说:"方言习惯语集中为统一的民族语言是由经济和政治的集中来决定的。"⑤列宁发挥并充实这句话的意义说:"语言的统一和无障碍的发展实际上是自由的宽广的与当时资本主义相适应的商品流通的最重要条件之一,是各阶级人民自由宽广结合的最重要条件之一。最后,它是市场和每一个店主或掌柜的,卖方和买方的一种密切联系的条件。"⑥由此可知,经济、政治的集中便需要语言的统一和集中。这种要求是由经济生活联系的必要而提出的,又是在同一政治集团(民族)之内提出的。它是全民族的意愿,而不是某一方言区的特殊的意愿。因此它便造成了方言发展中的和平的条件,谈不上敌视,也谈不上压迫。

但这种和平的发展,并不就等于方言的互相融合和互相平均的掺和。为什么呢? 斯大林说:"某些地方方言在民族形成过程中可以成为民族语言的基础并发展为独立的民族语言。""至于说到这些语言中的其他方言,那末它们丧失了自己的独特性,溶入这些语言之中,并在这些语言中消灭了。"⑦由此可见,民族共通语是以政治、经济集中地区的方言作为基础,逐渐吸收其他方言中可取的成分而成的。当然,这个作为基础的方言也要抛去自己过分特别的成分,但比起其他在基本上消失的方言来,实在有本质上的不同。这个形成的民族共通语不论在语音、语法、词汇任何一方面一定都是以作为基础的方言作骨干而绝不会以其他方言作骨干,当然也更不会以各个方言共同作骨干的。因此,我们只有承认,方言发展为民族共通语是以扩展的姿态出现的,而不是以融合的姿态出现的。不过这种扩展是在共同默认的条件下进行的,是由经济生活所造成的民族向心力所促成的。所以应该叫做和平的扩展。

这种和平扩展的规律对于正在形成的汉民族语言也非常适合。以一千年来作政治中心现在还是政治中心的北京的方言为基础所形成的普通话,由于散布地区的宽广已在各方言中取得扩展的必要基础。这是一个无可争辩的事实。基于这个事实,其他方言便只有退居于附属地位而逐渐走向消灭。对于未来的统一民族语我们虽然无法肯定它的每个具体部分,但我们却可以肯定它的词汇、语法,尤其是语音一定是和现在的北京话很相似,而与现在的广东话、福建话、上海话相差很远。我们将来只说"一百二十块钱",绝不说"百二银",只说"怎么那些东西放得乱七八糟的",绝不说"点解嗰的嘢摆得乱晒龙㗎?"这种并不均衡的情形正是北京话扩展的证明,只是这种扩展是在全民族的政治、经济生活的要求下并且经过很长时间逐渐实行的罢了。所以它不是压迫的扩展或是同化的扩展而是和平的扩展。这种扩展是民族语成长所必然采取的手段,是方言发展上最为合理的趋势。

由此可知:拿民族语在社会主义在全世界范围内胜利以前的发展公式套在目前汉语方言发展的头上是错误的。拿民族语在社会主义在全世界范围内胜利以后的发展公式套在汉语方言发展的头上同样也是错误的。

我们既然明白了汉语方言的这个发展规律,在解决目前中国语文的具体问题时,就只有依从或推动这个规律,而不能违反或破坏这个规律。因此,在汉字改革问题上,我们反对方言拼音文字的办法。因为文字是有巩固语言的作用的,如果把在民族语形成的过程中将要消亡的方言书面化,它便会巩固这些方言,减低它们消亡的速率,同时,也就阻碍了民族语的顺利发展,这是违反语言发展的规律的。"语言有分歧,文字就不能也不必避免分歧。"⑧这对一个民族内部的方言讲起来,实在是没有充分根据的,难道我们在莫斯科用一种俄文,走出莫斯科又用另外一种俄文吗?英国和美国倒还是两个不同的民族,语言也并不是完全没差别,但也并没采用不同的文字,我们为什么偏要反此道而行呢？我们觉得我们只有也只应该采用同一个方案,就是普通话方案。当然,南方人学起这个方案来一定是有困难的,但方言文字也不能就解决这个困难。因为方言文字只是以大方言区内比较有代表性的方言为准而推行于全区的,并不逐地个别制订方案,不用说温州人学起杭州话的方案来有困难,就是诸暨人学起杭州话的方案来也还照旧有困难。这样,方言文字又能解决多少问题呢？

何况在政治、经济比较集中的都市如上海、杭州等地普通话的势力已经相当深入了。光学本地话的文字,不学普通话的文字,不但不够应用,不能满足求知的欲望,而且忽视已存的普通话也违反民族语言发展的历史方向。如果两种都学习,那末普通话反正是要学习的了,困难也并不因为推行方言文字而消灭,又何必苛责推行单一方案的办法呢？

至于在暂时经济分散的农村,困难倒是相当严重的。(当然这困难也并不是方言文字能够解决的。)但是也并不是没有补救的办法。我们认为可以先大力地推行祁建华同志的速成识字法。在官话区用注音字母做识字"拐棍",在其他方言区可以因地制宜地把注音字母修订或扩充起来做识字"拐棍"。汉字学会了,"拐棍"也丢了,这样是有百利而无一害的。等到农民都认识常用的汉字后,由于报章、杂志以及文学作品的阅读,普通话对于他们便不像先前那样的生疏了。随着生活的需要,接触的加多,然后再学起普通话的文字来,一定要容易得多。这样,我们的民族语便会跟着统一拼音文字的推行而逐渐单一化起来了。

附 注

① 见 1950 年 9 月 4 日上海《大公报》张锐光《斯大林论语言学对于中国语文问题的启示》。
② 见 1950 年 9 月 14 日上海《大公报》周有光《斯大林语言论与拉丁化运动》。
③ 见解放社版斯大林《马克思主义与民族问题》。
④ 见解放社版斯大林《马克思主义与语言学问题》。
⑤ 引自同书。
⑥ 引自王辅世译洛母切夫《马列主义与民族语言理论的几个问题》。（未刊）
⑦ 同④。
⑧ 同②。

（原载《中国语文》1952 年 9 月号）

评《现代汉语外来词研究》

《现代汉语外来词研究》是高名凯、刘正埮著,文字改革出版社1958年2月出版。本书共分六章,大体上,二、三、四章以提供材料为主,一、五、六章以阐述理论为主。

就材料而言,全书共收集了1500余个外来词。这些词的绝大部分都分别确定了是从某种外国语来的,并和原文一一对照列出。这是一个新的大胆的尝试。过去一些辞书中,碰到对注外来词时多半都只是拿英语来塞责,结果给人造成了一些不正确的印象,倒不如不注的好。本书这样做,从积极方面说,它肯定了一些词源;从消极方面说,它提供了讨论的基础。这不能不承认是本书的一个优点。

在理论方面,本书首先阐明了对外来词的正当理解:它的范围和性质。其次阐述了外来词在民族文化交流中的重大意义。更其次讨论了汉语吸收外来词的各种方式。最后归结到外来词的规范化问题。阐述中一般地表现了实事求是的精神。虽然没有多少独创的见解,但能就前人陈说,加以发挥,使问题更清楚、更透彻、这也是本书的一个优点。

但是汉语外来词的研究很薄弱,零零星星的探讨都不多,更不用说大规模的研究了。本书在这样一个基础上进行工作,缺点当

然是不可避免的。大体说来,有下列几点:

第一,语源考证上有欠妥当的地方。例如"木乃伊"一词,认为是来自英语的 mummy(60 页),就很不可靠。"木乃伊"一词元朝时就已见于载籍,陶宗仪《辍耕录》卷三:"回回田地有年七十八岁老人,自愿舍身济众者,绝不饮食,惟澡身啖蜜。经月,便溺皆蜜。既死,国人殓以石棺,仍满用蜜浸,镌志岁月于棺盖。瘗之。俟百年后启封,则蜜剂也。凡人损折肢体,食少许立愈。虽彼中亦不多得。俗曰蜜人,番言木乃伊。"当时还未和英国人往来,当然不会从英语借入此词,而且字音也和英语不相当。又如"婆罗门"一词认为是来自英语的 Brahman(68 页),也不恰当。佛经里早就有"婆罗门"这一译名,近代人纵然在译英语 Brahman 时也用"婆罗门",这只是沿用旧译,并不足以证明汉语"婆罗门"是从英语 Brahman 来的。又如"咖啡"认为来自法语 café(73 页),也很可疑。这个译名最早的形式是"加非",见于英人马礼逊所著《外国史略》(小方壶斋舆地丛抄补编本,6 页),其后流行甚广,例如见于张德明《航海述奇》(第一册,10 页,1867),黎庶昌《拙遵园丛稿》(5 卷,10 页,1876)等书。"咖啡"最早见于 1879 年点石斋印《五车韵府》,以后流行渐广,例如见于 1903—1905 年的《文明小史》(绣像新小说本,91 页),1919 年的《新青年》(3 卷 5 期,537 页)等书刊。"咖啡"大概是由"加非"在流行中加上口旁而成。但不论"加非"或"咖啡"都是从英语借进来的,找不出由法语借入的迹象。

词源考证上错误最多的要算是日语外来词了。本书第三章第五节第一项(82 页)所谓由现代汉语吸收过来的纯粹日语词,也就

是说日语土生土长的词中,事实上有好多都是汉语本来就有的。例如:

"服从"——《汉书·韦玄成传》:百蛮服从。

"希望"——韩愈《复上宰相书》:其所求进见之士,虽不足以希望盛德,至比于众执事,岂尽出其下哉。

"记录"——《后汉书·班彪传》:陆贾记录时功,作《楚汉春秋》九篇。

"命令"——王周《峡船具诗》:有如宣命令。

这些词的意义都和现代汉语中它们的意义相同。当然不能说它们是外来词,相反的,倒可以说它们是日语从汉语中借去的外来词。

第五节第三项(83页)所谓"先由日本人以汉字的配合去意译欧美语言的词,再由汉族人民搬进现代汉语里面来,加以改造而成的现代汉语外来词",其中也和上面一样,有很多都是汉语本来就有的,并且意义至今基本上没有什么改变。例如:

"破产"——《新唐书·卢坦传》:某家子与恶人游,破产,盍察之。(与今法律上的"破产"义稍不同,与一般的所谓"破产"义同。)

"解放"——《朱子语类》:马亦解放。

"假设"——《汉书·贾谊传》:假设陛下居齐桓之处,将不合诸侯而匡天下乎。

"交易"——《易·系辞》:日中为市,致天下之民,聚天下之货,交易而退。

"民主"——王芝《海客日谭》,卷4:民主之国。

"作用"——《天工开物》,中册:京炉用牛蹄甲,未详何作用。又《三侠五义》19回:只见红焰焰的一盆炭火,内里烧着一物,却不知是何作用。

"算术"——《汉书·律历志》上:其法在算术。

"绝对"——《金刚经》:金刚信心绝对不二之机也。

"宿舍"——《史记·张仪传》:使人微随张仪,与同宿舍。

"新闻"——陈继儒《安得长者言》:吴俗坐定,辄问新闻。

"材料"——《宋史·职官志》三:曰营造,曰材料。

其中"民主""绝对"是汉语对译外语词或描写新鲜事物所创造出来的词,但时间都很早,当然不会受到日语的影响。

另外,这一项下还有很多也是汉语本来就有的词,只是意义有所改变,应该属于本节第二项"日本人用古代汉语原有的词去'意译'欧美语言的词,再由汉族人民根据这些日语的外来词改造而成的现代汉语的外来词"(83页)之下。例如:

"军事"——《史记·律书》:会高祖厌苦军事。

"法则"——《史记·三王世家》:皇子或在襁褓,而立为诸侯王,奉承天子,为万世法则不可易。

"关系"——《李文忠公全书·复丁稚璜宫保》:此身关系至重,衰年病后,以培补元气为要。

"刑法"——《左传·昭二十六年》:冒渎鬼神,慢弃刑法。

"交流"——《新唐书·天文志》:星陨如雨,或如杯椀者,交流如织。

"供给"——《左传·僖公四年》:贡之不入,寡人之罪也,敢不供给。

"铁道"——张德明《航海述奇》,3卷:其水法亦从铁道通来者。

"消化"——《周书·苏绰传》:邪伪之性,嗜欲之心,潜以消化。

"相对"——《史记·太史公自序》,《索隐》:凡言地即举天,称黎则兼重,自是相对之文。

很清楚,这些词当然不是出于日本人的首先配合,他们只是拿现成的汉语词略变其意义去翻译外语词罢了。

第二,没能充分参考别人的研究成果。这表现得最显著的是在词源的确定上。例如烈维(Sylvain Leve)在他的《乙种吐火罗语即龟兹国语考》(冯承钧译,女师大《学术季刊》第1卷第4期)一文里,认为"沙门"是龟兹 samane 的译音,"沙弥"是龟兹语 sanmir 的译音。季羡林先生在他的《浮屠与佛》(《史语所集刊》,第20本)一文里认为"佛"是龟兹语 pūd、pud 或 pad 的译音。罗常培先生在他的《语言与文化》(28页)一书里认为"淡巴菰"是波斯语 tambaco 的译音。这些人的论证虽然不能说都绝对可靠,但起码从对音上看,是相当近情理的。本书认为"沙门"是来自梵文的 sramana,"沙弥"是来自梵文的 sramanera(26页),佛是来自梵文的 Buddha(12页),"淡巴菰"是来自英语的 tobacco(64页),只是因仍一般辞书的陈说,没有吸收以上诸家的考证,这是一种不应有的疏忽。

第三,在说明汉语外来词和英语原文对音情况的时候,未能贯彻排斥方言的原则。本书从标准音的角度,分析英汉对音,这本来是无可非议的。可惜未能贯彻这个原则,有时却拿方言里的外来词当作分析的对象,这样所得对音的条例就不尽符合实际了。例如拿"先令"(英语 shilling)为例,说明英语的元音 i,汉语可以拿复元音 iɛ 去对译。事实上,从很多方言(例如江浙一带)把"先"读成 si 或 çi 的情况看,"先令"多半是通过这些方言进入普通话的。普通话只是吸收了方言的"先令",却并无拿"先"去对"shil-"音的事实。因此所得的汉语 iɛ 可以对译英语 i 的条例就不大能够成立了。另外像以"鸦片"(英语 opium)、"杯葛"(英语 boycott)等词为分析对象,都有同样的毛病。

第四,在说明规范化问题时,忽略了历史的因素。这主要表现在:提出一些在历史的进程中语言本身已经确定了自己的规范的例子,来当作现代汉语仍然存在正待解决的规范问题,进行讨论。例如,172 页至 174 页中所列举的有如下的例子:

  mètre 米;迈当 米突 密达(以上三个不流行)

  telephone 德律风 独律风(以上不流行,为"电话"所代替)

  brandy 白兰地;勃兰地(不流行)

  chocolate 巧克力 巧格力;巧古力 朱古力 查古律 查古列 诸古力(以上五个不流行或只在方言里流行)

这样不免夸大语言中的混乱,使人有无的放矢之感。

至于一些个别的细微错误,如把"般若波罗密多"解释为"到彼岸"(25 页),认为"自从西汉以来,汉族人民就和西北各少数民族、西藏、蒙古、满洲以及印度、波斯、马来亚、阿拉伯、暹罗、缅甸、越南、朝鲜、日本等亚洲民族、欧美各民族发生过接触"(19 页),等等,这里就不一一列举了。

本书虽然有上面所说的一些缺点,可是仍然不能否认它为汉语外来词的研究做了一个有用的开端。加之本书提供的材料和讨论的问题都比较广泛,一般读者通过本书的阅读,也能对汉语外来词的整个情况得到一个比较全面的了解。因此不论对专家或一般读者,本书都有参考的价值。

(原载《中国语文》1958年7月号)

评《古汉语常用字字典》

本书由《古汉语常用字字典》编写组编写，商务印书馆1979年9月出版。从书前《说明》里，我们知道本书是为中等以上文化程度的读者学习古汉语而编写的。它的出版对这些读者来说，确实是一件值得欢迎的事。由于编者的努力，本书既通俗实用，又具有一定的学术水平。它不仅为初学古汉语的人提供了一部有用的工具书，而且对研究汉语词汇发展史也有参考价值。

本书的通俗实用，最突出的表现是在收字方面。从书的名称看，它似乎应该把古汉语里比较常用的字全部加以收录。但是它并没有这样做。它却从中排除了一大部分，就是那些"古今意义相同而现代汉语中也很常用的字"，比如说"牛、马、羊、鸡"等等。这样一来，书的篇幅就得到了很大的节约，而书的作用却没有受到影响，因为不收的那些字大都是读者用不着查考的。这种从实际出发，而不是从概念或传统习惯出发的精神是值得赞许的。

本书的学术价值主要表现在注释方面。概括起来，大致有四项。

第一，分析字义比较细。本书把一个字的区别比较大，关系比较远的意义分列为独立的义项，而把某一义项的派生义或与之关系密切的意义置于该义项的从属地位，并区分为㊀㊁㊂㊃㊄五项细目。这就使得本书在分析字义方面比一般字典要细密。试以"崩"字为例,把本书的释义和新修《辞海》的释义对比如下(例证从略。凡下引无例证者,同此,释义末了括号里的数字是各书的页码。左为本书,右为《辞海》):

〔崩〕❶山倒塌　　　　　　　　〔崩〕❷倒塌
　　㋁倒塌,崩裂
　　㋂用于抽象意义,表示崩溃　　❷败坏
　　❷古代帝王或王后死叫"崩"(9)　❸旧称皇帝死曰
　　　　　　　　　　　　　　　　　"崩"(817)

可以看出,《辞海》的❶,本书析为❶和㋁,《辞海》的❷,本书作㋂和㋁并列,同置于❶的派生义的地位。这都是本书比较细密的证明。①

第二,解释字义有独到之处。有些字的意义目前的词典都弄错了,而本书独能作出比较正确的解释。例如"厝"这个字,新修的《辞海》《辞源》都不认为有"葬"这个意义,而本书独认为应该有。并且把"葬"的意义作为较早的意义,把"把棺材浅埋,等待改葬"的意义作为后起的引申义。本书的这种处理是比较正确的。潘岳《寡妇赋》:"痛存亡之殊制兮,将迁神而安厝。"②李周翰注云:"迁神安厝,谓迁柩归葬也。"③说明这里的"厝"是葬的意思。《辞海》把此例作为"浅埋以待葬"的例证,显然是错误的。《孝经·丧亲章》:"卜其宅兆而安厝之。"④唐明皇注云:"宅,墓穴也;兆,茔域也。葬事大故卜之。"说明这里的"厝"也是葬的意思。《辞源》把此例作为"停柩待葬"的例证,显然也是错误的。《辞源》还引《三国志·蜀志·二主妃子传》诸葛亮上言中"园陵将成,安厝有期"⑤的话作为"停柩待葬"的例证,也同样不能成立。我们知道"园陵"指的是帝王的墓地。既然说"园陵将成",那么"安厝"指的当然就只能是安葬。事实上,诸葛亮上言的意思有两个,一个是请追尊甘夫人为昭烈皇后,一个是请把她和刘备合葬。因此,这里"安厝"也只有指安葬,才能和整篇上言的意思相符合。

第三,对同义字进行辨析。本书设有【辨】一栏,对古汉语中的同义词、近义词加以比较和辨析。这在古汉语字典中不能不说是一个值得欢迎的创举。试举两例:

【辨】进,入。在古代,"进"和"入"是两个不同的概念。"进"的反面是退,"入"的反面是出。现代汉语所谓"进去""进来",古人只说"入"不说"进"。(128)

【辨】恭,敬。"恭"与"敬"是同义词。"恭"着重在外貌方面,"敬"着重在内心方面。(131)

第一例辨析之外,还进行古今对比。第二例揭示了"恭"和"敬"两字的实质。既简明,又精当。这种辨析对一般读者有重要的实用价值,对汉语词汇学的研究也提供了很好的参考。

第四,比较注意字和字义的历史发展。作为古汉语字典,对字和字义的历史发展多加注意本来是理所当然的。可是过去的一些字典、词典,即使部头比较大,在这方面做得也是非常有限的。本书在这方面作了较多的努力,显出了它的独有的特色。本书一共采取了三项办法来说明关于字或字义的历史发展情况。一是对魏晋以后产生的字义,用在定义之后加括号,内注"后起意义"的办法来说明。例如(只引有关的注释,其余从略,下同):

  等　❸等待(后起意义)。(50—51)

二是对早期用假借字,后来用本字代替的,都在有关义项之末用"这个意义后来写作某"一句话来说明。例如:

  何　❶hè(贺)。背,扛。……这个意义后来写作"荷"。(97)

三是设【注意】一栏,对上述两项情况之外的字或字义的发展变化,作特别的说明,以提请读者注意。例如:

  发¹(發)　(注释)(65)

  发²(髮)　【注意】在古代"發"和"髮"是两个字,意义各不相同,头发的意义不写作"發"。现"發""髮"都简化为"发"。参见上"发¹(發)"字。(65)

  零　【注意】在古代汉语里,"零"不当零数、零碎讲。(160)

通过上述三项办法,本书给读者提供了很多有关字和字义发展变化的知识,从而加强了它的科学性和实用性。

  当然本书的上述四项优点也不都是出于自己的创新,有些是从别人那儿吸收来的。比如王力先生主编的《古代汉语》中的"常用词",对本书的影响就很大。不过本书吸收过来之后都有所发展和改进。

  本书的优点虽然很多,但缺点错误也在所难免。

  就选字来说,本书所定的原则虽然十分正确,但在执行的时候,并没有得到很彻底的贯彻,仍然有很多"古今意义相同而现代汉语中也很常用的字"选入了书中。例如:

  埃(1)　百(5)　伴(6)　婢(11)　避(12)　簸(18)

才(19) 撒(28) 池(32) 愁 稠(35) 此(41) 滴(51)
帝(52) 地(53) 恩(64) 费(70) 蜂(71) 凤(72)
改(78) 刚(80) 骨(87) 雇(87)……

这类字在现代汉语里都是常用字,而本书所收的义项,也没有超出现代汉语的范围。因此根据本书选字的原则,都不应该收入。

关于注音,本书《凡例》里说:"一般不采用旧读和又读"。在通俗性的小字典里,为了使读者容易掌握,不采用又读一般是可以的。但在少数情况下,也需要灵活对待。比如"看"字,在"看"和"看待"等意义上有平、去两读,本书收了这两个意义,但只注了去声一读,于是问题就产生了。请看这个字本书的注音和释义:

看 kàn❶看。李白《望庐山瀑布》诗:"遥～瀑布挂前川。"……❸看待。高适《咏史》诗:"犹作布衣～。"(140)

这里例证和注音之间发生了明显的矛盾。字音作去声,而例证里的"看"字,按照诗律的要求,不能读去声,必须读平声。一去一平,互不相容。这毫无疑问会给读者造成无所适从的困难。解决这个矛盾的最好办法,就是把"看"字的平声又读也给注上。要不然,也可以把例证换掉。不过那样做只是把书内的矛盾取消了,并不能帮助读者解决实际问题。

在古汉语词典里采用不收旧读的原则,未必合适。不过这个问题牵涉较广,这里不想多谈。问题在于本书既然定下条例,决定不收,那就应该贯彻执行。可是实际上本书对有些字的旧读又加以收录。例如"王"字,除收 wáng 一读外,又收了 wàng 一读(249),"胜"字,除收了 shèng 一读外,又收了 shēng 一读(228)。这就未免自乱其例了。

除了上述两点涉及注音原则的问题以外,还有些个别字,本书的注音也有错误。例如:

禀 "给与谷物"的意义是"廪"字的借字,应该读 lǐng,而本书误注作 bǐng。(15)

匡 "眼眶"的意义应该读 kuàng,而本书误注作 kuāng。(145)

骠 "黄骠马"的意义应该读 biāo,而本书误注作 piào。(189)

煞 "用在动词后,表示极度"的意义应该读 shā,而本书误注作 shà。(213)

这一类的错误都应该予以改正。

释义是本书的主要部分,内容多,分量大,问题当然也较多。下面分为三项来谈。

一、各个义类之间的界限不清楚。本书于义项之外还分有㊋㊌等细目。但义项与细目之间,细目相互之间,划分的界限往往不清楚。请看下面的例子。

鞭 ❶皮鞭,鞭子。❷鞭打。(12)

箠 ❶鞭子。㊋用鞭子打。(39)

策 ❶竹制的马鞭子。㊍鞭打,鞭策。(22)

三个字的"鞭子"和"鞭打"的两个意义,一名一动,完全是平行的,但"鞭打"一义却作了三种不同的归类。"鞭"字下作为独立的义项,"箠"字下作并列义,"策"字下作为引申义。[⑥]这样就使独立义项和细目之间,细目中引申义和并列义之间界限都变得模糊起来。再看下面的例子:

闭　❶关门。㉒闭上。(11)
　　藏　❶把谷物保藏起来。㉔收藏,储藏。(21)
两个字的本义和派生义之间的关系都是个别与一般的关系,但本书却作了不同的归类,一个作㉒,一个作㉔。这类的例子比较多,因而又使引申义和泛指义之间的界限也变得模糊起来。比喻义和引申义之间的界限照理是比较容易划分的,但本书有时也给弄错了。比如:
　　徘徊　❶来回地走。㉔犹豫不定。(184)
　　首　❶头。㉔首领。(224)
这里的派生义其实都是比喻义,本书把它们作为引申义显然是错误的。

　　二、释义不够准确。本书对字义所作的定义或解释有不够准确的地方。例如:
　　诰　❷皇帝给臣子的命令。(81)
　　奔　❸奴隶社会、封建社会中把男女不依照旧礼教的规定而自相结合称为奔。(9)
这类解释都不够准确。"诰"是皇帝给臣子的书面命令,口头命令不叫"诰"。"奔"指女人私自去找男人结合,男人私自找女人结合不叫"奔"。

　　同义字辨析也有不够准确的地方。例如辨"寝、卧、眠、寐、睡"说:"眠的本义是闭上眼睛(与'瞑'同字),引申为睡眠"(228),就不太准确。"眠"的引申义并不等于"睡眠"。"睡眠"是指睡着,而"眠"可以指睡着,也可以指躺着而没有睡着。"眠"表示没有睡着,在古代并不乏用例。例如《梁书·南平王伟传附子恭传》："下官历观世人，多有不好欢乐，乃仰眠床上，看屋梁而著书。"⑦唐代韦庄《菩萨蛮》词："春水碧于天，画船听雨眠。"⑧"眠"都指没有睡着，第一例甚至指的是睁着眼睛。所以如果说"眠"略等于现在的"睡"，就比较正确了。

三、对字义发展时代的注释有错误。判断字义发展的时代需要大量的资料，是一件极不容易的事。由于在这方面可继承的研究成果不多，本书在确定字义发展时代的时候，发生一些错误，那是完全可以理解的。请看下面的例子。

感 【注意】在古代"感"字单用时一般不当"感谢"讲。（79）

走 【辨】行，走。现代的"走"，古代称"行"，现代的"跑"，古代称"走"。（339）

假 ❺假，与"真"相对（后起意义）。【注意】这个意义在上古时代不说"假"，只说"伪"或"赝"。（117）

赂 ❸贿赂（后起意义）。【注意】上古"赂"并不做"贿赂"讲，"贿赂"在上古叫"赇"（qiú 求）。（163）

蒙 ❹敬词。承，承蒙（后起意义）。（170）

封 ❸封闭，封合。❽量词。封（后起意义）。（71）

头两个例子的注释有一个共同点，就是在说明"走"的"跑"义和"感"的"感谢"义的使用时限时，都用了"古代"一词。通常所谓"古代"包括近代以前的整个历史时期。按照这个意义来理解，本书对这两个字的意义的时代说明就不正确了。"走"字的"行走"意义最早从什么时候开始应用的，虽然一时不易肯定，但至少在唐代用例已经常见了。例如杜甫诗：⑨

《兵车行》：耶娘妻子走相送，尘埃不见咸阳桥。

《乾元中寓居同谷县作》：男儿生不成名身已老，三年饥走荒山道。

《奉赠韦左丞丈二十二韵》：焉能心怏怏，祇是走踆踆。

第三例"踆踆"二字王洙注云"行走貌"。可见杜甫时"走"字确实已有"行走"义。至于"感"字单用作"感谢"义用例出现的就更早更多。例如：

张华《答何劭》诗：是用感嘉贶，写心出中诚。⑩

《晋书·张骏传》：休宠振赫，万里怀戴，嘉命显至，衔感屏营。⑪

梁元帝《忠臣传》：自非识君臣之大体，鉴生死之弘分，何以能灭七尺之躯，殉一顾之感。⑫

《北史·赵修传》：初，于后之入，修之力也。修死后，领军于劲犹追感旧意，经恤其家。⑬

第一例李善注云"感犹荷也"，是晋代"感"字单用就有"感谢"义的确证。不论晋代还是往下到唐代，都不能不包括在"古代"这一概念之中。本书在这儿用"古代"一词是不恰当的。

"假"字以下各例这里所录的意义，本书认为都是后起义，也就是魏晋以后产生的意义。（本书"凡例"第十一条说，上古指殷周和秦汉时期。）但事实并非如此。请看下面的例子。

《周礼·天官·追师》：掌王后之首服，为副、编、次、追、衡、笄。郑玄注云："编，编列发为之，其遗象若今之假纷矣。"⑭

《史记·文帝纪》：群臣如张武等受赂遗金钱，觉，上乃发御府金钱赐之,以愧其心,弗下吏。⑮

《汉书·王莽传》:郡县赋敛,递相赇赂,白黑纷然。

又:各因官职为奸,受取赇赂以自给。⑯

《后汉书·刘瑜传》:上书陈事曰:"州郡官府各自考事,奸情赇赂,皆为吏饵。"⑰

《后汉书·桓谭传》:谭复上书曰:"臣前献瞽言。未蒙诏报。"⑱

《后汉书·班超传》:昭亦上书请超曰:"超幸得以微功,特蒙重赏,而竟至爵列通侯,位二千石。"⑲

《史记·越世家》:朱公不得已而遣长子为一封书,遗故所善庄生。⑳

"假"字的"不真"义,东汉时已经产生。《史记》的"赂"字虽然和"遗"字连用,但从上下文看,是非法的举动,显然就是现在贿赂的意思。东汉时"赂"和"赇"连用,"赂"的"贿赂"意义就更明确了。"蒙"的"承蒙"义,"封"的量词用法,汉代也都有了用例。这些都说明本书对它们产生年代的判断是错误的。

总起来说,本书虽然存在一些缺点,但优点是主要的。它的基本特点,就在于把通俗实用和学术研究很好地统一了起来。这就使它在普及和提高两方面都能发挥一定的作用。

附 注

① "崩"字的末一义项本书的注释也比《辞海》好,但没有提"太后",也不完备。

② 《文选》,胡克家刻本,卷16,21页下。
③ 《六臣注文选》,四部丛刊初编缩印本,卷16,302页上。"厝"原作"措",李善注作"厝"。"厝"与"措"古通用。为了一致,今改为"厝"。
④ 四部丛刊初编缩印本,8页下。"厝"原作"措",阮元《校勘记》云:"郑注本作厝"。今也改为"厝"。
⑤ 卷34,105页,中华书局,1959年。
⑥ "策"字的"鞭打"义本书作为引申义可能与"鞭策"义有关,不过把"鞭策"义和"鞭打"义并在一起也是错误的。
⑦ 卷22,349页,中华书局,1973年。
⑧ 《唐五代词选》,卷中,2页上,上海涵芬楼仿古活字版。
⑨ 三例依次见四部丛刊初编缩印本《分门集注杜诗》,卷14,252页下,卷25,420页上,卷17,303页上。
⑩ 《文选》,胡刻本,卷24,12页上。
⑪ 卷86,2239页,中华书局,1974年。
⑫ 《全上古三代秦汉三国六朝文》,卷17,3050页,中华书局,1958年。
⑬ 卷92,3024页,中华书局,1974年。
⑭ 四部丛刊初编缩印本,卷2,38页下。
⑮ 卷10,433页,中华书局,1959年。
⑯ 卷99中,4140页,4143页,中华书局,1962年。
⑰ 卷28上,959页,中华书局,1965年。
⑱ 卷57,1856页。
⑲ 卷47,1584页。
⑳ 卷41,1753页。

(原载《中国语文》1980年第4期,313~317页)

附录：中型现代汉语词典编纂法（初稿）

郑奠　孙德宣　傅婧　邵荣芬　麦梅翘

序　言

　　由于我国历史、文化的悠久，汉语的词汇是非常丰富的。中华人民共和国成立以来，政治、经济、文化各方面都急剧地改革和发展，汉语在词汇方面因而发生了极显著的变化，有些词和词的旧义迅速地消失了，新词和词的新义大量地产生了，有些词取得了新的意义，得到了新的生命，甚至有些死了的词又复活了；有些先在书面上出现的政治、经济、科学、哲学的词广泛地进入了人民大众的口语；也有些人民大众口语里的词应用的范围扩大了。编纂新型的词典来记录和解释现代汉语丰富多彩的词汇，以作语文教育的有效工具，是符合广大人民的要求的。

　　为了适应我国社会主义的文化建设，满足人民更好地使用和学习汉语的要求，我们应该有特定目的或范围的、多种多样的汉语新型词典。例如：普通话正音词典、同义词词典、成语词典、方言词典、外来语词典、极其通俗的小型词典、有历史性的大型词典、分门别类的专科词典、中外人名词典、中外地名词典、与国内各兄弟民族语言相互对照的词典、与各种外国语相互对照的词典等等；而在最近时期，为了实现汉语规范化，推广普通话，促进汉字改革，尤其迫切需要的，是确定语音规范的普通话正音词典和以确定词汇规范为主要目的的现代汉语词典。

我国古代字书、韵书以及近代的字典、词典，单就编纂体例来说，也曾经有过不少次的演变，有过不同的类型。但是，它们的内容，大多在一定的程度上保持"字"的观点，以汉字为对象。我们如利用已有的这些新旧词典作为实现汉语规范化的工具，那是很不够的。这些新旧词典、字书，虽然积累了相当数量的关于汉字和词的研究资料，对于个别字或词的处理，也有一些现在还可以采用的方法，但是，它们无论在选词、注音、释义、引例、编排任何方面都有一般的或个别的缺点。例如收词的古今杂糅，释义的不够细密，或者近于烦琐，注音的导读重出。现在所需要的中型现代汉语词典应该避免这些缺点，在性质上和形式上都有所不同。

就它的目的和范围来看，中型现代汉语词典应该是什么样的词典呢？（一）这是一部记载"现代的"汉语词的词典，是从语言观点出发，以词为对象的词典，是使用汉字记载汉语的词，同时又为汉语拼音文字作准备的一部词典。它所依据的语言，是以北京语音为标准音、以北方话为基础方言、以典范的现代白话文著作为语法规范的普通话——汉民族共同语。这词典为了实现汉语的规范化，在词的选择、词的定型、词的标音、词义的分析、用法的说明和例句的征引各个部分、尽可能表现出明确的规范。（二）这是一种中型的语文词典，它与百科性的词典不同，与穷源溯流、有历史性的大词典也不同。要编一部汉语大词典，要很多人编多少年才能完成。而我们暂时还不能编大词典，因为一部规范明确的中型现代汉语词典比大词典更迫切需要。在没有大词典可供参考的情况下，这种中型的词典，自然不可能是一部汉语大词典的精简本。

在这革新的、科学的现代汉语词典还没有编纂之前，要对编纂这词典的理论、原则和具体处理的方法进行全面彻底的研究，这工作是有必要的，也是存在着一定的困难的。我们接受了领导上交给的这项研究任务，虽然没有编纂词典的经验，但是多多少少也有可以凭借的有利条件。我们有汉语已有的字书、词典中优良部分可以继承，有关于汉语的语音、语法、词汇各方面现有的研究成果可以应用，又有外国关于词典的理论和方法可以参考。在这些基础上，就有关词典编纂的各个问题分别进行研究，提供一些积极性的建议，这对于词典编纂的工作可能起一定的作用。而且，经过了词典编纂者实践的考验之后，这词典编纂法的本身，也会不断地得到修订。

这篇词典编纂法只是集中地研究了选词、注音、释义、编排四个部分。各部分的详细说明和具体例证，以后当分章阐述。现在把一般性的问题简单地谈一谈。

现代汉语词典的选词，当然应该以现代的普通话的词汇为主，文言词、方言词，以及外来语的词，看它和普通话的关系如何而决定选收与否。所选收的，当然以词为主，但同时也兼收构词能力很强的词素，以及非词而经常使用的成语、词组。这部中型词典约有四万左右的条目。凡人名、地名、姓氏、土语、不必要的古语以及专门的术语，都不收入。

中型的现代汉语词典既然以词为单位，为什么又选收词素呢？

这个问题需要加以说明。当现在还在使用汉字记录汉语的时期，一个汉字可能是一个单音词，也可能是构成复音词的一个成分——词素。有些作为词素的字在现代普通话中，虽然已经失去了独立使用的资格，但它本身原来存在的字义与它所构成的词的词义，还是有意义上的联系；而且，这些富于活动力的词素，对于新词的产生，经常不断地起着作用。所以，在词典中选收某些构词力强的词素，对于词义的了解是有用处的，也是必要的。

现代汉语的词，在使用汉字记录的现阶段，还受着汉字形体的限制。词的定型问题，在词典中应该分别作具体的处理。同一个汉字而有不同的写法的，当然应该以法定的简体为定型；同一个复合词而用不同的汉字写出来的，同义的复合词，汉字相同而字序不同的，都应该分别指出它的异同之点或使用范围。略语简称也需要在词典中确定形式，免得人人任意省减。

现代汉语普通话以现代的北京语音为标准音，中型的现代汉语词典当然以这标准音为注音的依据。本编纂法注音章提出的一些审音原则，曾经供普通话审音委员会参考，以后词典编纂的注音标调以及异读的选择等，都将按照审音委员会规定的读音为标准。

现代汉语词典应该按音编排。但按音编排的方式可以不同，有按音节编排而兼顾汉字字形的（例如《国语辞典》的编排方式），有完全按照音素编排的（例如一般外国语词典的编排）。这两种方式，后者对于汉语的拼音化，可以起配合的作用，前者对于词义的了解，能够有更多的帮助。在这使用汉字记录汉语的过渡时期，现代汉语词典暂用前式，对使用词典的人来说，比较方便。

中型现代汉语词典的解释词义，应该以现代实际使用的意义为主，尤其注重旧词的新义的发生与发展。历史文献上习见的古义，必要时也可酌量选收。每个词的词义需要作简明而精确的解释。多义词词义的分析，一方面要照顾到各个词的意义色彩，不失之含混；另一方面，也要富于概括性，不要分析得过于琐碎。

多义词各个词义相互之间的关系，有可以根据语源和历史演变弄明白的，有在语源、历史演变和现代方言没有全面了解之前不容易分析清楚的。前者可以依照词义的内在关系排列先后，后者可以依照这些词词义的使用频率的大小排列先后。这两种不同的词义编排的方式，各有它的长处。现代汉语词典中应就各个词的具体情况分别处理。

每个词除注音、释义之外，还要标志所属的词类。词义的相互关系（引申义、转义、喻义等）、词的使用范围，必要时也应该标志出来。注解中的例句，采自典范的现代或近代白话文著作，但也可以采用普通流行的日常用语而不必注明出处。为了帮助词义的说明，词典条目下可以附插图。

我国古代字书、韵书，除了对个别虚字在注解中有说明外，很少语法意义的解释；近代的字典、词典，有一两种试注过词类，但在词典编纂工作方面没有发生过影响。这不等于说汉语的词典不需要有语法意义的解释。相反地，为了帮助使用词典者容易了解词的词性和用法，在现代汉语词典里应该有语法意义的简要解释。对于虚词的用法，要注重语法的说明；对于实词的使用和词与词的配合关系，也需要用语法观点加以说明。至于当前语法学界存在着的问题，在不远的将来，经过语文工作者的共同努力，当逐渐取得解决。词典编纂者应依据大多数语法学者同意的语法体系和术语来对具体的词作适当的解释。

同义词和近义词数量之多,可见汉语词汇的丰富,同时也表现词汇的规范化应该按照不同的情况分别处理。在词典编纂中,关于选词方面的,有两个或两个以上同义词的选择或并用问题,关于释义方面的,有两个或两个以上近义词的辨别问题。词典编纂者对于同义词,不能主观地任意去取,对于近义词也不应漫无区别,应该就某些使用较广的同义词或近义词,在词典的注解中尽可能加以说明。

词典的检词部分虽不属于词典的本体,但在词典使用方面有它的重要性。检词法应以精密、简便为原则。我们已有的检字法有部首、笔画、音序各种。检词表中有列举词目的,也有以字为纲,不列词目的。中型现代汉语词典的条目按音编排,编者应该依据汉语拼音方案(定案)作一个音序检词表附在词典后面。同时为了照顾汉字的使用关系,另附一个笔画检字表。

中型现代汉语词典为了便于使用词典的参考,拟备附录四种:(一)汉语拼音方案(附拼音方案字母注音字母对照表),(二)北京音系概说,(三)汉字简化方案,(四)略语表。其他属于专门术语的附录可以不列。

我们在词典编纂法的研究过程中,曾经参考了苏联的《现代俄罗斯文学语言词典(三卷本)编纂法》、英国牛津英语大辞典的序言、编辑凡例,和我国现有的各种字书、词典。

这个词典编纂法是集体写成的。各章由一人起草(序言——郑奠,选词——孙德宣,注音——傅婧,释义——邵荣芬,编排——麦梅翘),集体讨论,补充修改。吴晓铃、周定一在编写过程中都参加了讨论和修改。这个编纂法一定还有许多不妥当的地方,我们现在把它发表出来,为的是吸取各方面的意见,详加订正,给词典编者提供更有价值的参考,希望读者多多批评。

第一章　选词

汉语是世界上最发达的语言之一,它的词汇异常丰富精密。中型的现代汉语词典的篇幅是有限的,不可能把全部的现代汉语词汇都收进去,又不能因陋就简,把应该收的词也不收,使读者不能满足需要。因此,怎样选词是编纂这部词典的一个重要问题。

下面是我们提供参考的关于选词(包括选收词素、词组成语等)的意见。

1. 现代汉语词典是体现现代汉语规范化的重要工具,它所收的词必须在北方话的基础上选择补充,所收词的读音必须以北京语音为标准音,而每一个词的语法功能必须以现代典范的白话文著作的用法为依据。

2. 现代汉语词典搜集现代普通话口语里广泛应用的词,此外从书面语中取材,应该以"五四"以来的资料(例如:重要作家的文艺作品、全国性的重要报刊、社会科学和自然科学的一般论著和学校课本)为重点,因为从"五四"起,中国文化"从思想到形式(文字等)无不起了极大的革命",[①]汉语的词汇和语法都起了巨大的变化,书面语才逐渐摆脱了旧文言的束缚,和口语有了原则上的统一。

一般地讲,词的取舍标准决定于它在现代广大人民日常生活中和文化生活中作用的大小,词典里不收过去常用而现在不使用的死词,但在"五四"时期的一般著作中还经常出现的词应该酌量采取。

3. 选词应该从实际的语言出发,以在普通话句子结构中分析出来的"词"为单位,不以汉字为单位。词典里列为条目的包括以下数种。

(1) 能够单独说的词,例如:

人、人民、葫芦、玻璃、我、什么、走、调查、讨论、能、慢、爽快。

(2) 虽然不能单独说,但和其他的词或词素有配合构词的能力,或是放在句子或词组里能表现语法意义的,例如:

很、每、各、几、个、斤、再、由于、和、吧、吗。

(3) 经常独立于句子之外的感叹词和已定形的象声词,例如:

唉、呸、哎哟、喔喔、噗哧、丁当。

单音词后连缀着重叠成分的作为一个单纯词看待,例如:

热呼呼、红通通、孤零零、冷冰冰、绿油油。

4. 现在不能单独使用而富有构词能力的词素,为了便于人们明了它的意义,也应该收进词典,用[ ]号括起来,表示它跟"词"不同。例如"木""机""器""视"作[木][机][器][视],各列为一条。"老虎""老三"的"老","第一""第二"的"第","桌子"的"子","木头"的"头","工作者"的"者","渗透性"的"性"等等,都应该分别以[老-][第-][-子][-头][-者][-性]的形式列入词典,表示它们是词头词尾。构词能力非常薄弱的词素不必另列为条目,例如"耿直"的"耿","花卉"的"卉","马蜂"的"马","当然"的"然","几乎"的"乎"。

5. 复合词选收的原则如下:②

(1)复合词的词素分开来虽然各是独立的词,但是经常紧密地结合在一起,需要加以解释,其意义和用法才能明了的,应该列为条目。例如:

1)冷枪、图书馆、爱人、墨守(向心结构)

2)深浅、皮毛、分寸、搬运(并列结构)

3)在行、摊牌、出版(动宾结构)

4)指定、磨灭、说服、提醒(后补结构)

5)眼红、心酸、心疼(主谓结构)。

这类复合词不需注解就能明了的,词典里放在它的第一个词素下面作为构词举例性质的附目,不单列为条目,例如"茶壶、茶碗"附录在"茶"条目下,"酒瓶、酒缸"附录在"酒"条目下。但如"饭碗、饭桶、草包"等除本义而外,还有特殊喻义的词应该单独列为条目。

(2)一般复合词的词素中有一个是不能拆开来单独使用的,应列为条目,例如"茶具、电木、友好、毅力、交际、驼绒、豌豆、火速、饲料、衣架、毕业、投资、示范、不景气、肃清、扩大、议决、改良"等等,但也可以用(1)条的原则,凡意义和用法不注解就能明了的,列为附目,例如"木碗、木桶"之类附在"[木]"条目底下。

有些复合词(特别是动宾结构复合词)中间虽然可以插入其他成分,但其中至少有一个词素在其他场合不能单独使用,仍应作为"词"收入。例如:

革命(可以说"革了十年命")

注意(可以说"注点儿意")

洗澡（可以说"洗了三回澡"）

鞠躬（可以说"鞠了九十度的躬"）

（3）动词后面紧接着一个形容词性质的成分（拆开后能单独使用的）表示结果的后补结构，如果没有特别意义或者中间能加"得很""得不"之类，词典里不列为条目。例如"抓紧、分清、站稳、搞好"之类只在"抓、分、站、搞"的条目下面作为举例性质的说明。如果这类后补结构中间不能加"得很""得不"之类或者意义用法须加解释，应该列为条目，例如"说明、指明、审定、加强、削弱、加紧、改正"。

动词后面紧接着一个动词性质的成分（拆开后能单独使用的）表示结果的后补结构，如果中间是能加"得"或"不"的，词典里不列为条目，例如"摔倒、碰破、熏死、打退"；中间不能加"得"或"不"的，列为条目，例如"提升、打消"；中间虽然能加"得"或"不"，但习惯上常不加，并有其特殊意义的，也应该列为条目，例如"打倒、打破、压倒、推翻"。

表示动作趋向的后补结构（例如"写下去、跳起来、抽出、放过、遮住、提起、推开"）不列为条目，只将［-·下去］［-·起来］［-·出］、［-·过］［-·住］［-·起］［-·开］［-·来］［-·去］［-·上］［-·下］［-·上来］［-·下来］［-·下去］［-·进来］［-·进去］等收进词典里，并举例说明其用法。但是像"豁出去"不能有"豁下去"或"豁出来"等形式的，应该列为条目。

（4）复音缀的时间词、地位词照下列的原则选收：

1）中间有不能独立的词素的，列为条目，例如："今天、昨天、明天、今年、午前、午后、晌午、早晨"。

几个词素固定地结合在一起，不能按照格式替换的，也列为条目。例如：

(甲)时间词："早上、晚上、前天、大前天、后天、大后儿、大后天、星期、星期日、星期天"等都应该列为条目。"星期一、星期二、……星期六"不必列为条目，只在"星期"条目下注解中说明。"上半天、下半天、饭前、饭后"之类，词典里不收。

(乙)地位词："上、下、前、后、里、外、东、西、南、北"等单音的地位词固然应该列为条目，它们跟"边、面、头"等字结合在一起的地位词，如"上边、下边、前边、后边、里边、外边、东边、西边、南边、北边、上面、下面、前面、后面、里面、外面、东面、西面、南面、北面、上头、下头、前头、后头、里头、外头、东头、西头、南头、北头"也应该列为条目。

"左、右、旁"这三个词跟"边、面"结合成的复合词，如"左边、右边、左面、右面、旁边、旁面"，也应该列为条目。

"楼上、床下、屋里、门前"之类，词典不收。

2)"上、下、前、后、内、外、东、西、南、北"跟某些虚词结合以后能够单独使用的，列为条目，例如"以前、以后、以上、以下、之后"等；只放在别的成分后头，不能单独使用的，如"之内、之外、之前、之间"等等，不列为条目，只在"[之]"条目下举例说明这种用法。

(5)有些双音词的后一个成分并非词尾性质的成分而读作轻声，词典里应该把这类轻声词收入。例如：

打·手(反动统治阶级所豢养专以武力欺压人民的帮凶，跟"用板子打手"的"打手"不同。)

千·万(务必,跟"他有上千万的财产"的"千万"不同。)

鸡·眼(脚上的老茧,跟作"鸡的眼睛"解的"鸡眼"不同。)

先·生(对师长、年长者及一般人的敬称,跟"先生了一姑娘,后生了一个儿子"的"先生"不同。)

早·起(早晨,跟"早睡早起"的"早起"不同。)

干·事(职务名,跟"一天到晚不干事"的"干事"不同。)

6. 音义都不相同的两词虽然都用同一个汉字写出来,应该分为两个条目,例如"好"(ㄏㄠˇ)和"好"(ㄏㄠ)、"数"(ㄕㄨˇ)和"数"(ㄕㄨ)、"横"(ㄏㄥˊ)和"横"(ㄏㄥˋ)、"地道"(地下的道路)和"地·道"(货物来自原著名产区的,真正的)、"生气"(发怒)和"生·气"(生命的活力)、"大意"(大概的意思)和"大·意"(不经心,疏忽)。

语音完全相同,但词义彼此毫无关系,即使都用同一个汉字写出来,也应该分列两个条目,例如:"我们种的麻长得很高了"的"麻"和"腿麻了"的"麻","他会俄文"的"会"和"下午有两个会"的"会"。

从语源上看,虽然意义互有联系,但是词义分化,彼此距离很远,一般人已经不感觉它们有什么内在的联系,就分列为几个条目。例如"让他把大门""把他叫来""车把""一把刀""丈把高"里的"把"应该分为五个条目。如果从常识上能够看得出意义的内在联系,就在一个条目下注解,例如"门板"的"板"和"他的脸板起来"(老,离,145)的"板","一辆车"的"车"和"农民在稻田里车水"的"车"。

7. "吃的""穿的""红的""长的""我的""他们的""看热闹

的""骑车的""姓王的"等等带"的"的格式可以类推,词典里不收,只在[--·的]条目下举例说明它有这种用法。但是像"掌柜的""赶车的""变戏法儿的""打鼓儿的"等等,是表示专门行业人物的名称的,应该斟酌选收,列为条目。

"同志们""朋友们""乡亲们""弟兄们"等等带"们"的可以不收,但是"我们""咱们""你们""他们"这些表示多数人称的代名词可以收入:"爷们""哥儿们"等等有特殊意义的也可以酌量收入,列为条目。

"谈谈""唱唱""打扫打扫""罗罗苏苏""干干净净""红红儿的"等等重叠格式可以根据"谈""唱""打扫""罗苏""干净""红"等动词形容词重叠的规律类推,必要时只在未重叠的条目下说明其重叠式;但是只有重叠格式的,就必须列为条目,例如"轰轰烈烈""花花绿绿""偷偷摸摸""婆婆妈妈的""悠悠荡荡"。

8. 关于词的定型问题,我们提出两点意见:

(1)同字异体和同词异字的定型

汉字同字异体的很多,学习和使用都非常不便。词典里对于选收的词、词素、词组、成语以及注解中用的语词应该一律照政府公布的《简化字表》的标准形式书写,例如用"仿佛""吻合""胆""机""义",不用"髣髴""彷彿""膽合""脂合""脂合""膽""機""義"。但"壹、贰、拾、佰、仟、萬"等字现在还有它的特殊作用(财务凭证上须用繁体数字),应该列为简体的附录。没有规定的字体,词典编者可以选用通行较广的字体,把普遍性略小的异体字附在词条底下,例如"疙瘩"一词,还有"纥縫""圪塔""屹嶝""咯哒"几种写法,以通行较广的"疙瘩"写条目,把"纥縫"等异体字附在下面，用括号括起来。(已规定的字体，其异体字不附在条目底下，可将《简化字表》作为词典后的附录，以便检查。)

词典里关于同词异字的书写方式也适用以上的原则，例如"犹豫"一词还有"犹疑""犹与""由豫""夷犹""夷由"等等写法，词典编者应该选用通行较广的"犹豫"，把普遍性略小的"犹疑"附在"犹豫"条目底下。

(2) 同词而词素颠倒的定型

有一些并列结构双音词的词素次序现在还不很固定，可以前后颠倒而不改变原来的词义和结构，例如"喜欢"和"欢喜"，"泉源"和"源泉"。其中有一部分是古语今语的分歧，有一部分是书面语和口语的分歧，有一部分是普通话和方言的分歧。只要在词义色彩和用法上有些微区别的颠倒词素的复合词(例如"斗争"和"争斗"、"算计"和"计算"、"生产"和"产生")，词典里应该都列为条目。对于词义和用法上完全相同的两种词素颠倒的说法，词典应该本着促进汉语词汇规范化的精神加以选择。选择的原则如下：

1) 用现在已经固定了的形式作条目，不用过去颠倒词素的形式，例如，收"介绍""安慰""辩论""光荣"，不收过去的"绍介""慰安""论辩"和"荣光"。

2) 两种词素颠倒的说法如果在书面语和口语里都相当普遍，一般说，语义用法有区别的，词典里应该兼收，例如，"考查"和"查考"、"离别"和"别离"、"显明"和"明显"、"缓和"和"和缓"。

3) 两种词素颠倒的说法，其一见于个别方言，另一个普遍性较大，词典应该用后者为条目，例如，不用方言性较浓厚的"横蛮"

"道地""扎挣"而用较通行的"蛮横""地道""挣扎"。

9. 词典要尽量选收反映社会发展的新词尤其解放以后大量产生的新词,但意义不明确、生制硬造的词,即使出现在著名的书报刊物或个别作家的作品里,都要避免选收,例如:"经练、昂奋、丰奢、协帮、擦划"等。戏曲中为迁就词的字数或单纯押韵合辙而生造的词也不要收进去,例如"观瞧、闻听、该应"等。

10. 有些古汉语遗留下来的词,到了现在,无论在书面语或口语中都不经常出现,但在一定的场合中又是必不可少的,例如"朝觐"(教徒朝觐圣地)、"陵寝"(成吉思汗陵寝)、"陛下""阁下""夫人""使节"等等应该收入词典。现在实在用不着的文言词不收,例如"璀璨""葳蕤""弱冠""昧爽""夭夭"。当收的文言词大致以报刊或政论公文中能用的为限,适当地从近代及"五四"以来的典范的白话文著作中补充一些。

11. 方言中的词容易为人民所了解,可以丰富普通话词汇的,应该收入词典,例如"垃圾""拆烂污""陌生""扯皮""胡同"。有些方言词虽然为个别的著名作家所使用,但不容易为人民所了解,并且普通话有适当的词可以代替的,不收,例如,"唠嗑"(东北话"闲谈")、"玉茭"(山陕等地称"玉蜀黍")、"红苕"(四川话"白薯")、"血锅巴"(陈登科《活人塘》,苏北话"血块")、"猫"(周立波《暴风骤雨》"猫在那里",东北话藏躲的意思)。

北京话是北方话的代表。由于文化上和政治上的长期影响,它逐渐取得普通话的领导地位。除了"取灯儿"(火柴)、"洋刺子"(玻璃瓶子)、"老爷儿"(太阳)、"肉杠子"(猪肉铺)、"忽喇巴儿的"(无端地、凭空地)、"格涩"(与人不同)已经缩小到只有北京少数人还在使用的土话以外,现代汉语词典对于在北京话里习见于书面的方言词应该从宽收入,在比例上要比任何其他地区方言词多收一些。

有些非常习见于《水浒》《西游记》《红楼梦》等著名白话小说中的方言词,例如"劳什子""促狭""怎地"等等,没经过详细方言调查之前很难断定在北方方言中已经消失。为了便于帮助读者阅读与普通话的形成有密切历史关系的文学名著,这些非常习见的历史性的方言词应当破例收入词典中。

12. 北京话里的儿化词选收的原则如下:

(1)儿化不儿化,意义上大有分别的两个词,都应收入。例如小人儿:小人,信儿:信。

(2)儿化不儿化,意义上虽相联系,但词类不同的两个词,都应收入。例如:盖儿(名词):盖(动词),包儿(名词):包(动词),错儿(名词):错(形容词)。

(3)虽然没有区别意义或词类的作用,但北京话里必须儿化的词,应该注明。例如:手腕儿、媳妇儿、桃儿。

(4)可儿化可不儿化的词,词典里不加儿,例如:手儿、酒儿、烟儿、粉儿。

(5)某些作品里出现的儿化词,北京话根本不说的,不收,例如:云儿、月儿、泉儿。

13. 直接借入音译的外语词已经被现代普通话吸收的,收入词典,例如:但书、企业、吨、逻辑、托辣斯、布尔什维克。有些音译的外语词,"五四"前后通用而现在改用意译的,词典里应该把意译的列为条目,音译的附在底下,例如"民主"和"德谟克拉西"、"独裁"和"狄克推多"、"扬弃"和"奥伏赫变"、"水泥"和"水门汀"（江浙话）、"士敏土"（广州话）。音译、音兼意或意译的词有分歧的,词典里取普遍性较大的(例如"生产力"比"生产能力"普遍)。译得确切的(例如译"劳动日"比译"劳动时间"确切)列为条目,其他译名列为附目。两种译名现在都通用的(例如"康拜因"和"联合机"),都列为条目并注明参见。

不合于汉语发展规律的外语词,如过去"洋泾浜语"的"那模温"（第一号）、"刚白度"（洋行买办）,东北"协和语"的"满员"（客满）、"荒轧"（粗轧）、"见回"（监工）等等,词典里一概不收。

14. 术语的选择以它在社会上应用范围的广狭为标准,不以它在该科学技术部门中的重要性为标准。那些冷僻的,只有各科少数专家才知道的专门术语,本词典一概不收。在编纂过程中,编者对于专门术语的选收和释义都应该听取各科专家的意见。下面举一些应该选收的术语作例子。

(1) 选自社会政治、经济、法律、外交等方面的,例如:"政体、决算、通货、仲裁、否决权、照会、国书"。

(2) 选自工业、农业、林业、渔业、畜牧业、水利、交通运输、医药卫生等方面的,例如:"刨床、电力网、绿肥、稼接、母树、水源林、渔汛、种畜、水文、拦河坝、车次、坡度、针灸、抗生素、血型"。

(3) 选自天文学、气象学、地理学、地质学、数学、物理学、化学、生物学等方面的,例如:"行星、光年、子午线、气压、海拔、盆地、冰川、矿床、微积分、短波、共鸣、白热化、原子能、饱和、元素、宿主、温床、变种"。

(4) 选自哲学、史学、语言学、文学和艺术范围的,例如:"一元论、世界观、命题、演绎、编年体、通史、标准音、元音、辅音、传奇、乐府、散曲、弹词、单弦、旋律、道具、素描、浮雕"。

（5）选自军事科学范围的，例如："桥头堡、制高点、鹿砦、梯队、巷战、战略、战术、游击战、运动战、火箭炮、氢弹"。

（6）选自体育运动范围的，例如："田径赛、接力、拳击、举重、摔跤、水球、铁饼、双杠、虎伏、蝶泳、跳伞"。

15. 现代汉语普通话里仍然使用的汉语历史上最重要的术语，表明各历史时期汉族生活和文化特征的语词及职务名称，叙述重要的世界历史事实的语词，都应该选收，例如："玄学、清谈、太学、风水、道家、科举、八股文、扶乩、小篆、状元、钦差、太后、保甲、公社、母权、木乃伊、武士道、轴心国"。

16. 流行较广的与宗教崇拜或宗教生活有关的名词或术语，应该选收，例如："菩萨、施主、住持、戒律、衣钵、法师、活佛、道场、斋月、阿訇、古兰经、圣经、十字架、教廷、神甫、洗礼、弥撒、圣诞节"。

17. 标志着现代不同的民族首先是国内各少数民族生活特征或职务名称的词，应该选收，例如："哈达、氆氇、噶厦、代本、堪布、呼拉尔、红军、红场、卢布、卢比、英镑"。

18. 专名除种族、部族或民族的名称以外，姓氏、人名、地名、山名、水名、国名、年号及书名等等，现代汉语词典里不收。朝代名称也不收，但概括性的时代名称应该收入，例如"春秋、战国、两汉、三国、南北朝"。人名、地名中除本身具有人名、地名的意义以外还有其他意义而变为普通名词的，也应该列为条目，例如："诸葛亮"（例如说"三个诸葛亮"）、"华尔街"（美国财政垄断集团的同义语）、"龙井"（通称该地出产的茶）、"茅台"（通称该地出产的酒)。

关于种族、部族或民族的名称,选收的原则如下:(1)选收比较显著的现代种族、部族、民族名称,例如"黑人、印第安人、哈萨克人、乌克兰人、吉卜赛人、犹太人、蒙古人、藏族、维吾尔族、苗族、傜族、黎族、索伦、鄂伦春、塔塔尔、东乡、么些、民家"。有碍于民族团结的旧名称不收。(2)在中国或世界历史上起过作用的,并且在现代史学著作中常被提到的古代种族或部族,例如"匈奴、鲜卑、女真"。

19. 普通话里不同意义色彩或使用于不同文体及语法结构的同义词(此即"近义词")有丰富语言的作用,应该全部收入词典,例如:"消灭"和"歼灭"、"违抗"和"反抗"、"把握"和"掌握"、"老头儿"和"老头子"、"药铺"和"药房"、"诞辰"和"生日"、"履行"和"实行"、"便"和"就"。意义色彩的用法完全相同的同义词(即"等义词")应该在语言里加以规范,以消灭用词的混乱现象,并减轻学习人的负担。词典编者对于等义词当然不能凭主观硬性规定哪些用哪些不用,但是根据语言的实际调查材料选择普遍性较大的作为规范的词,因势利导,扩大影响,那是完全正确的。普遍性较大的等义词在词典里列为条目,使用范围较小的等义词列为附目。例如"教室"和"课室""课堂""讲堂"是等义词,"教室"的普遍性最大,词典里为列条目,"课室、课堂、讲堂"附在它的底下,表示推荐前者为民族共同语的标准词,后者是备参考的等义词(列为附目的等义词也要收入检词表,以便查考)。几个等义词使用都相当普遍的或者一时难以判断普遍性的大小的,应该一律列为条目,用互见法加以注解,例如"衣服"和"衣裳"、"纸烟"和"烟卷儿""香烟"。

20. 有一些名称后来成为缩简的词。假使这些缩简词已经在普通口语里通行并且在政论、法令文件或典范的文学作品里广泛地应用起来了，应该收入词典，例如"少先队"（少年先锋队）、"劳卫制"（准备劳动与卫国体育制度）、"文工团"（文艺工作团）、"中共"（中国共产党）。尚未定型或使用范围很狭小的缩简词不收，例如"匪特"（土匪特务）、"劳保"（劳动保护）、"基建"（基本建设）、"人大"（全国人民代表大会、中国人民大学）。

21. 成语典范地表现了劳动人民丰富的生活经验和智慧。它作为流行引用的材料，以一定的组织形式固定在语言里，我们不能随意改换它的组成部分。有些成语是以句子形式表现的（例如"火烧眉毛""猫哭老鼠""笨鸟先飞""星星之火，可以燎原"），有些是以词组的形式表现的。词组形式的成分中，有些是"四字对称"格式的（例如"藕断丝连""铜墙铁壁""三心二意""眉飞色舞""缩手缩脚"），有些是非对称格式的（例如"家常便饭""无的放矢""实事求是"）。许多成语起源很早，到今天还有现实的意义，仍然为人民大众所喜闻乐用，这类成语词典里应该酌量选收。有些不属于成语性质、结合比较自由、表现某些习惯用法的词组，例如"来得及""看不起""眼前欢"，也可以酌量选收。

古代沿用的成语，其中某些词现代换用了比较通俗的词，词典里如果选收这个成语，就应该用现代通用说法而不用古代的，例如用"拔苗助长"[③]（有指明出处必要时，在注解中说明它的原文）不用"揠苗助长"。

此外，有些固定格式的语法结构（例如"越……越……"

"又……又……""非……不……""以……为……""管叫……""为……而……")也应该收进词典里,在结构中的第一个词的条目下著录,并引例说明其用法。

第二章 注音

一 语音标准

1. 注音的标准

词典的注音以受过中等教育的北京人的语音为标准,北京话中某些词过土的读法,词典中不收。

2. 异读的选择原则

中型的现代汉语词典,是一部规范性的词典,因此,同一个词,如果在北京话中存在着异读的,原则上都应当确定一种读法。过去的字书和词典里,采取自然主义的方法,把几个音都注出来,这种办法,对规范性的词典来说是不合适的。但是写法相同的汉字,可能是不同的词或是不同的复音词里的词素,那么,不论它本身的来源是否相同,如果有不同的读音,应当分别保留。根据这个原则,我们对于异读可以采用下面几种办法处理:

(1)同一个单音词或同一个复音词里的某一个词素,如果有几种不同的读法,而其中一种是旧来传统的读书音(旧日韵书反切的音），现在读书时已经不这样念了，这种读书音应当废除。近来出版的一些词典往往还把这些旧来的读书音也收在词典里（可能是为了遵循旧音或照顾方言），这完全是不必要的。现代汉语普通话应当以现在的北京音为标准。如：

	今读	旧读
贼	取ㄗㄟ(zéi)	不取ㄗㄜ(zé)
肉	取ㄖㄡ(roù)	不取ㄖㄨ(rù)
肋骨	取ㄌㄟㄍㄨ(lèigǔ)	不取ㄌㄜㄍㄨ(lègǔ)
蟋蟀	取ㄒㄧㄕㄨㄞ(xiṣuài)	不取ㄒㄧㄕㄨㄛ(xiṣuò)
硕士	取ㄕㄨㄛㄕ(ṣuòṣ)	不取ㄕㄕ(ṣíṣì)
芍药	取ㄕㄠㄧㄠ(ṣáujàu)	不取ㄕㄨㄛㄩㄝ(ṣuòyè)

（2）同一个单音词或同一个复音词里的某一个词素，如果有两种不同的读法，其中一个是现在的读书音，一个是现在的口语音，在一般的情况下，应当以读书音为标准。因为读书音多保存在复音词里，应用的范围比较广，例如"避"，读书音念"ㄅㄧˋ"，口语音念"ㄅㄟˋ"（避风、避雨），但是在"逃避、回避、避免、避讳、避雷针"里，"避"都念"ㄅㄧˋ"不念"ㄅㄟˋ"。其他方言的人学习普通话时，学会了读书音有很多方便。

	读书音	口语音
把（把书拿来）	取ㄅㄚ(bǎ)	不取ㄅㄞ(bǎi)
谁	取ㄕㄨㄟ(ṣuéi)	不取ㄕㄟ(ṣéi)
摸	取ㄇㄛ(mo)	不取ㄇㄠ(mau)
仙鹤	取ㄒㄧㄢㄏㄜ(xianhè)	不取ㄒㄧㄢㄏㄠ(xianháu)
颜色	取ㄧㄢㄙㄜ(jánsè)	不取ㄧㄢ·ㄕㄞ(jánṣai)

剥削　　　　取ㄅㄨㄛㄒㄩㄝ(buoxye)　　不取ㄅㄠㄒㄧㄠ(bauxiau)
血压　　　　取ㄒㄩㄝㄧㄚ(xyèja)　　　不取ㄒㄧㄝㄧㄚ(xiěja)

(3)同一个单音词或同一个复音词中的某一个词素,如果有几个音(可能同是读书音或口语音)而这几个音在北京话中都非常普遍,那就参照北方其他方言和古今音演变的规律,选择其中与其他北方方言或与古今音读演变规律相合的音做标准音。如:

[与大部分北方方言或古今音　　[与大部分北方方言或古今音
　演变规律相合的音]　　　　　演变规律不合的音]

耕　　取ㄍㄥ(geŋ)　　　　　不取ㄐㄧㄥ(ɕiŋ)
剿　　取ㄐㄧㄠ(ɕiǎu)　　　　不取ㄔㄠ(ṣau)
粽子　取ㄗㄨㄥ·ㄗ(zùŋẓ)　　　不取ㄓㄨㄥ·ㄗ(zùŋẓ)
波浪　取ㄅㄨㄛㄌㄤ(buolàŋ)　不取ㄆㄨㄛㄌㄤ(puolàŋ)
缰绳　取ㄐㄧㄤㄕㄥ(ɕiaŋṣéŋ)　不取ㄍㄤㄕㄥ(gaŋṣéŋ)
诊疗　取ㄓㄣㄌㄧㄠ(ẓenliáu)　不取ㄓㄣㄌㄧㄠ(ẓenliáu)

(4)入声字的声调在北京话里很不稳定,往往同一个入声字在声调上可以有几种读法。按照入声字在北京音系中分配的一般情况来说,次浊的入声字多归入去声调,全浊的入声字多归入阳平调,但是清入声字分配得就很乱,很难找出一定的规律来。因此同一个入声字如果在同一个词里有几个不同的调,除了根据以上各项的办法处理外,可以按照它比较普遍的读法来决定。

游击　取ㄧㄡㄐㄧ(júqi)　　　不取ㄧㄡㄐㄧ(júqí)
锡　　取ㄒㄧ(xí)　　　　　　不取ㄒㄧ(xi)
安息　取ㄢㄒㄧ(anxí)　　　　不取ㄢㄒㄧ(anxi)
质量　取ㄓㄧㄌㄧㄤ(zìliàŋ)　不取ㄓㄌㄧㄤ(ẓíliaŋ)

（5）同一个汉字，如果有几种不同的读法，而它所表示的意思不同，或是在不同的复音词里作词素，那么，不论它的来源是否相同，都应当分别保留它的音。如：

泥ㄋㄧˊ(ní)（路上净泥）　　泥ㄋㄧˋ(nì)（把窟窿泥上）
臊ㄙㄠ(sau)（狐狸很臊）　　臊ㄙㄠˋ(sàu)（她臊了）
磨ㄇㄛˊ(mó)（把刀磨一磨）　磨ㄇㄛˋ(mò)（面磨好了）
得ㄉㄜˊ(dé)（得奖了）　　　得ㄉㄟˇ(děi)（你得跟我去）
校ㄐㄧㄠˋ(qiàu)（稿子校完了）学校ㄒㄩㄝˊㄒㄧㄠˋ(xyéxiàu)
率领ㄕㄨㄞˋㄌㄧㄥˇ(ṣuàilǐŋ)　效率ㄒㄧㄠˋㄌㄩˋ(xiàulẏ)
牧畜ㄇㄨˋㄒㄩˋ(mùxẏ)　　　畜生ㄔㄨˋ·ㄕㄥ(ç̇ù ṣeŋ)
薄ㄅㄠˊ(báu)（衣服很薄）　　薄幸ㄅㄛˊㄒㄧㄥˋ(bóxìŋ)
　　　　　　　　　　　　　　薄荷ㄅㄛˊ·ㄏㄜ(bóhė)
系ㄐㄧˋ(qì)（系鞋带）　　　联系ㄌㄧㄢˊㄒㄧˋ(liánxì)
折ㄕㄜˊ(ṣé)（腿折了）　　　折断ㄓㄜˊㄉㄨㄢˋ(ẓéduàn)
　　　　　　　　　　　　　　折腾ㄓㄜ·ㄊㄥ(ẓeteṅ)
溃（殨）ㄏㄨㄟˋ(hùi)（疮溃脓了）溃烂ㄎㄨㄟˋㄌㄢˋ(kùilàn)
勒ㄌㄟ(lei)（把绳子勒紧了）　勒索ㄌㄜˋㄙㄨㄛˇ(lèsǔo)
爪子ㄓㄨㄚˇ·ㄗ(ẓuǎż)　　　爪牙ㄓㄠˇㄧㄚˊ(ẓǎujá)
络子ㄌㄠˋ·ㄗ(làuż)　　　　联络ㄌㄧㄢˊㄌㄨㄛˋ(liánlùo)
家雀儿ㄐㄧㄚㄑㄧㄠˇㄦ(qiaqiǎur)麻雀ㄇㄚˊㄑㄩㄝˋ(máqyè)
发疟子ㄈㄚㄧㄠˋ·ㄗ(fajàuż)　疟疾ㄋㄩㄝˋ·ㄐㄧ(nyèqi)
落子ㄌㄠˋ·ㄗ(làuż)　　　　沦落ㄌㄨㄣˊㄌㄨㄛˋ(lúnlùo)
拇指ㄇㄨˇㄓ(mǔẓ)　　　　　指甲ㄓ·ㄐㄧㄚ(ẓıqia)
　　　　　　　　　　　　　　指头ㄓ·ㄊㄡ(ẓítou)

附录:中型现代汉语词典编纂法(初稿)　539

(6)词中某一个词素,读轻音的时候,除了照本音变做轻声之外,如果还有几种变音,应当以本音的轻声为标准。如:

[本音的轻读]　　　　　　[轻音的变读]

笤帚　取ㄊㄧㄠˊ·ㄓㄡ(tiáuzou)　不取ㄊㄧㄠˊ·ㄓㄨ(tiáuzu)

　　　　　　　　　　　　　　　ㄊㄧㄠˊ·ㄔㄨ(tiáuçu)

晌午　取ㄕㄤˇ·ㄨ(şǎŋwu)　　不取ㄕㄤˇ·ㄏㄨ(şǎŋhu)

　　　　　　　　　　　　　　　ㄕㄤˇ·ㄏㄨㄛ(şǎŋhuo)

伙计　取ㄏㄨㄛˇ·ㄐㄧ(huǒqi)　不取ㄏㄨㄛˇ·ㄑㄧ(huǒqi)

时候儿取ㄕˊ·ㄏㄡㄦ(şíhaur)　不取ㄕˊ·ㄏㄨㄦ(şíhur)

　　　　　　　　　　　　　　　ㄕˊ·ㄏㄨㄛㄦ(şíhuor)

如果读轻声的词,在北京话中只有变读,那么可以适当地参照方言或者就按原来的字音变做轻声,不必采取北京的变音。如:

苤蓝　可以注ㄆㄧㄝˇ·ㄌㄢ(piělàn)

　　　不必注ㄆㄧㄝˇ·ㄌㄚ(piělà)

耳朵　可以注ㄦˇ·ㄉㄨㄛ(ěrduo)

　　　不必注ㄦˇ·ㄉㄡ(ěrdou)ㄦˇ·ㄊㄡ(ěrtou)

3.普通话里方言的读音原则

(1)北京话里已经通行的方言词,就按北京现在已经通行的音注音。如:

垃圾ㄌㄚㄐㄧ(laqi)　　不必注ㄌㄜㄙㄜ(lese)

啥ㄕㄚˊ(şá)　　　　 不必注ㄕㄚˋ(şà)

瘪三ㄅㄧㄝㄙㄢ(biesan)　不必注ㄅㄧㄝˇㄙㄢ(biěsan)

(2)普通话里可能吸收的方言词而在北京现在还没有通行或没有正确念法的,就照方音念,北京话中所缺少的音位,可以照与方言音位相近似的音来念。如:

幢业ㄨㄤ(ẓuàŋ)

尴尬ㄍㄢㄍㄚ(gangà)

拆烂污ㄘㄚㄌㄢㄨ(calànwu)

4. 外来词的读音原则

(1)古代或近代输入的外来词已有通行读音的,沿用过去已通行的读音。如:

菩萨ㄆㄨˊ·ㄙㄚ(púsa)　　喇嘛ㄌㄚˇ·ㄇㄚ(lǎma)

咖啡ㄎㄚㄈㄟ(kafei)　　可可ㄎㄡ·ㄎㄡ(koukou)

沙发ㄕㄚㄈㄚ(ṣafa)　　撒其马ㄙㄚˋ·ㄑㄧㄇㄚˇ(sàqimǎ)

(2)新近吸收的外来词,如果尚无通行读音的,暂且按译名的汉字注音,但是不标调。如:

盘尼西林ㄆㄢㄋㄧㄒㄧㄌㄧㄣ(pannixilin)

布拉及ㄅㄨㄌㄚㄐㄧ(bulaɋi)

(3)近代用方音翻译的外来词,如果在北京话中已经通行了,为了接近原文的读音,可以采用方言的读音。如:

卡片ㄎㄚˇㄆㄧㄢˋ(kǎpiàn)　　卡车ㄎㄚˇㄔㄜ(kǎɢe)

普通话中所吸收的用方言翻译的外来词可能不会很多,所以这个问题不大。

5. 误读的处理原则

由于种种原因而误读的词,应当根据"约定俗成"的原则来决

定它的音。传讹已久的读音,不必改从原来的读法。如:

滑稽　可以读ㄏㄨㄚˊ·ㄐㄧ(huáqi)

　　　不必改读ㄍㄨˇㄐㄧˋ(gǔqì)

土著　可以读ㄊㄨˇㄓㄨˋ(tǔzù)

　　　不必改读ㄊㄨˇㄓㄨㄛˊ(tǔzúo)

竣事　可以读ㄐㄩㄣˋㄕˋ(qỳnṣì)

　　　不必改读ㄑㄩㄣˊㄕˋ(qynṣì)

口吃　可以读ㄎㄡˇㄔ(kǒuɕɪ)

　　　不必改读ㄎㄡˇㄐㄧˊ(kǒuqí)

现在发生误读的,如果这种读法已经非常普通,也可以予以承认,如:

暴露　可以就读ㄅㄠˋㄌㄨˋ(bàulù)

　　　不必一定读ㄆㄨˇㄌㄨˋ(pǔlù)

但是个别人误读的音,词典中绝不能采用。如:

撑竿儿跳北京或读ㄓㄤㄍㄢㄦㄊㄧㄠ(zǎŋganrtiàu)

　　　应读ㄔㄥㄍㄢㄦㄊㄧㄠ(ɕeŋganrtiàu)

别墅　或读ㄅㄧㄝˊㄐㄧㄝˇ(biéjě)

　　　应读ㄅㄧㄝˊㄕㄨˋ(bíeṣù)

斡旋　或读ㄍㄢˋㄒㄩㄢˊ(gànxyán)

　　　应读ㄨㄛˋㄒㄩㄢˊ(woxyán)

二　注音方式

1. 注音的形式

词典的注音采取拼音字母一种形式(根据拼音方案定案),现在拼音方案尚未颁布,本章举例暂时采用注音字母与拼音字母两种形式。

2. 变调的标调方法

(1)词中有规律的变调,只在词典的附录中(北京音系概说)讲明其规律,词典中遇这种变调的字,一律按单字调注音。如：

一齐	注ㄧˋㄑㄧˊ(jiqí)	不注ㄧˋㄑㄧˊ(jìqí)
一定	注ㄧˋㄉㄧㄥˋ(jidìŋ)	不注ㄧˊㄉㄧㄥˋ(jídìŋ)
不但	注ㄅㄨˋㄉㄢˋ(bùdàn)	不注ㄅㄨˊㄉㄢˋ(búdàn)
八卦	注ㄅㄚˊㄍㄨㄚˋ(baguà)	不注ㄅㄚˊㄍㄨㄚˋ(báguà)
七律	注ㄑㄧˋㄌㄩˋ(qilỳ)	不注ㄑㄧˊㄌㄩˋ(qílỳ)
粉笔	注ㄈㄣˇㄅㄧˇ(fěnbǐ)	不注ㄈㄣˊㄅㄧˇ(fénbǐ)
马戏	注ㄇㄚˇㄒㄧˋ(mǎxi)	不注ㄇㄚ半上ㄒㄧˋ(ma半上xì)

(2)象声词的声调很不稳定,说话时随时变换,词典中一律不标调号。如：

吱ㄓ(ʐɿ)

叮当ㄉㄧㄥㄉㄤ(diŋdaŋ)

哈哈ㄏㄚㄏㄚ(haha)

哎哟ㄞㄧㄠ(aijau)

哗拉拉ㄏㄨㄚㄌㄚㄌㄚ(hualala)

3. 注音的方法

(1)凡是词典中所收的词、词素、词组和成语，一律注音。

(2)不同的词或词素，虽然汉字的字形相同，如果读音不同，要分别注音，不采取几音互见的办法。如：

泡ㄆㄠ(pau)　　　泡ㄆㄠ(pàu)

撒ㄙㄚ(sa)　　　撒ㄙㄚ˘(sǎ)

曲ㄑㄩ(qy)　　　[曲]ㄑㄩ˘(qy̌)

[降]ㄒㄧㄤ(xiáŋ)　　[降]ㄐㄧㄤ(ɥiàŋ)

(3)相同的词素，如果用在不同的词里，读不同的音，可以分别在几处注音，并在每处注音下举例，同时可以采取几音互见的办法，注出其他的读音。如：

[雀]ㄑㄧㄠ(qiǎu)如家雀儿。

又音ㄐㄩㄝ(ɥyè)，ㄑㄧㄠ(qiau)

[雀]ㄐㄩㄝ(ɥyè)如麻雀、雀斑。

又音ㄑㄧㄠ(qiau)，ㄑㄧㄠ(qiǎu)

[雀]ㄑㄧㄠ(qiau)如雀子。

又音ㄐㄩㄝ(ɥyè)，ㄑㄧㄠ(qiǎu)

[骨]ㄍㄨ(gú)如骨头、骨殖等。

又音ㄍㄨ(gǔ)

[骨]ㄍㄨ(gǔ)如骨骼、甲骨等。

又音ㄍㄨ(gú)

（4）在句子里临时读作轻声的词，如"打他一顿"的"他"和"一"，词典的注音上一般不标轻声。但是句子中读轻声的虚词，可以适当地在解释中加以说明，如"没想到，这东西还真有用！"的"还"，可以在"还"的词义解释中说明它在某种情况时读轻声（见样品、"还"词义解释6）。在词里读轻声的词素，只在词素读轻声的条目下注出轻声，列为条目的词素下面，按原来的字调注音。例如"作坊"的"坊"，在"作坊"条下注作ㄗㄨㄛ·ㄈㄤ（zuofɑ̇ŋ），词素[－坊]这个条目下注ㄈㄤ（fɑŋ）。但是读轻声的词尾或语尾，需要注出轻声并举例说明。如：

[－子]·ㄗ（ż）如：嫂子、瘸子、桌子、盘子等。

[－的]·ㄉㄜ（dė）如：掌柜的、我的、吃的、红的等。

[－了]·ㄉㄜ（lė）如：吃了饭了。

[－头]（1）ㄊㄡ（tóu）如：砖头、窝头。

（2）ㄊㄡ（tòu）如：木头、石头、馒头、骨头。

第三章　释义

一　词义的分析

1. 现代汉语词典的中心任务是精确地阐明现代汉语里每个词的词义（词汇意义和语法功能）。现代汉语的词义是非常丰富的，这些词义对于词的关系不外下列三种：一对一的关系，即一词一义；多对一的关系，即多词一义；一对多的关系，即一词多义。后者在汉语中占有相当大的分量。并且是词典里词义分析的主要对象。

2. 分析词义时,首先要确定的是一个词在现代汉语里含有几个意义。其次如果是多义词时,就该考察这几个意义之间的派生关系。普通用的现代汉语词典没有必要考求全部词义的历史和来源,但在可能范围内指明某些词的现存词义之间的派生关系,还是有必要的。现代汉语中多义词的各个意义之间的派生关系不外下列三种:基本义和引申义的关系,基本义和借喻义的关系,基本义和转移义的关系。

(1) 基本义和引申义的关系:

基本义是一个词的现存意义中,在派生关系上最根本的意义。基本义有时就是本义,例如,"笑"的基本义是"喜欢时脸上的一种表情",④同时这也就是"笑"的本义。但当一个多义词的本义在现代汉语里已经死亡,词典里不加注明的情况下,基本义就不是本义,而是本义的派生义。例如,"兵"的本义是"武器",后来这个意义死亡了,代替它的意义是"拿着武器保卫国家的人",现代汉语词典里前义不收,后义就变成了"兵"的基本义,而后义是前义的派生。

引申义是由基本义扩大或缩小而得来的派生意义。它和基本义之间保持着概念上的"种"和"类"的关系。如果是扩大方式的引申,则基本义是"种概念",引申义是"类概念";如果是缩小方式的引申,则基本义是"类概念",引申义是"种概念"。例如:

面 (名)麦子磨成的粉。‖一斗麦子,就拿出~来说,也比别人家的多出三四斤。(短选,182)。⑤粮食磨成的粉。‖

小顺(人名)家晚饭是谷子~干粮豆面条汤。(赵,选,41)⑤(按此是扩大方式的引申)

人 (名)由类人猿发展而成的、会说话、能使用生产工具的最高等动物。㉟(代)某人以外的或某些人以外的人。‖况且他们一翻脸,便说~是恶人。(鲁,呐,16)(按此是缩小方式的引申)

(2)基本义和借喻义的关系

借喻义是取基本义的某一特征去比喻具有类似特征的事物或现象所得到的意义。例如:

铁 (名)有色金属之一,灰白色,有光泽,富延展性,在潮湿空气中生锈。⑥‖~做的钉子。㊱(形)坚硬而不易变动的。‖这就同做了一场欢喜梦一样,醒转来还是看见绝望的脸。(叶,选,227)

包袱 (名)布块连同它包着的东西。‖大家都悄悄地穿好衣服,打好~,静候命令。(茅,选,164) ㊲不利的负担。‖在历史政治问题上有隐瞒欺骗的人,把自己的历史政治问题彻底交代清楚……就能够使得自己卸下~,更积极地投入同反革命分子的斗争。(报)

(3)基本义和转移义的关系

转移义是基本义采取既不同于引申方式,也不同于借喻方式转变而得到的意义。它和基本义的距离通常比较远。例如:

花 (名)植物的繁殖器官,有各种形状和颜色。‖现在冬天了,~落了。(杨,三,93)㊳供欣赏的植物。‖夏太太因为买了四盆~,而被女仆杨妈摔了一盆,就和杨妈吵闹起来。

(老,选,230)(形)1.颜色、线条、虚实等交错配合的。‖(电话机)光亮的色彩同板壁的黯淡对比,像~手帕挂在乞丐的身上。(叶,选,313)2.模糊不清的。‖眼都给一堆花花绿绿的行李弄~了。(高玉宝,73)

疼 (形)动物因较强的刺激或损伤所引起的难过的感觉。‖长疮就够~的了,揭咯吱更~!(老,方,96)㋺很亲暱的爱。‖可是你也得知道我是真~你。(老,选,194)

3.如果词义之间是并列的派生关系,或派生关系不明时,都分条平列。

4.分析词义时不要被词运用于个别语句中的具体环境所拘,必须抽出词义的最大概括,也就是说要把词的修辞意义和词的词汇意义区别开来,否则就要失于繁琐,以致发生错误。例如,"架上净是科学书"和"净说不干"两句里的"净"都是"没有别的东西、单纯"的意思,如果我们拘于具体环境,认为第一句里的"净"是"全"的意思,第二句里的"净"是"只"的意思,把它们在词典里并列起来(见《同音字典》),不免失之于繁琐。

5.分析某些词的意义时,可以采取比较的方法。凡是具有同义词或反义词的词应该把它和它的同义词或反义词放在一块儿来观察。通过全面的比较研究,才能更确切地了解一个词的意义,在词义的说明里,然后能把一个词和它的同义词或反义词的真正同或异充分表达出来。例如:

再 表示事情的重复,主要指未实现的。

又 表示事情的重复,主要指已实现的。

天气 大气在短时间内的变化现象。

气候　一段时期里天气反复变化中的常态或规律。
厚　物体两平面之间的距离较大的,薄的反面。
薄　物体两平面之间的距离较小的,厚的反面。
骄傲　过高的估计自己,瞧不起别人。
谦虚　不以自己的成就为满足,尊重别人。

6. 汉语的词发展到现在,往往在其某些意义上只能作词素,也就是说它的这些意义不能单独出现,只在作为其他词或成语的组成部分时出现。在分析词义时,这些不能独立出现的词素意义不在该词下注出,例如,"极"作为词来分析时,只要注明"达到顶点的"这个意义就行了;另外"顶点"这个意义只在"南极""阳极""两极"等词及"登峰造极"等成语里出现,就不加注明。构词能力很强的词素,按照第二章的规定收入词典中作为一条,它的意义可以在该条下注明,例如,"木"字在"木头""树木"等词里出现的词素意义"树一类植物的通称",在词素[木]下注出。

7. 现代汉语中早已不用了的词义,词典里不收,例如,"的"的"鲜明"的意义,"极"的"栋梁"的意义,"鸟"的"长尾禽的总名"的意义等等。但对那些目前虽然不用或很少用而在"五四"以后一段时期常常应用的词义,应该收入词典中。例如,"干部"的"主要部分"的意义,"(生活)程度"的"(生活)费用"的意义,"机关"的"灵巧的结构"的意义等等。为了和现代活着的词义区别,这些词义应该标明为旧义。

8. 词的方言意义或用法,例如,"听"的"用鼻子嗅"义,"走"的"跑"义,"匹"的"山的单位"的用法等,词典里不收。但已经为普通话所吸收的词的方言意义和用法,例如,"搞"的不带褒贬意味的用法,"部"的"车的单位"的用法等,词典里应该收入。

9. 注明词的新产生的意义,是现代汉语词典的一项重要任务。解放以来,很多词产生了新义,例如,"文化"的"语文和科学的一般知识和技术"的意义,"情况"的"敌情"的意义,"关系"的"与党、团等的组织上的联系"的意义等等。应该把这类新产生的意义毫无遗漏地纳入词典中。

10. 词典里应该注明词的词类。在汉语语法专家们划分汉语词类还没有取得一致之前,词类的划分原则可以人民教育出版社的中学课本的系统为依据(本编纂法举例和样品中所注词类的总原则是注兼类,不注变类。因为是暂定办法,不作为词典注词类的原则,此处也不逐条列举)。

11. 为数不多的一些虚词,它们的使用率很高,用法很复杂,词典里应该予以较大的篇幅。但应该注意,一些用法上的细节不应考虑。因为词典和讨论语法的书不同,必须简练而有典范性。

12. 实词一般以阐明词本身的词汇意义为主。为了适应读者的需要,也可以适当地说明一些用法,也就是说明和其他词的配合关系。这种关系多半是语义上的关系,说明之后,也能更深切的揭露词的词汇意义。例如,动词"招展"我们可以说明它"不带宾语","希望"可以说明它"不能带含具体意义的名词宾语","克服"可以说明它"跟'困难''落后思想'等含坏意义的宾语",副词"一度"可以说明它"前面只能加表示过去时间的副词或副词短语",形容词"和"在"没有战争或争执的"意义上,可以说明它"只用于否定句中",如此等等。

13. 成语从字面上可以看出和现代意义的联系的,不必注明来源,如"一箭双雕"只需注明"一次行动得到两种收获"就够了,不必指出出于北周长孙晟游猎的事。如果指出来源对现代的意义没有什么帮助的,也不必指出,如"一成不变"就是指出本于礼记王制"一成而不可变",对于这个成语的现代意义也没有什么帮助。如果成语的来源和成语的现代意义有密切的关系,不注明便很难理解成语的现代意义的,则用最简明的方式加以注明,如果成语中含有词典里不收的古字时,也附带加以解释,例如:

>破釜沉舟 "釜"就是"锅"。秦朝末年,项羽和秦兵打仗,过河后,把船弄沉,把锅打破,向士兵表示誓死不还;后来人用这话表示下定决心,直向前不退后的意思。

二 词的使用范围

14. 语言中有些词没有什么特殊性,可以应用在各种交际形式和交际场合中,如"山""水""绿""睡"等等。这些词大部分属于基本词汇,是词汇的骨干部分。但也有不少词,由于它们本身的某种特殊性,只能应用在一定的交际形式和交际场合中,如"涡轮"只用在工业上,"尖兵"只用在军事上,"追肥"只用在农业上,"话说"只用在章回小说上,等等。这些词是词汇在发展和丰富过程中的必然产物,它们使语言在不同场合有表达不同内容和情调的充分能力,因此也是词汇中不可缺少的一部分。没有它们,词汇的贫乏是不难想象的。既然这些词的使用范围有所限制,词典里就不能只说明它们意义的本身。为了扩大普通话规范的影响,为了使读者能够更正确地掌握这些词的用法,词典里还必须注明这些词的使用范围。

词的使用范围总的说来,可分为下列几个方面:

(1)文章体裁:诗歌、戏曲、小说、公文、法令、外交辞令等等。

(2)专门术语:天文、地理、物理、化学、政治、经济等等。

(3)感情色彩:喜爱、憎恶、讽刺、尊敬、庄重。

(4)语言类别:方言、古语、外来语、书面语、俗语。

15.词典里注明词的使用范围的办法,可以根据具体情况或是采用标志,或是在注解里附带说明。以下各条分别说明词的各种使用范围和标注情况。

16.文学语言的不同体裁,担任不同的表达任务。任务不同,所用的词汇有些也往往各有其特殊性。把这些有特殊性的词汇随便乱用,便会减低表达的作用,至少使人有不协调的感觉。因此词典里应该注明这些词的特殊性,也就是注明它们所属的文体。例如:

　　来　(助)[诗歌]表示停顿并补足语句音节。‖摘了一朵又一朵,你一把~我一把。(课)

　　之　(代)[公·法令]指称人或事物,只作宾语用。‖详细办法在实施细则中规定~。(刊)

　　敬礼　(名)[书·公]恭敬的礼节。‖此致革命的敬礼!(刊)

17.没有进入普通话的专门术语,词典里按照第一章的规定不收。已经十分普遍的专门术语,术语的色彩已经不显明的,也无须注明,如"生产""劳动力""合作社""革命""主席"等,不必标注"经济学""政治学"等等。词典需要标注的是已经进入共同语,但还不是在任何场合都碰得到的专门术语。例如：

主语 （名）[语]句子中被陈述的对象。

国体 （名）[政]按各阶级在国家中的地位而确定的国家性质。

饱和 （形）[化]在一定温度下液体中所能溶解的物质不能再增加了。

18. 有些词在基本意义之外还具有某种感情色彩，这种感情色彩使这些词只能用于某些特定的场合。词典里应该注明这些词的感情色彩。例如：

阔 （形）[讽]有体面。‖现在可要～了,听说想到东三省再去做皇帝呢。(鲁,二,182)

老头子 （名）[憎]年纪大的男人。‖～越老越糊涂。(老,选,144)

老头儿 （名）[爱]年纪大的男人。‖卖硬面饽饽的～又来了。(曹,北,180)

战士 （名）[敬]士兵。二十二个英雄～一面扑灭自己身上的火,一面还是冲、冲、冲。(课)

19. 有些词常用于,或只用于庄严郑重的场合,在这些场合如果使用它们的同义词,便觉得分量不够,不得体。词的这种特性,词典里应该注明。例如：

诞辰 （名）[庄]生日

父亲 （名）[庄]爸爸

20. 有些词口语里根本不用,或很少用,但书面语里却使用或经常使用。词的这种特性,词典里应该注明,例如:"则（连词）"

"便(副词)""如何"等等,都应注明为书面语。

21. 有些词表达往往很形象化,且富有感情色彩,但因含有粗野意味,在比较文雅庄重的场合都不用。用在口语里的时候比书面上多。这些词在词典里应该注明为俗语。例如:

脓包 (名)[俗]无能的人。‖他好奇的想:——这个~怎么这样胆小,连家也不敢回了。(丁,桑干,186)

王八蛋 (名)[俗]骂人的话。‖我宰了你这个~!(老,龙,52)

22. 方言词在普通话中流传得很广泛,像"垃圾""搞""垮"等等,已经感觉不到方言意味的,应作为普通话词汇看待,词典里用不着注明出处。对于普通话中虽已使用,但还不够普遍的方言词,词典里应该注明为方言,例如"尴尬""俺""幢""拆烂污""啥"等等。

23. 有些词,大部分是古词,在"五四"以后的文学作品中,应用得相当普遍,但在目前文学作品中已经不用或很少应用了,这些词在词典里应该注明为旧词。例如:

懔然 (副)[旧]害怕的样子。‖使他没有搬进学校就觉得~。(叶,选,64页)

依稀 (形)[旧]隐隐约约的。‖再看旧洞口,却~的还见有许多的爪痕。(鲁,呐,176)

伊 (代)[旧]女性的第三人称。‖桥脚上站着一个人,是我的母亲,双喜便是对~说着话。(鲁,呐,197)

表明历史各个时期汉民族生活和文化特征的词,表明世界历史上重要事物的词,词典里不加标志,只在词的注解里,附带指出这些词的历史的或地域的特征。例如：

木乃伊 （名）古代埃及人以防腐药品保存下来的尸体。

科举 （名）从唐代到清代封建统治者选拔为自己服务的人员的考试制度。

24. 词典里只注明使用不广泛，一般人还感觉它不是汉语词的那些借词，像"模特儿""康拜因""歇斯底里亚"等等。借词已经变成汉语的基本词汇的，像"葡萄""石榴""玻璃""塔"等等，词典里不加标志。从国外借入的词标明是借词，从国内少数民族语言借入的词标明是哪一族的。从日语借入的词往往是借形、借义、不借音，只注借词容易误认为翻译，所以也应注明是日语。不论什么借词都不注明原文。例如：

康拜因 （名）[借]联合机。

哈达 （名）[藏]用白色细纱织成的带，藏族敬神和见面时表示敬意的东西。也有红、蓝等杂色，但以白色的为最尊贵。

不景气 （形）[日][经]资本主义社会由于生产的无政府状态所造成的金融停滞、市场萧条的情形。

三　词义的解释

25. 词典里每个词义都应该加以解释。解释的合适与否在相当大的程度上决定着词典的优劣。从很古的时候起，我们的先辈在个别词的解释上，就曾经创造出杰出的范例。例如："平，同高也。"（《墨子·经说上》）"眉，目上毛也。"（《说文》，眉部）等等。可惜这些范例未能得到后来人的注意和发扬。因此到目前为止,我们还没有一部在词义的解释上十分完善的词典。我们必须改变这种情况。词典里每一词义的定义都应该做到正确、明白、简练。

26. 解释必须从马克思主义的观点立场出发,否则就不可能深入词义的本质,正确地阐明词义;而且必不可免地还要歪曲词义。下面就是些从不正确立场出发所下的定义。

科举　唐、宋至清用考试方法拔取人才的制度。(见《四角号码新词典》)(应该说:由唐至清,封建统治阶级选拔为自己服务的人员的考试制度。)

地主　土地之所有权者。(见《国语词典》)(应该说:依靠剥削农民劳动成果为生的人。)

妓女　卖淫之妇女。(见《国语辞典》)(应该说:旧社会被生活所迫把自己出卖给男子玩弄的妇女。)

27. 解释虽应力求通俗易懂,但必须从科学出发,对一般了解和科学不符的地方,必须纠正。例如,"鲸鱼"一般了解为鱼类,《康熙字典》说"海大鱼也",正确的解释应该指出它是"哺乳动物"。但解释里所包括的科学内容应该只是最基本的,不应太多。例如"水"这个词的下列两个解释,前者过繁,后者是比较合适的。

水　氢氧化合物之一种。其组成:氢氧之体积比为2:1,重量比为1:8,故其分子式为 H_2O。为无色、臭味之液体,广存于地面上及各物质中,善溶解诸物质。其密度于摄氏四度时为最大,一立方公分之重量为一公分。热至百度则沸腾为汽;

冷至零度则凝固为冰。又在常温中能徐徐蒸发,故空气恒含有蒸气。(《辞海》)

一种无色无臭的液体,化学成分是氢二氧一。(《新华字典》)

(按上两个解释的繁简和词典的大小有关,但作为一般的词典,虽大辞典也不宜采取前者,后者虽属于小字典,但中型词典采用,也并不嫌过简。)

28. 解释里应该尽量用普通话的词汇,避免用方言、俗语、文言或专门的词汇。下面各词解释中,加点的词都是不合这个原则的词。

吊死　自缢而死。(《国语辞典》)

独白　剧中人自述其内心情调、感想或其身世之科白。(同上)

骨肉　指一家亲丁。(方宾观编《白话词典》)

29. 解释里应该避免用词典里没有收入的词,或没有收入的词义。例如,词典里不收"性理""阒茸"等词,就不应把它们用在解释里(参《白话词典》"道学""痿靡不振"条)。但有例外,一种是日常应用的,很容易被人理解的词,像"茶壶""水桶""油瓶"等等,词典里虽然不收,解释里完全可以使用;一种是人、地名和朝代名,词典里不收,解释里可用。

30. 定义里应该使用为大家所承认的词,不应该用生造词。下面各词解释里,加点的词都是生造词。

凿　开穿孔洞。(《新华字典》)

恕　请宽饶。(《同音字典》)

巧　偶然的恰合。(《四角号码新词典》)

31.解释里应该尽可能地避免使用本解释所解释的词。例如,"笑":"哭、笑的笑","好":"好、坏的好"(并见《同音字典》)之类,在小词典还能容许,中型词典最好不用。

32.解释里应该用词的基本的、固定的意义,不应该用词的比喻意义。像下面的解释是不合适的:

忧郁　心里结了疙瘩。

成就　工作的结晶。

33.词的解释不能用它的同义词来代替。解释中无原则的滥用同义词,必致造成"互训",结果使解释的作用降低到零。下面是滥用的例子。

赶:追。

追:赶。(以上《同音字典》)

打:击、敲、拍。

击:打、敲打。

敲:打击。(以上《新华字典》)

同义词只能作为解释的补充手段,放在解释的后面。而且这些补充解释的同义词应该是不太生僻的。例如:

玩意儿　专供孩子们玩耍的东西。玩具。

饶　不计较旁人的过错。宽恕。

34.凡如第二节所述,使用范围有限制的词,如果它们在普通话词汇中有并行的同义词时,可以用这个同义词来解释,但用作解释的这个词,词典里必须有详尽的解释。例如:

村庄　(名)乡间人民聚居的地方。

村落　（名）[旧]村庄。
你　（代）称说话的对方。
您　（代）[敬]你。

35. 解释双音复合词的时候，如果拿构成这个双音词的两个词素去和别的成分组成两个复合词来解释的话，往往是不够全面，不够清楚的。例如：

果断　谓果敢决断。
淫荡　淫乱而放荡。
凋零　凋伤零落。（以上并见《国语辞典》）

碰到不能完全从表面了解的词，解释时还要滥用这种方式就会出错。例如：

减色　减少成色。（《四角号码新词典》）
和解　和平解决。（同上）

但"减色"并不等于"减少成色"，"和解"也不等于"和平解决"。

可是这样的解释，用于向心结构，有时也能做到浅显易懂，说明全面；这时也不妨采用，小词典当然更适宜。例如：

公敌　公共的敌人。（见《国语辞典》，"的"原作"之"）
文理　文章的条理。（《新词林》）

36. 解释采取反义词加否定的方式也是不适当的。这样的办法原则上和用同义词的办法相同，对于被解释的词什么也没有说明。例如：

浑　不清。（《同音字典》）
忽略　不留心。（《新词林》）

真　不是虚假的。(《四角号码新词典》)
　　高　低的反面。(《新词林》)
而且很多词的意义并不等于它的反义词的否定。滥用这种办法,必致产生错误。例如:
　　宽绰　不狭窄。(《国语辞典》)
　　愚　不聪明。(《新词林》)
"宽绰"并不等于"不狭窄","愚"也不等于"不聪明"。可是反义词也和同义词一样,可以作为解释的补充手段,放在解释的后面。例如:
　　真　和事实相符合。假的反面。
　　正确　符合客观事物的规律或符合预定的要求。错误的反面。

37. 解释的措辞应该力求简练,不必要的字句必须避免。下列解释中加点的都是可删部分。
　　留恋　心上舍不得分离叫留恋。(《白话词典》)
　　口拙　谓不善言语。(《国语辞典》)
　　颊　脸从颧骨以下的地方,就是两腮。(《同音字典》)

38. 表示政治或哲学概念的词,如果经典著作中有现成的解释,可以直接采用。例如:
　　战争　从有私有财产和有阶级以来就开始了的,用以解决阶级和阶级,民族和民族,国家和国家,政治集团和政治集团之间,在一定发展阶段上的矛盾的一种最高的斗争形式。(毛,选,168)

39. 从国内外词典上选用词的解释,不必注明出处。从经典著作中选用的词的解释应该注明出处。

40. 按照词义的性质，可以把词的解释分为几个基本的类型。

(1) 历史上的一些名物制度的名称，和表示特别重要的政治和哲学概念的词，有时有必要加以较详的说明，这种说明有点和百科词典的说明相似。例如：

国民　取得某一个国家国籍的人。在我国，国民包括有政治权利的人民和被剥夺政治权利的分子。被剥夺政治权利的分子不属人民范围，仍应尽国民的义务。(《新华字典》)

图腾　原始社会中，种族或氏族用某种自然物作为区别它们之间血统的标志或符号，并把它当作祖先来崇拜，这种标志或符号叫做图腾。

(2) 不属于上类范围以内的一般的具体意义的词和没有词汇意义而只有语法功能的虚词，解释采取简短的说明的方式。例如：

猪　一种供吃的家畜，体肥多肉，毛有黑、白和黑白相间几种，鬃可制刷子，皮可制革。

链子　用金属连套而成的像绳子似的东西。

吗　(助)表示疑问，用在是非问句的末了。

(3) 不属于(1)类范围之内的一般抽象意义的词，解释采取简单说明含义的方式。例如：

去　从自己所在地向另处移动。

动机　引起行动的念头。

圆　从中心一点到周边任何一点的距离都相等。

四　引例

41. 引例是说明词义和词的用法的重要手段。脱离语言环境而孤立起来的词义和用法,往往难于理解。引例是叫人从一个词的具体环境上去理解它,因而能够更具体地、明确地、彻底地掌握每个词的意义和用法。

引例还有一个作用,那就是有根据的例句有力地证明了它所说明的词义或用法是语言中的确存在的事实,而不是出于主观的捏造。

42. 为了例句能够很好地说明词义和词的用法,引用时应该有所选择,理想的例句应该考虑下列各点。

(1)例句的语言环境能鲜明地衬托出被解释词的意义。
1)例句中的某些现象是由被解释词的内涵所引起的。例如:

　　满足　不再要求别的。‖然而她反~,口角边渐渐的有了笑影,脸上也白胖了。(鲁,彷,15)

2)例句中含有被解释词的同义词或反义词。例如:

　　奚落　拿话讥讽或嘲骂。‖房东太太还因此嗤笑我们了,她(我的妻子)受不住这样的~。(鲁,彷,157)

　　缺点　不太完美的地方。‖你也想想,看自己还有甚~,人家有甚好处?(课)

3)例句中有说明被解释词的比喻。例如:

　　黑　光线全部或几乎全部都被吸收时呈现的颜色,白的反面。‖手~得发亮,像漆过了似的。(老,骆,117)

(2)例句本身能表示出被解释词的文体色彩。例如:

　　阁下　(代)[外交辞令][敬]称说话的对方。‖印度共和国总理贾瓦哈尔·尼赫鲁~:值此印度共和国国庆五周年之际,我谨向印度共和国和您致热诚的祝贺。(刊)

(3)例句补充了被解释词定义里所没有含的特征。例如:

　　咳嗽　气管受刺激管壁紧缩随即突然放开,急剧呼出吸入的气,冲动声带发声。‖越来越冷,冻得嗓子中发痒,又怕把老程~醒了。(老,选,163)

(4)例句在意义上不应是模糊的或双关的。例如,不论在"花"的"植物的繁殖器官"或"供欣赏的植物"的意义上,征引"我便在~中暗笑,你便在琴上相和"(郭,诗,瓶)这样的例句,都是含糊不清的。在这个例句里,"花"既能被理解为前一意义,也可以被理解为后一意义。

43.用规范化的现代或近代汉语写成的文艺作品、政论、科学著作、传记、新闻报道等,都可以作为征引的对象。惟翻译著作不能引用。

44.包含着词典不收的土话、行话、专门术语、陈词等等的语句,最好不引为例句。例如下面的一些语句不能引用。

　　老弟!再不要跟人家说地板能换粮食。(赵,选,137)
　　然而名士风流又何代蔑有呢?(鲁,坟,167)

如果文句中有古语、方言、外来语的语法时,有语法或词义上的错误时,也不能引用。例如下面的句子不能引用。

　　第一项其纲目为顺水行舟,即人云亦云,亦即人之喜者喜之,人之恶者恶之是也。(鲁,准,225)

他不等我说完,仿佛像街上小贩子回价的声调,答应了我……三个字"没有少"。(张,八,6)

惭愧的你说,你就是住在一个磨坊里面。(林徽因,窗子以外)⑦

要说这二八月的天气正合你的适。(周,暴,65)

墙根下狼籍着孩子们的大便。(丁,桑,78)

45. 通常一义以一例为限。在意义色彩上或用法的细微差别上有必要说明时,也可以不限于一例。例如:

和 (连)连接两个或两个以上平列的词或短语,放在它所连结的最后成分之前,或两组成分之间。‖在这学堂里,我才知道世上还有所谓格致、算学、地理、历史、绘图~体操。(鲁,呐,4)‖必须在自己机关中~附近机关、学校、部队中,选择一、二单位,深入研究。(毛,选,919)

46. 词典里应该尽量选择简短的例句,但要能充分表明被解释词的特征。

47. 必须引用长句子时,其中对于说明词义没有直接关系的部分可以省去。省去的部分是引文的前部或后部时,不加省略号,省略前部而主语需要保留时,可以把它放在括号里。省去的是句子的中部时用省略号表示。例句后面原非句点的一律改为句点。例如:

原句:他不睡了,一脚踢开了被子,他坐了起来。(老,选,148)

省前部:他坐了起来。

省前部保留主语且省后部:(他)一脚踢开了被子。

省中部:他不睡了,……他坐了起来。

48. 如果例句里因有代词而影响到意义的理解的,把代词所代替的东西,放在代词后面,加上括号。见本节2、(1)、②、例一。

49. 例句中动物的名字,人的绰号,地方名称不加注解可能引起误会的,后面加括号注明。例如:

斯文　(形)文雅安静的。‖吉地(狗)在车上也不~,老想爬上御者的坐位去。(茅,选,147)

50. 词典里的例句原则上都应有所根据,不到逼不得已时不应自造例句。从专著引来的例句都应详细注明出处。从报纸、期刊、课本等综合性的资料引来的例句,只需注出总称,如注明"报""刊""课"等。

51. 词典里有些词解释之后就可以明白的,不必引例,或只用词组说明。这种词约有下列几种:

(1)日用品的名称。例如:

椅子　供人坐的有靠背的家具。‖硬木~。

(2)专门术语。例如:

硫酸　(名)[化]性质剧烈的氢硫化合物,无色油状的液体。

(3)历史上名物制度的名称。例如:"科举""保甲"等等。

52. 词典里的成语也应引例说明。例如:

狼狈为奸　勾结起来做坏事。就说它俩"~",它俩亦无法自辩的。(朱,集,237)

53. 词典里选收的词素应该引用由该词素构成的复音词作例证。例如:

[－子] 作词尾构成名词。例如：桌子、椅子、杯子等。
54. 被解释的词、成语或词素在例证里一律以～号代之。

本章简称表

一、词类简称

原名	简称	原名	简称
名词	（名）	动词	（动）
副词	（副）	形容词	（形）
副动词	（副动）	代词	（代）
量词	（量）	连词	（连）
助词	（助）		

二、词的使用范围标法的简称

原名	简称	原名	简称
书面语	[书]	方言	[方]
日语	[日]	借词	[借]
俗语	[俗]	藏语	[藏]
讽刺	[讽]	旧词(义)	[旧]
喜爱	[爱]	憎恶	[憎]
庄重	[庄]	尊敬	[敬]
法令	[法]	公文	[公]
政治	[政]	书信	[信]
化学	[化]	语言学	[语]

三、引用书名和作者简称表

1. 作者

原名	简称	原名	简称
毛泽东	毛	鲁迅	鲁
老舍	老	赵树理	赵
丁玲	丁	茅盾	茅
杨朔	杨	周立波	周
叶圣陶	叶	曹禺	曹
郭沫若	郭	张恨水	张

2. 书名

原名	简称	原名	简称
《毛泽东选集》	选	《华盖集》	华
《二人集》	二	《呐喊》	呐
《准风月谈》	准	《彷徨》	彷
《老舍选集》	选	《方珍珠》	方
《龙须沟》	龙	《骆驼祥子》	骆
《赵树理选集》	选	《太阳照在桑干河上》	太
《茅盾选集》	选	《三千里江山》	三
《暴风骤雨》	暴	《叶圣陶选集》	选
《北京人》	北	《沫若诗集》	诗
《八十一梦》	八	《朱自清文集》	朱集
报纸	报	期刊	刊
中学语文课本	课		

第四章 编排

我国字典、词典的编排,有部首、笔画、笔形、音序四大类型,细分起来有几十种,前三个类型都注重汉字的形体,后一个类型注重汉字的读音,各有各的优点和缺点。为了适应汉语拼音化的趋势,现代汉语词典按音序编排,以词为排列的单位,选收的词素和词组著录的方式都跟词有所不同。这种编排的词典有两个主要的优点:(1)可以使用词典的人对"词"的概念有较深刻的认识,并逐渐熟习汉语拼音方案的体系,为汉语拼音化创造更好的条件;(2)可以使没有掌握标准音的人逐渐掌握标准音,加速语音的规范(没有掌握标准音的人可以查检词表)。

1. 词和词素,在排列位次上都同等对待,词素放在[ ]里,如[机](词头后加短横如[老-],词尾前加短横如[-头]),以便识别。成语和词组放在它的第一个词或词素的条目下所有注解的后面,它的第一个词或词素按照本词典编纂法选词的一般原则不能列为条目时,那末这个词或词素可以破格收入,而标明它是陈旧的词,或是不独立的词素。如"釜底抽薪"的"釜","蛛丝马迹"的"蛛"。成语和词组也提行列出,但比词和词素的条目降一格,表示跟词和词素不同。

2. 词和词素的排列,主要以它们的拼音次序为依据,按照注音采用的手段——拼音字母的次序,和声调阴平、阳平、上、去、轻的次序排列。

3. 按字母次序和声调次序排列的方法有两种:

(1)不分音节,按整个词拼音的字母次序排列。在字母次序相同的词中,才按声调决定它们的次序。(即以字母次序为主要标准,声调次序为辅。)例如:

*八股　　bagǔ　　　　败类　　bàilèi

*罢工	bàguŋ	白米	báimǐ
掰	bai	白蜜	báimì
白	bái	拜年	bàinián
摆	bǎi	摆弄	bǎinùŋ
拜	bài	拜物教	bàiwùɥiàu
摆布	bǎibù	百姓	bǎixiŋ
白搭	báida	败兴	bàixìŋ
拜访	bàifǎŋ	稗子	bàiz
百分率	bǎifenlỳ	*罢课	bàkè
败家子	bàiɥiazǐ	*罢免	bǎmiǎn
白卷儿	báiɥyànr		

（2）分音节，先按第一音节的字母和声调次序排列，第一音节相同的词，再按第二音节以后的拼音和声调次序排列。（即字母次序和声调次序两标准同时并重。）

这种方法，在"不考虑汉字字形"或在"适当照顾汉字字形"这两种态度下，又可以有两种不同的排列方式：

1）不管词的头一音节的汉字同形与否，一律按照该词拼音次序排列。例如：

掰	bai	摆弄	bǎinùŋ
		百姓	bǎixiŋ
白	bái	拜	bài
白搭	báida	拜访	bàifǎŋ

附录:中型现代汉语词典编纂法(初稿) 569

白卷儿	báiquànr	败家子	bàiqiazǐ
白米	báimǐ	败类	bàilèi
白蜜	báimì	拜年	bàinián
摆	bǎi	拜物教	bàiwùqiàu
摆布	bǎibù	败兴	bàixiŋ
百分率	bǎifenlỳ	稗子	bàiẓ

2)词的头一音节相同,先把头一汉字同形的集合为一组,汉字画数少的组在前,画数多的组在后,同组的词,再依第二音节以后的拼音次序和声调次序排列。例如:

百	bǎi	败家子	bàiqiazǐ
百分率	bǎifenlỳ	败兴	bàixiŋ
百姓	bǎixìŋ	摆	bǎi
拜	bài	摆布	bǎibù
拜访	bàifǎŋ	摆弄	bǎinùŋ
拜年	bàinián	稗史	bàiṣǐ
败	bài	稗子	bàiẓ

这两种方法,第一种适合连写的拼音文字的排列,第二种适合音节分写的词汇的排列,而第二种方法的第二式,在还使用汉字的现阶段,对于检词和了解词义,有相当的便利,我们建议采用第二法的第二种排列方式。

4. 汉语的同音字很多,同音词也不少,线粹按音排不能规定每个词或词素的固定位置,遇到拼音次序和声调全相同的,依照汉字笔画多少排列,画数少的在前,多的在后,画数相同时,按起笔

"、—丨丿"的次序排列,起笔相同,再依第二笔的笔形次序,余类推。例如:

传导　ṣuán dàu　　　[恃]　ṣì

传道　ṣuán dàu　　　[拭]　ṣì

室　　ṣì　　　　　　是　　ṣì

5. 儿化词也依照它的拼音次序排列。例如:

信　　xìn　　　　信片儿　xìnpiànr

信服　xìnfú　　　信儿　　xìnr

信号　xìnhàu　　 信实　　xìnṣí

信念　xìnniàn

6. 成语和词组,照第二条的说明,放在它的第一个词或词素的条目注解后面。同一单词或词素下,有几个成语或词组时,它们的排列次序,仍照一般条目的排列次序。例如:

一　ji

一暴十寒　jipùṣíhan

一窍不通　jiqiàubùtuŋ

一窝蜂　　jiwofeŋ

这种办法纯粹从便利读者的检查出发,但在理论上没有很大根据。此外还有一种方式:把成语和词组放在它的主要意义的词的条目下,如"一窍不通"放在"窍"下,"饮鸩止渴"放在"鸩"下;分不出主要意义时,放在它的第一个词或词素的条目注解后面,如"鸡飞蛋打"放在"鸡"条目注解后面,"树倒猢狲散"放在"树"条目注解后面。这样排列,对能分出主要意义的那些成语或词组的意义解释有方便,如"饮鸩止渴"这成语的关键性意义在"鸩"下,只要对"鸩"解释清楚了,成语的意义便不需多加解释,但检查时没有像上述全部放在头一成分下第一种方式来得方便。我们建议采用第一种方式。

7. 同一个象声词或复音词用不同的汉字书写出来,以通行最广的充当条目;其余普遍性较小的,用( )放在条目后面,注音前面。(在检词表里也把这些( )内的词例出,以便检词的人可以检到。)例如:

丁当(丁珰、玎珰、叮啫)　diŋdaŋ

疙瘩(圪塔、屹嶝、咯哒、纥繨)　gedà

8. 一词先注音、后释义,注音放在词目后面,与词目同一行。释意放在词目下面,比词目低一(或半)格。释义里分别词义用①、②、③……,标志词类用(名)(形)(动)……,标志词义使用范围用[天][数][庄][俗][旧]……,标志词义的派生关系用㊀、㊁……。

9. 词义条中,先排各种标志,标志之后是词义的定义,定义之后跟例句,例句前面用‖与定义隔开。例句的出处用( )放在例句后面,被解释的词,在例句中用～代替。例如:

工作　guŋzuò

(动)做事情。有意识有目的的劳动。‖书桌面前一把圆椅,坐着写字或用心的看书,是～;旁边有一把藤椅,靠着谈天或随意的看报,便是休息。(鲁,生活)

10. 多义词的各义之间,如需要指出其派生关系时,则基本义在先,派生义在后。派生意义不另加词义数码。派生意义有几个时，按照先引申义、次借喻义、再次转移义的次序排列。如不需要指出派生关系则平行列出，用①、②、③……标示。例如：

空气　kuŋqì

　　（名）包围在地球周围的气体，主要成分是氮和氧。㉚周围的情况。

来往　láiwǎŋ

　　①（动）亲友间相互交往探望。②（名）亲友间相互交往的举动。

11. 词义条各种标志的排列可以因具体词的词义繁简和标志的多寡而有不同的方式：

（1）如果词义使用范围的标志和词类标志只对某一个词义有效时，它们和词义数码的次序是：先数码，次词类标志，再次词义使用范围的标志。例如：

和　hé

　　①（名）[数]两个以上的数加起来的总数。②（连）连结两个以上的词或短语。

（2）如果词义使用范围的标志或词类标志在多义词中，不仅仅对一个词义有效而是对几个词义都有效时，把该标志放在第一义的数码前面，使它能够统摄下面有关的几条词义，以免该标志在几条词义下，都要重复标出。例如：

拿　ná

　　（动）①用手取物或持物。㉚控制在某种权限或势力范围之内。②逮捕。③占领。

没被统摄的词义条另带有别种标志，也把该种标志提到该词

义的前头来,免得和被统摄的词义条混淆不分。例如:

把握 bǎwò.

(动)①[旧]握手。②能够运用自如,控制得位。

(名)③有作得到、拿得稳的根据。

12.派生义的词类如果和基本义的词类相同,可以不必标志,如果不同,应该在派生关系标志的后面标注出来。派生义如果有一定的意义使用范围,则不管它和基本义的意义使用范围相同与否,一律标注出来。词类标志和意义使用范围标志的排列次序,依照第11条(1)项。

13.如果一个词义下包括很多分支,甚至次分支时,则数码依次按照下列形式:①、②、1.、2.、a.、b.,例如:

呢 ne

(助)①表示疑问语气。1.用于完整问句的末尾:a.特指问句,b.选择问句,c.反复问句,d.是非问句;2.用于简短的问句之末:a.用于名词、代词或时地词后,询问处所或情况,b.承上文而问。②表示反问的语气。③用于间接问句,不要求回答。④……。

附 注

① 《新民主主义论》,《毛泽东选集》二卷,669页。
② 关于是词非词、词的类型等构词法的问题,语言研究所第二组正进行专题研究,将有报告发表。这里只就几种主要类型的复合词说明选收的原则,挂一漏万是难免的。
③ 陈伯达《关于农业合作化问题的决议草案的说明》:"办合作社不应

该草率从事,也不能够采取那种'拔苗助长'的办法"。见《时事手册》1955,20期,36页。

④ 引自《新华字典》。

⑤ "面"还有一个转移义,指"面条",此处不录,这里举出的词义以能说明问题为限,下仿此。

⑥ 引自《新华字典》。

⑦ 此例引自王力《中国语法理论》下册。

(原载《中国语文》1956年第7期31~36,22页,第8期39~44页,第9期31~36页;又载《现代汉语参考资料》中册384~433页,上海教育出版社1981年)